应用型系列法学教材

金融法

主　编 / 曹胜亮　张　华
副主编 / 刘德君　黄明欣

武汉大学出版社

图书在版编目(CIP)数据

金融法/曹胜亮,张华主编. —武汉:武汉大学出版社,2014.8(2021.7重印)

应用型系列法学教材

ISBN 978-7-307-13547-5

Ⅰ.金… Ⅱ.①曹… ②张… Ⅲ.金融法—中国—高等学校—教材 Ⅳ.D922.28

中国版本图书馆 CIP 数据核字(2014)第 126959 号

责任编辑:胡 荣　　责任校对:汪欣怡　　版式设计:马 佳

出版发行:武汉大学出版社　　(430072　武昌　珞珈山)

(电子邮箱:cbs22@whu.edu.cn　网址:www.wdp.com.cn)

印刷:武汉图物印刷有限公司

开本:720×1000　1/16　印张:28.75　字数:515 千字　插页:1

版次:2014 年 8 月第 1 版　　2021 年 7 月第 2 次印刷

ISBN 978-7-307-13547-5　　定价:68.00 元

版权所有,不得翻印;凡购我社的图书,如有质量问题,请与当地图书销售部门联系调换。

总　　序

　　课本乃一课之"本"。虽然高校的教材一般不会称之为"课本",其分量也没有中小学课本那么重,但教材建设实为高校的基本建设之一,这大概是多数人都能接受或认可的。

　　无论是教与学,教材都是不可或缺的。一本好的教材,既是学生的良师益友,亦是教师之善事利器。应该说,这些年来,我国的高校教材建设工作取得了很大的成绩。其中,举全国之力而编出的"统编教材"和"规划教材",为千百万人的成才作出了突出的贡献。这些举全国之力而编出的"统编教材"、"规划教材"无疑具有权威性。但客观地说,随着我国社会改革的深入发展,随着高校的扩招和办学层次的增多,包括法学专业在内的以往编写的各种"统编教材"和"规划教材",就日益显露出其弊端或不尽如人意之处。最为突出的,一是内容过于庞杂。无论是"统编教材"还是"规划教材",由于过分强调系统性与全面性,几乎每本教材都是章节越编越长,内容越写越多,不少教材在成书时已逼近百万字,甚至超过百万,其结果是既不利于学,也不便于教,还增加了学生的经济负担。二是重理论而轻技能。几乎所有的"统编教材"和"规划教材"都犯了一个通病,即理论知识分量相当重甚至很重,技能训练却少有涉及。

　　现代高等教育背景下的本专科合格毕业生应该同时具备知识素质与技能素质。改革开放以后,人们都很重视素质教育;毫无疑问,素质教育中少不了知识素质的培养,但是,仅注重学生知识素质的培养而轻视实际技能的获得肯定是不对的。我们都知道,在任何国家或任何社会,高端的研究型人才毕竟总是少数,应用型、操作型的人才才是社会所需的大量人才。因此,在大学本科阶段,应着重培养学生的实践技能。而学生技能素质的培养涉及方方面面,教材的选择与使用是其中重要的一环。正是基于上述考虑,我们以教育部制定的法学课程教学基本原则为依据,结合法学专业学生的实践性培养目标组织编写了这套"应用型系列法学教材"。法学学科是一门应用型学科。从这一意义上说,任何一本法学教材,它本身就应该是一本应用型教材。我们将这套教材标上"应用型",是希望它与以往的"规划教材"和"统编教材"有所不同。不同在哪里？其一，体例与内容有所不同。每本教材一般不超过45万字，要做到既利于学，亦便于教。其二，理论与技能并重。在确保基本理论与基本知识不能少的前提下，注重专业技能的训练，增加专业技能训练的内容。当然，我们的这些努力无疑也是一种摸索。既然只是摸索，其中的不足和漏洞甚至是谬误是在所难免的。

武汉大学出版社高度重视本套教材的组织编写活动。为了确保质量，他们动员了包括全国各地30多所高校的政法院系以及独立学院的专家学者参加教材编写工作。在这些学者中，既有曾担任国家"规划教材"、"统编教材"的主编或撰稿人的老专家，也有教学经验丰富、参与过多部教材编写的年富力强的中年学者，还有很多具有高学历及高学位的青年才俊。他们之中多数人都已是硕果累累，因而若仅就个人的名利而言，编写这样的教材对他们并无多大意义。但为了教育事业，他们都能不计个人得失，甘愿牺牲大量的宝贵时间来编写这套教材，精神实为可嘉。在教材的编写过程中，我们还得到了众多前辈、同仁及方方面面的关心、支持和帮助。尤其是武汉大学出版社的胡荣编辑，她为本套教材的编写鞍前马后，穿针引线，使得教材编写活动得以顺利进行。在此，对以上为本套教材的面世而付出辛勤劳动的所有单位和个人表示衷心的感谢。

最后，恳请学界同仁和读者对本套教材提出宝贵的批评与建议。

覃有土
2009年9月19日

前　言

金融法学是以研究我国金融法及其发展规律为主要对象的一门独立的法律科学，在我国法学体系中占有十分重要的地位。金融法课程是法学、经济学等专业的专业基础课程。通过本课程的学习，熟悉金融法学的基本原理、金融法的基本制度和相关的业务基础知识；系统掌握我国主要金融法律的内容，了解相关领域国外立法状况；同时，提高运用所学的金融法的知识解决金融法律问题的能力。

随着我国市场经济体制的建立，尤其是在我国加入世界贸易组织后，我国金融体制改革、金融法制建设加快了发展的步伐，我国的金融市场、金融法律发生了前所未有的深刻变革。特别值得一提的是，中共中央十八届三中全会通过的《中共中央关于全面深化改革若干重大问题的决定》以及十二届全国人大二次会议的政府工作报告中均提出要进一步扩大金融业对内对外的有序开放、深化金融监管体制的进一步改革等目标，赋予了金融法更多的新鲜元素。

近年来，我国制定了《信托法》、《反洗钱法》等，并对《商业银行法》、《证券法》、《保险法》、《公司法》等进行了修订，形成了较为全面、系统的金融法律体系。同时，各类金融法教材形式多样、版本繁多，为繁荣金融法学、培养更多的金融专业人才作出了应尽的贡献。但是，仍然有一些金融法教材没有随着金融法治化的进程与时俱进，给法学、经济学等专业的学生的学习带来了极大的困惑。因此，我们组织了一些多年来从事金融法教学研究工作的一线专业老师编写了这本教材，希望该教材不仅能作为高等院校法律专业、经济类专业的教材和参考资料，而且可以作为金融业从业人员以及企事业单位管理人员的参考读物。

本教材以现代金融法治理念为指导，充分吸收最新的金融法研究成果和金融法律、法规内容，全面系统地反映了最新的金融改革和金融立法成果。本教材分为六编十九章，内容涵盖金融法基础理论、人民币法律制度、商业银行法律制度、证券法律制度、信托法律制度、保险法律制度、支付结算法律制度、金融监管与调控法律制度、涉外金融监管法律制度、金融违法犯罪等。本教材将金融法律法规与金融业务的结合，对民法、商法、经济法、刑法等知识融会贯通，努力做到科学性、实用性的统一。

本教材由曹胜亮、张华任主编，刘德君、黄明欣任副主编，张华、黄明欣帮助主编进行统稿，最后由曹胜亮定稿。编写组成员具体分工如下：

黄明欣：第一章；

盛盼盼：第二章；

张华：第三章、第十九章；

张婕：第四章、第十一章；

徐江萍：第五章、第六章、第八章；

刘德君：第七章、第十七章；

刘勤：第九章、第十章；

熊婷婷：第十二章；

周克静：第十三章、第十四章；

曹胜亮：第十五章、第十六章；

王岩：第十八章。

本教材的出版得到了武汉工程大学、武汉理工大学、黄冈师范学院、中南财经政法大学、武汉科技大学城市学院、武汉工程大学邮电与信息管理学院、湖北工业大学商贸学院，以及武汉大学出版社等单位领导和老师的大力支持，在此一并表示谢意。

本教材内容参考了大量的相关教材和论著、论文，在书中难以一一注明，在此谨致谢忱。同时，由于本书的写作时间较紧，加之作者的水平有限，本书中的缺失和错误是难免的，诚恳期待专家、读者给予批评和指正。

编写组

2014 年 5 月

目 录

第一编 金融法基础理论

第一章 金融法总论 ... 3
- 第一节 金融法的产生和基本概念 ... 3
- 第二节 金融法的地位和功能 ... 6
- 第三节 金融法的体系和渊源 ... 10
- 第四节 我国的金融体制与金融立法 ... 14

第二编 金融机构组织法

第二章 银行机构组织法 ... 27
- 第一节 金融调控主体与金融监管主体 ... 27
- 第二节 中央银行组织法 ... 30
- 第三节 商业银行组织法 ... 36
- 第四节 政策性银行组织法 ... 44

第三章 非银行金融机构组织法 ... 50
- 第一节 保险公司组织法 ... 50
- 第二节 证券公司组织法 ... 56
- 第三节 金融信托投资公司组织法 ... 64
- 第四节 财务公司组织法 ... 68
- 第五节 金融资产管理公司组织法 ... 74
- 第六节 汽车金融公司组织法 ... 78

第三编 金融业务管理法

第四章 人民币法律制度 ... 85
- 第一节 货币的基本概念和我国的币制改革 ... 85
- 第二节 人民币的法律地位及法律保护制度 ... 87

第三节 人民币发行法律制度 …… 92
第四节 人民币流通和管理的法律规定 …… 100

第五章 商业银行业务经营规则 106
第一节 商业银行存款业务规则 …… 106
第二节 商业银行贷款业务规则 …… 113
第三节 银行卡业务规则 …… 121
第四节 个人理财业务规则 …… 124
第五节 商业银行的其他业务规则 …… 128

第六章 支付结算法律制度 134
第一节 支付结算概述 …… 134
第二节 银行结算账户法律制度 …… 137
第三节 票据结算法律制度 …… 143
第四节 非票据结算法律制度 …… 150
第五节 国内信用证结算法律制度 …… 155

第七章 保险公司业务法律制度 164
第一节 保险经营规则 …… 164
第二节 保险合同 …… 167

第八章 证券公司业务法律制度 187
第一节 证券发行 …… 187
第二节 证券上市与交易 …… 191
第三节 中小企业板和创业板市场 …… 195
第四节 禁止的交易行为 …… 198
第五节 上市公司收购 …… 201

第九章 金融信托公司业务法律制度 208
第一节 信托与信托财产 …… 208
第二节 信托的设立、变更和终止 …… 217
第三节 信托公司的业务范围和经营规则 …… 223

第十章 其他金融机构业务法律制度 · 230
- 第一节 信用合作社经营规则 · 230
- 第二节 企业集团财务公司经营规则 · 234
- 第三节 金融资产管理公司经营规则 · 238
- 第四节 汽车金融公司经营规则 · 242
- 第五节 金融租赁公司经营规则 · 245

第十一章 金融机构与业务制度改革 · 251
- 第一节 金融机构与业务制度改革概述 · 251
- 第二节 金融机构制度改革 · 258
- 第三节 金融业务经营制度改革 · 266

第四编 金融调控与监督管理法

第十二章 货币政策法 · 281
- 第一节 货币政策概述 · 281
- 第二节 货币政策目标 · 284
- 第三节 货币政策工具 · 290

第十三章 金融监督管理法 · 300
- 第一节 我国金融监管模式的转变和定位 · 300
- 第二节 银行业监督管理法 · 306
- 第三节 保险业监督管理法 · 311
- 第四节 证券业监督管理法 · 314
- 第五节 其他金融业监督管理法 · 318

第十四章 金融调控与金融监督管理制度的改革 · 324
- 第一节 金融调控与金融监督管理关系概述 · 324
- 第二节 金融调控与金融监督管理关系的理论争议 · 331
- 第三节 金融调控与金融监督管理职能的经验考察 · 334
- 第四节 我国金融调控与金融监督管理制度的改革 · 337

第五编 涉外金融法

第十五章 涉外金融业法律制度 · 349
- 第一节 我国涉外金融业概述 · 349

第二节　对在我国境内外资银行金融机构管理的规定……………… 350
第三节　对在我国境内外资保险公司、外资证券公司
　　　　管理的规定……………………………………………… 354
第四节　对外资金融驻华代表机构管理的规定…………………… 359
第五节　我国境内金融机构的对外业务…………………………… 367

第十六章　涉外金融监管法律制度的改革……………………………… 374
　第一节　金融全球化与我国涉外金融监管的目标选择…………… 374
　第二节　我国涉外金融监管法律制度的改革实践………………… 380
　第三节　深化我国涉外金融监管法律制度改革的路径…………… 388

第十七章　我国加入国际金融组织以及公约的概况…………………… 393
　第一节　我国加入国际货币基金组织、世界银行和地区
　　　　　银行的概况………………………………………………… 393
　第二节　我国加入国际金融公约的概况…………………………… 398
　第三节　我国加入 WTO 和应对国际金融危机，为建立国际金融
　　　　　新秩序而努力……………………………………………… 401

第六编　金融违法犯罪行为与法律责任

第十八章　金融违法行为与法律责任…………………………………… 409
　第一节　违反《中国人民银行法》的法律责任 …………………… 409
　第二节　违反《商业银行法》的法律责任 ………………………… 412
　第三节　违反《证券法》的法律责任 ……………………………… 415
　第四节　违反《票据法》的法律责任 ……………………………… 424
　第五节　违反《银行业监督管理法》的法律责任 ………………… 425

第十九章　金融犯罪…………………………………………………… 429
　第一节　破坏金融管理秩序罪及其法律责任……………………… 429
　第二节　金融诈骗罪及其法律责任………………………………… 437

参考文献……………………………………………………………… 443

中英文关键词………………………………………………………… 448

第一编　金融法基础理论

第一章 金融法总论

【学习目的与要求】通过本章的学习，熟悉金融、金融法的产生及发展历程，掌握金融法的概念、调整对象，以及我国金融法的体系、原则、渊源，了解金融法的重要作用，形成金融法的整体概貌，为深入学习金融法打好基础。

第一节 金融法的产生和基本概念

一、金融概述

金融，即资金的融通，是有关货币及信用的所有经济关系和交易行为的总称。金融是一个经济范畴，包括金融关系、金融活动、金融机构、金融工具、金融市场等一切与货币和信用相关的经济关系和活动。金融的具体内容包括银行发行货币、调节货币流通和回笼货币，即存款的吸收和提取，贷款的发放和收回，国内外汇兑的往来，代理国库业务；金银、外汇的买卖；有价证券的发行与交易，信托投资公司从事的投资、信托业务，证券交易所的证券买卖业务；保险以及金融租赁等，甚至财政、财务以及房地产融资等一切与资金运动相关的活动，都被视为金融的范畴。

（一）金融的产生

金融是商品货币关系发展的产物。在发展初期，货币以实物和铸币形态存在，随着商品生产的初步发展和货币交换范围的逐步扩大，从事贸易的商人，到外地购销货物都必须将本地货币或外地货币兑换成金银进行支付或收入货款。也就出现了铸币兑换业，以及专门从事铸币兑换的货币兑换商。由于货币本身是具有内在价值的商品，因此与信用无关，但信用对货币流通起到了强大的推动作用。随着商品生产和货币交换的进一步发展，货币兑换商除了从事铸币兑换外，又代替商人保管货币、收付现金，办理结算和汇兑业务，并收取一定的手续费，这样货币兑换商手中就聚集起大量的货币资金，并用于发放贷款、收取利息，此即最早的金融机构。

(二)西方国家金融的历史发展

在西方,由于资本主义生产关系的不断深入,货币信用关系得到飞速发展。欧洲开始出现了现代银行,本身无价值的银行券代替铸币执行货币的基本职能,银行间转账结算业务也广泛开展起来,此时货币制度与信用制度联系越来越紧密。据史料记载,近代最早的银行是1580年在意大利成立的威尼斯银行,此后,1609年在荷兰的阿姆斯特丹、1629年在德国的汉堡以及其他城市也相继成立了银行。直到金币本位币制度崩溃,世界各国进入纸币本位制度后,流通中的货币本身就是中央银行对公众的一种负债,是一种信用货币,此时货币与信用在现代商品经济条件下紧密结合起来,形成了金融范畴。

(三)我国金融的历史发展

中国金融机构的源头可追溯到公元前256年以前周代出现的办理赊贷业务的机构,《周礼》称之为"泉府",一般给平民、手工业者和商贩提供贷款。南齐时(479—502年)出现了以收取实物作抵押进行放款的机构"质库",即后来的当铺,当时由寺院经营,至唐代改由贵族垄断。隋唐时期(581—907年)作为我国旧式银行的典当业已经比较普遍。宋代时出现了民营质库,有专门经营货币的"钱铺"。明朝时产生资本主义萌芽,出现兑换货币经营存放款业务的钱庄(北方称银号),明朝末期钱庄曾是金融业的主体,后来又陆续出现了票号、官银钱号等其他金融机构。由于长期的封建统治,现代银行在中国出现较晚。中国人自己创办的第一家民族资本银行是1897年成立的中国通商银行。辛亥革命以后,特别是第一次世界大战开始以后,中国的银行业开始有较快的发展,银行逐步成为金融业的主体,钱庄、票号等相应退居次要地位,并逐步衰落。中华人民共和国的金融业始创于革命根据地。最早的金融机构是第一次国内革命战争时期在广东、湖南、江西、湖北等地的农村信用合作社,以及1926年12月在湖南衡山柴山洲特区由农民协会创办的柴山洲特区第一农民银行。与过去相比,现代金融主要有以下几方面的变化:(1)金融业务扩展化,与过去传统的存款、贷款、汇兑等业务相比,现代的金融业务扩展了许多;(2)金融服务扩大化,现代金融服务的对象、金融服务的领域呈不断扩大的趋势;(3)金融组织体系多元化;(4)金融信息化;(5)金融自由化。随着我国社会主义市场经济体制的建立,金融对于保证国民经济和社会的可持续发展,加速社会主义现代化建设,将会起着日益重要的作用。

二、金融法的产生

金融法是随着商事交易的出现而产生,并随着商事交易范围的扩大而逐渐丰富和完善的。早期的金融法萌芽于货币兑换、收支、借贷等活动中逐渐形成并普遍遵循的各种契约和习惯,在奴隶社会成为奴隶主和大商人高利借贷的习惯法。

早期的金融是被视为与一般商业无异的,无须制定专门的法律予以规范。只有当资本主义商品经济经过二三百年的发展达到了较高水平,银行等金融机构大量出现,并且其所开展的金融业务对社会具有重大影响时,专门调整金融活动的法律——现代金融法才产生了。这主要体现在以下方面:第一,适应资本主义对市场统一、货币统一的要求和币值稳定的需要而颁布的立法,体现为中央银行法律制度的建立。如1844年,英国国会通过了《英格兰银行条例》,该条例被认为是世界上第一部中央银行法。第二,规范金融市场主体及其行为的立法,主要包括银行立法和票据立法。如美国在1864年颁布了《国民银行法》,根据该法,美国联邦财政部设立了货币监理署（OCC）,用于负责国民银行的注册、检查和监督,并以统一的纸币代替州银行券,开始了联邦政府对银行的监管。在票据立法方面,1807年拿破仑主持制定的《法国商法典》第一编第8章规定了汇票和本票。1865年法国又制定了《支票法》。

我国金融法的产生较晚,但发展迅速。货币制度的统一对金融法的形成起了重要作用,在楚国的《宪令》、秦国的《秦律》、赵国的《国律》中都有关于货币铸造、高利贷的有关规定以及债权债务人的权利义务等,这是不成文的习惯法过渡为成文法的表现。鸦片战争后随着银行业的发展,规范银行行为的金融法律也相继增加。1904年根据清朝户部奏准的《试行银行章程》正式成立官办的户部银行,1908年颁布了《银行通行则例》和《储蓄银行则例》。民国时期,1928年国民政府会议修正通过《中央银行条例》,此后相继颁布了《邮政储金汇业局组织法》、《中央合作金库条例》等金融监管法规。新中国成立后,金融业的性质发生了重大变化,金融业及金融立法的规模不断扩大,金融法的发展也进入了新的历史时期。

三、金融法的概念和调整对象

(一)金融法的概念

金融法是指调整金融关系的法律规范的总称,是调整金融机构、规范金融市场、运用金融工具以及在金融管理活动过程中所发生的金融关系的法律规范的总称。在我国没有以"金融法"来命名的单独的某个法律。涉及金融类的具体法律，通常用它涉及的金融行业的名称来命名，例如，《中国人民银行法》、《商业银行法》、《证券法》、《保险法》、《票据法》、《担保法》等。

(二)金融法的调整对象

金融法的调整对象是指在货币流通和信用活动中各主体之间发生的社会关系，主要包括金融业务关系、金融监督调控关系以及金融组织内部关系。

1. 金融业务关系

金融业务关系是指金融机构之间以及它们与客户之间在经营货币和信用业务活动中所发生的经济关系。当金融机构之间或者它们与其客户进行货币和信用业务交往时，金融机构及其客户在法律上都是普通的民事法律主体，因此，它们之间的经济关系是一种平等的关系。这种金融业务关系包括：银行等金融机构与非金融机构的法人、其他组织和自然人之间的间接融资关系；非金融机构的公司、企业和个人之间及其与证券、信托等非银行金融机构之间因为股票、债券等有价证券的发行、交易活动而在金融市场上产生的直接融资关系；银行等金融机构与非金融机构的法人、其他组织和自然人之间因金融中介服务活动而产生的金融中介服务关系。

2. 金融监督调控关系

金融监督调控关系是指国家金融主管机关在对金融机构、非金融机构和个人进行金融监管和宏观调控中发生的社会关系。目前，我国的金融主管机关主要有中国人民银行、中国银行监督管理委员会、中国证券监督管理委员会、中国保险监督管理委员会。金融管理关系是一种非平等主体之间的经济管理关系，是一种纵向的金融关系。

3. 金融机构或金融组织的内部关系

金融机构或金融组织的内部关系是指金融机构或金融组织内部所发生的有关组织管理、运作和协调的关系。金融机构或金融组织的内部关系包括管理关系、财务关系、会计关系、内部监督关系、资金调度关系等。

第二节 金融法的地位和功能

一、金融法的地位

金融法的地位，是指金融法在整个法律体系中的位置，即金融法在法律体系中是否属于一个独立的法律部门以及属于哪一层次的法律部门。

在我国，宪法是国家的根本大法，属于第一层次的法律部门；根据宪法制定的民法、行政法、经济法、刑法等基本法属于第二层次的法律部门，根据基本法制定的规范性文件属于第三层次的法律部门，金融法是经济法的重要组成部分，属于第三层次的法律部门。尽管在金融法调整的对象和范围中也包含有民商法、行政法的因素，但其最基本因素是经济法。金融法是国家在宏观上调控和监管整个金融产业，在微观上规范经济主体金融活动，促进金融业朝着正确方向发展的重要法律手段之一。

二、金融法的功能

（一）发挥国家对金融市场的宏观调控

金融调控是国家对经济实施宏观调控的基本手段，是现代市场经济条件下金融的基本职能之一。金融调控以中央银行制定和实施货币政策为主导，通过调整货币供应量指标、市场利率水平，间接调控金融市场。国家金融主管机关与各类金融机构、非金融机构和自然人之间的金融调控和金融监管关系发生在货币流通和资金信用融通的活动中，通过制定中央银行法、货币改革法等来加以调整。金融法的宏观调控功能既体现了金融市场交易中的平等性质，又有金融监管中的不平等性质。所以说，金融法的宏观调控是一把双刃剑，适当的调控可以助进金融市场的发展，而过于严密的调控可能带给金融业一定的混乱甚至衰退。

（二）保障有序的金融市场秩序

当前，发达国家的金融市场已经形成一个包括货币市场、资本市场、期货市场及其他衍生品市场的完善体系。而目前我国的金融市场与WTO的要求还相距较远，诸如市场机制功能、市场规模、交易模式、投资者、品种结构等都存在差距。金融法立足于适应金融产业发展的需要，追求动态发展中的有序、安全和高效率，防范和化解金融风险，保障金融安全。一方面，金融立法针对金融领域的违法犯罪行为制定惩处的法律法规；另一方面，在金融市场各种交易中，金融法事先进行规范性的程序设计，采用规范程序与制度建设，辅助技术措施，预防违法行为。此外，金融法还明确要求金融从业人员，特别是高级管理人员进行金融法制教育，增强金融法制观念与金融职业操守，从而达到维护金融市场秩序的目的。

（三）加速金融信用机制的建立

社会主义市场经济要以信用为基础，信用对于金融市场的重要性不言而喻，社会信用环境中任何一个环节出现问题都会影响到金融活动的正常进行，由此产生的信用风险还可能引起连锁反应，波及整个金融市场，导致整个社会信用环境的恶化。由于金融市场发展的时间较短，维系市场发展的信用机制并不完善，使得存在博弈心理的中小投资者和存在以"圈钱"为目的虚假上市的公司大量存在，其行为势必会导致金融市场的混乱，最终严重干扰我们国家经济建设的健康发展。加强对金融市场的监管，法律对金融信用的保障作用显得尤为重要。通过法律法规的约束使市场主体行为有章可循、有规可守，并以此促进行业自律。

(四)鼓励金融创新，完善金融立法

金融业的改革创新，必然要反映到金融法律制度上来，金融法的目的是为金融业提供完整的行为规范和构建稳定的市场秩序，因此金融法也必将金融业的发展创新纳入自己的法律框架之中，如果金融法不能为金融创新提供一个完整的、相对自由的法律空间，及时确认、保护金融创新的合理成果，就会导致一些合理的金融创新违法，或者在法律真空中运作。金融创新不仅改变了金融机构提供的服务产品，还改变了金融机构的服务方式，使各类金融机构能提供更加便利客户的金融产品和服务。这些变化，必将产生新的法律问题，这就要求金融法要有针对性地不断完善新的立法设计方案，以规范我国金融市场在对外开放中的金融交易行为。

三、金融法的基本原则

金融法的基本原则，是指在一定金融法律体系中作为金融法律规则的指导思想、基础或本源的综合性、稳定性的重要的法律原理和准则，是贯穿一国金融法律体系始终的主线和纲领。在我国加入 WTO，金融法制不断变革完善的今天，金融法的基本原则对金融法制改革具有导向作用。就金融法的实施而言，金融法的基本原则构成了正确理解金融法律规则的指南，以及补充金融法律规则漏洞的基础。

(一)防范和化解金融风险原则

防范和化解金融风险的基本原则是由金融业本身的性质及其在市场经济中的重大影响决定的。金融业的性质主要表现为：其一，金融业是个风险行业，充满了各种金融风险，这些风险的存在是金融机构本身的内生变量和外生变量相互作用的结果，有其自己独特的路径依赖，严重影响着金融业的安全运营，并有可能影响到整个社会的经济生活和国家安定，必须加以防范和化解。因此，防范和化解金融风险，促进金融机构的审慎经营，维护金融业的稳健，是各国金融立法追求的核心目标。其二，金融业是一个负债度高、负债面宽的行业，不管是什么原因，只要其运行中让存款人觉得其经营不善，存款安全性不能得到满足时，就可能发生挤兑，金融机构系统内部连锁反应的"多米诺骨牌效应"就可能会在金融界发生。其三，除了高风险性以

及由其导致的金融机构运营的高外部性、内在的脆弱性外，金融业还有一个信息不完备与信息不对称同时存在的特点。而这更促成了金融业高风险、高外部性和高度脆弱性。稳健，对金融业来讲，就是要保证金融业秩序或发展的长期稳定，时刻注意防范和化解金融风险。20世纪末的亚洲金融危机和英国老牌商业银行巴林银行的倒闭进一步充分提示了这一点。

(二) 有效监管原则

我国金融业在发挥动员、分配资金作用的同时，也使经济运行中的诸多矛盾和风险向自己集中。在此情况下，在金融法中强调确立有效监管原则具有重要意义。改革开放以来，我国逐步建立了分业经营和分业监管的金融体制，使隶属于中央政府的三个金融监管部门（即银监会、证监会和保监会）各司其职，分工合作，集中专门人才，提高监管效率和监管水平，使中央银行的金融调控职能更为突出，金融监管和金融服务职能更富有效率。然而，目前我国金融监管方式仍比较单一，监管手段以直接监管和外部监管为主，科技水平比较低，无法实现实时监控，从而导致监管成本高、效率低。从现实情况看，有效监管原则强调，政府不是万能的，政府监管的作用无法取代市场机制作用的发挥，必须要从传统的政府监管包揽一切，转向激励被监管的金融机构主动承担更多的责任，建立与激励相容的金融监管制度，倡导政府统一监管与行业自律监管、金融机构内部控制、审计监督和社会监督的有机统一。在金融法中确立有效监管原则，其核心就是通过法律的明确授权，为金融监管提供有效的法律保证，坚决杜绝监管过程中的随意性，保证金融监管的客观性、程序性和公正性，使金融监管工作法制化和规范化。

(三) 维护货币政策，促进资源安全有效流动原则

金融促进经济的发展，也受到客观经济规律的制约。其中最重要的一条就是必须保持货币价值的稳定。一味追求经济的高增长而非经济地增发货币，固然可能在短期内刺激投资和生产，增加就业，但充其量不过是表面的、虚假的、暂时的经济繁荣。货币政策不是对单个银行或某一经济部门采取的具体经济政策，而是一种总量调节和结构调节相结合的经济政策，其涉及国民经济运行中的货币供应量、信用量、利率、汇率以及金融市场等诸多宏观经济指标。维护货币政策作为金融法的基本原则就是坚持稳定货币，优化结构，抑制通胀，使国民经济的发展适应客观经济规律的要求，在金融法的保障下，有效贯彻和实施货币政策，促进社会经济规划目标的实现。通过借助货币市场，运用金融手段，国家可以通过对信用货币供应量的控制，实现对国家宏观经济的调控。

(四)维护投资者合法利益,实现利益平衡优化原则

在金融法律关系中,不同利益的存在是客观现象。单纯、一味地强调保护投资者利益或者客户利益会有失偏颇,在金融法中应当集中体现出对各方利益的平衡协调思想,把利益平衡优化确立为金融法的基本原则之一。平衡优化并不否定对投资者利益的保护,然而保护投资者利益并不能代替利益平衡优化。实际上,利益平衡优化原则只是一种价值体现,其旨在消灭个体追求私人利益所生之流弊,这是由金融法的社会性和公私交融性本身所决定的。金融市场的发展既离不开个人以及工商企业等投资者的积极参与,也离不开银行、证券公司等金融机构的用心经营,更离不开国家和社会的扶持与协调。投资者的利益固然重要,但对投资者利益的保护不能以损害金融机构利益为代价,同样,对金融机构的利益保护也不能以牺牲社会整体利益为代价。

第三节 金融法的体系和渊源

一、金融法的体系

我国的金融法分布于各个不同位阶的法律规范当中。按金融活动的性质和调整的法律关系可分为金融调控法、金融监管法和金融交易法三个部分。从具体的立法体例层面来看,我国的金融法体系由众多的部门法构成,例如中央银行法、货币法、票据法、信托法、证券法等。以下具体介绍我国的金融法律体系。

(一)金融调控法

1. 银行法中的调控部分

银行法是对银行的经营活动进行调整的法律规范的总称。金融活动主要是通过银行的各项业务来实现货币流通的。按照不同的标准,银行法有不同的分类,根据银行功能的不同可以分为中央银行法和普通银行法。中央银行法主要指的是《中国人民银行法》,该法是我国金融调控和金融监管的基本法律,确定了金融调控的基本目标和手段。

2. 货币法

货币法是调整货币的发行、流通及其管理活动的法律规范总称。货币法主要确立货币的种类及其法律地位,确定货币的印铸与发行权、货币发行机关和发行程序,规定对本国或本地区货币、外汇以及贵金属的流通管理等。按照不同标准可对货币法进行不同的分类,按照货币运动的顺序,可分为货

币发行法和货币流通法；按照货币的流通范围和效力，可分为外汇法、通货法和金银法。

(二)金融监管法

1. 银行业监管法

银行业监管法主要是通过金融监管的专业化分工，进一步加强银行业的监管、降低银行风险，维护国家金融稳定和保护广大人民群众的财产安全。经过一系列金融体制改革，中国银行业监督管理委员会(银监会)负责对全国银行业金融机构及其业务活动监督管理的工作，统一监管在我国境内设立的商业银行、城市信用合作社、农村信用合作社等吸收公众存款的金融机构以及政策性银行。在中华人民共和国境内设立的金融资产管理公司、信托投资公司、财务公司、金融租赁公司以及经国务院银行业监督管理机构批准设立的其他金融机构的监督管理也被纳入银监会监管范围。

2. 保险业监管法

1998年11月，为适应金融业分业经营的需要和进一步加强我国保险业的监督与管理，中国保险监督管理委员会(保监会)成立，并承担了从中国人民银行分离出的保险监管职能，对全国保险行业和保险市场进行统一监管。我国保险业的监管开始走向专业化、规范化。《保险法》是保监会依法监管的基本法律依据，与其他相关配套规定共同构成了我国以组织监管、偿付能力监管和经营活动监管三位一体的保险监管法律体系。

3. 证券市场监管法

证券市场作为现代市场经济的典型代表，是信用经济高度发展的产物，在各国的经济发展中都发挥着重要的作用。《证券法》是我国证券市场监管的基本法律文件，确立了中国证券监督管理委员会(证监会)作为证券市场统一监管机构的地位及相应职能。

4. 信托市场监管法

信托以其独特的财产管理和财产转移等优势而成为现代金融体系的重要组成部分。我国现代信托业从1979年开始起步，在短短几十年的发展过程中历经整顿，以2001年生效的《信托法》，2002年颁布实施的《信托投资公司管理办法》和《信托投资公司资金信托管理暂行办法》(该法已废止)及2006年通过的《信托公司管理办法》等为基础，逐步构建起目前我国信托业的法律架构。2003年的国务院机构改革将信托业的监管从中国人民银行分出，纳入银监会的监管范围。在近几年中，我国信托业监管机构陆续以通知的形式出台了一系列的监管法规，对信托业务的开展提供规范指导。

5. 其他非银行金融机构监管法

为了规范非银行业金融机构的运行，我国制定了一系列法律法规。我国的非银行金融机构除了上述类型外，还包括财务公司、金融资产公司及汽车金融公司等形式，主要受《金融资产管理公司条例》、《企业财务集团管理公司条例》、《金融租赁公司管理办法》、《汽车金融公司管理办法》等法律法规的管制。

(三)金融交易法

1. 支付结算法

支付结算法是规制单位和个人在货币给付中和资金清算行为的法律制度，主要调整支付结算过程中结算双方和商业银行之间的权利义务关系。我国《商业银行法》、《票据法》等基本法律和《人民币银行结算账户管理办法》、《支付结算办法》、《银行卡业务管理办法》、《国内信用证结算办法》、《电子银行业务管理办法》等具体操作规范构成了我国的结算法律体系。另外，国际贸易的快速发展必然促进了国际支付结算法律制度的发达，除了有关支付工具和支付方式的国际规则和国际惯例，还必须处理汇率变动、各国外汇管制以及法律冲突所引发的法律适用问题。

2. 票据法

票据是一种传统的支付结算手段，尽管现代金融的结算方式趋于多样化，且电子支付方式日趋发达，但票据以其强大的流通性和独特的融资功能与其他支付结算手段相比仍能自成体系，并在金融市场中发挥着不可取代的作用。我国以《票据法》为基本法律，以《最高人民法院关于审理票据纠纷案件若干问题的规定》等具体操作规范为支撑，构成票据业务的法律制度体系。

3. 金融业务法

金融业务包含银行、证券公司、保险公司、信托投资公司和其他金融单位从事银行、证券经纪代理、证券投资、保险、信托等活动。金融业务法是调整金融机构与客户之间各种具体金融业务活动的法律规范的总和。其中主要包括《商业银行法》、《证券法》、《保险法》等法律法规中关于相关业务的规定。

二、金融法的渊源

金融法的渊源是指金融法律规范的表现形式。我国金融法的渊源包括国内渊源和国际渊源两大类，金融法的国内渊源是指我国有关机关制定并发布的调整各种金融关系的规范性法律文件，金融法的国际渊源是指我国参加或缔结的国际金融条约、协定以及一些具有广泛影响，为国际社会接受和认可的国际金融惯例。具体来说，我国金融法的渊源主要包括以下几方面：

(一)宪法

宪法是国家的根本大法，它规定了我国的各项基本制度、公民的基本权利和义务、国家机关的组成及其活动的基本原则等。我国宪法具有最高的法律地位和法律效力，是其他一切法律、法规的制定依据。因而，宪法是金融法的立法基础和依据，金融法的立法和实施都必须在宪法的指导下进行。

(二)金融法律

金融法律是指由全国人大制定的有关金融组织及其活动的规范性法律文件。金融法律包括金融专门立法和与金融交叉的其他法律。金融专门立法即以金融关系为核心调整对象的法律，如《银行法》、《证券法》等。与金融交叉的其他法律并不是以金融关系为核心调整对象，而是在调整其他社会关系的同时涉及金融关系的调整，如《刑法》中关于洗钱和金融诈骗的规定。金融法律是我国金融法的最重要的渊源。

(三)金融行政法规

金融行政法规是指国务院根据宪法和金融法律的规定，为保障金融法律的具体实施而制定的调整金融机构及其业务活动的规范性法律文件。金融行政法规是我国金融法的重要表现形式，它不得与宪法和法律相抵触。

(四)金融部门规章

金融部门规章是指由国务院直属部门所制定的调整金融关系的规范性法律文件，主要是由国务院金融监督管理机构(银监会、证监会等)、中国人民银行针对金融关系所制定的即时性、操作性和针对性规范，其数量繁多、变化较快，修改和废止的频率也较高。

(五)金融地方性法规、规章

金融地方性法规是指省、自治区、直辖市和较大的市的人民代表大会及其常务委员会制定的有关金融活动的规范性法律文件；地方性规章是指省、自治区、直辖市和较大的市的人民政府制定的地方性法律文件。这些规范是为适应本地的社会经济情况和实际需要而制定的，需要保证宪法、法律和行政法规在本地的具体施行，且不能与之相抵触。

(六)自律性规章

自律性规章是指由金融行业或金融机构制定的有关金融活动的行为规范，具有准法律效力。如我国的银行业协会、证券业协会、保险业协会等行业协会的章程和自律性规则，上海证券交易所、深圳证券交易所的股票上市规则等。

(七)金融司法解释

金融司法解释是最高人民法院对于金融案件的审理、最高人民检察院对于金融案件的调查活动中的法律适用问题所作出的法律解释。金融司法解释属于法律的有权解释或正式解释,是基于宪法和法律所赋予的职权而对法律作出的解释。

(八)金融国际条约和国际惯例

金融国际条约是两个或两个以上的国家缔结的关于金融活动中相互权利义务的协议。这些条约经过我国政府的承认和签署,除我国政府申明保留的条款外,即具有法律约束力,构成我国金融法的渊源。金融国际条约一旦被缔结和参加,即具有优先于国内法的效力。金融国际惯例是指人们在长期的国际金融实践中经反复的类似行为而形成,并被从事有关金融实践的当事人普遍认为具有约束力的习惯法和通例。国际惯例一经国家认可,便具有法律约束力。目前影响力较大的金融国际惯例主要有《商业单据托收统一规则》、《商业跟单信用证统一惯例》、《巴塞尔资本协议》、《有效银行监管的核心原则》等。

第四节 我国的金融体制与金融立法

一、金融体制的概念

金融体制又称金融体系,是关于金融的制度规定,是指一个国家通过立法确认或认可的金融形态所形成的体系或系统,包括金融中介和金融市场的设置方式、组成结构、隶属关系、职能划分、基本行为规范和行为目标,以及货币、信贷、利率、外汇清算等金融业务的基本管理制度和宏观调控方式等。简而言之,金融体制有五个基本构成要素:制度、结构、工具、市场和调控机制。金融体制是一个国家经济体制的核心部分,对经济稳定和发展有着重要意义。

二、西方国家的金融体制与金融立法

在现代市场经济条件下,发达国家的金融体制主要有市场主导型金融体制和银行主导型金融体制两种类型。这两种体制有许多共同之处,具体表现在:以银行为主体的多种金融机构并存;具有适应现代经济发展要求的、规范的、多样的金融工具体系和市场体系;中央银行作为金融体系的核心机构和宏观调控机构;中央银行垄断货币发行权;国家对金融活动和金融机构设

置实行严格的管理。

虽然发达的金融体制具有很多共同之处，但无论发达国家还是发展中国家的金融体制还是有很大的差异性，这主要表现在金融中介（主要指银行）和金融市场在其金融体系中各自发挥作用的大小不同，以英国、美国为代表的市场主导型金融体制主要是利用金融市场（主要是资本市场）融资，以德国、日本、法国为代表的银行主导型金融体制主要是利用银行贷款融资。即使同为市场主导型或同为银行主导型，金融体制仍然有很大的差异，如英国的银行非常集中，而美国的银行比较分散；在德国开户银行系统首先是在私有部门中发展起来的，日本则是政府在银行系统的形成中起很大的推动作用。

（一）两种金融体制的比较分析

1. 两种体制形成原因的比较

一国金融体制的形成具有很强的路径依赖性，它是各种因素相互作用的结果。金融制度的差异性主要表现在以下方面：

（1）各国对金融危机处理方式的不同。金融系统自从诞生之日起就伴随着不稳定性。历史上曾经发生过多次金融危机。1719—1720年发生了英国的南海泡沫事件和法国的密西西比泡沫事件，英国于1720年制定了泡沫法案，规定成立上市公司必须经过议会的批准，该法案直到1824年才被废除，在这期间的一个多世纪里英国的金融市场实际上受到了禁锢，法案废除后金融市场才蓬勃发展起来。而法国在密西西比事件后，政府成立了官方的交易所，并对上市公司实行严格的监管，其资本市场并没有得到发展。1929年美国发生了严重的金融危机，为应对危机美国政府制定了严格的金融和证券法规，1933年制定了证券法和银行法，这一法律将商业银行业务与投资银行业务严格分开。而日本则采取组建大的银行集团的方式来应对金融危机。这些国家所采取的对付金融危机的政策的不同，导致了国家金融体制的不同发展路径。因此国家在发生金融危机时所采取的措施奠定了一国金融体制的基础。

（2）各国金融监管制度的不同。各国根据不同的国情所采取的金融监管体制也不同。美国在1933年制定的《格拉斯·斯蒂格尔法》奠定了美国银行、保险、证券分业经营策略的基础，形成了分业监管的金融监管体系，在以后的半个多世纪里美国金融业一直是分业经营、分业监管，但分业监管使美国银行业的发展受到了很大的限制，致使美国银行分散、经营业务有限。英国的金融监管体制非常复杂，在1980年实行的也是分业监管，银行虽然集中但经营业务受限制。德国是最早建立独立的综合监管结构的国家，综合的监管机构有利于德国全能银行的发展。因此金融监管体系的不同也对金融体制的形成起了很大的作用。

(3) 各国司法体系的不同。一国金融体制的形成与其司法体系具有非常密切的联系,英国、美国实行的是判例法,根据判例法,新出现的案例可以作为以后判案的基础,这种司法体系更能适应新情况的变化,它对股东权利有强有力的保护,有健全的会计管制,其金融市场也就比较发达。工业革命最先在英国出现,跟英国的司法体系有很大的关系,因为工业革命所需要的资金能够在金融市场上得到满足。而欧洲大陆实行的成文法,因为成文法法律、法规的制定需要复杂的程序,不容易适应环境的变化,而且它对股东和信贷者的保护不够,合约执行不到位,会计制度不健全,其金融市场的发展就受到限制。

(4) 投资群体的风险偏好。金融体制的形成与投资者对待风险的态度密切相关,如果投资者是风险规避者,他们大多选择比较稳妥的投资方式,即主要把资金存储在银行或其他金融机构,而不投入到风险较大的股票市场中;如果投资者是风险爱好者,他们则很可能把资金投入股市,以获得更高的收益;对于风险中性者来说,他们会根据具体情况而做选择。当投资群体中风险规避者占多数时会有利于银行主导型金融体制的形成,反之,当风险爱好者占多数时会推动市场主导型金融体制的发展。英、美国家民族传统中富有更多的冒险精神,人们较倾向于支持风险较大的金融市场的发展;而德国具有严谨的传统,不太喜欢冒险,更容易形成银行主导型金融体制。

2. 两种体制的优劣比较

对以英、美为代表的市场主导型金融体制和以德、日、法为代表的银行主导型金融体制的优劣问题的争论从来就没有停止过,两种金融体制在资源配置方式、企业融资手段、信息处理、风险分担和参与公司治理等方面各有比较优势。

(1) 市场主导型金融体制的比较优势首先体现在证券市场是金融资源配置的有效方式,证券的高流动性使得金融资源可以迅速从低效率企业流向高效率企业,实现了资源的合理有效配置;其次,企业通过股票市场融资,在企业经济效益不好时可以不分发红利,从而减轻企业负担,而通过银行债务融资,无论企业经营业绩如何,必须支付银行利息,使企业背上债务包袱;最后,股票市场为投资者信息收集和信息处理提供激励机制,有效信息越多,所获得的投资回报就越多。

(2) 在银行主导型金融体制中,银行和企业的关系密切,银行与企业的长期关系可以减少信息成本,缓解企业的融资约束,同时它们之间的长期合约降低了依靠抵押逃避努力工作的风险,提高了公司治理结构的效率;另外,与每一位投资者对企业的直接监督相比,当一家银行同时监督多个投资项目并且投资者为小额投资者时,通过银行的代理监督可以降低社会监督成本。

(二)世界金融体制的发展趋势

20世纪90年代后半期以来,世界发达国家金融体制呈现趋同化的倾向。1999年11月4日美国废除了《格拉斯·斯蒂格尔法》,从而结束了长达半个多世纪的分业经营时代,预示着金融业混业经营时代的到来。而在1980年后英国也开始走混业经营的道路,英国、美国的银行业也可以经营投资、保险业务,开始向全能银行靠拢。与此同时,德国、法国和日本都在努力发展金融市场,制定各种有利于金融市场发展的政策。全能银行主导型金融制度和市场主导型金融制度是今后金融体制发展的方向。

三、我国金融体制改革和道路选择

(一)我国金融体制改革状况

1949年中华人民共和国成立后,没收了官僚资本银行、取缔了证券交易、禁止金银流通,并实行严格的外汇管制,将原有的金融系统改造为只有一个在全国遍布分支机构的国家银行,国家银行垄断了几乎所有的金融活动,形成"大一统"的金融系统。1978年中国人民银行分拆为中、农、工、建四大专业银行,形成双层银行体系,打破了"大一统"的局面。20世纪90年代后又出现招商银行、中信实业银行、华夏银行等金融中介机构。1990年12月成立的深圳证券交易所和1991年7月建成的上海证券交易所揭开了中国资本市场发展的序幕,自此中国金融体系才逐步完善。综观我国金融系统的发展史,虽然银行在我国金融系统中占有极其重要的地位,但严格说来我国实行的并非是银行主导型的金融体制,因为我国银行不能经营投资、保险业务。当然我国的资本市场刚刚起步,虽然发展迅速,但与市场主导型的金融体制还有很大的差距。我国的金融体制相当复杂,改革起来难度很大。当前我国金融体制改革的重点领域是银行业的系统改造(主要是处理不良资产),采取有效措施发展资本市场,扩大直接融资渠道;利率市场化改革、人民币可兑换和贸易自由化条件下的金融服务改革。

(二)我国金融体制改革道路的选择

我国正处于计划经济向市场经济的转轨时期,转轨经济金融体制改革是一项复杂的工程。一国金融体制发展模式的选择要考虑以下因素:原有金融体制格局、有关法律及历史人文环境、政府政策和产业发展状况等。银行在我国的金融体制中虽处于核心地位，但由于法律、法规的限制，银行还不能直接经营投资业务和保险业务，加上其他金融机构的竞争，银行的核心地位有衰落的倾向（但银行所具有的独特功能使得它不会消失），因此在当前和今后相当长一段时期内不会形成银行主导型的金融体制。当今世界的一个主要特点是新经济崛起，高科技产业迅速发展。高科技产业正逐渐成为一国的主导产业，国家采取各种优惠政策鼓励高科技产业的发展。高科技产业的显著特点是高风险、高投资、高回报，它的这些特点决定了高科技产业更适合通过金融市场融资，这种融资需求对金融市场的发展具有很大的推动作用，但由于受中国传统文化的影响，我国目前还没有形成风险爱好者投资群体，因而在短期内也不会形成市场主导型的金融体制。由此可见，在广大发展中国家金融机构和金融市场的互补性大于竞争性，在今后相当长一段时期内我国还不能实行单一的银行主导型或市场主导型，而只能走金融机构和金融市场协调发展的道路。

四、我国的金融体制

经过30多年的改革开放，我国目前形成了以中国人民银行为领导，政策性银行与商业性银行相分离，国有商业银行为主体，多种金融机构并存，分工协作的金融中介机构体系格局。

（一）我国的中央银行——中国人民银行

中国人民银行是我国的中央银行，是国务院领导下制定和执行货币政策、对金融业实施监督管理的国家机关。它是我国的货币发行的银行、银行的银行和政府的银行。在我国金融体制中，中国人民银行负责制定和实施货币政策，对金融业实施监督管理和宏观调控，是领导和管理机关，处于主导和主体地位。

（二）政策性银行

政策性银行是由政府投资设立的，不以营利为目的，根据政府的决策和意图专门充实政策性金融业务的银行。1994年，我国先后组建了三家政策性银行：一是国家开发银行。主要负责按国家宏观经济政策、产业政策、区域发展政策，筹集和引导境内外资金，重点向国家基础设施、基础和支柱产业项目以及重大技术改造和高新技术产业化项目发放贷款。二是中国进出口银行。主要以市场方式向国内外发行金融债券筹集资金，为成套设备、技术服务、船舶、单机、工程承包、其他机电产品和非机电高新技术的出口等，提供卖方和买方信贷；办理中国政府的援外贷款及外国政府贷款的转贷款业务。三是中国农业发展银行。其主要业务是向承担粮、棉、油收储任务的国有粮食收储和供销社棉花收储企业提供收购、储备和调销贷款。三家政策性银行,均直属国务院领导。

(三) 国有商业银行

中国工商银行、中国农业银行、中国建设银行和中国银行等四家国有商业银行在我国金融机构体系中处于主体地位。中国工商银行是我国目前规模最大的商业银行,它一方面积极开拓、稳健经营,同时又以效益为中心,进行集约化经营。中国农业银行一方面利用固有的优势,继续服务于农村经济,以支持农业产业化经营为基础,将经营重心转移到高效行业和企业;另一方面实行城乡联动的市场定位,拓展城郊与城区的业务,支持城乡经济一体发展。中国银行在其作为国家外汇外贸转移银行时期,在发展国际金融业务方面就已奠定了良好的基础。现在,作为外汇指定银行,继续充分发挥着支持外贸事业发展、提供国际结算服务、提供进出口融资便利以及作为对外筹资的主渠道等的业务优势。1996年3月,中国人民建设银行更名为中国建设银行。由于该银行过去长期专门办理固定资产投资和房地产等基本建设金融业务,与大企业、大行业有着密切的联系,从而继续发挥优势,实施为大行业、大企业服务的经营战略。中国邮政储蓄银行于2007年3月20日正式挂牌成立,是在改革邮政储蓄管理体制的基础上组建的我国第五大国有商业银行。

(四) 其他商业银行

自20世纪80年代初起,我国就陆续组建了一批股份制商业银行:交通银行、中国光大银行、华夏银行、中国民生银行、招商银行等。1995年春,我国开始在规范信用社的基础上组建城市合作银行,其基本方式是将众多的城市信用合作社改组为地方性股份制商业银行,城市合作银行在性质上并不属于合作性金融机构,而是股份制商业银行,因而城市合作银行后来又改名为城市商业银行。2001年11月,经中国人民银行批准,江苏省成立了张家港市、常熟市、江阴市三家农村商业银行,这是在农村信用合作社的基础上改制组建的股份制商业银行,这标志着一种新的农村金融机构诞生。

(五) 非银行金融机构

非银行金融机构主要指保险公司、信托投资公司、证券公司、财务公司和金融租赁公司等。

1. 保险公司

保险公司是经营保险和再保险业务的金融机构。其主要任务是:组织和集聚保险基金,建立社会经济补偿制度,保持生产和人民生活的稳定,增进社会福利;经营国内外保险和再保险业务以及与保险业务有关的投资活动,促进社会生产、流通和对外贸易的发展。目前，我国保险公司有：中国人民保险(集团)公司、中国太平洋保险公司、中国平安保险公司等。国外一些著名的保险公司如美国友邦保险公司等也在我国设有分支机构。

2. 信托投资公司

信托投资公司是经营信托投资业务的金融机构。我国的信托投资公司有三种类型：国家银行附属的信托投资公司；全国性的信托投资公司，如中国国际信托投资公司和上海爱建信托投资有限责任公司等；地方性信托投资公司，它是地方政府为促进本地区和国外的经济技术合作而在大中城市建立的信托投资公司。信托投资公司的业务范围包括：吸收信托存款；经营委托贷款与投资及信托贷款与投资；从事融资性租赁；办理担保与代理业务；经营有价证券的发行和买卖以及在境外发行外币有价证券；筹措境外外币借款；经营外汇信托投资业务等。

3. 证券公司

证券公司又称证券商，主要业务有：推销政府债券、企业债券和股票，代理买卖和自营买卖已上市流通的各类有价证券，参与企业收购、兼并，充当企业财务顾问等。我国第一家证券公司于1987年在深圳经济特区成立，以后，各省市都相继成立了证券公司。为了方便投资者买卖股票和债券，证券公司和信托投资公司在全国大中城市设立了证券交易营业部。

4. 财务公司

我国的财务公司多为企业集团内部集资而成，其宗旨和任务是为分企业集团内部集资或融通资金，一般不得在企业集团外部吸收存款。财务公司在业务上受银行监督委员会领导和管理，在行政上则隶属于各企业集团。其主要业务有：人民币存款、贷款、投资业务；信托和融资性租赁业务；发行和代理发行有价证券等。

5. 金融租赁公司

我国的金融租赁公司起始于20世纪80年代。金融租赁公司创建时大多是由银行、其他金融机构以及一些行业主管部门合资设立，如中国租赁有限公司、东方租赁有限公司等。根据我国金融业实行分业经营及管理原则，对租赁业务也要求独立经营，与所属银行等金融机构脱钩。目前，金融租赁公司的主要业务有：用于生产、科研、办公、交通运输等动产、不动产的租赁、转租赁、回租租赁业务；出租物和抵偿租金产品的处理业务等。

6. 外资金融机构

外资金融机构是指依照中华人民共和国的有关法律法规，经批准在中国境内设立和营业的金融机构，其主要有三种形式：一是外资银行，具体包括外国独资银行、外国银行分行、中外合资银行；二是外资财务公司，具体包括外国独资财务公司、中外合资财务公司；三是外资保险公司，具体包括外国独资保险公司、外国保险公司分公司、中外合资保险公司。

五、我国金融立法

(一)旧中国的金融立法

中国第一部金融法是1908年清王朝颁布的《大清银行则例》，规定大清银行享有代表国家发行纸币、代理国库和调剂金融的权利。同年又颁布《银行通行则例》，规定了银行的九项业务，即票据贴现、短期拆款、存款、放款、兑换发行银钱票等。1927年国民党政府制定《中央银行法》，据此于次年11月1日成立中央银行。1947年4月20日，国民党政府颁布《新银行法》，共10章119条，对商业银行、实业银行、储蓄银行、信托银行、钱庄、外国银行及银行的登记、业务许可、法律责任等均作了规定。

货币立法方面，1910年清政府颁布《铸币则例》，规定银元为本位币，并将铸币权收归中央，第一次在中国确立了银本位制，但仍是银元与银两并用。1933年4月6日，国民党政府颁布《银本位铸造条例》，实行废两改元，由中央造币厂统一铸造，从此在我国正式确立了银本位制。1935年11月4日，国民党政府颁布紧急法令，实行"法币改革"，废止银本位制，实行纸币制，这次改革使中国进入了不兑换纸币本位时期。

票据立法方面，1929年10月国民党政府公布施行《中华民国票据法》，共139条。次年7月又颁布《票据法施行法》，凡20条；证券立法方面，1914年，北洋政府颁布了我国历史上第一部证券法——《证券交易所法》。1929年10月，国民党政府颁布《中华民国交易所法》；次年4月又颁布了新的《中华民国交易所法》。

(二)新中国的金融立法

新中国成立后的最初30年，由于实行高度集权的计划经济体制，我国的金融事业发展缓慢。实行改革开放政策后，我国加快了金融立法的步伐，制定了大量的金融法规和规章，其中以1986年1月7日发布的《中华人民共和国银行管理暂行条例》为代表。

1993年我国确立了建立社会主义市场经济体制的目标，金融体制的总体目标得以确立，金融改革进一步深化，金融立法也步入了一个崭新时期。尤其是1995年，可以说是我国的"金融立法年"，在这一年里，我国制定颁布了四部金融基本法律及一个决定，包括1995年3月18日第八届全国人大第三次会议通过的《中华人民共和国中国人民银行法》，1995年5月10日第八届全国人民代表大会常务委员会第十三次会议通过的《中华人民共和国商业银行法》和《中华人民共和国票据法》，1995年6月30日第八届全国人民代表大会常务委员会第十四次会议通过的《中华人民共和国保险法》及《全国人民代表大会常务委员会关于惩治破坏金融秩序犯罪的决定》，从根本上改变了我国金融领域欠缺基本法律规范的局面，初步形成了我国金融法体系的基本框架。

1997年3月14日修订、同年10月1日实施的新《刑法》专门设立两节集中规定有关金融方面的犯罪，1998年12月29日九届全国人民代表大会常务委员会第六次会议通过的《中华人民共和国证券法》，对证券市场的管理作了比较全面系统的规定；2003年12月27日十届全国人民代表大会常务委员会第六次会议，通过了对《中国人民银行法》、《商业银行法》的修正，通过并于2004年2月1日施行《银行业监督管理法》，将中国人民银行对金融业的监管职能划归中国银监会，强化了中国人民银行制定和执行货币政策的调控职能；2005年10月27日，根据我国金融体制改革和证券市场发展的需要，并对公司法与证券法相关规定进行理顺和协调，十届全国人民代表大会常务委员会第十八次会议通过了对《公司法》和《证券法》的修正。我国的金融监管体制基本得到确立。2013年12月28日，第十二届全国人民代表大会常务委员会第六次会议审议通过了关于修改《中华人民共和国公司法》的决定，并自2014年3月1日起施行。《公司法》的修订势必带来一系列修法的联动反应，由此，我国金融法律体系将得到进一步完善。

【拓展材料】

环境金融法①

经济发展和环境保护是当今国际社会和各国政府时刻关注的两大议题，而这两者之间如何和谐共生共存更是一个世纪性难题。生态经济、循环经济和低碳经济等可持续型经济模式的提出似乎为经济发展和环境保护的和谐共生共存找到了出路。然而，纵观世界各国，无论发达国家抑或发展中国家，可持续型经济模式的发展都举步维艰。相较于传统经济模式，可持续型经济模式对科学技术的要求更高，市场规模暂时较为狭小，导致经济发展成本更高，环保产品价格更为昂贵，消费者目前较难接受。因此，目前很多国家政府都要向可持续型经济的发展投入巨额的补贴，然而政府补贴毕竟是杯水车薪。为了解决可持续型经济发展所需的巨大成本，寻求一种有效的融资途径

---

① 参见蔡文灿：《环境金融法初论》，载《西部法学评论》2012年第1期。

成为当务之急。

金融是现代经济的"血脉",其功能之一是动员和筹集资金。现代金融具备为可持续型经济模式的发展筹集资本的功能,但此功能远未充分发挥出来,原因在于传统金融行业的盲目趋利性导致其只顾利润而不顾所放贷或投资的项目是否会对环境造成巨大破坏或者潜伏着巨大的环境风险。为适应经济发展模式的转变,传统金融行业必须面向可持续发展作出变革,由此,环境金融的实践活动和理论探索应运而生。

环境金融是伴随着可持续发展理念的兴起而产生的一种新型金融模式。对于环境金融的内涵,目前尚无定论。《美国传统辞典》(2000)认为:环境金融是环境经济的一部分,它主要研究如何使用多样化的金融工具来保护环境、保护生物多样性。国内学者引入环境金融的概念后也对其进行了一定程度的研究,形成了一些有代表性的观点。环境金融的本质是基于环境保护目的的创新型金融模式,其内涵应该包括以下四个部分:(1)利用创新型金融模式来处理和防治环境污染,并实现生态环境的可持续发展;(2)利用创新型金融模式来规避来源于环境因素而产生的风险,对环境风险进行有效管理;(3)利用创新型金融模式来提供信息,使环境管理更有效率;同时解决环境领域中存在的道德风险和逆向选择问题,为环境行为提供正当的激励;(4)利用创新型金融模式来提高稀缺性资源的利用效率,实现环境资源和社会资源的优化配置,创造盈利模式,提高社会福利。

对于环境金融的外延,也就是环境金融体系的构成,国内外的说法基本上大同小异,只在个别领域略有差异。通说认为,环境金融体系主要包括碳金融、绿色信贷、绿色证券、绿色保险(亦称环境保险)、环境基金以及与环境相关的金融衍生品等。环境金融已逐步形成自身的框架体系,这种架构体系的建立来源于实务,是多方参与主体行为博弈的结果。但这里要强调一点,环境金融的框架体系不是静态的、封闭的,相反它是一个动态发展、兼收并蓄的系统,它可以根据社会时代的变化而产生新的内容。目前国家上常见的环境金融法律制度主要有:碳金融法律制度、排污权交易制度、绿色信贷法律制度、环境保险法律制度、绿色证券法律制度、环境基金法律制度等。

【思考题】

1. 金融法是调整(　　)的法律规范的总称。
   A. 货币关系　　　　　　　　B. 货币流通关系
   C. 货币与商品关系　　　　　D. 资金融通关系

2. 金融属于现代经济学中生产、交换、分配和消费四个环节中的（　　）环节。
   A. 生产　　　　　　　　B. 交换
   C. 分配　　　　　　　　D. 消费
3. 金融业的作用主要有（　　）。
   A. 中介作用　　　　　　B. 调节作用
   C. 转换作用　　　　　　D. 服务作用
4. 金融法所调整的金融关系大致包括（　　）。
   A. 金融货币关系　　　　B. 货币资本关系
   C. 金融交易关系　　　　D. 金融调控关系
   E. 金融监管关系
5. 简述金融与经济发展的关系。
6. 简述金融法的体系。

第二编　金融机构组织法

第二章 银行机构组织法

【学习目的与要求】通过本章的学习，熟悉中央银行、商业银行、政策性银行等金融机构的概念和业务范围，了解我国中央银行的特点与职能，掌握我国货币政策工具的种类；了解商业银行的设立、变更、接管与终止的条件；了解政策性银行的分类及功能。

第一节 金融调控主体与金融监管主体

一、金融调控主体

金融调控主体的一方具有恒定性，一般都是中央银行。从各国的实践经验来看，金融调控的权力主体在各国几乎都局限于中央银行。中央银行在各国的职能与地位颇有差异，但其作为货币的发行者和货币供应量的最终调节者，通过对货币及其运行的调节，实现对宏观经济的强有力调控，进而成为宏观调控的主要机构的特征却是一样的。

(一)中央银行

中国人民银行是我国的中央银行，是进行金融调控的主要机关，根据1995年3月公布并实施、2003年修正的《中国人民银行法》的规定，中国人民银行在国务院领导下，制定和实施货币政策、防范和化解金融风险，维护金融稳定。在国务院领导下，中国人民银行依法独立执行货币政策，履行职责，开展业务，不受地方政府、其他机关、社会团体和个人的干涉。

(二)国家外汇管理局

国家外汇管理局是国务院外汇管理部门，是由中国人民银行代管的国务院直属局。根据2008年8月修订的《外汇管理条例》，外汇管理局及其分支机关(即外汇管理机关)依法履行外汇管理职责，遵循安全、流动、增值的原则，依法持有、管理、经营国家外汇储备。当国际收支出现或者可能出现严重失衡，以及国民经济出现或者可能出现严重违纪时，国家可以对国际收支采取必要的保障、控制等措施。

(三)其他部门

发展与改革委员会和财政部也承担部分金融调控职能。如在我国境内注册登记的具有法人资格的企业申请发行企业债券,应按照《证券法》、《公司法》、《企业债券管理条例》等法律法规及有关文件规定的条件和程序,编制公开发行企业(公司)债券申请材料,报国家发改委核准。财政部是中央金融企业国有资产的管理人,负责相应国有资产的管理以及有关企业的财务监控,具有比较广泛的管理职能。在国债管理方面,财政部负责编制国债发行计划,财政部下的国库司负责研究政府国内债务政策,拟定管理制度,负责政府内债发行、兑付及二级市场管理。

二、金融监管主体

金融监管主体是指有权对金融机构及其经营活动实施规制和约束的专业性监管机构。

(一)中国人民银行

根据《中国人民银行法》的规定,为执行货币政策和维护金融稳定,中国人民银行目前的监管范围主要有:监管银行间同业拆借和银行间债券市场;监管黄金市场;实施外汇管理,监管银行间外汇市场;管理支付结算、清算;管理反洗钱行为以及建议检查监督权。中国人民银行根据执行货币政策和维护金融稳定的需要,可以建议国务院银行业监督管理机构对银行业金融机构进行检查监督。当银行业金融机构出现支付困难,可能引发金融风险时,为维护金融稳定,中国人民银行有权经国务院批准,对金融机构进行检查监督。

(二)中国银行业监督管理委员会

作为国务院银行业监督管理机构,中国银行业监督管理委员会(以下简称银监会)根据国务院授权,统一监督管理银行、金融资产管理公司、信托投资公司及其他存款类金融机构,维护银行业的合法、稳健运行。银监会监管工作的目标在于保护广大存款人和消费者的利益,增进市场信心,减少金融犯罪,促进银行业的合法、稳健运行。

(三)中国证券业监督管理委员会

中国证券业监督管理委员会(以下简称证监会)为国务院直属事业单位,依法统一监督管理全国证券期货市场,维护证券期货市场秩序,保障其合法运行。

(四)中国保险业监督管理委员会

中国保险业监督管理委员会(以下简称保监会)成立于1998年11月18

日，其基本目的是为了深化金融体制改革，进一步防范和化解金融风险，根据国务院授权履行行政管理职能，依照法律、法规统一监督和管理保险市场。

三、金融自律主体

金融自律监管也称自我管理，是指金融机构组织通过行业自律规范对金融机构和金融市场进行的监管。金融自律机构主要是指行业协会。

（一）银行业协会

中国银行业协会成立于2000年5月，是经中国人民银行和民政部批准成立的全国性非营利社会团体，是中国银行业自律组织。2003年中国银监会成立后，中国银行业协会主管单位由中国人民银行变更为中国银监会。中国银行业协会以促进会员单位实现共同利益为宗旨，履行自律、维权、协调、服务职能，维护银行业合法权益，维护银行业市场秩序，提高银行业从业人员素质，提高为会员服务的水平，促进银行业的健康发展。

（二）证券业协会

中国证券业协会成立于1991年8月，是依据《中华人民共和国证券法》和《社会团体登记管理条例》设立的证券业自律性组织，接受中国证监会和国家民政部的业务指导和监督管理。中国证券业协会的宗旨是：在国家对证券业实行集中统一监督管理的前提下，进行证券业自律管理；发挥政府与证券行业间的桥梁和纽带作用；为会员服务，维护会员的合法权益；维持证券业的正当竞争秩序，促进证券市场的公开、公平、公正，推动证券市场的健康稳定发展。

（三）期货业协会

中国期货业协会成立于2000年12月，是根据《社会团体登记管理条例》设立的全国期货行业自律性组织，为非营利性的社会团体法人，接受中国证监会和国家社会团体登记管理机关的业务指导和管理。中国期货业协会的宗旨是：在国家对期货业实行集中统一监督管理的前提下，进行期货业自律管理；发挥政府与期货行业间的桥梁和纽带作用，为会员服务，维护会员的合法权益；坚持期货市场的公开、公平、公正，维护期货业的正当竞争秩序，保护投资者利益，推动期货市场的健康稳定发展。

（四）信托业协会

中国信托业协会成立于2005年5月，是全国性信托业自律组织，是经中国银行业监督管理委员会同意并在中华人民共和国民政部登记注册的非营利性社会团体法人。中国信托业协会的宗旨是：以促进会员单位实现共同利益为宗旨，遵守宪法、法律、法规和国家政策，认真履行自律、维权、协调、服务职能，发挥相关管理部门与信托业间的桥梁和纽带作用，维护信托业合法权益，维护信托业市场秩序，提高信托业从业人员素质，提高为会员服务的水平，促进信托业的健康发展。

(五)保险行业协会

中国保险行业协会成立于2001年2月，是经中国保险监督管理委员会审查同意并在国家民政部登记注册的中国保险业的全国性自律组织，是自愿结成的非营利性社会团体法人。其业务活动接受业务主管单位中国保监会的监督和指导，并接受民政部的监督和管理。中国保险行业协会的宗旨是：遵守国家宪法、法律、法规和经济金融方针政策，遵守社会道德风尚，深入贯彻科学发展观，依法配合保险监管部门督促会员自律，维护行业利益，促进行业发展，为会员提供服务，促进市场公开、公平、公正，全面提高保险业服务社会主义和谐社会的能力。

(六)银行间市场交易商协会

中国银行间市场交易商协会经国务院同意、民政部批准，成立于2007年9月，为全国性非营利性社会团体法人，其业务主管部门为中国人民银行。中国银行间市场交易商协会是由市场参与者自愿组成的，包括银行间债券市场、同业拆借市场、外汇市场、票据市场和黄金市场在内的银行间市场的自律组织。

第二节　中央银行组织法

一、中央银行的概念及特性

(一)中央银行的概念

中央银行是一国金融体制中居于核心地位，依法制定和执行货币金融政策，实施金融调控与监管的特殊金融机关。中国人民银行是我国的中央银行。当今世界上大多数国家都实行中央银行制度。关于中央银行的名称，除部分国家直接以"中央银行"命名外，有的国家称为"国家银行"，如前苏联、瑞典、荷兰、比利时等；有的国家称为"储备银行"，如美国、澳大利亚、南非、新西兰、印度等；有的则在银行前冠以国名，如英国、日本、意大利、法国、加拿大等；还有的国家称"人民银行"，如南斯拉夫、朝鲜和中国等。因此，识别一个国家的中央银行，不能单纯看其名称，而应深入了解它的地位和职能。

(二)中央银行的特性

首先,作为国家机关,中央银行与一般政府机关相比,有着显著的特殊性,即它带有银行的性质,执行着金融机构的业务。表现在:(1)中央银行履行的监管、调控职能主要是通过其服务职能,亦即金融业务活动实现的,其调控工具主要是货币政策等间接杠杆。这与主要依靠行政命令直接管理国家事务的一般政府机关有显著的区别。(2)中央银行也办理金融业务,如存款、贷款、再贴现、票据清算等,实行资产负债管理,有资本,也有收益。这就具备了普通银行的基本属性,使其与完全靠国家财政拨付经费的政府机关有显著不同。(3)中央银行因其职能的重要性、业务的特殊性,一般都具有相对独立、超然的法律地位。它在货币政策的制定和实施、人事任命、组织管理体制方面,都有比较特殊的规定,不像一般政府机关那样直接隶属于政府,并对其负责,而往往和立法机关直接建立监督制约关系。

其次,作为金融机构,中央银行虽然具有银行(金融企业)的一般性质,但它和普通银行相比,又更多地体现出国家机关的性质。表现在:(1)中央银行不经营普通银行业务,各国银行法一般都规定,中央银行不对工商企业和个人办理业务,只对政府、普通银行和其他金融机构办理业务;(2)中央银行的业务经营不以营利为目的,对政府财政存款和银行等金融机构的存款准备金不支付利息,代理财政收支不收费,其资产要保持较大的流动性,这和普通银行以营利为目的的经营原则是不同的;(3)国家对中央银行的资本和利益分配有较强的控制,对中央银行的高级管理人员的任免、任职期限等规定较为严格,往往与政府机关行政首长的任命程序相同。

综合上述,我们认为中央银行在性质上属于国家机关,是特殊的国家机关。

(三)人民银行的性质

《中国人民银行法》第2条规定:"中国人民银行是中华人民共和国的中央银行。中国人民银行在国务院领导下,制定和执行货币政策,防范和化解金融风险,维护金融稳定。"该法第8条规定:"中国人民银行的全部资本由国家出资,属于国家所有。"中国人民银行是我国的中央银行,在国务院领导下,制定和实施货币政策,对金融业实施监督管理,保证国民经济健康发展。其性质表现在以下几方面:

1. 发行的银行

中国人民银行是中国唯一的货币发行机构,通过控制货币发行权,通过货币政策保证经济平稳运行。这种对发行权的控制,一方面有利于防止因分散发行造成的信用膨胀、货币紊乱和币制不统一,另一方面也利于调节和控制货币流通量。中国人民银行可根据国内外经济金融的动向和货币政策的要求，在国家法律规定的范围内，实现对全国货币供应量的控制，使全社会的总供给与总需求达到基本平衡。当宏观经济处于通缩状态，可实施宽松的货币政策，加大货币供应量，保证市场的资金需求；当宏观经济处于通胀状态，可实施适度从紧的货币政策，收缩货币供应量，保证宏观经济的软着陆。

2. 银行的银行

中国人民银行在国家的金融体系中处于领导地位，只与普通银行和非银行金融机构发生业务往来，不与工商企业发生直接的信用关系，以保证金融体系的稳定，因而是银行的银行。中国人民银行承担各商业银行间结算事务，确保支付体系安全有效，一方面提高了清算效率，另一方面为央行实时监控金融体系、维护金融稳定提供了基础。在金融恐慌情况下，中国人民银行可利用自己的货币发行权，为商业银行提供现金贷款，保证金融体系的稳定。中国人民银行能够在存款机构出现支付和清偿困难的情况下确保其清偿能力，在一定程度上能够起到防范金融风险、保障金融稳定的作用。

3. 政府的银行

中国人民银行作为政府的银行，通过行政手段对金融机构监督管理，保证金融体系稳定，主要体现在以下几个方面：(1)中国人民银行根据法律的授权，代表政府制定和实施货币政策，运用自己所拥有的金融调控手段，对货币与信用进行调节和控制，进而影响和干预整个社会的经济进程，实现预期的货币政策目标。(2)中国人民银行的金融管理行政手段包括：草拟金融法规，制定金融行政规章；审批金融机构的设立、变更、接管及终止等。(3)中国人民银行作为国家机关，代表国家政府参与国际金融组织，签订国际金融协定，协调中国国内与国外的金融关系，使中国大规模参与国际金融活动得以实现。

4. 独立的法人

中国人民银行是依法享有相对独立性的国家宏观调控部门，在国务院领导下依法独立执行货币政策，履行职责，开展业务。中国人民银行独立于地方政府，不受地方政策的干涉和管辖，独立于其他国家行政机关，与其他部级行政机关属于平级单位，也独立于社会团体和个人，不受其干涉。中国人民银行的全部资本由国家出资，属于国家所有。中国人民银行实行独立的财务预算管理制度，每一会计年度的净利润全部上缴中央财政，发生的亏损由中央财政拨款弥补。

二、中央银行的职能与职责

中央银行的职能，是指中央银行作为特殊的国家金融监管机关应有的作用，是中央银行的性质的具体反映。现代各国中央银行一般都具有金融调控、金融监管和金融服务三项基本职能。

(一)调控职能

中央银行作为一国货币政策的制定和执行者，通过运用货币政策工具，对全国的货币、信用活动进行有目的的控制与调节，影响和干预国家宏观经济，实现其预期货币政策目标的职能。中央银行调控的主要对象是货币供应量，以此影响社会的总供给和总需求。中央银行履行调控职能的主要手段是各种货币政策工具，包括法定存款准备金、再贴现、公开市场业务和其他货币政策工具。

(二)监管职能

中央银行的监管职能是指中央银行的金融行政管理职能。其监管对象有两个，一是对普通银行的全面监管；二是配合其他监管部门对金融市场和非银行金融机构进行监管。当代各国中央银行金融监管的内容包括：草拟金融法律、法规，制定金融政策和金融行政规章；审批各类金融机构的设立、变更、接管和终止；审批金融机构的业务范围，并依法对其业务活动实施监管；管理货币市场、资本市场及黄金、外汇市场等。从全球范围来看，大多数发展中国家的中央银行负责银行监管，部分发达国家的央行在朝着分拆的方向发展。英格兰银行是央行分拆理论和实践的先行者，英国单独设立金融服务管理局负责金融监管，但英格兰银行依然负责整体的金融稳定工作。

(三)服务职能

中央银行作为金融机构，它需要以银行身份提供金融服务。由于中央银行不直接办理工商企业的存贷款业务，所以，其服务对象主要是政府、普通银行等金融机构，以及整个社会。中央银行为政府服务表现在：经理国库、代理政府债券的发行和兑付；代理政府经营黄金、外汇储备；为政府融通短期资金；代表政府从事国际金融活动；充当政府经济、金融顾问等。为普通银行等金融机构服务的主要内容有：集中保管存款准备金；提供清算服务；提供再贷款和再贴现等融资服务。为社会公众服务表现为：依法发行货币并维护币值稳定；维护银行客户存款安全；搜集、整理和公布有关国民经济信息资料，为企事业单位和社会公众制定业务政策、计划、决策提供参考；通过存贷款政策鼓励、引导金融机构吸收存款、发放贷款，引导资金投向。

三、中央银行职责范围

职责是职能的具体化，《中国人民银行法》第 2 条规定，中国人民银行的基本职能是制定和执行货币政策、防范和化解金融风险，维护金融稳定。其第 4 条又规定了人民银行的 13 项职责，内容涵盖了金融行政管理、金融业务及反洗钱等方面，具体包括：(1)发布与履行其职责有关的命令和规章；(2)依法制定和执行货币政策；(3)发行人民币，管理人民币流通；(4)监督管理银行间同业拆借市场和银行间债券市场；(5)实施外汇管理，监督管理银行间外汇市场；(6)监督管理黄金市场；(7)持有、管理、经营国家外汇储备、黄金储备；(8)经理国库；(9)维护支付、清算系统的正常运行；(10)指导、部署金融业反洗钱工作，负责反洗钱的资金监测；(11)负责金融业的统计、调查、分析和预测；(12)作为国家的中央银行，从事有关的国际金融活动；(13)国务院规定的其他职责。

中国人民银行通过开展金融业务，履行和实现基本职能。中央银行的金融业务主要集中于负债业务、资产业务和清算业务三个方面，其业务的开展，以政府和金融机构为业务对象，不以营利为目的，旨在维护币值、调控金融，实现宏观经济目标。中国人民银行的法定业务主要有：(1)统一印制、发行人民币；(2)要求银行业金融机构按规定比例交存存款准备金；(3)确定中央银行基准利率；(4)为银行业金融机构办理再贴现；(5)向商业银行提供贷款；(6)开展公开市场业务操作；(7)依法律、行政法规规定经理国库；(8)代理财政部门向各金融机构相互间的清算系统，协调清算事项，提供清算服务。

同时，法律明确禁止中国人民银行从事以下业务：(1)不得对银行业金融机构的账户透支；(2)不得对政府财政透支，不得直接认购、包销国债和其他政府债券；(3)不得向地方政府、各级政府部门、非银行金融机构以及其他单位和个人提供贷款，但国务院决定中国人民银行可以向特定的非银行金融机构提供贷款的除外；(4)不得向任何单位和个人提供担保。

四、中央银行的货币政策工具

货币政策或称金融政策，是指主权国家为实现其特定的经济目标而采用的各种调节货币供应量或管制信用规模的方针、政策和措施的总称，是一国主要的宏观经济政策。由于制定和实施货币政策是中央银行的核心职责，所以，人们一般称货币政策为中央银行的货币政策。

《中国人民银行法》第 3 条规定："货币政策目标是保持货币币值的稳

定,并以此促进经济增长。"货币政策工具是中央银行实现其货币政策目标的政策手段。中央银行通过货币政策工具的运作,影响商业银行等金融机构的活动,进而影响货币供应量,最终影响国民经济宏观经济指标。《中国人民银行法》第23条规定了人民银行可以运用如下六种货币政策工具:

(一)存款准备金制度

存款准备金制度,是指立法授权中央银行规定和调整商业银行等交存中央银行的存款准备金率,以此控制商业银行的信用创造能力,间接控制货币供应量的制度。存款准备金率的变动同银行超额准备金、市场货币供应量的变动成反比例关系,同中央银行基准利率和市场上长短期利率的变动成正比例关系。中央银行通过调高或降低存款准备金率可以扩张或紧缩信用,调节货币供应量。

设立存款准备金的原始目的,是保持银行资产的流动性,提高银行的清偿能力,从而保证存款人的利益。后因中央银行有权随时调整存款准备金率,从而使其衍生为中央银行的货币政策工具。调整准备金率的表现形式最为直接,是压缩银行信贷与货币供应的头号"利器",目前凡是实行中央银行制度的国家,一般都实行法定存款准备金制度,并在立法中对存款准备金的实施对象、存款准备金率、准备金的计提基础、计提方法、准备金的构成与报酬、准备金的执行及罚则等作出规定。

(二)中央银行基准利率

基准利率是指在一国利率体系中起主导作用的基础利率,它的水平和变动决定其他各种利率的水平和变化。西方发达国家一般以中央银行的再贴现率为基准利率,也有的国家还包括中央银行的再贷款利率、市场基金利率等。我国的基准利率不能简单地理解为再贷款和再贴现利率,而应理解为人民银行制定和调整的各种利率(法定利率),即1999年3月2日人民银行发布的《人民币利率管理规定》第5条规定的利率,包括:人民银行对金融机构存、贷款利率和再贴现利率;金融机构存、贷款利率;优惠贷款利率;罚息利率;同业存款利率;利率浮动幅度;其他利率等。

(三)再贴现政策

再贴现政策,是指中央银行通过调整其对金融机构办理票据再贴现的再贴现率,来扩大或缩小金融机构的信贷量,从而促使信用扩张或收缩的政策措施。

我国开办再贴现业务始于1986年4月16日发布的《中国人民银行票据再贴现试行办法》,当时的适用范围较小,再贴现工具在我国的作用不够明显。1994年7月7日我国发布《再贴现办法》、1997年3月5日发布《中国人民银行对国有独资商业银行总行开办再贴现业务暂行办法》、1997年5月22日发布《商业汇票承兑、贴现与再贴现管理暂行办法》对票据再贴现的种类、再贴现对象和期限等作了规定，为再贴现的扩展创造了条件，再贴现规模已呈明显的扩张势头，其作为货币政策工具的作用也逐渐凸显出来。

(四)再贷款政策

再贷款是指中央银行对商业银行等金融机构的贷款，通过再贷款政策的严厉来控制市场上货币供应量的制度。再贷款是中央银行向金融机构提供资金支持的工具，是中央银行的主要资产业务之一，在商业银行等金融机构出现资金周转上的困境时，充当最后贷款人，向金融机构提供资金支持，救助高风险的金融机构，以避免金融机构因一时的资金周转问题带来金融机构的崩溃，防范系统性金融风险。

目前我国再贷款的对象基本就是国有商业银行与中国农业发展银行。再贷款主要以发行货币、财政性存款、存款准备金为资金来源。

(五)公开市场业务

按《中国人民银行法》的规定，我国的公开市场业务是指人民银行在公开市场上买卖国债和其他政府债券及外汇，以吞吐基础货币，从而控制和调节货币供应量的业务活动。它具有公开性、灵活性、主动性等优点，是我国值得大力发展和完善的一种政策工具。近几年央行在货币政策工具改革方面所取得的进步，最为突出的是公开市场业务操作的进步。

(六)其他货币政策工具

《中国人民银行法》第23条第1款第6项规定："国务院确定的其他货币政策工具。"这一规定实为有关选择性、补充性货币政策工具的弹性条款。目前，我国经济结构失衡严重、金融市场化程度不高，故一些带有结构性、直接控制性、选择性、补充性货币政策工具还比较具有适用条件。这些政策工具主要有：特种存款、证券市场信用控制、消费信用控制、不动产信用控制及窗口指导、道义劝告等。

第三节　商业银行组织法

一、商业银行的概念、职能及主要业务

(一)商业银行的概念

商业银行是以金融资产和负债为经营对象，以利润最大化或股东收益最大化为主要目标，提供多样化服务的综合信用中介机构，是金融企业的一

种。"商业银行"是英文 Commercial Bank 的意译,是相沿成习的惯称。因为这类银行开展业务,最初所吸收的资金主要是活期存款,而这种资金主要适于发放短期的具有商业性质的自偿性贷款,故被称为"商业银行"。这里的"商业"既指明这类银行的业务范围,又表明银行的性质是商业性的、是追求盈利的。

(二)商业银行的职能

商业银行作为金融组织体系的基本主体,其对现代经济生活的重要性集中反映为它的四项基本职能:

1. 信用中介职能

信用中介职能是商业银行最本质、最基本的职能。这一职能的实质,是通过银行的负债业务(主要是吸收存款)把社会上闲散的货币资本集中到银行里来,再通过银行的资产业务(放款和投资等),把它投向经济各部门。

2. 支付中介职能

商业银行通过客户在银行开立的存款账户,代理客户办理货币兑换、货币结算、货币收付等业务,成为工商企业、团体和个人的货币保管者、出纳者和收付代理人。这样,以商业银行为中心,形成了经济过程中无始无终的支付链条和债权债务关系。商业银行支付中介职能的发挥,使现金的使用大为减少,节约了社会流通费用,加速了资金结算和货币资本的周转。

3. 信用创造职能

商业银行是能够吸收各种存款的银行,它利用吸收的存款发放贷款,在支票流通和转账结算的基础上,贷款又转化为存款,在这种存款不提现或不完全提现的情况下,就增加了商业银行的资金来源,最后在整个银行体系,形成数倍于原始存款的派生存款。

4. 金融服务职能

随着经济的发展,银行间的业务竞争也日益剧烈。商业银行不得不拓展其业务、提高其服务品质以招徕顾客。现代商业银行利用其设施先进、联系面广、信息灵通和专业知识丰富等优势,为客户提供信息服务、咨询服务以及代交公共费用、代发工资、代理融资和保管箱等服务。

(三)商业银行的业务

商业银行业务,按资金来源和用途可归纳为以下三大类:

1. 负债业务

负债业务是商业银行通过一定的形式,组织资金来源的业务。其主要方式是吸收存款、发行金融(资本)债券、借款(含同业拆借、向央行借款、向国外货币市场借款)、应付款等。其中,最主要的负债业务是吸收存款,包括活期存款、定期存款、储蓄存款、大额可转让定期存单、委托存款、保证金存款、通知存款、协定存款等。在负债业务中,商业银行是债务人,各类存款人是债权人。

2. 资产业务

资产业务是商业银行运用其积聚的货币资金从事各种信用活动的业务,是商业银行取得收益的主要途径,包括发放贷款、进行投资(证券投资、现金资产投资、固定资产投资)、买卖外汇、票据贴现等,其中,最主要的资产业务是贷款业务和投资业务。在资产业务中,商业银行是债权人,而借款人是债务人。

3. 中间业务

中间业务或称表外业务,是指商业银行并不运用自己的资金,而代理客户承办支付和其他委托事项并从中收取手续费的业务。中间业务主要包括办理国内外结算、代理发行、代理兑付、承销政府债券、代理买卖外汇,提供信用证服务及担保、代理收付款以及代理保险业务等。此类业务的开展不会引起商业银行资产与负债比例的变化,商业银行既非债权人,也非债务人,而是代理人或金融中介人。

以上三类业务,负债业务和资产业务构成商业银行业务的基本内容,而中间业务的开展,通过提供优质、高效的服务,可为银行争取到更多的客户,更为有利地促进资产负债业务的开展。

(四) 我国的商业银行体系

1. 国有商业银行

2004年以来,中国银行、中国建设银行、中国工商银行和中国农业银行相继成功进行了股份制改造。随着国有商业银行股份制改造、境外战略投资者的加入及上市成功,国有商业银行不再是"国有独资"商业银行,而成为国家控股的大型商业银行并已全部上市。

2. 股份制商业银行

股份制商业银行是指在国有商业银行进行股份制改革之前成立的全国性的股份制商业银行,如交通银行、招商银行。

3. 合作制银行

合作制银行是在原来城市信用合作社和信用联社的基础上发展而来的城市商业银行和农村商业银行。合作制银行依法采取股份有限公司形式,也属于股份制银行,但其合作的性质使其与一般的股份制银行相区别。

4. 外资银行

从理论上看,外资银行包括总行在中国境内的外国资本独资的商业银行、合资经营的商业银行、外国商业银行在中国境内设立的分行。由于我国目前仍不允许在境内成立外商独资的商业银行，故外资银行仅限于中外合资银行与外国银行分行。

二、商业银行的市场准入和退出机制

（一）商业银行的设立

商业银行是依据《商业银行法》和《公司法》成立的经营货币金融业的特殊企业法人，它除了应具备一般企业法人应当具备的条件外，各国在立法上还有一些特别的要求。在我国，根据《商业银行法》第12条的规定，设立商业银行，应当具备下列五个条件：

1. 有符合《商业银行法》和《公司法》规定的章程

商业银行的章程是商业银行必备的规定商业银行组织及其活动开展的基本规则的书面性文件，是以书面形式固定下来的银行股东共同一致的意思表示。它就商业银行的名称，组织机构，资本状况，业务范围，财务分配，设立、变更及终止等事项作出规定，一经主管审批机关核准，即具有法定效力，是商业银行进行活动的基本行为准则。

2. 有符合《商业银行法》规定的注册资本最低限额

注册资本应当是实缴资本，人民银行根据经济发展需要可以调整注册资本最低限额，但不得少于法律规定的数额。商业银行的注册资本是商业银行的全体股东实际缴纳的出资额，即投资总额。其作用表现在：首先，提供了银行开展金融业务的部分营运资金；其次，划分股东权益的标准；最后，它是银行用以承担风险损失的资本担保，表示银行以自有财产承担债务的最低限额。

3. 有具备任职专业知识和业务工作经验的董事长(行长)、总经理和其他高级管理人员

商业银行的高级管理人员的人选及其活动直接影响到商业银行、商业银行的股东及客户的利益，乃至整个社会的经济、金融秩序，我国关于商业银行高级管理人员任职的业务资格(积极条件)，包括国籍限制、学历(专业知识)和资历(银行业务工作经验)等条件，由中国人民银行制定，《商业银行法》中没有作出明确规定。关于不得担任商业银行高级管理人员的禁止条件(或称消极条件)，《商业银行法》第27条有明文规定，《金融机构高级管理人员任职资格管理办法》第8条还对此作了进一步明确规定。

4. 有健全的组织机构和管理制度

商业银行的组织机构，是指实施银行决策、经营管理和监督稽核的银行

内部组织系统。按照银行决策权、执行权和监督权三权分立的原则,商业银行的内部组织机构一般由权力机构、执行机构和监督机构三部分组成。

5. 有符合要求的营业场所、安全防范措施与业务有关的其他设施

商业银行的营业场所,是指商业银行从事业务活动的固定地点。在商业银行的营业场所中,具有重要法律意义的是其住所,因为它是商业银行据以确定登记机关、诉讼管辖、开展业务、缴纳税收等活动的依据。安全防范措施和与业务有关的其他设施是指中国人民银行规定的完备的防盗、报警、通信、消防和电子计算机等设施。

此外,中国人民银行审查商业银行的设立申请时,还应当考虑经济发展的需要和银行业竞争的状况,亦即拟设立商业银行的周遭环境条件。

设立商业银行,应当经中国人民银行审查批准。未经批准,任何单位和个人不得从事吸收公众存款等商业银行业务,任何单位不得在名称中使用"银行"字样。根据《商业银行法》和中国人民银行发布的《金融机构管理规定》,商业银行的设立程序可分为筹设申请、开业申请、申领证照三个程序。

(二)商业银行的治理机构

我国《商业银行法》第2条明确规定,商业银行是依《商业银行法》和《公司法》成立的企业法人,也即规定了商业银行的组织形式必须采取股份有限公司或有限责任公司(包括国有独资公司)的形式成立。我国《商业银行法》没有对商业银行的内部组织机构作出全面规定,但因商业银行采取股份有限公司和有限责任公司的形式存在,所以,《公司法》中关于股份有限公司和有限责任公司内部机构的规定对商业银行也同样适用。

商业银行的外部组织机构一般有四种不同形式:(1)单一银行制,或称"独家银行制",即法律规定银行业务由完全各自独立的商业银行经营,禁止或严格限制商业银行设立分支机构。目前,美国是实行这种体制的唯一国家。(2)总分行制,或称"分支行制",即法律上允许商业银行总行在国内外设立分支机构,所有分支机构由总行领导和管理。这种体制渊源于英国的股份银行,以英国、加拿大为代表,也是世界各国普遍采取的一种银行体制。(3)集团银行制,又称"持股公司制",是由一个集团成立股权公司,再由该股权公司控制或收购两家以上的银行。(4)连锁银行制,或称"联合制",是指由某一个人或某一集团购买若干银行的多数股票,从而达到控制这些银行的程度。这些银行的法律地位仍然是独立的,但实际上其业务和经营政策因控股而被某一个人或某一集团所控制。

我国和世界上绝大多数国家一样是实行总分行制。按我国《商业银行

法》的有关规定，商业银行根据业务需要可以在我国境内外设立分支机构。设立分支机构必须经人民银行批准。在中国境内设立分支机构时，不按行政区划设立，而是要考虑拟设区域内的经济发展情形和银行业竞争的状况。商业银行的分支机构不具有法人资格，在总行授权范围内依法开展业务，其民事责任由总行承担。

(三)商业银行的变更

商业银行的变更是指商业银行组织的变更和重大事项的改变，包括商业银行的分立、合并和重大事项的改变。商业银行有下列变更事项之一的，应当报经国务院银行业监督管理机构批准：(1)变更名称；(2)变更注册资本；(3)变更总行或分支机构所在地；(4)调整业务范围；(5)变更持有商业银行资本总额或者股份总额5%以上的股东；(6)修改章程；(7)国务院银行业监督管理机构规定的其他事项；(8)商业银行更换董事长(行长)、总经理时，其任职条件应报经国务院银行业监督管理机构审查。商业银行的分立、合并，适用《中华人民共和国公司法》的有关规定，并应报经国务院银行业监督管理机构审查批准。

(四)商业银行的接管

商业银行的接管，是指金融管理机关通过一定的接管组织，按照法定条件和法定程序，全面控制和管理商业银行的业务活动的行政管理行为；是金融管理机关依法保障商业银行经营安全性、合法性的重要的预防性措施，目的是对被接管的商业银行采取必要措施，以保护存款人的利益，恢复商业银行的正常经营能力。通过采取整顿和改组等措施，对被接管人的经营管理、组织机构进行必要的调整，使被接管人在接管期内，改善财务状况，渡过经营危机，力争避免破产，以维护存款人的利益。

《商业银行法》第64条规定："商业银行已经或者可能发生信用危机，严重影响存款人的利益时，国务院银行业监督管理机构可以对该银行实行接管。"据此，国务院银行业监督管理机构对商业银行接管的情形有两种：(1)该商业银行经营有问题，已经发生信用危机。信用危机主要是指商业银行对所欠的债务不能清偿，没有现金来支付存款人的债权，肯定影响到存款人的利益。(2)商业银行在其经营活动中已经暴露出问题，这些问题可能导致信用危机的发生，从而严重影响到银行存款人的利益。只要有其中一种情况发生，人民银行就可以决定对其接管。

国务院银行业监督管理机构依法通过接管组织对商业银行实施的接管是一种行政措施，接管行为是一种行政行为。其实质是终止被接管人(商业银行)的所有者和经营者对银行行使的经营管理权，被接管人的法律主体资格并不因接管而丧失,因此,被接管的商业银行的债权债务关系不因接管而变化,即被接管的商业银行在接管前的债权债务关系,仍由被接管的商业银行负责;被接管期间的债权债务关系,也仍由被接管的商业银行负责。而不是由接管组织或宣布接管的金融管理机构——国务院银行业监督管理机构负责。

(五)商业银行的终止

按《商业银行法》的规定,商业银行的终止有三种情形,即商业银行因解散、被撤销和被宣告破产而终止。商业银行终止的程序及债权债务清算,按不同的终止事由有不同的程序:(1)商业银行因分立、合并或者出现公司章程规定的解散事由需要解散的,应当向国务院银行业监督管理机构提出申请,并附解散的理由和支付存款本金和利息等债务清偿计划,经批准后方可解散。商业银行解散的,应当依法成立清算组,进行清算,按照清偿计划及时偿还存款本金和利息等债务,其清算过程受国务院银行业监督管理机构的监督。(2)商业银行因吊销经营许可证被撤销的,国务院银行业监督管理机构应当依法及时组织成立清算组,进行清算,按照清偿计划及时偿还存款本金和利息等债务。(3)商业银行不能支付到期债务,经国务院银行业监督管理机构同意,由人民法院宣告其破产的,由人民法院组织国务院银行业监督管理机构等有关部门和有关人员成立清算组,进行清算。商业银行进行破产清算时,在支付清算费用、所欠职工工资和劳动保险费用后,应当优先支付个人储蓄存款的本金和利息。

三、我国的商业银行体系

(一)国有商业银行

1. 中国工商银行

中国工商银行的设立宗旨:依照国家的方针、政策、法令以及宏观决策,通过在国内外开展融资业务,支持工业生产和扩大商品流通,支持国营、集体和个体经济以及第三产业的发展,推进技术进步和企业技术改造,发挥金融在经济建设中的调节和再分配资金的作用,为国家经济体制改革和国民经济的持续稳定协调发展服务。

2. 中国建设银行

中国建设银行的设立宗旨:管理国家的基本建设支出预算;制定基本建设财务管理制度;审批各部门基本建设财务计划和决算;办理建筑安装企业、地质勘探单位、基本建设物资供销企业的贷款;办理房屋开发贷款业务;开办信用卡业务。

3. 中国农业银行

中国农业银行的设立宗旨：根据国家的方针、政策和法规，组织编制和执行农村信贷计划、筹集农村资金、统一管理国家支农资金，集中办理农村信贷、领导农村信用合作社、发展农村金融事业，为发展农村经济和实现四个现代化服务。

4. 中国银行

设立中国银行的宗旨：统一经营国家的外汇资金和与之有关的人民币业务，统一办理国家外汇收支，办理一切贸易和非贸易外汇的国际结算，有计划地组织、运用和积累外汇资金；办理外贸信贷及相应的人民币贷款；办理中外合资企业贷款；办理进出口信贷业务；办理国际信托和租赁业务；经营国际黄金买卖；发行和代理发行外币债券和其他有价证券；代表政府从事国际金融活动。

（二）新型的全国性或区域性的商业银行

在我国金融体制的改革和发展中，我国相继成立了一批新型的商业银行。

全国性商业银行包括：（1）成立于1908年的交通银行，是旧中国的四大银行之一，1949年以后，中国人民银行对其进行整顿和改造，使之一度成为公私合营企业性质的银行。（2）成立于1987年的中信实业银行，是中国国际信托投资公司所属的国有商业银行，其业务以经营批发银行业务为主，兼营部门零售业务；以外汇业务为主，兼营人民币业务。（3）成立于1992年的中国光大银行，由光大集团创办的，1997年改组为股份制银行。（4）成立于1996年的中国民生银行，由中华全国工商业联合会牵头组建，是采取发起方式设立的股份有限公司形式的商业银行，是依据国家有关法律法规，自主开展各项商业银行业务，重点服务于民营工商企业的银行。

区域性商业银行包括：（1）成立于1986年的招商银行，是由深圳经济特区蛇口工业区的招商局集团有限公司及所属企业投资创办的区域性股份制商业银行。（2）成立于1992年的上海浦东发展银行，其成立目的是为上海、长江沿岸和三个"三角洲"的经济发展服务，为地方经济建设服务。（3）成立于1993年的华夏银行，由首都钢铁公司投资设立等。

自1994年起，我国开始组建城市合作银行，在北京、上海、深圳、广州等地已成立了城市合作银行，农村合作银行的试点工作于1996年下半年开始进行。此外还有外资商业银行，包括外资银行总行、外国银行分行和中外合资银行。我国政府对涉外银行金融业十分重视，因为它是我国对外开放的重要组成部分，对我国的社会主义现代化建设有十分重要的作用。

四、我国商业银行的监督管理

商业银行的监督管理包括商业银行内部的监督管理和商业银行的外部监督管理两方面。

商业银行的内部监督管理表现为：（1）商业银行应当按照有关规定，制定本行的业务规则，建立、健全本行的业务管理、现金管理和安全防范制度；（2）商业银行应当建立、健全本行对存款、贷款、结算、呆账等各项情况的稽核、检查制度；对分支机构应当进行经常性的稽核和检查监督。商业银行的内部监督管理主要是由其内部监管机构——稽核审计部门实施的。

商业银行的外部监督管理包括两个方面：（1）来自国务院银行业监督管理机构和中国人民银行的监督管理。商业银行应当定期向国务院银行业监督管理机构和中国人民银行报送资产负债表、损益表以及其他财务会议报表和资料。国务院银行业监督管理机构有权依照《商业银行法》的有关规定，随时对商业银行的存款、贷款、结算、呆账等情况进行检查监督。商业银行应当按照国务院银行业监督管理机构的要求，提供财务会计资料、业务合同和有关经营管理方面的其他信息。（2）来自国家审计机关的监督管理。商业银行应当依法接受审计机关的审计监督。

第四节 政策性银行组织法

一、政策性银行

(一)政策性银行的概念

政策性银行是指由政府创立、参股或保证的，不以营利为目的，专门为贯彻、配合政府经济政策或产业政策，在特定的业务领域内，直接或者间接地从事政策性融资活动，充当政府发展经济、促进社会进步、进行宏观经济管理的专门金融机构。在市场经济国家中，政策性银行既不同于"政府的银行"——中央银行，也不同于一般的私人或民间所有的商业银行。简而言之，政策性银行是承担政策性银行业务的银行，它具有以下几方面的特征：

1. 政策性银行多由政府创立、参股或保证，以政府为后盾

政策性银行大多数是由政府直接出全资创立，不以营利为目的，而以追求社会整体效益为依归。这是由创立政策性银行的宗旨和政策性银行业务本身的性质决定的。

2. 政策性银行具有确定的业务领域和服务对象

政策性银行服务的领域和对象一般都具有专业性和特定性，其共同特点是不易得到商业性金融机构的资金融通，需要由政府设置专门的金融机构予以特殊的资金支持，以形成最佳资源配置。

3. 政策性银行的建立具有特殊目的性

与商业银行讲求盈利性、安全性、流动性的经营原则不同，政策性银行具有一些特殊的融资原则：首先，在融资条件或资格上，要求其融资对象必须是从其他金融机构不易得到所需的融通资金的条件下，才有从政策性银行获得资金的资格；其次，它主要或全部提供中长期信贷资金，贷款利率明显低于商业银行同期同类贷款利率，有的甚至低于筹资成本，但要求按期还本付息。如因偿还困难出现亏损时，则由国家财政予以补贴。

4. 政策性银行一般实行单独立法

绝大多数国家的政策性银行不受普通银行法（或商业银行法）的制约，而是以单独的法律、条例规定政策性银行的宗旨、经营目标、业务领域与方式、组织体制等。如《日本输出入银行法》即为日本输出入银行的专门立法，日本普通银行法的规定对其不适用。

(二)政策性银行的主要职能

政策性银行既有商业银行的一般职能，也有商业银行所不具有的职能，即特殊职能。与商业银行相比，政策性银行一般不具备信用创造职能。政策性银行因不吸收社会上的活期存款，其所吸收的特定存款也非供转账结算使用，贷出款项一般是按政策要求专款使用，从而不具备派生存款或创造信用职能。也正因为如此，政策性银行被视为"特殊银行"，一般不在中央银行的货币政策和金融管制制约之列，不必由中央银行进行直接的管制。在特殊职能方面，政策性银行主动、积极地贯彻实施着政府的宏观经济政策，尤其是产业政策。其特色职能可以概括为倡导性职能、补充性职能、选择性职能和服务性职能。

1. 倡导性职能

倡导性职能是指政策性银行以直接的资金投放或间接地吸引民间或私人金融机构从事符合政府政策意图的放款，以发挥其首倡、引导功能，引导资金的流向。因为，政策性银行一旦决定对某些产业提供贷款，则反映了经济发展的长远目标，表明政府对这些部门的扶持意愿，从而增强了其他金融机构的投资信心，降低了这些部门的投资风险。其他金融机构就会放宽对这些部门的投资审查，纷纷协同投资。而一旦某一产业的投资热情高涨，政策性银行就可以减少对该行业的投资份额，转而扶持其他行业的发展，从而体现了它的政策意图的倡导性，形成了对民间资金运用方向的诱导机制，促使政府政策目标的实现。

2. 补充性职能

补充性职能又称弥补性职能，是指政策性银行的金融活动补充和完善以商业银行为主体的金融体系的职能，弥补商业银行金融活动的不足。其主要表现在：对技术、市场风险较高的领域进行倡导性投资，对投资回收期限过长、投资回报率低的项目进行融资补充，对于成长中的扶持性产业给予优惠利率放宽投资。此外，以间接的融资活动或提供担保来引导商业银行的资金流向，并主要以提供长期资金为主，有时甚至发放超长期的贷款。如美国联邦土地银行的贷款期限最长达 40 年，法国农业信贷银行贷款期限最长达到 50 年，远远超过了一般商业银行的放款期限。

3. 选择性职能

选择性职能是指政策性银行对其融资领域或部门是有选择的，不是不加分别地任意融资。从表象上看，其服务对象、服务领域是由政府选定的，但从实质而言却是市场机制选择的结果，而不是任意的选择。如对某些重要的基础产业，如果依靠市场机制的作用它会得到相应的资源配置，任何形式的政府干预都是多余的、不必要的。只有在市场机制不予选择，在市场机制下它得不到应有的发展时，才由政府以行政机制予以选择。世界各国政策性银行的活动领域，如中小企业、住房、农业、落后地区的开发等，正是商业银行不予选择或不愿意选择的领域。政策性银行对这些"被遗忘了的角落"予以选择，正体现了政策性银行的特殊性。

4. 服务性职能

政策性银行一般是专业性银行，在其服务的领域内积累了丰富的实践经验和专业技能，聚集了一大批精通业务的专业技术人才，可以为企业提供各方面的金融和非金融服务，也可以充当政府经济政策或产业政策的参谋，从而显示其服务性职能。如中小企业银行为企业分析财务结构，诊断经营情况，提供经济信息，沟通外部联系；农业发展银行收购农副产品，并为农业提供技术服务；进出口银行为进出口信用提供偿付保证，提供国际商情，分析汇率风险；开发银行充当国有企业投资计划的金融经纪人，并为各种重大投资项目提供经济及社会效益评估等。

二、中国政策性银行简介

我国自 1994 年开始实行金融体制的全面改革，其中一项极为重要的举措就是组建三家政策性银行，即国家开发银行、中国农业发展银行和中国进出口银行。但专门的立法尚未完成，其业务开展的依据是各自的银行章程和《中国人民银行法》、《信贷资金管理暂行办法》的相关规定。

（一）国家开发银行

国家开发银行成立于1994年3月，是一家以国家重点建设为主要融资对象的政策性投资开发银行，主要办理国家重点建设（包括基本建设和技术改造）的政策性贷款及贴息业务。其设立宗旨是为了更有效地集中资金保证国家重点建设，缓解经济发展的"瓶颈"制约，增强国家对固定资产投资的宏观调控能力，进一步深化投融资体制的改革。

按照有关规定，国家开发银行经营和办理下列业务：（1）管理和运用国家核拨的预算内经营性建设基金和贴息资金；（2）向国内金融机构发行金融债券和向社会发行财政担保建设债券；（3）办理有关的外国政府和国际金融组织贷款的转贷，经国家批准在国外发行债券，根据国家利用外资计划筹借国际商业贷款等；（4）向国家基础设施、基础产业和支柱产业的大中型基本建设和技术改造等政策性项目及其配套工程发放政策性贷款；（5）办理建设项目贷款评审、咨询和担保等业务；（6）经批准的其他业务，为重点建设项目物色国内外合资伙伴，提供投资机会和投资信息。

（二）中国农业发展银行

中国农业发展银行成立于1994年11月，是一家以承担国家粮棉油储备、农副产品收购、农业开发等方面的政策性贷款为主要业务的政策性银行。其成立的宗旨是为了完善农村金融服务体系，更好地贯彻落实国家的产业政策和区域发展政策，促进农业和农村经济的健康发展。

中国农业发展银行的业务范围如下：（1）办理由国务院确定、中国人民银行安排资金并由财政部予以贴息的粮食、棉花、油料、猪肉、食糖等主要农副产品的国家专项储备贷款；（2）办理粮、棉、油、肉等农副产品的收购贷款及粮油调销、批发贷款；办理承担国家粮、油等产品政策性加工任务企业的贷款和棉麻系统棉花初加工企业的贷款；（3）办理国务院确定的扶贫贴息贷款、老少边穷地区发展经济贷款、贫困县县办工业贷款、农业综合开发贷款以及其他财政贴息的农业方面的贷款；（4）办理国家确定的小型农、林、牧、水利基本建设和技术改造贷款；（5）办理中央和省级政府的财政支农资金的代理拨付，为各级政府设立的粮食风险基金开立专户并代理拨付；（6）发行金融债券；（7）办理业务范围内开户企事业单位的存款；（8）办理开户企事业单位的结算；（9）境外筹资；（10）经国务院和中国人民银行批准的其他业务。

(三)中国进出口银行

中国进出口银行成立于1994年7月,是直属国务院领导的政策性金融机构,具有法人资格,实行自主、保本经营,企业化管理。在业务上接受财政部、中国人民银行的指导和监督。其任务主要是为机电产品和成套设备等资本性货物进出口提供政策性金融支持。

中国进出口银行的主要业务范围如下:(1)为机电产品和成套设备等资本性货物进出口提供卖方信贷、买方信贷;(2)与机电产品出口信贷有关的外国政府贷款、混合贷款、出口信贷的转贷,以及中国政府对外国政府贷款、混合贷款的转贷;(3)国际银行间的贷款,组织或参加国际、国内银团贷款;(4)出口信用保险、出口信贷担保、进出口保险和保理业务;(5)在境内发行金融债券和在境外发行有价证券(不含股票);(6)经批准的外汇经营业务;(7)参加国际进出口银行组织及政策性金融保险组织;(8)进出口业务咨询和项目评审,为对外经济技术合作和贸易提供服务;(9)经国家批准和委托办理的其他业务。如为中国银行的成套机电产品出口信贷办理贴息及出口信用担保。

【拓展材料】

首批民营银行牌照获批在即　互联网巨头或将拔得头筹①

来自《中国证券报》的消息称,首批民营银行牌照有望全国两会召开前后落地。而根据银监会2014年的工作计划,首批试点的民营银行将达到3~5家,目前呼声最高的是浙江、天津、上海、北京和广东等地的民营企业,阿里巴巴、苏宁云商、腾讯等或突出重围。除了互联网企业外,像红豆集团、凯乐科技等A股上市公司也已申办民营银行。目前,红豆集团向国家工商总局注册的"苏南银行股份有限公司"名称,已被核准通过。凯乐科技拟注册"荆州银行",目前该公司的主营业务为房地产、白酒和光电缆产业。

国内民营企业为何对设立民营银行热情高涨?一般认为原因有三个:首先,民营企业成立银行有望解决自身融资难、融资成本高的问题;其次,民营企业发展到一定规模,有产业多元化的需要;最后,民营企业也受到银行业高赢利、高回报的诱惑。

而在牌照真正下发后,新设立的民营银行要如何与传统的国有银行和股份制银行竞争呢?在实际的经营方面,民营银行面临很大的挑战,因为国内的银行业的全面市场化还未打开,还处于垄断经济的阶段,所以民营企业要

---

① 参见《首批民营银行牌照获批在即》,载《半岛都市报》2014年2月20日。

做银行业务,不能够走大银行综合性经营的战略,必须要作出特色来,必须突出自己的核心竞争力。比如,招商银行成立的时候规模也很小,网点也很少,但招商银行是最早做互联网的银行,它通过互联网银行作出了业务特色,而中信银行的个人外汇业务,民生、光大的中小企业融资都很有特色。

【思考题】

1. 下列不属于中国人民银行的职能的是(　　)。
   A. 发行的银行　　　　B. 银行的银行
   C. 企业的银行　　　　D. 政府的银行
2. 我国货币政策的目标是(　　)。
   A. 稳定物价　　　　　B. 充分就业
   C. 平衡国际收支　　　D. 保持币值稳定,并以此促进经济增长
3. 中国银监会的法律地位是(　　)。
   A. 企业法人　　　　　B. 社会团体
   C. 行政监管部门　　　D. 行业协会
4. 下列关于中国人民银行分支机构的论述正确的为(　　)。
   A. 分支机构是按照行政区划分来设立的
   B. 分支机构没有独立的法人地位
   C. 分支机构的日常工作由总行统一领导
   D. 分支机构是总行的派出机构
5. 商业银行的三大业务是(　　)。
   A. 负债业务　　　　　B. 资产业务
   C. 中间业务　　　　　D. 贷款业务
6. 简述存款准备金制度、再贴现制度的作用原理。
7. 商业银行与其他类型的金融机构有何区别?

第三章 非银行金融机构组织法

【学习目的与要求】通过学习本章内容,了解我国非银行金融机构的种类;理解各种非银行金融机构的概念、作用、基本组成等;掌握保险公司、证券公司、金融信托投资公司、财务公司、金融资产管理公司、汽车金融公司的组织形式以及设立、变更和终止的条件及程序要求。

在西方国家,非银行金融机构主要是指投资性金融中介机构和契约型储蓄机构,其中,投资性金融中介机构主要由互助基金和金融公司组成,而契约型储蓄机构则主要包括保险公司(可分为人寿保险、财产保险和灾害保险)和养老基金两种。而在中国的语境下,非银行金融机构的内涵并无确切的定义,一般情况下,多用"经中国人民银行批准成立的从事金融性业务的企业组织"之类的定义,但这种定义难以揭示其与银行机构的区别,从客观上来讲,这实际上也并未对非银行金融机构的内涵进行定义。而从更多的情况上来看,学者多是从其外延上进行界定。非银行金融公司可以从不同的角度作出多种分类。按照其业务区域来分,非银行金融公司可分为全国性非银行金融机构、地方(区域)性非银行金融机构;按照所有制的性质来分,非银行金融公司可分为国有制非银行金融机构、集体所有制非银行金融机构、混合所有制非银行金融机构。[①] 本书从业务范围角度出发,将非银行金融机构划分为保险公司、证券公司、金融信托投资公司、金融资产管理公司、财务公司、汽车金融公司等。

第一节 保险公司组织法

一、保险公司概述

保险公司是指经过保险监督管理机构核准经营的,专营保险业务的公

---

① 参见胡新明、吴强:《非银行金融机构的内涵界定》,载《当代经济》2007年第10期。

司。通常来讲，保险业所采取的组织形式大体上可以分为个人保险组织、相互保险组织、公司保险组织三种形式。其中个人保险组织是指由个人经营开展保险业务、同时风险也由其个人承担的保险组织。相互保险组织可以细分为相互保险社和相互保险公司两种。而在我国，根据我国《保险法》的规定，公司形式是我国确认的唯一的保险业组织形式。

在我国，保险公司主要有人寿保险公司和财产保险公司两种。

二、保险公司的设立

(一)保险公司的设立条件

根据《保险法》和《保险公司管理规定》的相关法律规定，设立保险公司，应当向中国保监会提出筹建申请，并符合下列条件：

(1)有符合法律、行政法规和中国保监会规定条件的投资人，股权结构合理。

(2)有符合《保险法》和《公司法》规定的章程草案。

(3)投资人承诺出资或者认购股份，拟注册资本不低于人民币 2 亿元，且必须为实缴货币资本；中国保监会根据保险公司业务范围、经营规模，可以调整保险公司注册资本的最低限额，但不得低于人民币 2 亿元。保险公司的注册资本必须为实缴货币资本。

(4)具有明确的发展规划、经营策略、组织机构框架、风险控制体系。

(5)拟任董事长、总经理应当符合中国保监会规定的任职资格条件。

(6)有投资人认可的筹备组负责人。

(7)中国保监会规定的其他条件。

根据业务发展的需要，保险公司可以申请设立分支机构。保险公司分支机构的层级依次为分公司、中心支公司、支公司、营业部或者营销服务部。保险公司可以不逐级设立分支机构，但其在住所地以外的各省、自治区、直辖市开展业务，应当首先设立分公司。保险公司可以不按照层级逐级管理下级分支机构；营业部、营销服务部不得再管理其他任何分支机构。

保险公司以 2 亿元人民币的最低资本金额设立的，在其住所地以外的每一省、自治区、直辖市首次申请设立分公司，应当增加不少于人民币 2 000 万元的注册资本。申请设立分公司，保险公司的注册资本达到规定的增资后额度的，可以不再增加相应的注册资本。保险公司注册资本达到人民币 5 亿元，在偿付能力充足的情况下，设立分公司不需要增加注册资本。

设立分支机构，应当提出设立申请，并符合下列条件：

(1)上一年度偿付能力充足，提交申请前连续 2 个季度偿付能力均为充足;(2)保险公司具备良好的公司治理结构,内控健全;(3)申请人具备完善的分支机构管理制度;(4)对拟设立分支机构的可行性已进行充分论证;(5)在住所地以外的省、自治区、直辖市申请设立省级分公司以外其他分支机构的,该省级分公司已经开业;(6)申请人最近2年内无受金融监管机构重大行政处罚的记录,不存在因涉嫌重大违法行为正在受到中国保监会立案调查的情形;(7)申请设立省级分公司以外其他分支机构,在拟设地所在的省、自治区、直辖市内,省级分公司最近2年内无受金融监管机构重大行政处罚的记录,已设立的其他分支机构最近6个月内无受重大保险行政处罚的记录;(8)有申请人认可的筹建负责人;(9)中国保监会规定的其他条件。

(二)保险公司的设立程序

保险公司的设立程序分为申请筹建和申请开业两个阶段,详述如下:

1. 申请筹建

申请筹建保险公司的,申请人应当提交下列材料:

(1)设立申请书,申请书应当载明拟设立保险公司的名称、拟注册资本和业务范围等;(2)设立保险公司可行性研究报告,包括发展规划、经营策略、组织机构框架和风险控制体系等;(3)筹建方案;(4)保险公司章程草案;(5)中国保监会规定投资人应当提交的有关材料;(6)筹备组负责人、拟任董事长、总经理名单及本人认可证明;(7)中国保监会规定的其他材料。

中国保监会应当对筹建保险公司的申请进行审查,自受理申请之日起6个月内作出批准或者不批准筹建的决定,并书面通知申请人。决定不批准的,应当书面说明理由。中国保监会在对筹建保险公司的申请进行审查期间,应当对投资人进行风险提示。中国保监会应当听取拟任董事长、总经理对拟设保险公司在经营管理和业务发展等方面的工作思路。

经中国保监会批准筹建保险公司的,申请人应当自收到批准筹建通知之日起1年内完成筹建工作。筹建期间届满未完成筹建工作的,原批准筹建决定自动失效。筹建机构在筹建期间不得从事保险经营活动。筹建期间不得变更主要投资人。

2. 申请开业

筹建工作完成后,符合下列条件的,申请人可以向中国保监会提出开业申请:

(1)股东符合法律、行政法规和中国保监会的有关规定;(2)有符合《保险法》和《公司法》规定的章程;(3)注册资本最低限额为人民币2亿元,且必须为实缴货币资本;(4)有符合中国保监会规定任职资格条件的董事、监事和高级管理人员；(5)有健全的组织机构；(6)建立了完善的业务、财务、合规、风险控制、资产管理、反洗钱等制度；(7)有具体的业务发展计划和按照资产负债匹配等原则制定的中长期资产配置计划；(8)具有合法的营业场所，安全、消防设施符合要求，营业场所、办公设备等与业务发展规划相适应，信息化建设符合中国保监会要求；(9)法律、行政法规和中国保监会规定的其他条件。

申请人提出开业申请，应当提交下列材料一式三份：

(1)开业申请书；(2)创立大会决议，没有创立大会决议的，应当提交全体股东同意申请开业的文件或者决议；(3)公司章程；(4)股东名称及其所持股份或者出资的比例，资信良好的验资机构出具的验资证明，资本金入账原始凭证复印件；(5)中国保监会规定股东应当提交的有关材料；(6)拟任该公司董事、监事、高级管理人员的简历以及相关证明材料；(7)公司部门设置以及人员基本构成；(8)营业场所所有权或者使用权的证明文件；(9)按照拟设地的规定提交有关消防证明；(10)拟经营保险险种的计划书、3年经营规划、再保险计划、中长期资产配置计划，以及业务、财务、合规、风险控制、资产管理、反洗钱等主要制度；(11)信息化建设情况报告；(12)公司名称预先核准通知；(13)中国保监会规定提交的其他材料。

中国保监会应当审查开业申请，进行开业验收，并自受理开业申请之日起60日内作出批准或者不批准开业的决定。验收合格决定批准开业的，颁发经营保险业务许可证；验收不合格决定不批准开业的，应当书面通知申请人并说明理由。经批准开业的保险公司，应当持批准文件以及经营保险业务许可证，向工商行政管理部门办理登记注册手续，领取营业执照后方可营业。

3. 设立分支机构的程序

设立分支机构时，申请人应当提交下列材料：

(1)设立申请书；(2)申请前连续2个季度的偿付能力报告和上一年度经审计的偿付能力报告；(3)保险公司上一年度公司治理结构报告以及申请人内控制度；(4)分支机构设立的可行性论证报告，包括拟设机构3年业务发展规划和市场分析，设立分支机构与公司风险管理状况和内控状况相适应的说明；(5)申请人分支机构管理制度；(6)申请人作出的其最近2年无受金融监管机构重大行政处罚的声明；(7)申请设立省级分公司以外其他分支机构的，提交省级分公司最近2年无受金融监管机构重大行政处罚的声明；(8)拟设机构筹建负责人的简历以及相关证明材料；(9)中国保监会规定提交的其他材料。

中国保监会应当自收到完整申请材料之日起 30 日内对设立申请进行书面审查，对不符合《保险公司管理规定》第 18 条的，作出不予批准决定，并书面说明理由；对符合《保险公司管理规定》第 18 条的，向申请人发出筹建通知。申请人应当自收到筹建通知之日起 6 个月内完成分支机构的筹建工作。筹建期间不计算在行政许可的期限内。

筹建期间届满未完成筹建工作的，应当根据《保险公司管理规定》重新提出设立申请。筹建机构在筹建期间不得从事任何保险经营活动。

筹建工作完成后，筹建机构符合相关条件的，申请人可以向中国保监会提交开业验收报告，中国保监会应当自收到完整的开业验收报告之日起 30 日内，进行开业验收，并作出批准或者不予批准的决定。验收合格批准设立的，颁发分支机构经营保险业务许可证；验收不合格不予批准设立的，应当书面通知申请人并说明理由。经批准设立的保险公司分支机构，应当持批准文件以及分支机构经营保险业务许可证，向工商行政管理部门办理登记注册手续，领取营业执照后方可营业。

三、保险公司的变更

保险机构有下列情形之一的，应当经中国保监会批准：(1)保险公司变更名称；(2)变更组织形式；(3)变更注册资本；(4)扩大业务范围；(5)变更注册地、营业场所；(6)保险公司分立或者合并；(7)修改保险公司章程；(8)变更出资额占有限责任公司资本总额 5% 以上的股东，或者变更持有股份有限公司股份 5% 以上的股东；(9)中国保监会规定的其他情形。

保险机构有下列情形之一，应当自该情形发生之日起 15 日内，向中国保监会报告：变更出资额不超过有限责任公司资本总额 5% 的股东，或者变更持有股份有限公司股份不超过 5% 的股东，上市公司的股东变更除外；保险公司的股东变更名称，上市公司的股东除外；保险公司分支机构变更名称；中国保监会规定的其他情形。

四、保险公司的终止

保险公司依法解散的，应当经中国保监会批准，并报送下列材料：(1)解散申请书；(2)股东大会或者股东会决议；(3)清算组织及其负责人情况和相关证明材料；(4)清算程序；(5)债权债务安排方案；(6)资产分配计划和资产处分方案；(7)中国保监会规定提交的其他材料。

保险公司依法解散的，应当成立清算组，清算工作由中国保监会监督指导。保险公司依法被撤销的，由中国保监会及时组织股东、有关部门以及相关专业人员成立清算组。

清算组应当自成立之日起 10 日内通知债权人，并于 60 日内在中国保监会指定的报纸上至少公告 3 次。清算组应当委托资信良好的会计师事务所、律师事务所，对公司债权债务和资产进行评估。保险公司依法解散或者被撤销的，其资产处分应当采取公开拍卖、协议转让或者中国保监会认可的其他方式。

保险公司依法解散或者被撤销的，在保险合同责任清算完毕之前，公司股东不得分配公司资产，或者从公司取得任何利益。保险公司有《中华人民共和国企业破产法》第 2 条规定情形的，依法申请重整、和解或者破产清算。

五、分支机构管理

保险公司总公司应当根据本规定和发展需要制定分支机构管理制度，其省级分公司应当根据总公司的规定和当地实际情况，制定本省、自治区、直辖市分支机构管理制度。加强对分支机构的管理，督促分支机构依法合规经营，确保上级机构对管理的下级分支机构能够实施有效管控。

保险公司在计划单列市设立分支机构的，应当由省级分公司或者保险公司制定当地分支机构管理制度，该管理制度至少应当包括下列内容：

(1) 各级分支机构职能；
(2) 各级分支机构人员、场所、设备等方面的配备要求；
(3) 分支机构设立、撤销的内部决策制度；
(4) 上级机构对下级分支机构的管控职责和措施。

保险公司分支机构应当配备必要数量的工作人员，分支机构高级管理人员或者主要负责人应当是与保险公司订立劳动合同的正式员工。分支机构在经营存续期间，应当具有规范和稳定的营业场所，配备必要的办公设备。保险公司分支机构应当将经营保险业务许可证原件放置于营业场所显著位置，以备查验。

保险公司撤销分支机构，应当经中国保监会批准。分支机构经营保险业务许可证自被批准撤销之日起自动失效，并应当于被批准撤销之日起 15 日内缴回。保险公司合并、撤销分支机构的，应当进行公告，并书面通知有关投保人、被保险人或者受益人，对交付保险费、领取保险金等事宜应当充分告知。

六、保险公司的监管

中国保监会对保险机构的监督管理，采取现场监管与非现场监管相结合的方式。保险机构有下列情形之一的，中国保监会可以将其列为重点监管对象：(1)严重违法；(2)偿付能力不足；(3)财务状况异常；(4)中国保监会认为需要重点监管的其他情形。

中国保监会对保险机构的现场检查包括但不限于下列事项：(1)机构设立、变更是否依法经批准或者向中国保监会报告；(2)董事、监事、高级管理人员任职资格是否依法经核准；(3)行政许可的申报材料是否真实；(4)资本金、各项准备金是否真实、充足；(5)公司治理和内控制度建设是否符合中国保监会的规定；(6)偿付能力是否充足；(7)资金运用是否合法；(8)业务经营和财务情况是否合法，报告、报表、文件、资料是否及时、完整、真实；(9)是否按规定对使用的保险条款和保险费率报经审批或者备案；(10)与保险中介的业务往来是否合法；(11)信息化建设工作是否符合规定；(12)需要事后报告的其他事项是否按照规定报告；(13)中国保监会依法检查的其他事项。

保险机构应当按照规定及时向中国保监会报送营业报告、精算报告、财务会计报告、偿付能力报告、合规报告等报告、报表、文件和资料。保险机构向中国保监会提交的各类报告、报表、文件和资料，应当真实、完整、准确。保险公司的股东大会、股东会、董事会的重大决议，应当在决议作出后30日内向中国保监会报告，中国保监会另有规定的除外。中国保监会有权根据监管需要，对保险机构董事、监事、高级管理人员进行监管谈话，要求其就保险业务经营、风险控制、内部管理等有关重大事项作出说明。

第二节　证券公司组织法

一、证券公司概述

(一)证券公司的概念及特征

证券公司又称证券经营机构，是指"按照《公司法》和《证券法》等法律法规规定的设立条件，经证券监管机构批准并经公司登记机关设立的，从事证券业务的有限责任公司或股份有限公司"。[1] 就其组织形态而言，其仍是公

---

[1] 岳彩申、盛学军主编：《金融法学》，中国人民大学出版社2010年版，第77页。

司的一种，因此，其与普通的公司之间存在许多共同的属性。但由于其业务的特殊性，其在公司设立条件、设立程序以及管理程序等方面均存在诸多不同于普通公司的特殊之处。其特征有：

1. 经营业务的专业性

从业务方面来看，证券公司作为证券机构的一种，它是依法成立的从事证券发行、交易、监管等活动或者为证券的发行、交易、监管等活动提供各种专业服务的机构的一种，根据2005年修订后的《证券法》规定，证券公司所从事的业务主要有证券经纪，证券投资咨询，与证券交易、证券投资活动有关的财务咨询，证券承销与保荐，证券自营，证券资产管理和其他证券业务，因为这些业务均系金融服务，涉及金额巨大，风险较其他普通公司业务也较高，因此，《公司法》、《证券法》对其监管更为严格。

2. 公司设立条件更高

根据新修订的《证券法》第124条的规定，设立证券公司，除具备《公司法》所要求的条件以外，还必须符合由该条款所设定的法定条件方可设立，如股东的资产能力、董事、监事、高级管理人员的资格要求、风险管理与内部控制制度以及经营场所和业务设施等。另外，新修订的《证券法》还提高了证券公司的最低注册资本限额标准。这些都是证券公司与其他普通公司在设立条件方面的区别，严格限制证券公司的设立条件，有助于保护证券投资者的利益，提高证券公司的风险承担能力，对于稳定证券市场具有极大的积极意义。

3. 设立程序更为严格

新修订的《证券法》第122条规定："设立证券公司，必须经国务院证券监督管理机构审查批准。未经国务院证券监督管理机构批准，任何单位和个人不得经营证券业务。"这一规定意味着证券公司在设立时有别于普通公司在设立时采取的登记制，即证券公司在设立时，公司股东或发起人应当签署公司设立文件并提供给公司登记管理机关，同时还需履行前置批准程序。这一设定有助于行政监管机关有效地控制证券公司的设立，提高证券公司的设立门槛，从而达到保护证券市场的有序发展，维护证券投资者合法利益的目的。

4. 监管的严格性

对于证券公司的监管主要有三个方面，分别为对证券公司设立审批、组织机构和业务经营的监管。其中，对设立监管下文将会详细论述。组织机构方面，《证券法》要求证券公司应当依法建立健全组织机构，明确决策、执行、监督机构的职权。同时还应设立独立董事，并对独立董事的任职条件进行了规定。在业务监管措施方面,《证券法》对于证券公司的业务经营规定了严格于《公司法》的监管措施,主要体现在报告和信息披露方面。如证券公司应当自每一会计年度结束之日起 4 个月内,向国务院证券监督管理机构报送年度报告,自每月结束之日起 7 个工作日内,报送月度报告。发生突发重大事件的,应当及时报告。

(二)监管公司的特殊性体现

作为证券机构的重要组成部分,在《证券法》修改之前,证券公司的业务范围可分为综合类证券业务和经纪类证券业务,其中前者的业务范围包括:(1)证券的代理买卖;(2)代理证券的还本付息、分红派息;(3)证券代保管、鉴证;(4)代理登记开户;(5)证券的自营买卖;(6)证券的承销;(7)证券投资咨询(含财务顾问);(8)受托投资管理;(9)中国证监会批准的其他业务,而除中国证监会有特殊规定外,综合类的证券公司不得从事 B 股的自营买卖。后者的业务范围包括:(1)证券的代理买卖;(2)代理证券的还本付息、分红派息;(3)证券代保管、鉴证;(4)代理登记开户。同时,《证券法》对于经纪类证券公司的业务经营规则也进行了详细的规定,如必须为客户分设证券和资金账户,分账管理等规则,这些都是普通公司所不具有的特征。虽然新修订的《证券法》第 125 条取消了关于综合类证券公司和经纪类证券公司的分类办法,改为由证券公司自主决定经营上述部分或全部业务,但《证券法》中对其业务的特殊规定仍然有效。

从设立条件和设立程序来看,证券公司的设立条件和程序较普通公司的设立条件更为严苛。《证券法》第 124 条规定,较普通公司的设立条件,证券公司同时接受《公司法》和《证券法》的监管,其特殊的设立条件也体现在了股东资格要求、更高的注册资本、高级管理人员的任职资格、完善的内部制度等方面。从设立程序上来看,证券公司采取了与普通公司登记制不同的设立方式,即根据《证券法》第 122 条的规定,设立证券公司,必须经国务院证券监督管理机构审查批准,这些较之于普通公司更严格的标准和程序,皆旨在通过提高证券公司的设立门槛,防止证券公司鱼龙混杂,从而进一步完善证券市场的发展。

从监管程度来看,证券公司的监管如前所述,受《公司法》和《证券法》的直接约束,更为严格。

在组织机构方面,《证券法》从四方面对证券公司进行监管:(1)应当依法建立健全组织机构,明确决策、执行、监督机构的职权;(2)应设立独立董事,且独立董事不得在本证券公司担任董事会外的职务,不得与本证券公司存在可能妨碍其作出独立、客观判断的关系;(3)证券公司应当设立合规负责人,对证券公司经营管理行为的合法合规性进行审查、监督和检查;(4)经营证券经纪业务、证券资产管理业务、融资融券业务和证券承销与保荐业务中两种以上业务的证券公司,其董事会应当设立薪酬与提名委员会、审计委员会和风险控制委员会。

在业务监管措施方面,《证券法》对于证券公司的业务经营的监管主要体现在报告和信息披露方面。首先,有关常规的报告事项,《证券法》要求证券公司应当自每一会计年度结束之日起4个月内,向国务院证券监督管理机构报送年度报告,自每月结束之日起7个工作日内,报送月度报告。其次,对于非常规事件的报告,在产生影响或者可能影响证券公司经营管理、财务状况、风险控制指标或者客户资产安全的重大事件的,证券公司应当立即向证监会报送临时报告,详细地向证监会报告该事件的起因、目前状况、可能影响及拟采取的措施。必要时,证监会还可要求证券公司或相关单位、个人,在指定的期限内提供与证券公司经营管理和财务状况相关的资料信息。

同时,对于证券公司的披露事项,《证券法》基于保护投资者的考虑,对于可能影响投资者判断的信息全部要求公开披露,要求证券公司应当依法向社会公开披露其基本情况、参股及控股情况、负债(包括或有负债)的情况、经营管理状况、财务收支状况、高级管理人员的薪酬和其他相关信息。

二、证券公司的分类和业务范围

依据不同的标准,我们可以对证券公司作出不同的分类。如依据股东的来源不同,证券公司可以分为中资证券公司和中外合资证券公司、外资证券公司等;依据组织形式的不同,证券公司可以分为证券有限责任公司和证券股份有限公司;依据其业务区域来看,可分为全国性证券、地方(区域)性证券公司。

然而,分类的意义在于讨论时的方便,因此,本书采用从业务角度进行划分的方法。我们从《证券法》的发展中可以看出,在2005年《证券法》修订之前,我国将证券公司依照经营业务的不同分为综合类证券公司和证券经纪公司两种,并规定了不同的设立条件等规则。然而,这种分类对于证券公司业务的发展具有极大的负面作用,限制了我国证券业务的创新。因此,修订后的《证券法》采取了按具体证券业务分类的制度。根据《证券法》第125条的规定,经国务院证券监督管理机构批准,证券公司可以经营下列部分或者全部业务:(1)证券经纪;(2)证券投资咨询;(3)与证券交易、证券投资活动有关的财务顾问;(4)证券承销与保荐;(5)证券自营;(6)证券资产管理；(7)其他证券业务。

其中，证券经纪业务主要是证券公司通过其设立的证券营业部，接受客户委托，按照客户要求，代理客户买卖证券的业务，具体可分为证券的代理买卖、代理证券的还本付息、分红派息、证券代保管、鉴证、代理登记开户等业务。

证券投资咨询业务主要是证券公司在客户的委托下向证券投资者或者客户提供证券投资信息分析、预测、建议的业务活动。

与证券交易、证券投资活动有关的财务顾问业务是指证券公司在限定范围内，根据委托人的委托，向客户提供证券投资融资、资本运作等财产方面的建议的业务活动。

证券承销业务是指证券公司通过证券承销协议，在规定的证券发行有效期内协助证券发行人销售证券的业务。

证券保荐业务是指证券公司对发行人的发行、上市文件进行实质性核查，推荐符合条件的发行人的证券发行、上市，并对所推荐公司督促、指导和信用担保。

证券自营业务主要是证券公司以自己的名义和资金为自己的利益进行证券买卖。

证券资产管理业务是指证券公司按照资产管理合同，对客户资产进行经营，对客户提供投资管理服务的业务活动。

因此，从这些业务划分出发，本书将证券公司划分为证券经纪公司、证券投资咨询公司、证券承销保荐公司、证券自营公司、证券资产管理公司等。

2005年《证券法》修改后，证券公司的业务出现了两方面的巨大变化。一方面，证券公司的业务范围得到了扩展。在修改前的法律规定中，证券公司的业务范围仅限于证券经纪、承销、自营和其他证券业务。而修改后的《证券法》增加了证券投资咨询、与证券交易投资活动有关的财务顾问、证券保荐、证券资产管理四项业务。[①] 另一方面，《证券法》第125条的规定意味着，我国证券公司的业务经营不再按照过去经纪类和综合类划分业务范围、按业务范围划分不同管理模式和注册登记限制的做法，而改为"一司一批"的证券业务许可证制度。同时，《证券法》第127条规定："证券公司经营本法第125条第(1)项至第(3)项业务的，注册资本最低限额为人民币5 000万元；经营第(4)项至第(7)项业务之一的，注册资本最低限额为人民

[①] 参见岳彩申、盛学军主编：《金融法学》，中国人民大学出版社2010年版，第80页。

币1亿元;经营第(4)项至第(7)项业务中两项以上的,注册资本最低限额为人民币5亿元。证券公司的注册资本应当是实缴资本。国务院证券监督管理机构根据审慎监管原则和各项业务的风险程度,可以调整注册资本最低限额,但不得少于前款规定的限额。"

三、证券公司的设立、变更与终止

(一)证券公司的设立

根据《证券法》第124条的规定,设立证券公司,应当具备下列条件:(1)有符合法律、行政法规规定的公司章程;(2)主要股东具有持续盈利能力,信誉良好,最近3年无重大违法违规记录,净资产不低于人民币2亿元;(3)有符合本法规定的注册资本;(4)董事、监事、高级管理人员具备任职资格,从业人员具有证券从业资格;(5)有完善的风险管理与内部控制制度;(6)有合格的经营场所和业务设施;(7)法律、行政法规规定的和经国务院批准的国务院证券监督管理机构规定的其他条件。根据该条的内容,在我国申请成立证券公司的条件远高于普通公司的设立条件,这是由证券市场的特殊情况决定的,本书将结合设立程序进一步说明这个问题。

我国《证券法》第122条规定:"设立证券公司,必须经国务院证券监督管理机构审查批准,未经国务院证券监督管理机构批准,任何单位和个人不得经营证券业务。"第128条规定:"国务院证券监督管理机构应当自受理证券公司设立申请之日起6个月内,依照法定条件和法定程序并根据审慎监管原则进行审查,作出批准或者不予批准的决定,并通知申请人;不予批准的,应当说明理由。证券公司设立申请获得批准的,申请人应当在规定的期限内向公司登记机关申请设立登记,领取营业执照。证券公司应当自领取营业执照之日起15日内,向国务院证券监督管理机构申请经营证券业务许可证。未取得经营证券业务许可证,证券公司不得经营证券业务。"

这两条规定是从设立程序上对证券公司的管理,即将证券公司的设立制度从普通公司的登记制变为审批制,这样的做法加大了证券公司的设立难度,防止一些信用不好、经营能力差的公司参与证券市场竞争,破坏市场环境,同时,该条款也加强了证监会的执法能力,使其可从源头对市场进行监管。

结合以上法律规定的内容,我们可以得出以下结论:

(1)我国证券公司的设立除了需要履行《公司法》的要求之外,还需要经过证监会审批、注册登记、国务院证券监督管理机构许可等步骤。

(2)我国《证券法》在修改之后,对于设立条件上的变动主要体现为以下几点：统一了设立条件，不再区分综合类证券公司和经纪类证券公司的设立条件；提高了最低注册资本额，进而提高了证券公司的抗风险能力；增加了主要股东和高级管理人员任职资格规定的内容，加强了证券公司的经营能力；增加了风险管理制度和内部控制制度的内容。在程序上，采取了先设立后申请业务许可证的做法，同时明确了审批期限和程序，规范了行政机关的行为。

（二）证券公司的变更

证券公司的变更是指"证券公司名称、住所、业务范围、注册资本等发生变化以及公司的合并、分立"。① 由于证券公司的特殊性质，《证券法》对其变更事项也给予了特殊的规定。

(1)对于一般事项的变更，公司经过有效的机制自主决定后，在合理的期限内到公司登记机关进行变更手续即可。然而，《证券法》第129条第1款规定："证券公司设立、收购或者撤销分支机构，变更业务范围，增加注册资本且股权结构发生重大调整，减少注册资本，变更持有5%以上股权的股东、实际控制人，变更公司章程中的重要条款，合并、分立、停业、解散、破产，必须经国务院证券监督管理机构批准。"其中，《证券法》将批准事项限制在重要事宜范围内，一方面保障了公司的自主经营权，防止证监会的过度干预，另一方面也平衡了公司利益与公众利益。对变更控制人的审批也旨在防止在公司内部滥用股东权和控制权，损害中小股东和投资者的合法利益。

(2)《证券法》第129条第2款规定："证券公司在境外设立、收购或者参股证券经营机构，必须经国务院证券监督管理机构批准。"该条款的立法目的在于在涉外金融监管过程中，证监会应对于本国证券公司的海外投资业务进行一定程度上的控制和监管，防止盲目和过度投资行为损害本国投资者利益。

（三）证券公司的终止

证券公司的终止主要有两种情况：破产和解散。其中，根据《公司法》的规定，解散事由主要有四种情形：(1)公司章程规定的营业期限届满；(2)股东会决议决定解散；(3)因公司合并分立而解散；(4)因违反法律法规被强制解散。修订后的《证券法》对于证券公司的终止进行了一定程度上的规范，如《证券法》第153条规定："证券公司违法经营或者出现重大风

---

① 岳彩申、盛学军主编：《金融法学》，中国人民大学出版社2010年版，第81页。

险，严重危害证券市场秩序、损害投资者利益的，国务院证券监督管理机构可以对该证券公司采取责令停业整顿、指定其他机构托管、接管或者撤销等监管措施。"然而这仅仅是在行政主导下的缓冲措施而已，它解决的是在违法经营或出现重大风险，严重损害证券市场秩序、损害投资者利益的情形下，政府部门可以依法介入的法律依据问题，但并未实际上解决在证券公司难以为继情况下，如何退出的问题。

我国《企业破产法》对于此问题亦无良策，采取了"授权性规定"。《企业破产法》第134条规定："商业银行、证券公司、保险公司等金融机构有本法第2条规定情形的，国务院金融监督管理机构可以向人民法院提出对该金融机构进行重整或者破产清算的申请。国务院金融监督管理机构依法对出现重大经营风险的金融机构采取接管、托管等措施的，可以向人民法院申请中止以该金融机构为被告或者被执行人的民事诉讼程序或者执行程序。金融机构实施破产的，国务院可以依据本法和其他有关法律的规定制定实施办法。"从该条款可以看出，我国难以在短期内达成统一规范金融机构破产的共识，因此在《企业破产法》中采取了回避态度。

四、证券公司的风险管理与内部控制制度

证券市场收益大，风险亦然。因此，为了最大程度地避免风险，《证券法》规定证券公司必须建立完善的风险管理制度和内部控制制度。具体而言，风险管理制度可分为投资者保护基金制度、资产负债比例管理制度、交易风险准备金制度、业务风险管理制度等。

1. 投资者保护基金制度

《证券法》第134条规定："国家设立证券投资者保护基金。证券投资者保护基金由证券公司缴纳的资金及其他依法筹集的资金组成，其筹集、管理和使用的具体办法由国务院规定。"但实践运行中的问题有待于进一步的解决。

2. 资产负债比例管理制度

《证券法》中确立的以净资本为核心指标的风险控制指标体系，明确了我国证券法中的资产负债比例管理制度。该制度是指"国务院证券监督管理机构规定的证券公司的净资产、净资本与负债的比例，净资本与自营自销、承销、资产管理等业务规模的比例，负债与净资产的比例以及流动资产与流动负债的比例等"。[1]

---

[1] 岳彩申、盛学军主编：《金融法学》，中国人民大学出版社2010年版，第82页。

3. 交易风险准备金

交易风险准备金，又称营业保证金，是证券公司为了弥补证券交易损失、承担法律责任，而按照法定比例提取和缴纳的准备金。在我国，风险准备金由证券公司从每年的税后利润中提出，以货币形式进行缴纳。

4. 业务风险管理制度

该制度主要是为了防范风险、规范证券公司的业务管理行为提供规则。

内部控制制度在《证券法》中的体现比比皆是，如第140条规定："证券公司办理经纪业务，应当置备统一制定的证券买卖委托书，供委托人使用。采取其他委托方式的，必须作出委托记录。客户的证券买卖委托，不论是否成交，其委托记录应当按照规定的期限，保存于证券公司。"同时，《证券法》的多项条款对于证券公司内部控制制度进行了规定，如"一司一批"制度、防止公司与客户利益混同的结算资金制度、"分开管理、单独立户"制度等。

第三节　金融信托投资公司组织法

一、金融信托投资公司概述

金融信托投资公司，是指依照《公司法》和《信托投资公司管理办法》设立的主要以营业和收取报酬为目的，以受托人身份承诺信托和处理信托事务业务的金融机构。

金融信托投资公司主要经营资金信托、动产信托、不动产信托和其他财产信托四大类信托业务，以及代理财产管理与处分、企业重组与并购、项目融资、公司理财、财务顾问、代保管等中介业务，通过发挥专家理财智能，更好地为经济建设和经济发展服务。

二、金融信托投资公司的设立、变更与终止

(一) 金融信托投资公司的设立

设立金融信托投资公司，应当经中国银行业监督管理委员会批准，并领取金融许可证。未经中国银行业监督管理委员会批准，任何单位和个人不得经营信托业务，任何经营单位不得在其名称中使用"信托公司"字样。

根据法律规定，设立金融信托投资公司，应当具备下列条件：

(1) 有符合《公司法》和中国银行业监督管理委员会规定的公司章程；

(2) 有具备中国银行业监督管理委员会规定的入股资格的股东；

(3) 注册资本最低限额为3亿元人民币或等值的可自由兑换货币，注册

资本为实缴货币资本；

（4）有具备中国银行业监督管理委员会规定任职资格的董事、高级管理人员和与其业务相适应的信托从业人员；

（5）具有健全的组织机构、信托业务操作规程和风险控制制度；

（6）有符合要求的营业场所、安全防范措施和与业务有关的其他设施；

（7）中国银行业监督管理委员会规定的其他条件。

设立金融信托投资公司时，由申请人向中国银监会进行申请，中国银行业监督管理委员会依照法律法规和审慎监管原则对信托公司的设立申请进行审查，作出批准或者不予批准的决定；不予批准的，应说明理由。

未经中国银行业监督管理委员会批准，信托公司不得设立或变相设立分支机构。

（二）金融信托投资公司的变更

信托公司有下列情形之一的，应当经中国银行业监督管理委员会批准：（1）变更名称；（2）变更注册资本；（3）变更公司住所；（4）改变组织形式；（5）调整业务范围；（6）更换董事或高级管理人员；（7）变更股东或者调整股权结构，但持有上市公司流通股份未达到公司总股份5%的除外；（8）修改公司章程；（9）合并或者分立；（10）中国银行业监督管理委员会规定的其他情形。

（三）金融信托投资公司的终止

（1）信托公司出现分立、合并或者公司章程规定的解散事由，申请解散的，经中国银行业监督管理委员会批准后解散，并依法组织清算组进行清算。

（2）信托公司不能清偿到期债务，且资产不足以清偿债务或明显缺乏清偿能力的，经中国银行业监督管理委员会同意，可向人民法院提出破产申请。

中国银行业监督管理委员会可以向人民法院直接提出对该信托公司进行重整或破产清算的申请。

（3）信托公司终止时，其管理信托事务的职责同时终止。清算组应当妥善保管信托财产，作出处理信托事务的报告并向新受托人办理信托财产的移交。信托文件另有约定的，从其约定。

三、金融信托投资公司的经营范围

（一）经营范围

（1）金融信托投资公司可以申请经营下列部分或者全部本外币业务：资

金信托；动产信托；不动产信托；有价证券信托；其他财产或财产权信托；作为投资基金或者基金管理公司的发起人从事投资基金业务；经营企业资产的重组、并购及项目融资、公司理财、财务顾问等业务；受托经营国务院有关部门批准的证券承销业务；办理居间、咨询、资信调查等业务；代保管及保管箱业务；法律法规规定或中国银行业监督管理委员会批准的其他业务。

(2)金融信托投资公司可以根据《中华人民共和国信托法》等法律法规的有关规定开展公益信托活动。

(3)信托公司可以根据市场需要，按照信托目的、信托财产的种类或者对信托财产管理方式的不同设置信托业务品种。

(4)信托公司管理运用或处分信托财产时，可以依照信托文件的约定，采取投资、出售、存放同业、买入返售、租赁、贷款等方式进行。中国银行业监督管理委员会另有规定的，从其规定。

(5)信托公司固有业务项下可以开展存放同业、拆放同业、贷款、租赁、投资等业务。投资业务限定为金融类公司股权投资、金融产品投资和自用固定资产投资。

(二)经营范围的法律限制

(1)信托公司不得以卖出回购方式管理运用信托财产。

(2)信托公司不得以固有财产进行实业投资，但中国银行业监督管理委员会另有规定的除外。

(3)信托公司不得开展除同业拆入业务以外的其他负债业务，且同业拆入余额不得超过其净资产的20%。中国银行业监督管理委员会另有规定的除外。

(4)信托公司可以开展对外担保业务，但对外担保余额不得超过其净资产的50%。

(5)信托公司经营外汇信托业务，应当遵守国家外汇管理的有关规定，并接受外汇主管部门的检查、监督。

四、金融信托投资公司的监督管理

(一)机构设置与制度管理

(1)信托公司应当建立以股东(大)会、董事会、监事会、高级管理层等为主体的组织架构，明确各自的职责划分，保证相互之间独立运行、有效制衡，形成科学高效的决策、激励与约束机制。

(2)信托公司应当按照职责分离的原则设立相应的工作岗位，保证公司对风险能够进行事前防范、事中控制、事后监督和纠正，形成健全的内部约束机制和监督机制。

(3)信托公司应当按规定制定本公司的信托业务及其他业务规则,建立、健全本公司的各项业务管理制度和内部控制制度,并报中国银行业监督管理委员会备案。

(4)信托公司应当按照国家有关规定建立、健全本公司的财务会计制度,真实记录并全面反映其业务活动和财务状况。公司年度财务会计报表应当经具有良好资质的中介机构审计。

(5)信托公司每年应当从税后利润中提取5%作为信托赔偿准备金,但该赔偿准备金累计总额达到公司注册资本的20%时,可不再提取。信托公司的赔偿准备金应存放于经营稳健、具有一定实力的境内商业银行,或者用于购买国债等低风险高流动性证券品种。

(二)外部监管

(1)中国银行业监督管理委员会可以定期或者不定期对信托公司的经营活动进行检查;必要时,可以要求信托公司提供由具有良好资质的中介机构出具的相关审计报告。信托公司应当按照中国银行业监督管理委员会的要求提供有关业务、财务等报表和资料,并如实介绍有关业务情况。

(2)中国银行业监督管理委员会对信托公司实行净资本管理。具体办法由中国银行业监督管理委员会另行制定。

(3)中国银行业监督管理委员会对信托公司的董事、高级管理人员实行任职资格审查制度。未经中国银行业监督管理委员会任职资格审查或者审查不合格的,不得任职。信托公司对拟离任的董事、高级管理人员,应当进行离任审计,并将审计结果报中国银行业监督管理委员会备案。信托公司的法定代表人变更时,在新的法定代表人经中国银行业监督管理委员会核准任职资格前,原法定代表人不得离任。

(4)中国银行业监督管理委员会对信托公司的信托从业人员实行信托业务资格管理制度。符合条件的,颁发信托从业人员资格证书;未取得信托从业人员资格证书的,不得经办信托业务。

(5)信托公司的董事、高级管理人员和信托从业人员违反法律、行政法规或中国银行业监督管理委员会有关规定的,中国银行业监督管理委员会有权取消其任职资格或者从业资格。

(6)中国银行业监督管理委员会根据履行职责的需要,可以与信托公司董事、高级管理人员进行监督管理谈话,要求信托公司董事、高级管理人员就信托公司的业务活动和风险管理的重大事项作出说明。

(7)信托公司违反审慎经营规则的,中国银行业监督管理委员会责令限期改正；逾期未改正的，或者其行为严重危及信托公司的稳健运行、损害受益人合法权益的，中国银行业监督管理委员会可以区别情形，依据《中华人民共和国银行业监督管理法》等法律法规的规定，采取暂停业务、限制股东权利等监管措施。

(8)信托公司已经或者可能发生信用危机，严重影响受益人合法权益的，中国银行业监督管理委员会可以依法对该信托公司实行接管或者督促机构重组。

(9)中国银行业监督管理委员会在批准信托公司设立、变更、终止后，发现原申请材料有隐瞒、虚假的情形，可以责令补正或者撤销批准。

(10)信托公司可以加入中国信托业协会，实行行业自律。中国信托业协会开展活动，应当接受中国银行业监督管理委员会的指导和监督。

第四节　财务公司组织法

一、财务公司概述

根据《企业集团财务公司管理办法》，财务公司是指以加强企业集团资金集中管理和提高企业集团资金使用效率为目的，为企业集团成员单位提供财务管理服务的非银行金融机构。

财务公司诞生于 18 世纪的法国，在西方国家，财务公司一般是独立的金融机构，主要经营批发性金融业务。我国第一家财务公司成立于 1987 年，目前我国的财务公司主要分为两类：企业集团财务公司和一般性的财务公司。前者是"为企业集团成员单位提供金融服务的非银行金融机构"[1]，后者则为"是由中外金融机构或外国金融机构按中国法律规定，经批准在中国境内投资设立、面向社会提供较为广泛金融业务的非银行金融机构"[2]。

1992 年，央行、国家计委、国家体改委、国务院经贸办联合颁布《关于国家试点企业集团建立财务公司的实施办法》，对企业集团财务公司的设立等活动予以规范。1996 年，《企业集团财务公司管理暂行办法》要求新设的财务公司以该办法为依据开展活动，之前已存在的财务公司在限定时间内按该办法完成整改。进而在 2000 年，中国人民银行颁布实施了《企业集团财务公司管理办法》，将中外企业集团财务公司统一规范管理。

---

[1] 朱崇实主编：《金融法教程》(第二版)，法律出版社 2005 年版，第 137 页。
[2] 朱崇实主编：《金融法教程》(第二版)，法律出版社 2005 年版，第 137 页。

二、财务公司的设立

（一）财务公司的设立条件

根据 2007 年颁布实施的《企业集团财务公司管理办法》的规定，申请设立财务公司的一般条件有：

（1）申请设立财务公司的企业集团应当具备九项条件，分别为：符合国家的产业政策；申请前一年，母公司的注册资本金不低于 8 亿元人民币；申请前一年，按规定并表核算的成员单位资产总额不低于 50 亿元人民币，净资产率不低于 30%；申请前连续两年，按规定并表核算的成员单位营业收入总额每年不低于 40 亿元人民币，税前利润总额每年不低于 2 亿元人民币；现金流量稳定并具有较大规模；母公司成立 2 年以上并且具有企业集团内部财务管理和资金管理经验；母公司具有健全的公司法人治理结构，未发生违法违规行为，近 3 年无不良诚信记录；母公司拥有核心主业；母公司无不当关联交易。外资投资性公司在第三、四种情形下，申请前一年其净资产应不低于 20 亿元人民币，申请前连续两年每年税前利润总额不低于 2 亿元人民币。

（2）申请设立财务公司，母公司董事会应当作出书面承诺，在财务公司出现支付困难的紧急情况时，按照解决支付困难的实际需要，增加相应资本金，并在财务公司章程中载明。

（3）确属集中管理企业集团资金的需要，经合理预测能够达到一定的业务规模。

（4）符合《公司法》和本办法规定的章程。

（5）有符合本办法规定的最低限额注册资本金。

（6）有符合中国银行业监督管理委员会规定的任职资格的董事、高级管理人员和规定比例的从业人员，在风险管理、资金集约管理等关键岗位上有合格的专门人才。

（7）在法人治理、内部控制、业务操作、风险防范等方面具有完善的制度。

（8）有符合要求的营业场所、安全防范措施和其他设施。

（9）中国银行业监督管理委员会规定的其他条件。

（10）设立财务公司的注册资本金最低为 1 亿元人民币。财务公司的注册资本金应当是实缴的人民币或者等值的可自由兑换货币。经营外汇业务的财务公司，其注册资本金中应当包括不低于 500 万美元或者等值的可自由兑换货币。

(二)财务公司分支机构的设立条件

根据《企业集团财务公司管理办法》第18条、第19条、第20条的规定,财务公司可根据其发展需要,在符合一定条件的情况下,设立分公司和代表处。

财务公司申请设立分公司,应当符合下列条件:

(1)确属业务发展和为成员单位提供财务管理服务需要;

(2)财务公司设立2年以上,且注册资本金不低于3亿元人民币,资本充足率不低于10%;

(3)拟设立分公司所服务的成员单位不少于10家,且上述成员单位资产合计不低于10亿元人民币,或成员单位不足10家,但成员单位资产合计不低于20亿元人民币;

(4)财务公司经营状况良好,且在2年内没有违法、违规经营记录。

同时,该办法还要求财务公司的分公司应当具备下列条件:

(1)有符合本办法规定的最低限额的营运资金;

(2)有符合中国银行业监督管理委员会规定的任职资格的高级管理人员;

(3)有健全的业务操作、内部控制、风险管理及问责制度;

(4)有符合要求的营业场所、安全防范措施和与业务有关的其他设施;

(5)中国银行业监督管理委员会规定的其他条件。

财务公司设立代表处的条件如下:

(1)代表处的设立条件。财务公司根据业务管理需要,可以在成员单位比较集中的地区设立代表处,并报中国银行业监督管理委员会备案。

(2)代表处的法律限制。财务公司的代表处不得经营业务,只限于从事业务推介、客户服务、债权催收以及信息的收集、反馈等相关工作。

(三)财务公司的设立程序

1. 财务公司设立程序

根据《企业集团财务公司管理办法》第14条的规定,企业集团申请设立财务公司的程序分为申请筹建和申请开业两个阶段。

(1)申请筹建阶段。企业集团申请筹建财务公司,应当由母公司向中国银行业监督管理委员会提出申请,并提交下列文件、资料:申请书,其内容应当包括拟设财务公司名称、所在地、注册资本、股东、股权结构、业务范围等;可行性研究报告,其内容包括母公司及其他成员单位整体的生产经营状况、现金流量分析、在同行业中所处的地位以及中长期发展规划,设立财务公司的宗旨、作用及其业务量预测,经有资质的会计师事务所审计的最近

2年的合并资产负债表、损益表及现金流量表;成员单位名册及有权部门出具的相关证明资料;企业集团登记证、申请人和其他出资人的营业执照复印件及出资保证;设立外资财务公司的,需提供外资投资性公司及其投资企业的外商投资企业批准证书;母公司法定代表人签署的确认上述资料真实性的证明文件;中国银行业监督管理委员会要求提交的其他文件、资料。

银行业监督管理委员会在收到申请后,应尽快在规定时间内进行答复。财务公司的筹建申请,经中国银行业监督管理委员会审批同意的,申请人应当自收到批准筹建文件起3个月内完成财务公司的筹建工作。

(2)申请开业阶段。申请筹建得到肯定性答复后,申请人可向中国银行业监督管理委员会提出开业申请,同时提交下列文件:财务公司章程草案;财务公司经营方针和计划;财务公司股东名册及其出资额、出资比例;法定验资机构出具的对财务公司股东出资的验资证明;拟任职的董事、高级管理人员的名单、详细履历及任职资格证明材料;从业人员中拟从事风险管理、资金集中管理的人员的名单、详细履历;从业人员中从事金融、财务工作5年及5年以上有关人员的证明材料;财务公司业务规章及风险防范制度;财务公司营业场所及其他与业务有关设施的资料;中国银行业监督管理委员会要求提交的其他文件、资料。

财务公司的开业申请经中国银行业监督管理委员会核准后,由中国银行业监督管理委员会颁发金融许可证并予以公告。财务公司凭金融许可证到工商行政管理机关办理注册登记,领取企业法人营业执照后方可开业。

经批准设立的财务公司自领取营业执照之日起,无正当理由6个月不开业或者开业后无正当理由连续停业6个月以上的,由中国银行业监督管理委员会吊销其金融许可证,并予以公告。

2. 财务公司分公司设立程序

财务公司申请设立分公司,应当向中国银行业监督管理委员会报送以下文件、资料:申请书,其内容包括拟设分公司的名称、所在地、营运资金、业务范围及服务对象等;可行性研究报告,包括拟设分公司的业务量预测、所在地成员单位的生产经营状况、资金流量分析以及中长期发展规划等内容;符合《企业集团财务公司管理办法》第20条规定的有关证明文件;财务公司董事会关于申请设立该分公司的决议以及对拟设分公司业务范围授权的决议草案;中国银行业监督管理委员会要求提交的其他文件、资料。

经批准设立的财务公司分公司,由中国银行业监督管理委员会颁发金融许可证并予以公告,凭金融许可证向工商行政管理部门办理登记手续,领取营业执照,方可开业。

经批准设立的财务公司分公司自领取营业执照之日起，无正当理由6个月不开业或者开业后无正当理由连续停业6个月以上的，由中国银行业监督管理委员会吊销其金融许可证，并予以公告。

三、财务公司的监督管理和风险控制

(1)财务公司经营业务，应当遵守下列资产负债比例的要求：资本充足率不得低于10%；拆入资金余额不得高于资本总额；担保余额不得高于资本总额；短期证券投资与资本总额的比例不得高于40%；长期投资与资本总额的比例不得高于30%；自有固定资产与资本总额的比例不得高于20%。

中国银行业监督管理委员会根据财务公司业务发展或者审慎监管的需要，可以对上述比例进行调整。

(2)财务公司应当按照审慎经营的原则，制定本公司的各项业务规则和程序，建立、健全本公司的内部控制制度。

(3)财务公司应当分别设立对董事会负责的风险管理、业务稽核部门，制定对各项业务的风险控制和业务稽核制度，每年定期向董事会报告工作，并向中国银行业监督管理委员会报告。

(4)财务公司董事会应当每年委托具有资格的中介机构对公司上一年度的经营活动进行审计，并于每年的4月15日前将经董事长签名确认的年度审计报告报送中国银行业监督管理委员会。

(5)财务公司应当依照国家有关规定，建立、健全本公司的财务、会计制度。

(6)财务公司应当按规定向中国银行业监督管理委员会报送资产负债表、损益表、现金流量表、非现场监管指标考核表及中国银行业监督管理委员会要求报送的其他报表，并于每一会计年度终了后的1个月内报送上一年度财务报表和资料。

(7)财务公司应当每年的4月底前向中国银行业监督管理委员会报送其所属企业集团的成员单位名录，并提供其所属企业集团上年度的业务经营状况及有关数据。

(8)财务公司对新成员单位开展业务前，应当向中国银行业监督管理委员会及时备案，并提供该成员单位的有关资料；与财务公司有业务往来的成员单位由于产权变化脱离企业集团的，财务公司应当及时向中国银行业监督管理委员会备案，存有遗留业务的，应当同时提交遗留业务的处理方案。

(9)财务公司发生挤提存款、到期债务不能支付、大额贷款逾期或担保垫款、电脑系统严重故障、被抢劫或诈骗、董事或高级管理人员涉及严重违

纪、刑事案件等重大事项时，应当立即采取应急措施并及时向中国银行业监督管理委员会报告。

（10）企业集团及其成员单位发生可能影响财务公司正常经营的重大机构变动、股权交易或者经营风险等事项时，财务公司应当及时向中国银行业监督管理委员会报告。

（11）财务公司应当按中国人民银行的规定缴存存款准备金，并按有关规定提取损失准备，核销损失。

（12）财务公司应当遵守中国人民银行有关利率管理的规定；经营外汇业务的，应当遵守国家外汇管理的有关规定。

（13）财务公司对单一股东发放贷款余额超过财务公司注册资本金50%或者该股东对财务公司出资额的，应当及时向中国银行业监督管理委员会报告。

（14）财务公司可成立行业性自律组织。

四、财务公司的变更

财务公司有下列变更事项之一的，应当报经中国银行业监督管理委员会批准：（1）变更名称；（2）调整业务范围；（3）变更注册资本金；（4）变更股东或者调整股权结构；（5）修改章程；（6）更换董事、高级管理人员；（7）变更营业场所；（8）中国银行业监督管理委员会规定的其他变更事项。

财务公司的分公司变更名称、营运资金、营业场所或者更换高级管理人员，应当由财务公司报中国银行业监督管理委员会批准。

五、财务公司的整顿、接管及终止

（一）财务公司的整顿

财务公司出现下列情形之一的，中国银行业监督管理委员会可以责令其进行整顿：（1）出现严重支付危机；（2）当年亏损超过注册资本金的30%或者连续3年亏损超过注册资本金的10%；（3）严重违反国家法律、行政法规或者有关规章。

财务公司整顿期间，应当暂停经营部分或者全部业务，整顿时间最长不超过1年。财务公司经过整顿，符合下列条件的，可恢复正常营业：（1）已恢复支付能力；（2）亏损得到弥补；（3）违法违规行为得到纠正。

（二）财务公司的接管

财务公司已经或者可能发生支付危机，严重影响债权人利益和金融秩序的稳定时，中国银行业监督管理委员会可以依法对财务公司实行接管或者促成其机构重组，接管或者机构重组由中国银行业监督管理委员会决定并组织实施。

(三)财务公司的终止

按照《企业集团财务公司管理办法》的规定，财务公司终止的原因有三种：

1. 解散

财务公司出现下列情况时，经中国银行业监督管理委员会核准后，予以解散：

(1)组建财务公司的企业集团解散，财务公司不能实现合并或改组；

(2)章程中规定的解散事由出现；

(3)股东会议决定解散；

(4)财务公司因分立或者合并不需要继续存在的。

2. 撤销

中国银行业监督管理委员会有权在财务公司出现违法经营、经营管理不善等情形，不予撤销将严重危害金融秩序、损害公众利益等情形时，将其予以撤销。

3. 破产

清算组在清算中发现财务公司的资产不足以清偿其债务时，应当立即停止清算，并向中国银行业监督管理委员会报告，经中国银行业监督管理委员会核准，依法向人民法院申请该财务公司破产。

第五节 金融资产管理公司组织法

一、金融资产管理公司概述

金融资产管理公司，是指经国务院决定设立的收购国有银行不良贷款，管理和处置因收购国有银行不良贷款形成的资产的国有独资非银行金融机构。目前我国共有四家资产管理公司，即中国华融资产管理公司、中国长城资产管理公司、中国东方资产管理公司、中国信达资产管理公司，分别接收从中国工商银行、中国农业银行、中国银行、中国建设银行剥离出来的不良资产。

作为收购国有银行不良贷款的非银行金融机构，其产生有着特定的历史背景。在亚洲金融危机中，中国经济的发展为亚洲乃至世界经济的复苏起到了巨大的作用，然而，国有银行也产生了大量的不良资产，影响着银行自身的稳健与安全。因此，国务院决定组建金融资产管理公司，以实现以下三个目的：一是改善四家国有独资商业银行的资产负债状况，提高其资信，深化国有独资商业银行改革，在将特定时期产生的不良贷款剥离后，对银行实行严格的考核，防止四大银行的不良贷款率进一步增加，使其真正成为现代商业银行；二是运用金融资产管理公司的特殊法律地位和专业化优势，使不良贷款价值回收最大化，减少国家资产的损失；三是通过金融资产管理，对符合条件的企业实施债权转股权，支持国有大中型亏损企业摆脱困境。

近几年来，四大金融资管公司通过商业化的方式，收购金融机构不良资产达千亿元，及时化解了金融风险。

二、金融资产管理公司的设立和业务范围

(一)金融资产管理公司的设立与组织机构

根据《金融资产管理公司条例》的规定，设立金融资产管理公司的注册资本为人民币100亿元，由财政部核拨，由中国人民银行颁发金融机构法人许可证，并向工商行政管理部门依法办理登记。金融资产管理公司设立分支机构，须经财政部同意，并报中国人民银行批准，由中国人民银行颁发金融机构营业许可证，并向工商行政管理部门依法办理登记。

金融资产管理公司设总裁1人、副总裁若干人。总裁、副总裁由国务院任命。总裁对外代表金融资产管理公司行使职权，负责金融资产管理公司的经营管理。公司的高级管理人员须经中国人民银行审查任职资格。公司监事会的组成、职责和工作程序，依照《国有重点金融机构监事会暂行条例》执行。

(二)金融资产管理公司的业务范围

金融资产管理公司在其收购的国有银行不良贷款范围内，管理和处置因收购国有银行不良贷款形成的资产时，可以从事下列业务活动：

(1)追偿债务；

(2)对所收购的不良贷款形成的资产进行租赁或者以其他形式转让、重组；

(3)债权转股权，并对企业阶段性持股；

(4)资产管理范围内公司的上市推荐及债券、股票承销；

(5)发行金融债券，向金融机构借款；

(6)财务及法律咨询，资产及项目评估；

(7)中国人民银行、中国证券监督管理委员会批准的其他业务活动。

三、金融资产管理公司收购不良贷款的范围、额度及资金来源

金融资产管理公司按照国务院确定的范围和额度收购国有银行不良贷款；超出确定的范围或者额度收购的，须经国务院专项审批。在国务院确定的额度内，公司可按照账面价值收购有关贷款本金和相对应的计入损益的应收未收利息；对未计入损益的应收未收利息，实行无偿划转。

金融资产管理公司收购不良贷款后，即取得对应的国有独资商业银行对债务人的各项权利。原借款合同的债务人、担保人及有关当事人应当继续履行合同规定的义务。

金融资产管理公司收购不良贷款的资金来源主要来自于划转中国人民银行发放给国有独资商业银行的部分再贷款和发行金融债券。中国人民银行发放给国有独资商业银行的再贷款划转给金融资产管理公司，实行固定利率，年利率为2.25%。金融资产管理公司发行金融债券，由中国人民银行会同财政部审批。

四、金融资产管理公司关于不良资产的处理规定

1. 处理方式：债权转股权

金融资产管理公司可以将收购国有银行不良贷款取得的债权转为对借款企业的股权。同时，金融资产管理公司持有的股权，不受本公司净资产额或者注册资本的比例限制。

2. 处理程序

实施债权转股权，应当贯彻国家产业政策，有利于优化经济结构，促进有关企业的技术进步和产品升级。

(1) 实施债权转股权的企业，由国家经济贸易委员会向金融资产管理公司推荐。

(2) 金融资产管理公司对被推荐的企业进行独立评审，制定企业债权转股权的方案并与企业签订债权转股权协议。

(3) 债权转股权的方案和协议由国家经济贸易委员会会同财政部、中国人民银行审核，报国务院批准后实施。

(4) 企业实施债权转股权后，应当按照国家有关规定办理企业产权变更等有关登记。

3. 处理内容

(1) 实施债权转股权的企业，应当按照现代企业制度的要求，转换经营机制，建立规范的公司法人治理结构，加强企业管理。有关地方人民政府应

当帮助企业减员增效、下岗分流，分离企业办社会的职能。

（2）金融资产管理公司的债权转股权后，作为企业的股东，可以派员参加企业董事会、监事会，依法行使股东权利。

（3）金融资产管理公司持有的企业股权，可以按照国家有关规定向境内外投资者转让，也可以由债权转股权企业依法回购。

五、金融资产管理公司的经营和管理

1. 金融资产管理公司的经营

金融资产管理公司实行经营目标责任制。财政部根据不良贷款质量的情况，确定金融资产管理公司处置不良贷款的经营目标，并进行考核和监督。公司应当根据不良贷款的特点，制定经营方针和有关措施，完善内部治理结构，建立内部约束机制和激励机制。

金融资产管理公司管理、处置因收购国有银行不良贷款形成的资产，应当按照公开、竞争、择优的原则运作。转让资产时主要采取招标、拍卖等方式。

金融资产管理公司的债权因债务人破产等原因得不到清偿的，按照国务院的规定处理。金融资产管理公司资产处置管理办法由财政部制定。

2. 金融资产管理公司的管理

金融资产管理公司根据业务需要，可以聘请具有会计、资产评估和法律服务等资格的中介机构协助开展业务。

金融资产管理公司免交在收购国有银行不良贷款和承接、处置因收购国有银行不良贷款形成的资产的业务活动中的税收。具体办法由财政部会同国家税务总局制定。同时，金融资产管理公司免交工商登记注册费等行政性收费。

金融资产管理公司应当按照中国人民银行、财政部和中国证券监督管理委员会等有关部门的要求，报送财务、统计报表和其他有关材料，依法接受审计机关的审计监督。公司应当聘请财政部认可的注册会计师对其财务状况进行年度审计，并将审计报告及时报送各有关监督管理部门。

六、金融资产管理公司的终止与清算

金融资产管理公司终止时，由财政部组织清算组，进行清算。金融资产管理公司处置不良贷款形成的最终损失，由财政部提出解决方案，报国务院批准执行。

第六节 汽车金融公司组织法

一、汽车金融公司概述

汽车金融公司,是指经中国银行业监督管理委员会(以下简称中国银监会)批准设立的,为中国境内的汽车购买者及销售者提供金融服务的非银行金融机构。根据《汽车金融公司管理办法》的规定,汽车金融公司应标明"汽车金融"字样。未经中国银监会批准,任何单位和个人不得从事汽车金融业务,不得在机构名称中使用"汽车金融"、"汽车信贷"等字样。同时,由中国银监会及其派出机构依法对汽车金融公司实施监督管理。

自上海通用汽车金融公司成立以来,截至2013年,国内已有18家中外合资或外商独资的汽车金融公司。

二、汽车金融公司的设立、变更与终止

(一)汽车金融公司的设立

1. 汽车金融公司的设立条件

(1)出资人应当符合以下条件:汽车金融公司的出资人为中国境内外依法设立的企业法人,其中主要出资人须为生产或销售汽车整车的企业或非银行金融机构;出资人中至少应有1名出资人具备5年以上丰富的汽车金融业务管理和风险控制经验;最近1年的总资产不低于80亿元人民币或等值的可自由兑换货币,年营业收入不低于50亿元人民币或等值的可自由兑换货币(合并会计报表口径);最近1年年末净资产不低于资产总额的30%(合并会计报表口径);经营业绩良好,且最近2个会计年度连续盈利;入股资金来源真实合法,不得以借贷资金入股,不得以他人委托资金入股;遵守注册所在地法律,近2年无重大违法违规行为;承诺3年内不转让所持有的汽车金融公司股权(中国银监会依法责令转让的除外),并在拟设公司章程中载明;中国银监会规定的其他审慎性条件。一些情况下,还应当具备注册资本不低于3亿元人民币或等值的可自由兑换货币的条件。

(2)注册资本的最低限额为5亿元人民币或等值的可自由兑换货币。注册资本为一次性实缴货币资本。

(3)具有符合《公司法》和中国银监会规定的公司章程。

(4)具有符合任职资格条件的董事、高级管理人员和熟悉汽车金融业务的合格从业人员。

(5)具有健全的公司治理、内部控制、业务操作、风险管理等制度。
(6)具有与业务经营相适应的营业场所、安全防范措施和其他设施。
(7)中国银监会规定的其他审慎性条件。

2. 汽车金融公司的设立程序

汽车金融公司的设立须经过筹建和开业两个阶段。申请设立汽车金融公司,应由主要出资人作为申请人,按照《中国银行业监督管理委员会非银行金融机构行政许可事项申请材料目录及格式要求》的具体规定,提交筹建、开业申请材料。

(二)汽车金融公司的变更

汽车金融公司有下列变更事项之一的,应报经中国银监会批准:(1)变更公司名称;(2)变更注册资本;(3)变更住所或营业场所;(4)调整业务范围;(5)改变组织形式;(6)变更股权或调整股权结构;(7)修改章程;(8)变更董事及高级管理人员;(9)合并或分立;(10)中国银监会规定的其他变更事项。

(三)汽车金融公司的终止

1. 解散

汽车金融公司有以下情况之一的,经中国银监会批准后可以解散:

(1)公司章程规定的营业期限届满或公司章程规定的其他解散事由出现;

(2)公司章程规定的权力机构决议解散;

(3)因公司合并或分立需要解散;

(4)其他法定事由。

2. 破产

汽车金融公司有以下情形之一的,经中国银监会批准,可向法院申请破产:

(1)不能清偿到期债务,并且资产不足以清偿全部债务或明显缺乏清偿能力,自愿或应其债权人要求申请破产;

(2)因解散或被撤销而清算,清算组发现汽车金融公司财产不足以清偿债务,应当申请破产。

汽车金融公司因解散、依法被撤销或被宣告破产而终止的,其清算事宜,按照国家有关法律法规办理。

三、汽车金融公司的业务范围

经中国银监会批准,汽车金融公司可从事下列部分或全部人民币业务:

(1) 接受境外股东及其所在集团在华全资子公司和境内股东 3 个月(含)以上定期存款;

(2) 接受汽车经销商采购车辆贷款保证金和承租人汽车租赁保证金;

(3) 经批准,发行金融债券;

(4) 从事同业拆借;

(5) 向金融机构借款;

(6) 提供购车贷款业务;

(7) 提供汽车经销商采购车辆贷款和营运设备贷款,包括展示厅建设贷款和零配件贷款以及维修设备贷款等;

(8) 提供汽车融资租赁业务(售后回租业务除外);

(9) 向金融机构出售或回购汽车贷款应收款和汽车融资租赁应收款业务;

(10) 办理租赁汽车残值变卖及处理业务;

(11) 从事与购车融资活动相关的咨询、代理业务;

(12) 经批准,从事与汽车金融业务相关的金融机构股权投资业务;

(13) 经中国银监会批准的其他业务。

四、汽车金融公司的风险控制与监督管理

(一)风险控制

(1) 汽车金融公司应按照中国银监会有关银行业金融机构内控指引和风险管理指引的要求,建立健全公司治理和内部控制制度,建立全面有效的风险管理体系。

(2) 汽车金融公司应按照有关规定实行信用风险资产五级分类制度,并应建立审慎的资产减值损失准备制度,及时足额计提资产减值损失准备。未提足准备的,不得进行利润分配。

(3) 汽车金融公司如有业务外包需要,应制定与业务外包相关的政策和管理制度,包括业务外包的决策程序、对外包方的评价和管理、控制业务信息保密性和安全性的措施和应急计划等。汽车金融公司签署业务外包协议前应向注册地中国银监会派出机构报告业务外包协议的主要风险及相应的风险规避措施等。

(二)监督管理

(1) 汽车金融公司应遵守以下监管要求:资本充足率不低于8%,核心资本充足率不低于4%;对单一借款人的授信余额不得超过资本净额的15%;对单一集团客户的授信余额不得超过资本净额的50%;对单一股东及

其关联方的授信余额不得超过该股东在汽车金融公司的出资额；自用固定资产比例不得超过资本净额的 40%。中国银监会可根据监管需要对上述指标作出适当调整。

（2）汽车金融公司应按规定编制并向中国银监会报送资产负债表、损益表及中国银监会要求的其他报表。

（3）汽车金融公司应建立定期外部审计制度，并在每个会计年度结束后的 4 个月内，将经法定代表人签名确认的年度审计报告报送公司注册地的中国银监会派出机构。

（4）中国银监会及其派出机构必要时可指定会计师事务所对汽车金融公司的经营状况、财务状况、风险状况、内部控制制度及执行情况等进行审计。中国银监会及其派出机构可要求汽车金融公司更换专业技能和独立性达不到监管要求的会计师事务所。

（5）汽车金融公司违反本办法规定的，且逾期未整改的，或其行为严重危及公司稳健运行、损害客户合法权益的，中国银监会可区别情形，依照《中华人民共和国银行业监督管理法》等法律法规的规定，采取暂停业务、限制股东权利等监管措施。

汽车金融公司已经或可能发生信用危机、严重影响客户合法权益的，中国银监会将依法对其实行接管或促成机构重组。汽车金融公司有违法经营、经营管理不善等情形，不撤销将严重危害金融秩序、损害公众利益的，中国银监会将予以撤销。

（6）汽车金融公司可成立行业性自律组织，实行自律管理。自律组织开展活动，应当接受中国银监会的指导和监督。

【拓展材料】

规范与竞争之间的平衡[①]

为有效配置金融资源，更好引导资金流向中小企业和"三农"领域，我国出台了《关于小额贷款公司试点的指导意见》等一系列促进地方非银行金融机构发展的政策措施，使各种非银行金融机构得到迅速发展。但是，地方非银行金融机构完全市场化、商业化的操作，存在一定监管真空，潜藏着较大的风险隐患，对金融体系稳健性和宏观调控有效性的影响不容忽视。同时，随着部分地区地方非银行金融机构违规经营问题的暴露，其可持续发展

---

① 部分内容参照刘淑萍：《地方非银行金融机构的风险与防控》，《青海金融》2013 年第 1 期。

问题也日益成为关注的焦点。

非银行金融机构组织法的难点在于如何规范化地管理此类金融机构,以达到既能规范管理,又能激发其竞争力的目的。既要防止为求规范之目的,束缚了此类金融机构组织架构的灵活性,不利于其积极地参与市场竞争;同时,又要防止矫枉过正,为求增强市场竞争力的效果,忽略了对其组织方面的监管,损害相关人员的利益。

【思考题】

1. 我国非银行金融机构主要有哪些?
2. 保险公司的组织形式是什么?
3. 证券公司的设立与变更有哪些条件?
4. 汽车金融公司的组织形式是什么?
5. 金融信托投资公司的设立与变更有哪些条件?

第三编　金融业务管理法

第四章 人民币法律制度

【学习目的与要求】了解货币的概念、职能以及我国人民币的币制改革进程,掌握人民币的法律地位及其法律保护,领会人民币的发行制度和流通管理制度。

第一节 货币的基本概念和我国的币制改革

一、货币的概念和人民币的来历

(一)货币的概念

从西方经济学的角度讲,货币是任何一种被社会大众普遍接受为交易媒介、支付工具、价值储藏和计算单位的物品,即凡是为社会大众普遍接受的具有交易媒介、支付工具、价值储藏和计算单位的物品都是货币。这从职能定位上定义了货币的概念。而马克思的货币产生理论则从本质上科学地阐述了货币的定义,认为货币是固定充当一般等价物的特殊商品,是价值尺度和流通手段的统一。该定义同时揭示了货币的两大基本属性:(1)货币是商品。即货币的本身属性是商品,是人们用来交换的劳动产品,具有使用价值和价值。没有使用价值和价值的物是无法成为货币的。(2)货币是特殊的商品。货币虽然从本质属性上来说是商品,但它又不是一般的商品。它之所以在交换的过程中能够固定地充当一般等价物,是因为货币能够表现一切商品的价值,同时对一切商品具有直接交换的能力。

作为固定地充当一般等价物的特殊商品,货币的发展主要经历了三个阶段:(1)由某种物品充当一般等价物的特殊商品阶段;(2)由金银来充当一般等价物的特殊商品阶段;(3)用银行券(纸币)来充当一般等价物的特殊商品阶段。

货币的职能即是指货币在社会生活中所发挥的作用。在发达的商品经济条件下,货币具有以下五种职能:价值尺度、流通手段、支付手段、贮藏手段和世界货币。其中,价值尺度是指货币以自己本身为尺度来表现和衡量其他一切商品和劳务的价值；流通手段是指货币充当商品交换的媒介，即货币购买手段的职能；支付手段是指货币在商品赊购赊销过程中的延期支付以及用于清偿债务，支付税赋、租金、工资等职能；贮藏手段是指货币可以作为财富的一般代表被人们储存起来的职能；世界货币是指货币超出国界发挥其职能，如用货币支付国际收支的差额、购买外国商品、支付战争赔款等。在货币的这五种职能中，价值尺度和流通手段是货币的基本职能，而支付手段、贮藏手段和世界货币是货币的派生职能。

(二)我国人民币的来历

人民币作为我国唯一合法的通用货币，是由政府用强制性行政命令的方式发行的、以法律赋予其购买与支付能力的、在商品交换中必须接受的货币。它的发行是从1948年12月21日开始的。如果把人民币的发行看做是根据地货币发行的一种过程或是一种发展，那么从1928年江西吉安县平民银行发行自己的货币算起，已经有80多年历史了。在人民币发行之前，中央曾于1947年2月6日和1948年2月至5月分别召开了两次重要的会议：第一次会议是解决如何统一解放区的票子问题；第二次会议主要是决定发行人民币的方针、步骤问题。两次会议最终决定分两步解决上述问题：第一步，做到人民币的统一发行，把解放区发行流通的票子统一成为一种票子；第二步，在统一成一种货币的基础上，逐步达到币值稳定。1948年11月22日，华北人民政府发布了《为成立中国人民银行发行统一货币的训令》。根据该训令，华北人民政府将华北银行、西北农民银行、北海银行合并，成立中国人民银行并同时发行人民银行钞票，作为华北、华东、西北三地区的本位货币。这就标志着人民币的诞生。新中国成立以后，我国用了1年时间，抑制了国民党政府搞了12年的恶性通货膨胀。这之后，在一个相当长的时期内，人民币的币值一直保持稳定。在人民币币值稳定的基础上，我国政府先后进行了几次币制改革。

二、我国的币制改革

在"一五"计划期间，国务院于1955年2月20日发布了《关于发行新的人民币和收回现行的人民币的命令》。根据这一命令，中国人民银行从1955年3月1日起开始发行新的人民币，并按1∶10 000元的比率收回了全部旧币。该命令同时规定，凡伪造、变造人民币和使用假钞等行为者，依照《妨害国家货币治罪暂行条例》治罪。这样，全国统一的人民币市场初步形成，人民币制度正式建立。1957年11月5日，国务院又发布了《关于发行金属分币的命令》。根据这一命令，金融分币从1957年12月1日起被投入市场。

1980年10月15日,我国还开始发行了1角、2角、5角、1元的金属货币,但后来都没有流通。

迄今为止,中国人民银行共印制发行了五套人民币。第一套人民币是1948年12月1日于中国人民银行成立时发行的,并且于1955年4月1日停止流通使用。第二套人民币于1955年3月发行,主要为了抑制通货膨胀,稳定国民经济,于1964年5月15日停止流通使用。第三套人民币的发行时间是1962年,当时经历了连续3年的经济困难,国民经济开始好转,工农业生产逐步恢复,国家财政金融状况逐渐好转。这套人民币是为适应经济发展变化而发行的,于2000年7月1日停止流通使用。第四套人民币是在1987年国民经济迅猛发展、商品零售额大幅增长、货币需求量大量增加的情况下发行的。第四套人民币的发行适应了改革开放形势的需要,支持了经济的发展,完善了我国的人民币制度。第五套人民币是于1999年10月1日发行的,其最大的特点之一是防伪功能增强,防伪技术更为先进。第五套人民币的发行标志着我国货币制度的日趋完善。

现在在我国流通使用的是第四套和第五套人民币。根据1999年6月30日国务院第268号令《关于责成中国人民银行自1999年10月1日起陆续发行第五套人民币》的决定,第五套人民币和第四套人民币"等值","混合流通","具有同等的货币功能"。

目前,我国的货币种类有主币和辅币两种。主币,即本位币(元、圆),是货币的基本单位,以元计算,又叫基本币;辅币是同主币比较而言在本位币以下的小额辅助货币。现行流通使用的第四套和第五套人民币的面额共有13种,其中,主币有1元、2元、5元、10元、20元、50元和100元共7种;辅币有1角、2角、5角共3种角币,以及1分、2分和5分(有纸币和金属分币两种)共3种分币。

为了便于市场流通,健全我国的货币制度,中国人民银行自1992年6月1日起发行了1元、5角、1角三种金属人民币。三种金属货币与在市场上流通的同面额的纸币价值相等,同时在市场上混合流通,任何单位和个人均不得以任何理由拒收其中任何一种人民币。

第二节 人民币的法律地位及法律保护制度

一、我国人民币的法律地位

人民币是我国独立自主的货币,关于它的法律地位,《中国人民银行法》在第16条中作出了明文规定:"中华人民共和国的法定货币是人民币。以人民币支付中华人民共和国境内的一切公共的和私人的债务,任何单位和个人不得拒收。"我国《人民币管理条例》第3条也重申了上述规定。① 人民币的法律地位主要表现在两个方面:一是人民币是我国唯一的法定货币。国家禁止发行除人民币以外的其他货币或变相货币,禁止金银和外国货币在我国境内流通使用。我国境内任何单位或个人不得计价使用金银,禁止变相买卖金银、借贷和抵押金银。② 在我国境内禁止指定金融机构以外的外汇买卖,禁止以任何形式进行套汇、逃汇、骗购、非法买卖外汇等行为。未经允许,人民币不准出境。二是人民币在我国具有法定的无限支付力(清偿力),即凡在中华人民共和国内的一切公私债务,均以人民币进行支付,任何债权人在任何时候均不得以任何理由拒绝接受。这里值得注意的是,我国的相关法律只是笼统地规定人民币具有无限法偿性,并未对主币和辅币的无限法偿性进行区分。但依据国际通行惯例,辅币仅具有有限法偿性,即每次支付的数额受到法律的限制,若超过了法定的数额,收方可以拒绝接收。为了与国际通行惯例保持一致,我国也应在法律上确认人民币辅币的有限法偿性。③

法律之所以能够赋予人民币如此崇高的法律地位,固然直接基于国家意志和国家强制力,但归根结底所依靠的还是国家的信用和信誉。许多国家发生的经济危机和金融危机反复表明,一国的法定货币一旦因缺少坚实的经济依靠而丧失信用,其法律地位自然随之崩溃,政府的信用和信誉也必然随之崩溃,从而引发政治危机和社会动荡。

二、我国人民币的法律保护制度

人民币是我国的法定货币,同时,也是国家的"名片"。为了巩固人民币的法律地位,维护人民币的形象,我国的《中国人民银行法》、《人民币管理条例》和《刑法》,以及国务院颁布的其他有关行政法规和中国人民银行制定的有关规章一起构建了比较完善的人民币法律保护制度。

人民币法律保护制度的主要内容包括:

---

① 《人民币管理条例》第3条规定:"中华人民共和国的法定货币是人民币。以人民币支付中华人民共和国境内的一切公共的和私人的债务,任何单位和个人不得拒收。"

② 我国政府宣布,从2000年1月1日起,白银管理转入市场化轨道,并利用有色金属交易市场组成白银上市交易。参见刘隆亨著:《银行金融法学》(第五版),北京大学出版社2005年版,第225页。

③ 刘定华主编:《金融法教程》(第二版),中国金融出版社2004年版,第166页。

1. 反假币制度

假币是指伪造、变造的人民币。伪造人民币是指仿照人民币的图案、形状、色彩等，采用制版印刷、复印、描绘、拓印等各种方法，将非货币材料非法制造为假人民币，冒充真人民币的行为。变造人民币是指在真人民币的基础上，采用挖补、揭层、涂改、拼凑、移位、重印等多种方法制作，改变真人民币原形态，使其增加货币数额的行为。

（1）我国法律禁止伪造、变造人民币，禁止一切制造、出售、购买、走私、运输、持有、使用假币等的行为①，并明确规定了各种有关假币行为的刑事责任、行政责任和民事责任。

（2）我国法律明确规定了中国人民银行、办理人民币存取款业务的金融机构、公安机关和工商行政管理机关等各自的反假币职责及其渎职的法律责任，并规定了公民发现假币后的报告义务。

（3）国务院专门设有国务院反假币工作联席会议，并于1996年2月15日批转国务院反假币工作联席会议通过的《关于进一步加强反假币工作的意见》，要求各方面认真贯彻执行。

（4）中国人民银行制定了一系列的反假币的规章制度，如《关于颁发〈中国人民银行授权书〉的通知》（2000年3月12日）、《反假人民币奖励办法》（2000年5月25日）、《中国人民银行假币收缴、鉴定管理办法》（2003年7月1日）等，以加强反假币工作。

（5）鉴于某些地区仍在不断出现的制造和使用假币的情况，为了提高反假币与防假币的能力，维护人民币的发行与流通执行，一些省、市制定了反假币的办法。

2. 禁止代币票券的印制、发售和流通

代币票券，又称变相货币，是国家法定货币以外、以货币单位标识面值在市场上计价、流通的一切凭证。如有的单位发行的"代金券"、"购物券"、"礼品券"等。发行变相货币违反了人民币由中国人民银行统一印制发行的原则，违反了现金管理制度，破坏了金融管理秩序，是对人民币法定货币地位的直接挑战，我国多年来一直予以禁止。因此，《中国人民银行法》第20条明文规定："任何单位和个人不得印制、发售代币票券，以代替人民币在

---

① 出售、购买、运输假币是指出售、购买假币或明知是假币而运输的行为。走私假币是指违反海关法规，非法运输、携带、邮寄假币进出国（边）境逃避海关、边检监督、检查的行为。持有、使用假币是指明知是假币而用其进行支付、汇兑、储蓄等使用、保存、携带或传递的行为。参见强力著：《金融法》，法律出版社2004年版，第299页。

市场上流通。"除此之外,《关于严格禁止各单位模仿人民币式样印刷内部票券的报告》《关于制止滥发各种奖券的通知》《关于禁止印刷、发售、购买和使用各种代币购物券的通知》,都对该行为进行了严格的规制。

3. 禁止人民币样币流通

人民币样币只是用以检验人民币印制质量和鉴别人民币真伪的标准样本,并不是供流通用的人民币。人民币样币应由印制人民币的专门企业按照中国人民银行的规定印制,并应加印"样币"字样。《人民币管理条例》第28条规定:"人民币样币禁止流通。""人民币样币的管理办法,由中国人民银行制定。"

4. 法定应收回销毁的人民币禁止再入市流通

我国《人民币管理条例》第23条明确规定:"停止流通的人民币和残缺、污损的人民币,由中国人民银行负责回收、销毁。具体办法由中国人民银行制定。"第39条规定:"人民币有下列情形之一的,不得流通:(1)不能兑换的残缺、污损的人民币;(2)停止流通的人民币。"

5. 任何单位和个人有爱护人民币的法定义务

我国《人民币管理条例》第6条规定:"任何单位和个人都应当爱护人民币。禁止损害人民币和妨碍人民币流通。"第27条进一步明确规定:"禁止下列损害人民币的行为:(1)故意毁损人民币;(2)制作、仿制、买卖人民币图样;(3)未经中国人民银行批准,在宣传品、出版物或者其他商品上使用人民币图样;(4)中国人民银行规定的其他损害人民币的行为。"对于违反法律规定的损害人民币的行为,《人民币管理条例》第43条、第44条、第47条也明确规定了相应应当承担的法律责任。

6. 法律禁止非法买卖流通人民币

我国相关法律对经营和装帧流通人民币的资格实行审批制,即许可证制度。货币并非一般的商品,货币经营在世界各国均实行严格的审批制度。要取得货币经营许可证,既须满足一系列严格的实质条件,也须完成一系列复杂的程序要件。《人民币管理条例》第25条规定:"禁止非法买卖流通人民币。纪念币的买卖,应当遵守中国人民银行的有关规定。"第26条规定:"装帧流通人民币和经营流通人民币,应当经中国人民银行批准。"同时,第44条也明确规定了对违反此项规定,擅自经营或装帧流通人民币行为的处罚办法。

7. 人民币的券别调剂

我国《人民币管理条例》第24条规定:"办理人民币存取款业务的金融机构应当根据合理需要的原则,办理人民币券别调剂业务。"办理券别调剂业务,是办理人民币存取款业务的金融机构的一项法定义务,应当符合合理需要的原则。这项无偿的金融服务,既能够方便客户,促进人民币流通,办理人民币存取款业务的金融机构也能够从中受益。

8. 人民币的出入境实行限额管理制度

1993年1月20日国务院发布的《中华人民共和国国家货币出入境管理办法》,废止了《中华人民共和国禁止国家货币出入国境办法》(1951年3月6日公布)中的相关规定,允许携带定量的人民币出入国境。《人民币管理条例》第30条规定:"中国公民出入境、外国人入出境携带人民币实行限额管理制度,具体限额由中国人民银行规定。"目前对人民币出入境限额进行规制的是1993年2月5日由中国人民银行发布的《关于国家货币出入境限额的公告》,其主要内容为:

(1)中国公民出入境、外国人入出境,每人每次携带的人民币限额为6 000元。①

(2)在开放边民互市和小额贸易的地点、中国公民出入境和外国人入出境携带人民币的限额可根据实际情况由人民银行省级分行会同海关确定,报人民银行总行和海关总署批准后实施。

随着我国经济实力的增强和人民币地位的上升,人民币出入境的限制必然会逐步放宽或放开。②

9. 进一步加强和改进人民币现金管理

由于人民币现金的正常流通直接关系到国计民生的正常进行,而人民币现金流通的非正常状况又往往从另一个侧面反映出经济生活的异常态势,甚至反映出经济金融领域违法犯罪的新动向和新特点,因此我国始终十分重视现金管理。现金管理的基本原则应当是保证合法需要,监控大额支付,防止违法犯罪。中国人民银行为此制定了一系列的规章制度,主要有:1997年《关于大额现金支付管理的通知》和《大额现金支付登记备案规定》;1998年《关于严禁利用信用卡、银行卡、支付卡违规套取现金的通知》;1999年《关于采取有效措施防范金融计算机犯罪的通知》和2001年《关于进一步加强和

---

① 2004年11月29日中国人民银行发布的《关于中国人民银行决定调整国家货币出入境限额的公告》对人民币出入境限额进行了调整:"按照《中华人民共和国人民币管理条例》和《中华人民共和国国家货币出入境管理办法》的有关规定,根据我国经济发展和对外往来实际需要,中国人民银行决定调整国家货币出入境限额。中国公民出入境、外国人入出境每人每次携带的人民币限额由原来的6 000元调整为20 000元。"

② 甘功仁、黄欣主编:《金融法》,中国金融出版社2003年版,第255页。

改进现金管理有关问题的通知》等。

10. 对发行基金调拨的规制

《中国人民银行法》在其第 22 条中对发行基金的调拨进行了明确的规定："中国人民银行设立人民币发行库，在其分支机构设立分支库。分支库调拨人民币发行基金，应当按照上级库的调拨命令办理。任何单位和个人不得违反规定，动用发行基金。"

第三节 人民币发行法律制度

一、人民币发行法律制度概述

(一)人民币发行的含义

人民币的发行有广义和狭义之分。广义的货币发行是指中国人民银行代表国家发行、投放、回笼、调拨、销毁、保管以及调节各地货币流通等业务活动的总称。狭义的货币发行是指中国人民银行向流通中投放现金的行为。具体来说，就是人民银行通过发行库把发行基金投入业务库，使一部分货币进入流通领域的过程。

(二)人民币发行的种类

人民币有普通币和纪念币之分。普通币即法定流通币，分为新版币和改版币。改版币是指基于防伪或其他原因，中国人民银行决定改变人民币的制币材料、技术或工艺而在原版人民币的基础上发行的人民币。纪念币是指具有特定主题的限量发行的人民币，包括普通纪念币和贵金属纪念币。纪念币一般不得以支付手段进入流通领域。

(三)人民币发行法律制度的主要内容

人民币发行是流通中货币的源头。人民币的投放、回笼与币值稳定有着直接联系，而正常的货币流通是国民经济正常运转的重要条件。因此，人民币的发行直接关系到人民币币值的稳定，关系到货币政策目标的实现，因而必须加强对人民币发行的管理。人民币发行法律制度包括人民币的发行权与发行机关、人民币的设计印制、人民币的发行程序、发行责任以及人民币的回收等。

二、人民币发行原则及发行权、控制权、决定权

(一)人民币发行的原则

为了保持货币币值的稳定，并以此促进经济增长，人民币的发行必须坚持如下原则：

1. 集中统一发行原则

集中是指人民币的发行权集中于中央政府——国务院。统一是指国家授权中国人民银行统一垄断发行。除中国人民银行外，任何地区、任何单位和个人都无权发行货币和变相货币。只有坚持货币发行的集中统一管理，国家才能有效地控制货币投放，保持币值稳定和货币的正常流通。货币的集中统一发行，是经济持续、稳步发展的客观需要。

2. 计划发行原则

货币发行要根据国民经济发展的要求，有计划地发行。具体由中国人民银行总行提出货币发行计划，报国务院批准后实施。计划发行原则的贯彻，可以保证市场物价和币值稳定，有利于国家货币政策目标的实现。

3. 信用发行原则

信用发行原则又称经济发行原则。信用发行，是指根据国民经济的发展情况，按照商品流通的实际需要控制和调节货币发行量。由于信用发行是在经济增长的基础上增加货币投放，是适应和满足市场发展与商品流通对货币的客观需要，因此是一种正常的、必要的、有物资保证的发行，可以保持币值和物价的稳定，不会引起通货膨胀。实践证明，信用发行是人民币发行的重要原则之一，因为坚持信用发行是保持货币流通正常和人民币币值稳定的关键。这种发行既客观又科学，是一种经济发行。

与信用发行相反的还有一种财政发行，即国家为了弥补财政赤字或超过经济发展实际需要而增加的货币发行。这种发行一般是由财政向银行透支而引起的银行过度发行。这种发行的结果是货币投放出去之后收不回来，最终导致通货膨胀。因此，在正常的情况下，不能进行财政发行。

为了坚持信用发行，《中国人民银行法》第 29 条规定："中国人民银行不得对政府财政透支，不得直接认购、包销国债和其他政府债券。"我国的法律之所以作如此规定，是因为财政透支是财政通过无偿占用部分货币发行基金而迫使银行增发货币的行为，而银行直接购买政府债券实质上也是银行用增加货币发行的办法去购买的，因此都不可取。

(二)中央银行的发行权、控制权和决定权

坚持货币发行的三个基本原则反映在法律上就是要正确运用和实行货币的发行权、控制权、决定权。

1. 发行权

《中国人民银行法》规定发行人民币、管理人民币流通是中国人民银行的重要职责之一。在我国，人民币的发行权属于国家，中国人民银行统一掌管人民币的发行。中国人民银行对人民币的发行具有垄断性、排他性。发行权的内容包括：研究拟定国家货币政策；负责人民币票券的设计、印刷以及人民币的储备；编制和实施货币的发行、流通的宏观调控方案和指标，确定货币供给增长率指标，报经国家批准后组织实施。其他任何地区、任何部门、任何单位都无权发行货币。国务院授权中国人民银行统一掌管人民币的发行，将人民币的发行权集中在中央，这是完全有必要的。因为只有集中统一发行货币才能稳定货币；只有集中统一发行货币才能实现计划发行；只有集中统一发行货币才能适应货币的流通规律。为了做好人民币的发行工作，中国人民银行内部专门成立了发行库。其中，总行设总发行库，各地方人民银行分别设分库、中心支库和支库。国家授权中国人民银行发行货币的权力，就完全排除了其他机构发行货币的行为，这也是注意到了世界各国的先例：所有的中央银行都掌管着货币发行权。例如《瑞典国家银行法》规定：瑞典国家银行是唯一授权发行钞票的机构。《匈牙利国家银行法》规定：匈牙利国家银行是唯一拥有钞票和硬币发行权的银行。《法兰西银行法》规定：法兰西银行独享货币发行权。前苏联国家银行章程也规定：苏联国家银行享有在苏联领土内发行货币的垄断权。

2. 控制权

货币发行多少，何时投放与收回，按照什么标准放松或紧缩银根，这些都要根据货币流通对国家意志、银行货币发行和货币立法的影响而加强控制。也就是说，对货币发行进行法律上的规定，绝不是随心所欲，也绝不是违背客观规律的。国家权力完全可以将任意面额的票券和任意数量的货币投放市场，也完全可以通过合法的程序使这种投放合法化，但是这些货币一旦投入流通领域，就离开了国家意志、国家权力的控制，而要受到货币流通在内的规律的制约。如果不顾这种情况，就要遭到客观规律的报复。所以，在运用法律决定货币发行时，一定要掌握货币流通规律①对货币立法的影响。《中国人民银行法》第 5 条规定："中国人民银行就年度货币供应量、利率、汇率和国务院规定的其他重要事项作出的决定，报国务院批准后执行。"可知货币发行量的控制权最终属于国务院所有。

3. 决定权

根据《中国人民银行法》的规定，人民币票券、铸币的种类和票面式样

---

① 货币流通规律是指商品流通过程中货币需要量的规律。现代货币流通规律可以用两个公式来表示：(1)流通中全部纸币所代表的价值量＝流通中货币的必要量；(2)单位纸币所代表的价值量＝流通中货币的必要量/纸币发行总量。如果违背了这两个公式，就会发生货币贬值。刘隆亨著：《银行金融法学》(第五版)，北京大学出版社 2005 年版，第 228 页。

由中国人民银行设计,并由中国人民银行统一印制、发行。中国人民银行发行新版人民币,应当将发行时间、面额、图案、式样、规格予以公告。严格禁止模仿人民币式样印制内部票券。

三、人民币的发行程序

人民币的发行程序是指人民币发行的步骤和方法,是人民币发行制度的重要组成部分。按照国家历来的规定,特别是《中国人民银行法》、《中国人民银行货币发行管理制度(试行)》、《中华人民共和国人民币管理条例》的规定,我国人民币的发行程序大致分为以下几步:

第一步:中国人民银行确定年度货币供应量。

每年由中国人民银行总行根据国家的经济和社会发展计划,编制货币供应和货币发行计划(包括发行额度),报经国务院批准后,具体组织实施。其包括负责票币设计、印制和储备等。

货币发行计划是反映中央银行全年从发行库向市场投放人民币的总的数量的计划。货币发行计划大于货币回笼计划的差额部分则是中国人民银行发行货币的净额,反映了国家全年增加发行货币的数量,也反映了社会购买力的增长,这是影响国民经济稳定发展,引起币值和物价波动的主要因素。因此,中国人民银行在编制货币发行计划时,要特别注意货币投放和回笼的平衡,防止货币发行量的增长速度超过国民经济增长速度。

第二步:国务院批准中国人民银行报批的货币供应量计划。

第三步:发布人民币发行公告。

《人民币管理条例》第16条规定:"中国人民银行发行新版人民币,应当报国务院批准。中国人民银行应当将新版人民币的发行时间、面额、图案、式样、规格、主色调、主要特征等予以公告。"

第四步:货币印制。

货币印制部门根据中国人民银行制定的货币需要量,编制货币印制计划并组织实施。《人民币管理条例》第9条规定:"印制人民币的企业应当按照中国人民银行制定的人民币质量标准和印制计划印制人民币。"第10条规定:"印制人民币的企业应当将合格的人民币产品全部上缴中国人民银行人民币发行库,将不合格的人民币产品按照中国人民银行的规定全部销毁。"

第五步:通过在中央银行内设置的发行库办理发行业务和保管调拨发行基金。

发行库是中国人民银行为国家保管发行基金的金库,简称发行库。发行库是中国人民银行的一个重要组成部分,由中国人民银行根据经济发展和业务需要决定设置。发行库的具体任务包括：(1)按照国务院批准的货币发行额度，统一调度货币发行基金；(2)按照国务院批准的中央银行发行货币的决定，具体办理货币发行工作和损伤票币的回收销毁工作；(3)统一保管、调运发行基金，调剂市场各种票币的流通比例；(4)办理全国发行业务的会计核算，正确全面地反映市场货币投放与收回情况。

人民币发行基金是中央银行人民币发行库保存的未进入流通的人民币，其由中国人民银行发行，是调节市场货币流通的准备基金。它不是流通中的货币，而是待流通中的货币。发行基金和流通中的现金虽然形式相同，并可在一定条件下相互转化，但二者有本质上的区别：(1)性质不同。发行基金只是中国人民银行供发行用的准备基金，是未发行的货币；而现金则是已发行货币，是国家法律已赋予无限支付力的现实货币。(2)所有权主体不同。发行基金的所有权属于国家，由中国人民银行行使；而现金的所有权分别归属于各自的所有权人。(3)运行的依据和范围不同。发行基金依据上级发行库的调拨令在中国人民银行发行库之间运行；现金则是基于当事人之间合法的经济往来而自由流通。发行基金的动用权属于总库，各地分支库所保管的发行基金，只是总库的一部分。

发行基金的调拨是组织货币投放的准备工作，是发行库与发行库之间发行基金的转移。发行库调拨发行基金，应当依照上级发行库的调拨命令办理。发行基金的调拨采取逐级负责的办法，即总行负责省、自治区、直辖市分行之间的调拨，分行负责中心支行之间的调拨，中心支行负责支行之间的调拨。

普通银行向发行库调取发行基金，补充业务库时，应当填写现金支票，必须以其在中国人民银行分支机构开立的存款账户上的存款余额为限，不得透支。

第六步：通过行内设置的业务库办理日常现金收付业务。

业务库是指各类商业银行、政策性银行对外营业的基层行处，是为办理日常的现金收付而设置的现金库存。业务库与发行库是不同的。发行库保存的是发行准备基金，由总行统一管理；而业务库的现金是日常周转金，属于流通中货币的一部分。在实际货币发行中必须严格区分发行库与业务库的界限。各级行处业务库保留的现金，必须核定库存限额。

人民币的货币发行主要是通过商业银行的现金收付业务活动来实现的。各银行将人民银行发行库的发行基金调入业务库后，再从业务库通过现金出纳支付给各单位和个人，人民币钞票从而就进入市场。这称为现金投放。现金投放主要有以下六种方式：(1)支付存款；(2)支付工资性取款；(3)支付行政、企事业单位人员差旅费、会议费、管理费等项现金用款；(4)支付农副产品收购用款；(5)发放小额农贷用款；(6)支付其他合法现金用款。同时，各银行每日都要从市场上回收一定的现金，当业务库的库存货币超过规定的限额时，超出部分要送交发行库保管。这称为现金归行。货币从发行库到业务库的过程叫出库，即货币发行；货币从业务库回到发行库的过程叫入库，即货币回笼。在一定时期内，若出库的货币额大于入库的货币额，是增加货币发行；若出库的货币额小于入库的货币额，是减少货币发行。

四、人民币的设计与印制

(一)人民币的设计

货币历来都同文化紧密相连。当今世界各国的货币被称为"国家名片"，代表着本国形象，具有文化底蕴，因而都注重精心设计。我国先后发行的五套人民币在一定程度上都很好地反映了各阶段的文化特征。纪念币的设计，尤其是近几年发行的纪念币的设计更是文化特色突出，有的甚至获得了国际大奖。[①] 这些成果的取得与我国人民币的设计制度密切相关。我国《人民币管理条例》第7条明文规定："新版人民币由中国人民银行组织设计，报国务院批准。"

中国人民银行组织设计人民币时，应重视人民币的图案、式样、规格、色调的搭配，并重视人民币的材质和防伪设计。

(二)人民币的印制制度

我国人民币的印制制度主要包括以下几项内容：

1. **人民币的印制权**

我国《中国人民银行法》第18条规定："人民币由中国人民银行统一印制、发行。"

2. **人民币的印制企业**

我国《人民币管理条例》第8条规定："人民币由中国人民银行指定的专门企业印制。"人民币的印制企业具有特什性(指定性)、专业性(专门印制人民币，并有专门的技术、工艺和设备)、独占性(垄断性)，是非常特殊的企业。

3. **人民币印制企业的法定义务**

《人民币管理条例》第9~14条对人民币印制企业的法定义务作了明确而系统的规定：(1)印制人民币的企业应当按照中国人民银行制定的人民币质

---

① 如2001年熊猫纪念金币。

量标准和印制计划印制人民币。(2)印制人民币的企业应当将合格的人民币产品全部解缴中国人民银行人民币发行库,将不合格的人民币产品按照中国人民银行的规定全部销毁。(3)印制人民币的原版、原模使用完毕后,由中国人民银行封存。(4)印制人民币的特殊材料、技术、工艺、专用设备等重要事项属于国家秘密。印制人民币的企业和有关人员应当保守国家秘密;未经中国人民银行批准,任何单位和个人不得对外提供。(5)未经中国人民银行批准,任何单位和个人不得研制、仿制、引进、销售、购买和使用印制人民币所特有的防伪材料、防伪技术、防伪工艺和专用设备。(6)人民币样币是检验人民币印制质量和鉴别人民币真伪的标准样本,由印制人民币的企业按照中国人民银行的规定印制。人民币样币上应当加印"样币"字样。

五、残损人民币的兑换、回收与销毁

(一)残损人民币兑换、销毁是中国人民银行的一项重要职责

残损人民币的兑换、收回是法律赋予中国人民银行的一项重要职责。《中国人民银行法》第21条规定:"残缺、污损的人民币,按照中国人民银行的规定兑换,并由中国人民银行负责收回、销毁。"

残损人民币是指人民币在流通中,因自然磨损或保管不善或其他原因引起的损坏了其票面完整性的票币。包括残缺人民币和污损人民币两大类。残缺人民币是指票面撕裂、损缺的人民币。污损人民币是指因自然或人为磨损、侵蚀,造成外观和质地受损、颜色变化、图案不清晰、防伪特征受损,不宜再继续流通使用的人民币。残损人民币仍是人民币的一部分。为了保持人民币的整洁、方便使用、维护人民币的信誉,中国人民银行制定了《中国人民银行残缺污损人民币兑换办法》[①],同时还制定了残损人民币的收回及销毁规则。

(二)残损人民币的兑换

根据《中国人民银行残缺污损人民币兑换办法》的规定,我国残损人民币的兑换主要要注意以下几点:

(1)残损人民币的兑换标准。残缺、污损人民币兑换分"全额"、"半额"两种情况。能辨别面额,票面剩余3/4(含3/4)以上,其图案、文字能按原样连接的残缺、污损人民币,金融机构应向持有人按原面额全额兑换。能辨别面额,票面剩余1/2(含1/2)至3/4以下,其图案、文字能按原样连

---

① 《中国人民银行残缺污损人民币兑换办法》于2003年12月24日发布,2004年2月1日起施行,1955年5月颁行的《残缺人民币兑换办法》同时废止。

接的残缺、污损人民币，金融机构应向持有人按原面额的一半兑换。纸币呈正十字形缺少1/4的，按原面额的一半兑换。兑付额不足1分的，不予兑换；5分按半额兑换的，兑付2分。

（2）兑换与异议。金融机构在办理残缺、污损人民币兑换业务时，应向残缺、污损人民币持有人说明认定的兑换结果。不予兑换的残缺、污损人民币，应退回原持有人。残缺、污损人民币持有人同意金融机构认定结果的，对兑换的残缺、污损人民币纸币，金融机构应当面将带有本行行名的"全额"或"半额"戳记加盖在票面上；对兑换的残缺、污损人民币硬币，金融机构应当面使用专用袋密封保管，并在袋外封签上加盖"兑换"戳记。残缺、污损人民币持有人对金融机构认定的兑换结果有异议的，经持有人要求，金融机构应出具认定证明并退回该残缺、污损人民币。持有人可凭认定证明到中国人民银行分支机构申请鉴定，中国人民银行应自申请日起5个工作日内作出鉴定并出具鉴定书。持有人可持中国人民银行的鉴定书及可兑换的残缺、污损人民币到金融机构进行兑换。

（3）金融机构应按照中国人民银行的有关规定，将兑换的残缺、污损人民币交存当地中国人民银行分支机构。

（4）凡办理人民币存取款业务的金融机构应无偿为公众兑换残缺、污损人民币，不得拒绝兑换，也不得收取任何费用。

（三）残损人民币的销毁

残损人民币的销毁是指将不再投入流通领域的残损票币集中到中国人民银行发行库，并按规定程序，采取机械粉碎、火焚、熔炼、蒸煮、喷浆等方式使其失去原貌，不再具有完整的货币特征的行为。2000年5月26日，中国人民银行发布《中国人民银行残损人民币销毁管理办法》，共8章41条，主要对残损人民币销毁的计划、复点、组织、监督与检查、账务及罚则等内容进行了规定。销毁的全过程包括对待销毁货币的复点、抽查、打洞、封装等环节。它是货币发行管理工作的重要组成部分，也是货币发行的重要环节。

残损人民币销毁权属于中国人民银行。中国人民银行总行授权中国人民银行各分行、营业管理部、省会（首府）城市中心支行、深圳市中心支行（以下简称各分行、省会城市中心支行）具体负责残损人民币销毁业务。

残损人民币销毁实行计划管理。各分行、省会城市中心支行根据辖内市场货币流通状况及销毁能力，编制分金额与券别的残损人民币年度销毁计划，并于每年1月20日前报总行。总行根据人民币印制生产计划、货币发行计划、市场货币流通状况及销毁能力，结合各分行、省会城市中心支行上报的年度销毁计划，编制下达全国各分行、省会城市中心支行残损人民币年度销毁计划。各分行、省会城市中心支行应按照总行下达的残损人民币销毁计划组织执行，需要调整销毁计划的，应专门提出申请，报总行批准后执行。

六、特定版别人民币停止流通及收兑

鉴于经济、政治和社会形势发展的需要，经国务院批准，中国人民银行可以决定特定版别的人民币的停止流通。

特别版别人民币停止流通的，中国人民银行应当予以公告。办理存取款业务的金融机构应当按照中国人民银行的规定，收兑停止流通的人民币，并将其交存当地中国人民银行。按照《中国人民银行残损人民币销毁管理办法》的规定予以销毁。

第四节 人民币流通和管理的法律规定

一、人民币流通管理制度概述

遵守货币流通规律，是做好人民币管理的前提。我国人民币主要在两大领域内进行流通：一是现金流通，二是非现金流通。

现金流通是指用现款直接进行收付的货币运动；非现金流通是指通过银行转账结算，银行将款项从付款单位账户上划转到收款单位账户上的货币运动。

现金流通的重要性就在于其能够及时结清货款，加快商品流转。但现金的投放和居民手中所掌握的现金不能过多过滥，否则会造成市场物价的不稳定，货币的不安全。相反，现金投放和居民手中所掌握的货币太少，就会造成生活上的不方便，使商品流转受到阻碍。

非现金流通的重要性就在于其对大宗的商品、货物交易，可以采取银行转账结算的办法。这一方面可以节省货币的投放和使用，保护货币的安全；另一方面也可以促进商品交易的进行、市场的繁荣以及物价的稳定，有利于货币政策的实施。

在市场经济条件下，货币流通媒介和调控社会资源的有效配置，尤其是现金流通所形成的现实的社会购买力，直接影响着市场的稳定，进而影响着经济增长的实效。因此，应加强立法，实施货币流通的监督管理。关于我国人民币的非现金流通管理将在本书的第六章中进行详细的论述，本节仅对人

民币的现金流通管理进行论述。

二、流通人民币的买卖和经营管理制度

流通人民币系指未经中国人民银行公告退出流通的人民币。为维护人民币的形象，加强对流通人民币买卖的管理，我国《人民币管理条例》规定了买卖、经营、流通人民币的基本规则。

（一）装帧流通人民币和经营流通人民币，应当报经中国人民银行批准

经营流通人民币是指买卖经装帧的流通人民币硬币、连体钞和普通纪念币的行为。装帧和经营流通人民币应经中国人民银行分行、营业管理部和省会城市中心支行的批准，以实施有效控制，防止少数人出于营利目的非法炒买炒卖人民币，造成局部地区人民币券别失调，影响人民币的正常流通。

（二）禁止非法买卖流通人民币

所谓非法买卖人民币，是指出于牟利目的，未经中国人民银行批准，买卖现行流通人民币某些币种、券种的行为。非法买卖流通人民币，会破坏人民币发行的计划性，破坏局部地区人民币券别的合理结构，从而破坏人民币的流通秩序。非法买卖人民币的行为包括两种：（1）以高出人民币面额的价格，囤积或炒买炒卖某些版别或券别的未经装帧的流通人民币；（2）未经中国人民银行批准，装帧并经营流通人民币。

可以买卖的人民币品种包括：由中国人民银行公告停止流通的人民币、贵金属纪念币、普通纪念币、装帧的流通人民币四种。允许买卖的人民币品种必须在合法的钱币市场中依法经营，场外交易即属非法。经营人民币买卖业务应由中国人民银行分行、营业管理部或省会城市中心支行批准，并在工商行政管理机关领取执照。

非法经营人民币的单位和个人，按倒卖专营物品处理，由工商行政管理部门没收实物及非法所得，并给予处罚。

三、现金流通管理制度

现金管理是指国家授权银行依法对开户单位的现金收支及库存进行的监督和管理，是货币管理的重要内容之一。现金管理的目的在于通过国家对人民币现金的监管，达到抑制通货膨胀、稳定物价、稳定人民币市场的目的。同时，通过现金管理可以严格控制货币发行，有计划地调节货币流通，促进商品生产和商品交换，加强对社会经济活动的监督。

《现金管理暂行条例》是我国现金管理的基本法规，其主要的内容有：

1. 人民币现金管理的对象

《现金管理暂行条例》第 2 条明确规定:"凡在银行和其他金融机构(以下简称开户银行)开立账户的机关、团体、部队、企业、事业单位和其他单位(以下简称开户单位),必须依照本条例的规定收支和使用现金,接受开户银行的监督。"

2. 人民币现金管理的主管机关

人民币现金管理的主管机关是各级人民银行。《现金管理暂行条例》第 4 条规定:"各级人民银行应当严格履行金融主管机关的职责,负责对开户银行的现金管理进行监督和稽核。开户银行依照本条例和中国人民银行的规定,负责现金管理的具体实施,对开户单位收支、使用现金进行监督管理。"

3. 现金使用的范围

《现金管理暂行条例》第 5 条规定:"开户单位可以在下列范围内使用现金:(1)职工工资、津贴;(2)个人劳务报酬;(3)根据国家规定颁发给个人的科学技术、文化艺术、体育等各种奖金;(4)各种劳保、福利费用以及国家规定的对个人的其他支出;(5)向个人收购农副产品和其他物资的价款;(6)出差人员必须随身携带的差旅费;(7)结算起点以下的零星支出;(8)中国人民银行确定需要支付现金的其他支出。前款结算起点定为 1 000 元。结算起点的调整,由中国人民银行确定,报国务院备案。"

除《现金管理暂行条例》第 5 条第(5)、(6)项外,开户单位支付给个人的款项中,支付现金每人一次不得超过 1 000 元,超过限额部分,根据提款人的要求在指定的银行转为储蓄存款或以支票、银行本票支付。确需全额支付现金的,应经开户银行审查后予以支付。

4. 鼓励和保护非现金结算

《现金管理暂行条例》第 2 条第 2 款规定:"国家鼓励开户单位和个人在经济活动中,采取转账方式进行结算,减少使用现金。"第 3 条规定:"开户单位之间的经济往来,除按本条例规定的范围可以使用现金外,应当通过开户银行进行转账结算。"第 7 条规定:"转账结算凭证在经济往来中,具有同现金相同的支付能力。开户单位在销售活动中,不得对现金结算给予比转账结算优惠待遇;不得拒收支票、银行汇票和银行本票。"第 8 条规定:"机关、团体、部队、全民所有制和集体所有制企业事业单位购置国家规定的专项控制商品,必须采取转账结算方式,不得使用现金。"

5. 开户单位库存现金的限额

为了保证各单位日常的业务经营费用及其他小额零星开支的需要,国家允许其保留一定数额的库存现金,这就是所谓的开户单位库存现金限额。《现金管理暂行条例》对开户单位库存现金限额的规定主要集中在第9条和第10条。其中第9条规定:"开户银行应当根据实际需要,核定开户单位3天至5天的日常零星开支所需的库存现金限额。边远地区和交通不便地区的开户单位的库存现金限额,可以多于5天,但不得超过15天的日常零星开支。"第10条规定:"经核定的库存现金限额,开户单位必须严格遵守。需要增加或者减少库存现金限额的,应当向开户银行提出申请,由开户银行核定。"

6. 对开户单位现金收支的规定和控制坐支的办法

根据《现金管理暂行条例》第11条的规定,开户单位现金收支应当依照下列规定办理:(1)开户单位现金收入应当于当日送存开户银行。当日送存确有困难的,由开户银行确定送存时间。(2)开户单位支付现金,可以从本单位库存现金限额中支付或者从开户银行提取,不得从本单位的现金收入中直接支付(即坐支)。因特殊情况需要坐支现金的,应当事先报经开户银行审查批准,由开户银行核定坐支范围和限额。坐支单位应当定期向开户银行报送坐支金额和使用情况。(3)开户单位根据本条例第5条和第6条的规定,从开户银行提取现金,应当写明用途,由本单位财会部门负责人签字盖章,经开户银行审核后,予以支付现金。(4)因采购地点不固定,交通不便,生产或者市场急需,抢险救灾以及其他特殊情况必须使用现金的,开户单位应当向开户银行提出申请,由本单位财会部门负责人签字盖章,经开户银行审核后,予以支付现金。

开户单位必须建立健全现金账目,逐笔记载现金收付,账目要日清月结,做到账款相符。不准用不符合财务制度的凭证顶替库存现金;不准单位之间相互借用现金,不准谎报用途套取现金;不准利用银行账户代其他单位和个人存入或支取现金;不准将单位收入的现金以个人名义存入储蓄;不准保留账外公款(即小金库);禁止发行变相货币,不准以任何票券代替人民币在市场上流通。

7. 对个体工商户、农村承包经营户发放的贷款,应当以转账方式支付

对确需在集市使用现金购买物资的,经开户银行审核后,可以在贷款金额内支付现金。

在开户银行开户的个体工商户、农村承包经营户异地采购所需贷款,应当通过银行汇兑方式支付。因采购地点不固定,交通不便必须携带现金的,由开户银行根据实际需要,予以支付现金。

未在开户银行开户的个体工商户、农村承包经营户异地采购所需货款,

可以通过银行汇兑方式支付。凡加盖"现金"字样的结算凭证，汇入银行必须保证支付现金。

另外，一个单位在几家银行开户的，由一家开户银行负责现金管理工作，核定开户单位库存现金限额。

【拓展材料】

比特币是否会取代传统货币？[①]

2013年以来，比特币以前所未有的规模和速度进入我们的视野，成为很多中国大妈热衷的投资产品。那么，作为一种虚拟的电子货币，比特币会取代传统的货币吗？

比特币是信息技术变革引起的电子货币过渡到高级阶段的初始形式。电子货币是指以计算机或其他存储设备为存在介质、以数据或卡片形式履行货币支付流通职能的"货币符号"，其具体形式包括卡基、数基存款货币、电子票据等。根据其支付范围、方式和流动性的差异，结合中国支付体系运行的实际情况，我们认为可以将电子货币分为3类：

第一，以存款形式存在的电子货币，主要包括：活期存款和活期储蓄；证券、期货的交易保证金；支付机构在商业银行备付多账户的客户备付金。第二，单用途预付卡，即从事零售业、住宿和餐饮业、居民服务业的企业法人发行的，仅限于在本企业或本企业所属集团或同一品牌特许经营体系内兑付货物或服务的预付凭证，包括以磁条卡、芯片卡、纸券等为载体的实体卡和以密码、串码、图形、生物特征信息等为载体的虚拟卡。第三，虚拟货币。根据使用虚拟货币交易对手方的不同，可以将虚拟货币具体区分为支付给虚拟货币发行方的虚拟货币、支付给其他普通参与者的虚拟货币。前者在交易后整个系统中会等额减少，而后者可以多次反复进行支付。

比特币与其他虚拟货币最大的不同，是其总数有限，具有极强的稀缺性。该货币系统曾在4年内只有不超过1 050万个，之后的总数将被限制在2 100万个。此外，与大多数货币不同，比特币不依赖于特定的中央发行机构，而是使用遍布整个P2P网络节点的分布式数据库来记录货币的交易，并使用密码学的设计来确保货币流通各个环节安全性。例如，比特币只能被它的真实拥有者使用，而且仅仅一次，支付完成之后，原主人即失去对该份额比特币的所有权。

[①] 参见杨涛：《国际视野：掀开比特币的神秘面纱》，载《人民日报》2013年12月25日。

比特币虽然在一定范围内具有货币替代职能，但是离现代货币的标准还很远。货币是用作交换媒介、价值尺度、支付手段、价值储藏的物品。但是，当前比特币的作用更多体现在交换和投资方面，在最体现货币价值的支付方面的作用非常有限。同时，比特币的数量被固定在 2 100 万个，使其无法成为真正的信用货币，也不能发挥货币扩张在经济发展中的基本职能，难以真正撼动传统金融体系。此外，由于比特币的价格经常暴涨暴跌，越来越难以作为稳定的交易支付中介，更加损害了其货币属性。

无论是纸币还是电子货币，都属于信用货币的范畴，与金属货币不同的是，其自身并没有使用价值。这些货币的背后依托的是特定的社会组织关系与政权组织形式。只要国家的边界没有消失，还需政府的权威支撑社会交易，"最后贷款人"的央行仍然存在，真正去中心化的虚拟货币就不可能占据主流地位。比特币充其量只能成为某个互联网"飞地"或"乌托邦"式的实验品。

总而言之，当比特币成为互联网技术狂热者、投机分子以及无政府主义者狂欢的对象时，它却距离货币的内在属性越来越远。比特币在 2014 年左右达到 2 100 万个总量限制之前，或许它早已被其他虚拟货币所替代。

【思考题】

1. 人民币的法律地位是什么？
2. 如何对人民币进行法律保护？
3. 人民币的发行应遵循什么原则？为什么要特别强调坚持信用发行的原则而不实行财政发行？
4. 人民币的发行程序有哪些？
5. 试述现金管理的主要内容。

第五章 商业银行业务经营规则

【学习目的与要求】通过本章的学习，了解存款的概念、种类，贷款的概念、种类，银行卡的概念、分类，个人理财业务的概念和种类；掌握商业银行存款业务规则、贷款业务规则、银行卡业务规则、理财业务规则、其他业务规则的基本内容。

第一节 商业银行存款业务规则

一、存款的概念及种类

存款是机关、团体、企事业单位和个人把货币资金存入银行或其他金融机构并获取利息的一种信用活动。存款是商业银行的负债业务，是商业银行信贷资金的主要来源，是商业银行的"血液"。

存款可按多种方式分类，按期限可分为活期存款、定期存款和定活两便存款。活期存款是指银行不规定存期，储户随时可以存取款且存取金额不限的一种储蓄方式。定期存款是储户在存款时约定存期，一次或按期分次存入本金，整笔或分期、分次支取本金或利息的一种储蓄方式。定活两便存款是指不确定存款期限，存款人可以随时续存和提取的存款，其流动性介于活期存款和定期存款之间，银行根据存款人的实际存款期限按规定计息。根据存款人主体的不同，存款可分为单位存款和个人储蓄存款。单位存款是指各级财政金库、企业、事业单位、机关、部队和社会团体等单位，在银行或其他可吸收存款的金融机构的存款，包括上述单位的结算户存款和专用基金专户存款。个人储蓄存款即居民储蓄存款，是居民个人存入银行的货币。按照存款的币种不同，存款可分为人民币存款和外币存款。外币存款是指以可兑换外国货币表示的银行各种存款。

二、存款业务基本原则

(一)存款业务经营许可制

《银行业监督管理法》第 18 条规定:"银行业金融机构业务范围内的业务品种,应当按照规定经国务院银行业监督管理机构审查批准或者备案。需要审查批准或者备案的业务品种,由国务院银行业监督管理机构依照法律、行政法规作出规定并公布。"第 19 条规定:"未经国务院银行业监督管理机构批准,任何单位或者个人不得设立银行业金融机构或者从事银行业金融机构的业务活动。"《商业银行法》第 11 条第 2 款规定:"未经国务院银行业监督管理机构批准,任何单位和个人不得从事吸收公众存款等商业银行业务,任何单位不得在名称中使用'银行'字样。"这说明我国对存款业务经营实行许可制,即必须是经中国银监会审核批准,领取准予办理存款业务的金融许可证,具有存款业务经营范围的金融机构才能开展存款业务。

(二)存款机构依法缴纳存款准备金

存款准备金是商业银行依照法律和中国人民银行的规定,按吸收存款的一定比例交存于中国人民银行的存款。这种存款一般不计付利息。各商业银行(不含城市商业银行)和中国农业发展银行,当旬第五日至下旬第四日每日营业终了时,各行按统一法人存入的准备金存款余额,与上旬末该行全行一般存款余额之比,不低于8%。城市商业银行和城乡信用社、信托投资公司、财务公司、金融租赁公司等非银行金融机构法人暂按月考核,当月 8 日至下月 7 日每日营业终了时,各金融机构按统一法人存入的准备金存款余额,与上月末该机构全系统一般存款余额之比,不低于8%。各商业银行(不含城市商业银行)和中国农业发展银行法人按旬(旬后 5 日内)将汇总的全行旬末一般存款余额表,报送中国人民银行。金融机构按法人统一存入中国人民银行的准备金存款低于上旬末一般存款余额的8%,中国人民银行对其不足部分按每日万分之六的利率处以罚息。金融机构分支机构在中国人民银行准备金存款账户出现透支,中国人民银行按有关规定予以处罚。金融机构不按时报送旬末一般存款余额表和按月报送月末日计表的,依据《商业银行法》第 78 条予以处罚。上述处罚可以并处。

(三)存款机构依法留足备付金

备付金是指商业银行和其他金融机构为保证存款支付和资金清算而保留的清偿资金,包括商业银行的库存现金、在中央银行的存款以及购买国债及政策性银行债券。为了确保商业银行对存款人的清偿能力,中国人民银行规定,从 1988 年起专业银行必须向中央银行交存存款备付金,同时专业银行内部还要建立二级准备金制度。中国人民银行已经取消了对商业银行备付金比率的要求,将原来的存款准备金率和备付金率合二为一。

(四)存款机构依法确定并公告存款利率

中国人民银行是国家利率管理的唯一机构,它有权负责制定、调整各种利率。《商业银行法》第 31 条规定:"商业银行应当按照中国人民银行规定的存款利率的上下限,确定存款利率,并予以公告。"根据《人民币利率管理规定》的规定,中国人民银行是国家利率管理的唯一机关,负责制定、调整各种利率,监督、检查金融机构执行国家利率政策、法规的情况,对违反利率管理规定的机构实施行政处罚。

(五)财政性存款专营

财政性存款是指各级财政金库和机关、部队以及学校、团体等事业单位预算资金和预算外资金的存款。它是国家财政集中起来的、待分配、待使用的国民收入。《信贷资金管理暂行办法》规定,财政性存款是中国人民银行的信贷资金来源。中国人民银行各级行要督促委托银行按规定金额将财政性存款划转中国人民银行。财政性存款由中国人民银行专营,不计利息。任何机构不得占用财政性存款,各受托银行应全额划转人民银行。

(六)合法正当吸收存款

《商业银行法》第 47 条规定:"商业银行不得违反规定提高或者降低利率以及采用其他不正当手段,吸收存款,发放贷款。"根据《商业银行法》第 74 条的规定,商业银行有违反规定提高或者降低利率以及采用其他不正当手段,吸收存款,发放贷款的,由国务院银行业监督管理机构责令改正,有违法所得的,没收违法所得,违法所得 50 万元以上的,并处违法所得 1 倍以上 5 倍以下罚款;没有违法所得或者违法所得不足 50 万元的,处 50 万元以上 200 万元以下罚款;情节特别严重或者逾期不改正的,可以责令停业整顿或者吊销其经营许可证;构成犯罪的,依法追究刑事责任。

三、储蓄存款业务规则

储蓄是指个人将其所有或合法持有的人民币或外币,自愿存入中国境内储蓄机构,储蓄机构开具存折或者存单作为凭证,个人凭此支取存款本息的信用活动。储蓄是居民个人与银行之间发生的一种信用关系。

(一)存款自愿、取款自由、存款有息、为储户保密

存款自愿是指参加储蓄必须出于储户的自愿,不得强制。储户是否参加储蓄,选择哪一家储蓄机构,选择何种储蓄方式,存储数额、期限等都要由储户个人来选择决定。取款自由是指储户什么时候取款,提取多少存款,作

何用途等,都由储户自己决定,银行不得加以干预和查问。即使是未到期的定期存款,储户因特殊情况,也可按规定手续提前提取,银行不得借故刁难或予以限制。存款有息是指存款人对于其存入银行的储蓄存款,有按照规定利率和实际存期获得利息的权利。这反映了商业银行和储户之间的关系是一种经济关系,是平等、互利的关系。为储户保密是指商业银行对储户的姓名、住址、存款金额、储种、存款次数、支取情况、印鉴式样、委托银行托收的款项以及各种有关的财务情况等,都要严格地保守秘密,不得披露。但是,商业银行对于个人存款的保密义务也并不是绝对的,《商业银行法》第29条第2款规定:"对个人储蓄存款,商业银行有权拒绝任何单位或者个人查询、冻结、扣划,但法律另有规定的除外。"即在法律明文规定的情况下,商业银行有协助国家有关机关,如法院、工商部门、税务部门,进行查询、冻结、扣划的义务。

(二)个人存款实名制

个人在金融机构开立个人存款账户时,应当出示本人身份证件,使用实名。代理他人在金融机构开立个人存款账户的,代理人应当出示被代理人和代理人的身份证件。个人在金融机构开立个人存款账户时,金融机构应当要求其出示本人身份证件进行核对,并登记其身份证件上的姓名和号码。代理他人在金融机构开立个人存款账户时,金融机构应当要求其出示被代理人和代理人的身份证件进行核对,并登记被代理人和代理人的身份证件上的姓名和号码。个人在金融机构开立的人民币、外币存款账户,包括活期存款账户、定期存款账户、定活两便存款账户、通知存款账户以及其他形式的个人存款账户。不出示本人身份证件或者不使用本人身份证件上的姓名的,金融机构不得为其开立个人存款账户。

(三)储蓄存款利率、计息、结息规制

储蓄存款利率由中国人民银行拟订,经国务院批准后公布,或者由国务院授权中国人民银行制定、公布。储蓄机构必须挂牌公告储蓄存款利率,不得擅自变动。活期存款利率按结息日挂牌公告的利率计息,遇利率调整不分段,未到结息日清户者,按清户日挂牌公告的活期存款利率计算至清户前一天止。定期存款利率是在原定存期内遇利率调整,不论调高或调低,均按存单开户日所定利率计付利息,不分段计息;全部提前支取和部分提前支取的部分,均按支取日挂牌公告的活期储蓄利率计息,未提前支取的部分,仍按原存单所定利率计付利息。

(四)存款支取规则

一般情况下,储户可依法随时支取存款。对未到期的定期储蓄存款,储

户提前支取的，必须持存单和本人居民身份证明办理。代他人支取未到期定期存款的，代支取人还必须出具其居民身份证明。

(五)挂失规则

储户的存单(折)分为记名式和不记名式，记名式的存单(折)可挂失，不记名式的不可以挂失。储户的存单、存折如有遗失，必须立即持本人居民身份证明，并提供姓名、存款时间、种类、金额、账号及住址等有关情况，书面向原储蓄机构正式声明挂失止付。储蓄机构在确认该笔存款未被支取的前提下，方可受理挂失手续，挂失7天后，储户需与储蓄机构约定时间，办理补领新存单(折)或支取存款手续。如储户本人不能前往办理，可委托他人代为办理挂失手续，但被委托人要出示其身份证明。如储户不能办理书面挂失手续，而用电话、电报、信函挂失，则必须在挂失5天之内补办书面挂失手续，否则挂失不再有效。若存款在挂失前或挂失失效后已被他人支取，储蓄机构不负责任。

(六)协助查询、冻结、扣划个人储蓄存款规则

《商业银行法》第29条规定，对个人储蓄存款，商业银行有权拒绝任何单位或者个人查询、冻结、扣划，但法律另有规定的除外。根据《商业银行法》和《关于查询、停止支付和没收个人在银行的存款以及存款人死亡后的存款过户或支付手续的联合通知》，目前有权对个人储蓄存款查询、冻结、扣划的机关主要有：(1)人民法院有权依据《民事诉讼法》的相关规定，查询、冻结、扣划个人储蓄存款。(2)人民检察院有权依据《刑事诉讼法》第142条的规定，根据侦查犯罪的需要，可以依照规定查询、冻结犯罪嫌疑人的存款、汇款、债券、股票、基金份额等财产。(3)公安机关有权依据《刑事诉讼法》第142条的规定，根据侦查犯罪的需要，可以依照规定查询、冻结犯罪嫌疑人的存款、汇款、债券、股票、基金份额等财产。(4)国家安全部门有权依据《刑事诉讼法》第4条规定，办理危害国家安全的刑事案件，行使与公安机关相同的职权。(5)军队保卫部门和监狱有权查询、冻结个人存款。其法律依据是《刑事诉讼法》第290条："军队保卫部门、监狱办理刑事案件，适用本法的有关规定。"(6)海关有权查询、冻结、扣划个人存款。相关法律依据是《海关法》第60条。(7)税务机关有权查询、冻结、扣划个人存款。其法律依据是《中华人民共和国税收征收管理法》，该法第38条、第40条分别对税务机关查询、冻结和书面通知纳税人开户银行或者其他金融机构从其存款中扣缴税款作出了明确规定。(8)价格主管部门有权查询个人存款。相关法律依据是《中华人民共和国价格法》第34条。(9)监察机关有权查询并向法院申请冻结个人存款。《中华人民共和国行政监察法》第21

条规定:"监察机关在调查贪污、贿赂、挪用公款等违反行政纪律的行为时,经县级以上监察机关领导人员批准,可以查询案件涉嫌单位和涉嫌单位和涉嫌人员在银行或者其他金融机构的存款;必要时,可以提请人民法院采取保全措施,依法冻结涉嫌人员在银行或者其他金融机构的存款。"

(七)存款人死亡后存款的过户与支取规则

根据《商业银行法》和《关于查询、停止支付和没收个人在银行的存款以及存款人死亡后的存款过户或支付手续的联合通知》,储蓄存款人死亡后办理存款的过户和支取应该遵循以下规定:

(1)存款人死亡后,合法继承人为提取存款,应向储蓄机构所在地的公证处(未设公证处的地方向县、市人民法院,下同)申请办理继承权证明书,储蓄机构凭以办理过户或支付手续。该项存款的继承权发生争执时,由人民法院判处。储蓄机构凭人民法院的判决书、裁定书或调解书办理过户或支付手续。

(2)存款人已死亡,但存单持有人没有向储蓄机构申明遗产继承过程,也没有持存款所在地法院判决书,直接去储蓄机构支取或转存存款人生前的存款,储蓄机构都视为正常支取或转存,事后而引起的存款继承争执,储蓄机构不负责任。

(3)在国外的华侨和港澳台同胞等在国内储蓄机构的存款或委托银行代为保管的存款,原存款人死亡,其合法继承人在国内者,凭原存款人的死亡证明向储蓄机构所在地的公证处申请办理继承权证明书,储蓄机构凭以办理存款的过户或支付手续。

(4)在我国定居的外国公民(包括无国籍者)死亡,存入我国储蓄机构的存款,其存款过户或提取手续,与我国公民存款处理手续相同,依照上述规定办理。与我国订有双边领事协定的外国侨民应按协定的具体规定办理。

(5)继承人在国外者,可凭原存款人的死亡证明和经我国驻该国使、领馆认证的亲属证明,向我国公证机关申请办理继承权证明书,储蓄机构凭以办理存款的过户或支付手续。

(6)存款人死亡后,无法定继承人又无遗嘱的,经当地公证机关证明,按财政部门规定,全民所有制企事业单位、国家机关、群众团体的职工存款,上缴国库收归国有。集体所有制企事业单位的职工,可转归集体所有。此项上缴国库或转归集体所有的存款都不计利息。

四、单位存款业务规则

(一)收入管理、支出监督

按照《现金管理暂行条例》的规定,开户单位的现金收入,除核定的库存现金限额外，必须存入开户银行，不得自行保存。开户单位支付现金，可以从本单位库存现金限额中支付或从开户银行提取，不得从本单位的现金收入中直接支付（即坐支）。同时，根据《人民币单位存款管理办法》的规定，存款单位支取定期存款只能以转账方式将存款转入其基本存款账户，不得将定期存款用于结算或从定期存款账户中提取现金。单位定期存款可以全部或部分提前支取，但只能提前支取一次。

(二) 禁止公款私存、私款公存

"公款私存"是指将单位存款以个人名义开立储蓄账户。这是一种常见的逃避单位账户监管的行为。公款私存除获得了本来无法获得的利息收入外，还有如下的危害性：一是为单位私设"小金库"、逃避监督提供了便利；二是影响单位与银行之间的正常资金周转；三是容易逃税、漏税；四是易滋生腐败。《商业银行法》第48条第2款规定："任何单位和个人不得将单位的资金以个人名义开立账户存储。"根据《人民币单位存款管理办法》的规定，禁止任何个人将私款以单位名义存入金融机构，也禁止开户单位将其他单位和个人的款项以本单位的名义存入金融机构。此外，财政拨款、预算内资金及银行贷款不得作为单位定期存款存入金融机构。

(三) 单位定期存款规则

单位定期存款的期限分三个月、半年、一年、二年、三年、五年六个档次。起存金额为1万元，多存不限。商业银行对单位定期存款实行账户管理（大额可转让定期存款除外）。存款时单位须提交开户申请书、营业执照正本等，并预留印鉴。印鉴应包括单位财务专用章、单位法定代表人章（或主要负责人印章）和财会人员章。由接受存款的商业银行给存款单位开出"单位定期存款开户证实书"（以下简称"证实书"），证实书仅对存款单位开户证实，不得作为质押的权利凭证。存款单位支取定期存款只能以转账方式将存款转入其基本存款账户，不得将定期存款用于结算或从定期存款账户中提取现金。支取定期存款时，须出具证实书支取手续，同时收回证实书。单位定期存款在存期内按存款存入日挂牌公告的定期存款利率计付利息，遇利率调整，不分段计息。单位定期存款可以全部或部分提前支取，但只能提前支取一次。全部提前支取的，按支取日挂牌公告的活期存款利率计息；部分提前支取的，提前支取的部分按支取日挂牌公告的活期存款利率计息，其余部分如不低于起存金额由商业银行按原存期开具新的证实书，按原存款开户日挂牌公告的同档次定期存款利率计息；不足起存金额则予以清户。单位定期存款到期不取，逾期部分按支取日挂牌公告的活期存款利率计付利息。商业银行办理大额可转让定期存单业务按照《大额可转让定期存单管理办法》执行。

(四)单位活期存款规则

商业银行对单位活期存款实行账户管理。商业银行和开立活期存款账户的单位必须遵守《银行账户管理办法》。单位活期存款按结息日挂牌公告的活期存款利率计息,遇利率调整分段计息。商业银行开办单位通知存款须经中国人民银行批准,并遵守经中国人民银行核准的通知存款章程。通知存款按支取日挂牌公告的同期同档次通知存款利率计息。商业银行开办协定存款须经中国人民银行批准,并遵守经人民银行核准的协定存款章程。协定存款利率由中国人民银行确定并公布。

(五)变更、挂失及查询规则

因存单位人事变动,需要更换单位法定代表人章(或单位负责人章)或财会人员印章时,必须持单位公函及经办人身份证件向存款所在商业银行办理更换印鉴手续,如为单位定期存款,应同时出示商业银行为其开具的证实书。因存款单位机构合并或分立,其定期存款需要过户或分户必须持单位公函、工商部门的变更、注销或设立登记证明及新印鉴(分户时还须提供双方同意的存款分户协定)等有关证件向存款所在商业银行办理过户或分户手续,由商业银行换发新证实书。存款单位的密码失密或印鉴遗失、损毁,必须持单位公函,向存款所在商业银行申请挂失。商业银行受理挂失后,挂失生效。如存款在挂失生效前已被人按规定手续支取,商业银行不负赔偿责任。存款单位迁移时,其定期存款如未到期转移,应办理提前支取手续,按支取日挂牌公布的活期利率一次性结清。商业银行应对存款单位的存款保密,有权拒绝除法律、行政法规另有规定以外的任何单位或个人查询;有权拒绝除法律另有规定以外的任何单位冻结、扣划。

第二节 商业银行贷款业务规则

一、贷款的概念和种类

贷款是金融机构对借款人提供的并按约定的利率和期限还本付息的货币资金。贷款资金可以是人民币,也可以是外币。贷款是金融机构依法把货币资金按约定的利率贷放给客户,并约定期限由客户偿还本息的一种信用活动。

根据《贷款通则》的规定,贷款的种类包括:

(1)按照贷款人是否承担风险划分,贷款可分为自营贷款、委托贷款和特定贷款。自营贷款是贷款人以合法方式筹集的资金自主发放的贷款,其风险由贷款人承担，并由贷款人收回本金和利息。委托贷款是由政府部门、企事业单位及个人等委托人提供资金，由贷款人(即受托人)根据委托人确定的贷款对象、用途、金额期限、利率等代为发放、监督使用并协助收回的贷款。贷款人(受托人)只收取手续费，不承担贷款风险。特定贷款是经国务院批准并对贷款可能造成的损失采取相应补救措施后责成国有独资商业银行发放的贷款。

(2)按照期限划分，贷款可分为短期贷款、中期贷款和长期贷款。短期贷款是贷款期限在1年以内(含1年)的贷款。中期贷款是贷款期限在1年以上(不含1年)5年以下(含5年)的贷款。长期贷款是贷款期限在5年(不含5年)以上的贷款。

(3)按照有无担保及担保方式划分，贷款可分为信用贷款、担保贷款和票据贴现。信用贷款是以借款人的信誉发放的贷款。担保贷款是保证贷款、抵押贷款、质押贷款。保证贷款是按《中华人民共和国担保法》(以下简称《担保法》)规定的保证方式以第三人承诺在借款人不能偿还贷款时，按约定承担一般保证责任或者连带责任而发放的贷款。抵押贷款是按《担保法》规定的抵押方式以借款人或第三人的财产作为抵押物发放的贷款。质押贷款是按《担保法》规定的质押方式以借款人或第三人的动产或权利作为质物发放的贷款。

二、贷款人的资格、权利义务及限制

(一)贷款人的资格

贷款人是指经批准设立的具有经营贷款业务资格的金融机构。在我国，这些金融机构要经国务院银行业监督管理机构批准，持有其颁发的经营金融业务许可证，并经工商行政管理核准登记。同时，在金融机构的许可证和营业执照中，必须要有贷款业务范围，才能经营贷款业务。

(二)贷款人的权利

根据《商业银行法》和银行业监督管理机构的有关规定，贷款人根据贷款条件和贷款程序自主审查和决定贷款，有权拒绝任何单位和个人强令其发放贷款。其具体的权利包括：

(1)要求借款人提供与借款有关的资料；有权采取合法的措施对借款人提供的信息进行查询，有权将借款人的财务报表或抵押物、质物交贷款人认可的机构进行审计或评估。

(2)根据借款人的条件，有权决定贷与不贷、贷款金额、期限和利率等。

(3)贷款人有权要求借款人在合同中对与贷款相关的重要内容作出承诺。按照《固定资产贷款管理暂行办法》的规定,承诺内容应包括:贷款项目及其借款事项符合法律法规的要求;及时向贷款人提供完整、真实、有效的材料;配合贷款人对贷款的相关检查;发生影响其偿债能力的重大不利事项及时通知贷款人;进行合并、分立、股权转让、对外投资、实质性增加债务融资等重大事项前征得贷款人同意等。《流动资金贷款管理暂行办法》规定,贷款人有权根据法律法规规定和借款合同的约定,参与借款人大额融资、资产出售以及兼并、分立、股份制改造、破产清算等活动,维护贷款人债权。

(4)依合同约定从借款人账户上划收贷款本金和利息。如《流动资金贷款管理暂行办法》规定,要求借款人指定专门资金回笼账户并及时提供该账户资金进出情况。贷款人有权根据借款人信用状况、融资情况等,与借款人协商签订账户管理协议,明确约定对指定账户回笼资金进出的管理。

(5)借款人未能履行合同规定义务的,贷款人有权要求借款人提前归还贷款或停止支付借款人尚未使用的借款。如《流动资金贷款管理暂行办法》规定,贷款人应在借款合同中约定由借款人承诺,贷款人有权根据借款人资金回笼情况提前收回贷款。

(6)有权对借款人的贷款使用情况进行监督检查。

(7)在贷款将受或已受损失时,贷款人有权依据法律规定或合同约定采取使贷款免受损失的措施。

(8)贷款人有权拒绝借款合同约定以外的附加条件。

(三)贷款人的义务

(1)应当公布所经营的贷款种类、期限和利率,并向借款人提供咨询。

(2)应当公开贷款审查的资信内容和发放贷款的条件。

(3)审议借款人的借款申请,与借款人约定明确、合法的贷款用途,并及时答复贷与不贷。

贷款人应在贷款资金发放前审核借款人相关交易资料和凭证是否符合合同约定条件。短期贷款的答复时间不得超过1个月,长期贷款的答复时间不得超过6个月,国家另有规定的除外。

(4)按照合同约定对借款人借款使用情况进行监督检查。

(5)对借款人账户、资产、财务状况等商业秘密以及个人隐私等情况保密,但法律另有规定或当事人另有约定的除外。

(6)在对个人贷款时,贷款人应建立贷款面谈制度。

《个人贷款管理暂行办法》要求贷款人应建立并严格执行贷款面谈制度,

对通过电子银行渠道发放的低风险个人质押贷款的情形，贷款人可以不进行贷款面谈，但至少应当采取有效措施确定借款人的真实身份。同时，除电子银行渠道办理的贷款，贷款人应要求借款人当面签订借款合同及其他相关文件。强调面谈面签，主要是为了核实个人贷款的真实性，防止出现个人被不法分子冒名套取银行贷款，或借款人的信贷资金被他人冒领挪用，以切实保护借款人的合法权益。

(7)个人贷款资金应采用贷款人受托支付方式。

《个人贷款管理暂行办法》明确规定，除特殊情形外，个人贷款资金应当采用贷款人受托支付方式向借款人交易对象支付，即由贷款人根据借款人的提款申请和支付委托，将贷款资金支付给符合合同约定用途的借款人交易对象。在支付后做好有关细节的认定记录。

(8)在实现抵押权、质权时，必须采取合法的方式和程序进行。

(9)对流动资金贷款，贷款人应关注大额及异常资金流入流出情况，加强对资金回笼账户的监控。

(四)对贷款人的限制

(1)贷款的发放必须符合《商业银行法》关于资产负债比例管理的规定和银监会的其他有关规定。

《商业银行法》规定，资本充足率不得低于8%；对同一借款人的贷款余额与商业银行资本余额的比例不得超过10%等。

(2)信用贷款的发放必须遵守《商业银行法》关于发放信用贷款的条件。

《商业银行法》规定，商业银行贷款，借款人应当提供担保。但经商业银行审查、评估，确认借款人资信良好，确能偿还贷款的，可以不提供担保。

(3)贷款的发放必须遵守《商业银行法》关于向关系人发放贷款的规定。《商业银行法》规定不得向关系人发放信用贷款；向关系人发放担保贷款的条件不得优于其他借款人同类贷款的条件。该规定表明，商业银行不得向关系人发放信用贷款，但可以发放担保贷款，向关系人发放担保贷款的条件应与非关系人的条件相同。此处"关系人"是指商业银行的董事、监事、管理人员、信贷人员及其近亲属；上述人员投资或者担任高级管理职务的公司、企业和其他经济组织。

(4)借款人有下列情形之一的，不得对其发放贷款：①不具备法律法规规定的借款人资质和条件的；②生产、经营或投资国家明文禁止的产品、项目的；③建设项目贷款按国家规定应当报经有关部门批准而未取得批准文件的；④生产、经营或投资项目贷款按照国家规定应取得环境保护部门许可而未取得许可的；⑤借款人实行承包、租赁、联营、合并(兼并)、合作、分立、股权转让、股份制改造过程中，未清偿或落实贷款人原有贷款债务的；⑥不具有法人资格的分支机构未经借款授权的；⑦国家明确规定不得贷款的。此外，自营贷款除按照中国人民银行规定计收利息外，不得收取其他任何费用；委托贷款除中国人民银行规定计收手续费外，不得收取其他任何费用。不得给委托人垫付资金，国家另有规定的除外。《流动资金贷款管理暂行办法》规定，贷款人不得制定不合理的贷款规模指标，不得恶性竞争和突击放贷。

三、借款人的资格、权利义务及限制

(一)借款人的资格

借款人应当是经工商行政管理机关(或主管机关)核准登记的企(事)业法人、其他组织或具有中华人民共和国国籍的具有完全民事行为能力或符合规定的境外的自然人。借款人为法人或其他组织，按照《流动资金贷款管理暂行办法》和《固定资产贷款管理暂行办法》的规定，应具备以下基本条件：(1)借款人依法设立并按规定办理了年检；(2)借款用途及还款来源明确、合法；(3)借款人生产经营合法、合规；国家对拟投资项目有投资主体资格和经营资质有要求的，要符合其要求；(4)借款人信用状况良好，无重大不良信用记录；(5)已开立基本账户或一般存款账户；(6)项目符合国家的产业、土地、环保等相关政策，并按规定履行了固定资产投资项目的合法管理程序；符合国家有关投资项目资本金制度的规定；(7)贷款人要求的其他条件。借款人为自然人的，按照《个人贷款管理暂行办法》的规定，应具备以下条件：(1)借款人为具有完全民事行为能力的中华人民共和国公民或符合国家有关规定的境外自然人；(2)贷款用途明确合法；(3)贷款申请数额、期限和币种合理；(4)借款人具备还款意愿和还款能力；(5)借款人信用状况良好，无重大不良信用记录；(6)贷款人要求的其他条件。机关法人及其分支机构不得申请贷款；境外法人、其他组织或自然人申请贷款，不得违反国家外汇管理规定。

(二)借款人的权利

借款人有权自主选择向主办银行或其他银行的经办机构申请贷款并以条件取得贷款。借款人有权按合同约定提取和使用全部贷款。借款人有权拒绝借款合同以外的附加条件。借款人在征得贷款人同意后，有权向第三人转让债务。借款人有权向贷款人的上级行、银行业监督管理机构和中国人民银行反映、举报有关情况。

(三)借款人的义务

借款人依法向贷款人及时提供贷款人要求的有关材料，不得隐瞒，不得提供虚假材料。借款人依法接受贷款人对其使用信贷资金情况和有关生产经营、财务活动进行监督检查，并予以配合。借款人应当按照借款合同约定用途使用贷款。借款人应当按照借款、贷款发放合同约定的期限清偿贷款本息，未按约定期限归还贷款的，应当按照有关规定支付逾期利息。借款人将贷款(债务)全部或部分转让给第三人的，应当取得贷款人的同意。有危及贷款人债权安全时，借款人应当及时通知贷款人，并采取保全措施。

(四)对借款人的限制

借款人不得在一个贷款人同一辖区内的两个或两个以上同级分支机构取得贷款。借款人不得向贷款人提供虚假的或隐瞒重要事实的资产负债表、损益表等。借款人的流动资金贷款不得用于固定资产、股权等投资，不得用于国家禁止生产、经营的领域和用途。同时，流动资金贷款不得违规挪用。借款人不得用贷款从事股本权益性投资，国家另有规定的除外。借款人不得用贷款在有价证券、期货等方面从事投机经营。除依法取得经营房地产资格的借款人以外，借款人不得用贷款从事房地产投机。借款人不得套取贷款用于借贷牟取非法收入。借款人不得违反国家外汇管理规定使用外币贷款。借款人不得采取欺诈手段骗取贷款。

四、贷款程序

(一)贷款的申请与审批

借款人需要借款，应向主办银行(主办银行是指为企业提供信贷、结算、现金收付、信息咨询等金融服务，并与其建立较为稳定的合作关系，签有《银企合作协议》的中资商业银行)或其他银行的经办机构提出申请，并填写借款申请书。

借款申请书的内容应当包括借款金额、借款用途、偿还能力及偿还方式等。借款人同时提交以下资料：(1)借款人及担保人的基本情况；(2)自然人必须提供有效身份证明和有关资信情况；(3)法人、其他组织必须提供有关财务报告，其中年度报告必须经具有法律效力的有关部门或会计事务所审计，企(事)业法人还应提供贷款卡(号)；(4)抵押物(质物)清单、有处分权人的同意抵押(质押)的证明或保证人同意的有关证明文件；(5)项目建议书和可行性报告；(6)贷款人认为需要提供的其他有关材料。借款人并应承诺其所提供的上述材料真实、完整、有效。

(二)对借款人的信用等级进行评估

信用等级评估是对借款人经营状况的综合评估。贷款人应建立和完善内部评级制度,采用科学合理的评级和授信方法,评定客户信用等级,建立客户资信记录。贷款人应根据借款人的领导者素质、经济实力、资金结构、履约情况、经济效益和发展前景等因素,或由贷款人独立进行评估,内部掌握;或直接委托有资质的评估公司对借款评估。评估应做到客观、公正、科学。

(三)贷款调查

贷款人受理借款人的借款申请后,应落实具体的责任部门和岗位,履行尽职调查并形成书面报告。尽职调查的主要内容包括:借款人及项目发起人等相关关系人的情况,如借款人的组织架构、公司治理、内部控制及法定代表人和经营管理团队的资信等情况;借款人的经营范围、核心主业、生产经营、贷款期内经营规划和重大投资计划等情况以及贷款项目的情况。

借款人的应收账款、应付账款、存货等真实财务状况;对有担保的流动资金贷款,还需调查抵(质)押物的权属、价值和变现难易程度,或保证人的保证资格和能力等情况;贷款具体用途及与贷款用途相关的交易对手资金占用等情况;还款来源情况,包括生产经营产生的现金流、综合收益及其他合法收入等;需要调查的其他内容。尽职调查人员应当确保尽职调查报告内容的真实性、完整性和有效性。

(四)风险评价与贷款审批

贷款人应建立完善的风险评价制度,设置定量或定性的指标和标准,从借款人、项目发起人、项目合规性、项目技术和财务可行性、项目产品市场、项目融资方案、还款来源可靠性、担保、保险等角度进行贷款风险评价。风险评价完成后,贷款人应按照审贷分离、分级审批的原则,规范贷款审批流程。

(五)签订借款合同

贷款批准后,贷款人应与借款人及其他相关当事人签订书面借款合同、担保合同等相关合同。合同中应详细规定各方当事人的权利、义务及违约责任,避免对重要事项未约定、约定不明或约定无效。贷款人应在借款合同中与借款人明确约定贷款的种类、金额、期限、利率、用途、支付、还款方式等条款。

(六)贷款发放

贷款人应按合同规定发放贷款。按照银行业监督管理机构的有关规定,贷款人应通过贷款人受托支付或借款人自主支付的方式对贷款资金的支付进行管理与控制。贷款人受托支付是贷款人根据借款人的提款申请和支付委托，将贷款资金支付给符合合同约定用途的借款人交易对手。借款人自主支付是贷款人根据借款人的提款申请将贷款资金发放至借款人账户后，由借款人自主支付给符合合同约定用途的借款人交易对手。

(七) 贷后检查

贷款发放后，贷款人应定期或不定期对借款人的履约情况及借款人的经营情况进行现场检查或非现场检测。

(八) 贷款归还

借款人应按照借款合同约定按时足额归还贷款本息。贷款人在短期贷款到期1个星期之前、中长期贷款到期1个月之前，应当向借款人发送还本付息通知单；借款人应及时筹备资金，按时还本付息。贷款人对逾期贷款要及时发出催收通知单，对不能按合同约定期限归还贷款的，应当按规定加收罚息，对确实无法收回的不良贷款，贷款人按照相关规定对贷款进行核销后，应继续向债务人追索或进行市场化处置。借款人提前归还贷款的，应当与贷款人协商。

五、贷款期限、利率

(一) 贷款期限规则

1. 贷款期限确定

贷款期限由借款人与贷款人协商确定，并在借款合同中载明。一般地，借款期限的确定应考虑到借款人的生产经营周期、还款能力和贷款人的资金供给能力。自营贷款期限一般不超过10年，超过10年的应当报中国人民银行备案。票据贴现最长不超过6个月，贴现期限为从贴现之日起到票据到期日止。

2. 贷款展期

借款人不能按期归还贷款的，应当在贷款到期日前，向贷款人申请贷款展期。贷款展期的决定权在贷款人。贷款展期应当取得有关当事人的书面同意。如担保贷款需要展期的，应当由保证人、抵押人、出质人出具同意的书面证明，已有约定的按约定执行。短期贷款展期期限累计不得超过原贷款期限；中期贷款展期期限累计不得超过原贷款期限的一半，长期贷款展期期限累计不得超过3年。国务院另有规定的除外。借款人未申请展期或申请展期未得到批准的，其贷款从到期日次日起，转入逾期贷款账户。

(二) 贷款利率规则

贷款人应按照中国人民银行规定的贷款利率的上下限，确定每笔贷款利率，并在借款合同中载明。人民币各项贷款(不含个人住房贷款)的计息和结息方式，由借贷双方协商确定。根据国家政策，为了促进某些产业和地区经济的发展，有关部门可以对贷款补贴利息。对有关部门贴息的贷款，承办银行应自主审查发放，并根据有关规定严格管理。

第三节 银行卡业务规则

一、银行卡的概念和分类

20世纪70年代以来，由于科学技术的飞速发展，特别是电子计算机的运用，使银行卡(bank card)的使用范围不断扩大，不仅减少了现金和支票的流通，而且使银行业务由于突破了时间和空间的限制而发生了根本性变化。银行卡自动结算系统的运用，使一个"无支票、无现金社会"在不久将成为现实。银行卡是指经批准由商业银行(含邮政金融机构)向社会发行的具有消费信用、转账结算、存取现金等全部或部分功能的信用支付工具。

一般情况下，银行卡分为信用卡和借记卡两种。借记卡(debit card)可以在网络或POS消费或者通过ATM转账和提款，不能透支，卡内的金额按活期存款计付利息。消费或提款时资金直接从储蓄账户划出。信用卡又分为贷记卡和准贷记卡。贷记卡(credit card)，是指发卡银行给予持卡人一定的信用额度，持卡人可在信用额度内先消费，后还款的信用卡。准贷记卡是指持卡人先按银行要求交存一定金额的备用金，当备用金不足支付时，可在发卡银行规定的信用额度内透支的信用卡。准贷记卡是一种具有中国特色的信用卡种类，国外并没有这种类型的信用卡。

二、开办银行卡业务具备的条件

商业银行开办银行卡业务应当具备下列条件：(1)开业3年以上，具有办理零售业务的良好业务基础；(2)符合中国人民银行颁布的资产负债比例管理监控指标，经营状况良好；(3)已就该项业务建立了科学完善的内部控制制度，有明确的内部授权审批程序；(4)合格的管理人员和技术人员、相应的管理机构；(5)安全、高效的计算机处理系统；(6)发行外币卡还须具备经营外汇业务的资格和相应的外汇业务经营管理水平；(7)中国人民银行规定的其他条件。符合上述条件的商业银行，可向中国人民银行申请开办银行卡业务，并提交下列材料：(1)申请报告：论证必要性、可行性，进行市场预测；(2)银行卡章程或管理办法、卡样设计草案；(3)内部控制制度、风险防范措施；(4)由中国人民银行科技主管部门出具的有关系统安全性和技术标准合格的测试报告；(5)中国人民银行要求提供的其他材料。商业银行开办各类银行卡业务，应当按照中国人民银行有关加强内部控制和授权授信管理的规定，分别制定统一的章程或业务管理办法，报中国人民银行总行审批。

三、银行卡当事人之间的职责

(一)发卡银行

1. 发卡银行的权利

发卡银行有权审查申请人的资信状况、索取申请人的个人资料，并有权决定是否向申请人发卡及确定信用卡持卡人的透支额度。发卡银行对持卡人透支有追偿权。对持卡人不在规定期限内归还透支款项的，发卡银行有权申请法律保护并依法追究持卡人或有关当事人的法律责任。发卡银行对不遵守其章程规定的持卡人，有权取消其持卡人资格，并可授权有关单位收回其银行卡。发卡银行对储值卡和 IC 卡内的电子钱包可不予挂失。

2. 发卡银行的义务

发卡银行应当向银行卡申请人提供有关银行卡的使用说明资料，包括章程、使用说明及收费标准。现有持卡人亦可索取上述资料。发卡银行应当设立针对银行卡服务的公平、有效的投诉制度，并公开投诉程序和投诉电话。发卡银行对持卡人关于账务情况的查询和改正要求应当在 30 天内给予答复。发卡银行应当向持卡人提供对账服务。发卡银行应当向持卡人提供银行卡挂失服务，应当设立 24 小时挂失服务电话，提供电话和书面两种挂失方式，书面挂失为正式挂失方式，并在章程或有关协议中明确发卡银行与持卡人之间的挂失责任。发卡银行应当在有关卡的章程或使用说明中向持卡人说明密码的重要性及丢失的责任。发卡银行对持卡人的资信资料负有保密的责任。

(二)持卡人

1. 持卡人的权利

持卡人享有发卡银行对其发行的银行卡所承诺的各项服务的权利，有权监督服务质量并对不符合服务质量的进行投诉。申请人、持卡人有权知悉其选用的银行卡的功能、使用方法、收费项目、收费标准、适用利率及有关的计算公式。持卡人有权在规定时间内向发卡银行索取对账单，并有权要求对不符合账务的内容进行查询或改正。借记卡的挂失手续办妥后，持卡人不再承担相应卡账户资金变动的责任，司法机关、仲裁机关另有裁决的除外。持卡人有权索取信用卡领用合约，并应妥善保管。

2. 持卡人的义务

申请人应当向发卡银行提供真实的申请资料并按照发卡银行规定向其提供符合条件的担保。持卡人应当遵守发卡银行的章程及《领用合约》的有关条款。持卡人或保证人通信地址、职业等发生变化，应当及时书面通知发卡银行。持卡人不得以和商户发生纠纷为由拒绝支付所欠银行款项。

（三）商业银行与受理银行卡的商户

商业银行发展受理银行卡的商户，应当与商户签订受理合约。受理合约不得包括排他性条款。受理合约中的手续费率标准低于《银行卡业务管理办法》规定标准的不受法律保护。

四、计息和收费规定

（一）计息规定

银行卡的计息包括计收利息和计付利息，均按照《金融保险企业财务制度》的规定进行核算。发卡银行对准贷记卡及借记卡（不含储值卡）账户内的存款，按照中国人民银行规定的同期同档次存款利率及计息办法计付利息。发卡银行对贷记卡账户的存款、储值卡（含 IC 卡的电子钱包）内的币值不计付利息。

贷记卡持卡人非现金交易享受如下优惠条件：(1)免息还款期待遇。银行记账日至发卡银行规定的到期还款日之间为免息还款期。免息还款期最长为 60 天。持卡人在到期还款日前偿还所使用全部银行款项即可享受免息还款期待遇，无须支付非现金交易的利息。(2)最低还款额待遇。持卡人在到期还款日前偿还所使用全部银行款项有困难的，可按照发卡银行规定的最低还款额还款。贷记卡持卡人选择最低还款额方式或超过发卡银行批准的信用额度用卡时，不再享受免息还款期待遇，应当支付未偿还部分自银行记账日起，按规定利率计算的透支利息。贷记卡持卡人支取现金、准贷记卡透支，不享受免息还款期和最低还款额待遇，应当支付现金交易额或透支额自银行记账日起，按规定利率计算的透支利息。发卡银行对贷记卡持卡人未偿还最低还款额和超信用额度用卡的行为，应当分别按最低还款额未还部分、超过信用额度部分的 5% 收取滞纳金和超限费。贷记卡透支按月记收复利，准贷记卡透支按月计收单利，透支利率为日利率 5‰，并根据中国人民银行的此项利率调整而调整。

（二）收费规定

商业银行办理银行卡收单业务应当按下列标准向商户收取结算手续费：(1)宾馆、餐饮、娱乐、旅游等行业不得低于交易金额的 2%；(2)其他行业不得低于交易金额的 1%。跨行交易执行下列分润比例：（1）未建信息交换中心的城市，从商户所得结算手续费，按发卡行 90%、收单行 10% 的比例进行分配；商业银行也可以通过协商，实行机具分摊、相互代理、互不收费的方式进行跨行交易。(2)已建信息交换中心的城市，从商户所得结算手续费，按发卡行 80%、收单行 10%、信息交换中心 10% 的比例进行分配。持卡人在 ATM 机跨行取款的费用由其本人承担，并执行如下收费标准：(1)持卡人在其领卡城市之内取款，每笔收费不得超过 2 元人民币；(2)持卡人在其领卡城市以外取款，每笔收费不得低于 8 元人民币。从 ATM 机跨行取款所得的手续费，按机具所有行 70%、信息交换中心 30% 的比例进行分配。商业银行代理境外银行卡收单业务应当向商户收取结算手续费，其手续费标准不得低于交易金额的 4%。境内银行与境外机构签订信用卡代理收单协议，其分润比率按境内银行与境外机构分别占商户所交手续费的 37.5% 和 62.5% 执行。

第四节　个人理财业务规则

一、个人理财的概念和种类

个人理财业务，是指商业银行为个人客户提供的财务分析、财务规划、投资顾问、资产管理等专业化服务活动。商业银行开展个人理财业务，应遵守法律、行政法规和国家有关政策规定。商业银行不得利用个人理财业务，违反国家利率管理政策进行变相高息揽储。商业银行应按照符合客户利益和风险承受能力的原则，审慎尽责地开展个人理财业务。商业银行开展个人理财业务，应建立相应的风险管理体系和内部控制制度，严格实行授权管理制度。

商业银行个人理财业务按照管理运作方式不同，分为理财顾问服务和综合理财服务。理财顾问服务，是指商业银行向客户提供的财务分析与规划、投资建议、个人投资产品推介等专业化服务。商业银行为销售储蓄存款产品、信贷产品等进行的产品介绍、宣传和推介等一般性业务咨询活动，不属于理财顾问服务。在理财顾问服务活动中，客户根据商业银行提供的理财顾问服务管理和运用资金，并承担由此产生的收益和风险。综合理财服务，是指商业银行在向客户提供理财顾问服务的基础上，接受客户的委托和授权，按照与客户事先约定的投资计划和方式进行投资和资产管理的业务活动。在综合理财服务活动中，客户授权银行代表客户按照合同约定的投资方向和方式，进行投资和资产管理，投资收益与风险由客户或客户与银行按照约定方式承担。商业银行在综合理财服务活动中,可以向特定目标客户群销售理财计划。理财计划是指商业银行在对潜在目标客户群分析研究的基础上,针对特定目标客户群开发设计并销售的资金投资和管理计划。

二、商业银行开展个人理财业务的基本条件

商业银行对于个人理财业务的开展、运营与管理必须遵守中国银监会的相关规定。商业银行开展个人理财业务的基本条件包括以下几个方面:

(一)机构设置与业务申报材料

商业银行应建立健全个人理财业务管理体系,明确个人理财业务的管理部门,针对理财顾问服务和综合理财服务的不同特点,分别制定理财顾问服务和综合理财服务的管理规章制度,明确相关部门和人员的责任。商业银行申请需要批准的个人理财业务,应向中国银行业监督管理委员会报送以下材料(一式三份):(1)由商业银行负责人签署的申请书;(2)拟申请业务介绍,包括业务性质、目标客户群以及相关分析预测;(3)业务实施方案,包括拟申请业务的管理体系、主要风险及拟采取的管理措施等;(4)商业银行内部相关部门的审核意见;(5)中国银行业监督管理委员会要求的其他文件和资料。商业银行开展其他不需要审批的个人理财业务,应将以下资料按照相关规定及时向中国银行业监督管理委员会或其派出机构报送:(1)理财计划拟销售的客户群,以及相关分析说明;(2)理财计划拟销售的规模、资金成本与收益测算,以及相关计算说明;(3)拟销售理财计划的对外介绍材料和宣传材料;(4)中国银行业监督管理委员会要求的其他材料。

(二)业务制度建设的要求

商业银行应建立健全综合理财服务的内部控制和定期检查制度,保证综合理财服务符合有关法律、法规及银行与客户的约定。商业银行应建立健全有关规章制度和内部审核程序,严格内部审查和稽核监督管理。商业银行开展个人理财业务,应建立相应的风险管理体系,并将个人理财业务的风险管理纳入商业银行风险管理体系之中。商业银行应制定理财计划或产品的研发设计工作流程,制定内部审批程序,明确主要风险以及应采取的风险管理措施,并按照有关要求向监管部门报送。商业银行应对理财计划设置市场风险监测指标,建立有效的市场风险识别、计量、监测和控制体系。商业银行应区分理财顾问服务与一般性业务咨询活动,按照防止误导客户或不当销售的原则制定个人理财业务人员的工作守则与工作规范。商业银行开展个人理财业务,应与客户签订合同,明确双方的权利与义务,并根据业务需要签署必要的客户委托授权书和其他代理客户投资所必需的法律文件。个人理财业务

涉及金融衍生产品交易或者外汇管理规定的，商业银行应按照有关规定建立相应的管理制度和风险控制制度。

(三)理财业务人员的要求

商业银行个人理财业务人员应符合资格要求：(1)对个人理财业务活动相关法律法规、行政规章和监管要求等，有充分的了解和认识。(2)遵守监管部门和商业银行制定的个人理财业务人员职业道德标准或守则。(3)掌握所推介产品或向客户提供咨询顾问意见所涉及产品的特性。(4)具备相应的学历水平和工作经验。(5)具备相关监管部门要求的行业资格。(6)具备中国银行业监督管理委员会要求的其他资格条件。商业银行应配备与开展的个人理财业务相适应的理财业务人员，保证个人理财业务人员每年的培训时间不少于20小时。中国银行业监督管理委员会将根据个人理财业务发展与监管的需要，组织、指导个人理财业务人员的从业培训和考核。

(四)个人理财资金使用与核算管理的条件

商业银行销售理财计划汇集的理财资金，应按照理财合同的约定管理和使用。在理财计划的存续期内，商业银行应向客户提供其所持有的所有相关资产的账单，账单提供应不少于两次，并且至少每月提供一次。商业银行应按季度准备理财计划各投资工具的财务报表、市场表现情况及相关材料，客户有权查询或要求商业银行向其提供上述信息。商业银行应在理财计划终止时，或理财计划投资收益分配时，向客户提供理财计划投资、收益的详细情况报告。商业银行应根据个人理财业务的性质，按照国家有关法律法规的规定，采用适宜的会计核算和税务处理方法。

三、商业银行开展个人理财业务的管理规定

中国银监会对于商业银行开展个人理财业务实行审批制和报告制。

(一)个人理财业务审批与报告的政策监管

商业银行开展以下个人理财业务，应向中国银行业监督管理委员会申请批准：(1)保证收益理财计划；(2)为开展个人理财业务而设计的具有收益性的新的投资性产品；(3)需经中国银行业监督管理委员会批准的其他个人理财业务。中资商业银行(不包括城市商业银行、农村商业银行)开办需要批准的个人理财业务，应由其法人统一向中国银行业监督管理委员会申请，由中国银行业监督管理委员会审批。外资独资银行、合资银行、外国银行分行开办需要批准的个人理财业务，应按照有关外资银行业务审批程序的规定，报中国银行业监督管理委员会审批。城市商业银行、农村商业银行开办需要批准的个人理财业务，应由其法人按照有关程序规定，报中国银行业监

督管理委员会或其派出机构审批。商业银行开展其他个人理财业务活动，不需要审批，但应按照规定，在发售理财产品后5日内将相关资料报送中国银行业监督管理委员会或其派出机构。中资商业银行的分支机构可以根据其总行的授权开展相应的个人理财业务。外资银行分支机构可以根据其总行或地区总部等的授权开展相应的个人理财业务。商业银行的分支机构开展相关个人理财业务之前，应持其总行(地区总部等)的授权文件，按照有关规定，向所在地中国银行业监督管理委员会派出机构报告。

(二)个人理财业务的监管要求

商业银行开展个人理财业务，应进行严格的合规性审查，准确界定个人理财业务所包含的各种法律关系。商业银行利用理财顾问服务向客户推介投资产品时，应了解客户的风险偏好、风险认知能力和承受能力，评估客户的财务状况，提供合适的投资产品由客户自主选择，并应向客户解释相关投资工具的运作市场及方式，揭示相关风险。商业银行不应销售经压力测试显示潜在损失超过商业银行警戒标准的理财计划。商业银行应当保证个人理财服务的连续性、有效性。商业银行开展个人理财业务，可根据相关规定向客户收取适当的费用，收费标准和收费方式应在与客户签订的合同中明示。商业银行开展个人理财业务，涉及金融衍生产品交易和外汇管理规定的，应按照有关规定获得相应的经营资格。

(三)理财产品(计划)的监管要求

商业银行销售的理财计划中包括结构性存款产品的，其结构性存款产品应将基础资产与衍生交易部分相分离，基础资产应按照储蓄存款业务管理，衍生交易部分应按照金融衍生产品业务管理。商业银行不得将一般储蓄存款产品单独当做理财计划销售，或者将理财计划与本行储蓄存款进行强制性搭配销售。商业银行不得无条件向客户承诺高于同期储蓄存款利率的保证收益率。商业银行不得承诺或变相承诺除保证收益以外的任何可获得收益。商业银行使用保证收益理财计划附加条件所产生的投资风险应由客户承担。商业银行应根据理财计划或相关产品的风险状况，设置适当的期限和销售起点金额。商业银行不得销售不能独立测算或者收益率为零或负值的理财计划。商业银行理财计划的宣传和介绍材料，应包含对产品风险的揭示，并以醒目、通俗的文字表达；对非保证收益理财计划，在与客户签订合同前，应提供理财计划预期收益率的测算数据、测算方式和测算的主要依据。

(四)对个人理财业务的检查监管

中国银行业监督管理委员会及其派出机构可以根据个人理财业务发展与监管的实际需要，按照相应的监管权限，组织相关调查和检查活动。商业银行应按季度对个人理财业务进行统计分析,并于下一季度的第一个月内,将有关统计分析报告(一式三份)报送中国银行业监督管理委员会。商业银行应在每一会计年度终止编制本年度个人理财业务报告。年度报告和相关报表(一式三份)应于下一年度的2月底前报中国银行业监督管理委员会。

四、商业银行违法开展个人理财业务的法律责任

商业银行开展个人理财业务有下列情形之一的,银行业监督管理机构可依据《中华人民共和国银行业监督管理法》第47条的规定和《金融违法行为处罚办法》的相关规定对直接负责的董事、高级管理人员和其他直接责任人员进行处理,构成犯罪的,依法追究刑事责任:(1)违规开展个人理财业务造成银行或客户重大经济损失的;(2)未建立相关风险管理制度和管理体系,或虽建立了相关制度但未实际落实风险评估、监测与管控措施,造成银行重大损失的;(3)泄露或不当使用客户个人资料和交易信息记录造成严重后果的;(4)利用个人理财业务从事洗钱、逃税等违法犯罪活动的;(5)挪用单独管理的客户资产的。

商业银行开展个人理财业务有下列情形之一的,由银行业监督管理机构依据《中华人民共和国银行业监督管理法》的规定实施处罚:(1)违反规定销售未经批准的理财计划或产品的;(2)将一般储蓄存款产品作为理财计划销售并违反国家利率管理政策,进行变相高息揽储的;(3)提供虚假的成本收益分析报告或风险收益预测数据的;(4)未按规定进行风险揭示和信息披露的;(5)未按规定进行客户评估的。

商业银行开展个人理财业务有下列情形之一,并造成客户经济损失的,应按照有关法律规定或者合同的约定承担责任:(1)商业银行未保存有关客户评估记录和相关资料,不能证明理财计划或产品的销售是符合客户利益原则的;(2)商业银行未按客户指令进行操作,或者未保存相关证明文件的;(3)不具备理财业务人员资格的业务人员向客户提供理财顾问服务、销售理财计划或产品的。

第五节 商业银行的其他业务规则

一、同业拆借规则

(一)概念

同业拆借是商业银行短期借款的一种主要形式,是银行之间利用资金融

通过程中的时间差、空间差和行际差来调剂资金头寸的一种短期借贷行为。商业银行拆借资金主要用于支持资金周转,当银行每天进行资金结算轧差时,总会是有些银行出现头寸不足,而另一些银行则出现头寸盈余,为了资金周转的需要,头寸不足的银行就需要从头寸盈余的银行临时拆入资金;而头寸盈余的银行为获取利息的收入,也愿意将暂时盈余的资金拆借出去。这种同业拆借的时间一般都很短,甚至是隔夜拆借。

(二)拆出资金的条件

存款准备金是指在实行中央银行制度的国家,商业银行按比例存放在中央银行的存款和自己持有的库存现金。实行存款准备金的目的在于保证商业银行在面临大量提取存款时,有足够的清偿能力。备付金即超额存款准备金,是指为了清算票据交换或同业资金往来的差额,补充头寸的不足,以保持较充分的流动性,同时也为了充分有效地运用暂时闲置的资金和必要时取得中央银行的资金支持,各存款机构在中央银行存款账户上保持的一部分超过法定存款准备金的存款余额。根据《关于取消同业拆借利率上限管理的通知》的规定,金融机构用于拆出的资金只限于交足准备金、备付金,归还中国人民银行到期贷款之后的闲置资金。该通知要求商业银行在同业拆借过程中,拆出的资金应当限于向中国人民银行交足存款准备金、留足备付金和归还中国人民银行到期贷款之后的闲置资金,以保证商业银行有足够的清偿能力,避免商业银行倒闭和金融危机的发生。

(三)拆入资金的用途

根据《关于取消同业拆借利率上限管理的通知》的规定,拆入的资金只能用于弥补票据清算、联行汇差头寸不足和先支后收等临时性资金周转的需要。所谓头寸,即款项。如果银行当日收入的款项大于付出的款项,即称为"多头寸",表示资金盈余;付出的款项大于收入的款项,称为"缺头寸",表示资金短缺。该通知还规定,严禁金融机构用拆入资金发放固定资产贷款、进行固定资产投资、购买有价证券、经营或炒买炒卖房地产及向企业投资参股。并要求商业银行拆入资金用于弥补票据结算、联行汇差头寸的不足和解决临时性周转资金的需要。禁止利用拆入资金发放固定资产贷款或者用于投资。

二、商业银行营业时间规则

商业银行的营业时间应当方便客户,并予以公告。商业银行应当在公告的营业时间内营业,不得擅自停止营业或者缩短营业时间。"营业时间应当方便客户"主要体现在四个方面:(1)营业时间的固定性。商业银行的营业时间不能经常变动,不能让客户无所适从,例如商业银行不能在这个星期的营业时间为 8 小时，下个星期又变为 6 小时，或者这个星期的营业时间是每天的 8 时到 16 时，下个星期又改为每天的 9 时到 17 时。(2) 节假日正是老百姓大量消费和极需商业银行提供服务的时候，所以商业银行一般在节假日也应定时定点保留一些服务网点。为了在提供服务、方便客户的同时节省运营成本，现在有的商业银行大量设置自动柜员机或自动取款机，这些设置能 24 小时为客户提供服务，极大地方便了客户；在春节、国庆节、劳动节等长假期间，有的商业银行在报纸上预先公告假日期间的营业时间，这使广大银行储户心中有数，便于安排好生产和生活。(3) 商业银行应当以适当的方式公告营业时间，以便于客户及时知道其营业时间。如果营业时间因特殊情况的发生而不得不临时变动，也应当以适当的方式及时公告。(4) 商业银行应当在公告的营业时间内营业，不得擅自停止营业或缩短营业时间。

三、商业银行收取手续费的规则

商业银行除了可以通过存贷款业务获取利差外，还可以在办理业务、提供服务时收取一定的手续费。商业银行一般在提供银行中间业务时收取手续费，如办理国内外结算、办理票据承兑、贴现、提供信用证服务及担保、代理收付款项、提供信用卡服务等。但是，商业银行不能随意收取手续费，而是必须按照规定收取。商业银行的收费项目和标准，按照监管的职责，绝大多数由国务院银行业监督管理机构会同国务院价格主管部门制定，一部分则由中国人民银行会同国务院价格主管部门制定。这是商业银行收取手续费必须遵守的，未经国务院银行业监督管理机构、中国人民银行和国务院价格主管部门的同意，不得私设收费项目或擅自提高收费标准。国务院银行业监督管理机构、中国人民银行根据职责分工在分别会同国务院价格主管部门制定手续费的收费标准或者收费项目时应当充分考虑金融市场的基本情况和客户的接受能力。

【拓展材料】
非法集资与民间借贷的区别①

一、非法集资的概念

《最高人民法院关于审理非法集资刑事案件具体应用法律若干问题的解

---

① 参见百度文库：http://wenku.baidu.com/link? url = pTcoCOU7rTrz2n S7E76XocHLOAHtly7ETfO-9mB_m5HTXGmT1qqvv0ebzomCerNjlneiHw5toh9Nbmj1DD8kwNGD sp2wgm2ak4rcSRophXS,2014 年 3 月 17 日访问。

释》(以下简称《解释》)第1条规定,非法集资是"违反国家金融管理法律规定,向社会公众(包括单位和个人)吸收资金的行为"。同时,鉴于实践中对于非法集资犯罪如何具体适用罪名存在疑问,《解释》明确非法吸收公众存款罪是非法集资犯罪的基础罪名:"除刑法另有规定的以外,应当认定为刑法第176条规定的'非法吸收公众存款或者变相吸收公众存款'。"此外,《解释》还对非法集资的具体特征要件予以细化,明确成立非法集资需同时具备非法性、公开性、利诱性、社会性四个要件,并在此基础上进一步明确,未向社会公开宣传,在亲友或者单位内部针对特定对象吸收资金的,不属于《刑法》规定的非法吸收或者变相吸收公众存款。

二、民间借贷的概念

根据《中华人民共和国合同法》(以下简称《合同法》)第12章的规定,建立在真实意思基础上的民间借款合同受法律保护;根据1991年7月2日发布的《最高人民法院关于人民法院审理借贷案件的若干意见》第6条的规定,民间借贷的利率可以在超过银行同类贷款利率的4倍以下的范围内适当高于银行的利率;1999年1月26日发布的《最高人民法院关于如何确认公民与企业之间借贷行为效力问题的批复》规定,公民与非金融企业之间的借贷属于民间借贷,只要双方当事人意思表示真实即可认定有效。因此,从民法意思自治的基本原则出发,一个企业向一个公民或者多个公民借贷都属于合法民间借贷。

在现实生活中,民间借贷是非常普遍的。不仅有公民之间相互借贷,而且有企业及其他组织集资建房、修路或者开展公益事业,以及企业改制过程中职工出资入股等情形。这些虽然也体现为吸收资金并且也有利益回报,特别是公民之间的借贷一般都约定有利息但并不违法,也不需要银行管理机构的批准。而且,这些借贷行为还受到《合同法》的保护。

三、普通民间借与跟非法集资的区别

一个人要做生意、买房,向亲戚借钱,是一回事;向社会广告宣传某项目赚钱,收了许多人的钱,从规定上来看,是另一回事。"质变到量变"的点在哪里?

《非法金融机构和非法金融业务活动取缔办法》规定,非法吸收公众存款,是指未经中国人民银行批准,向社会不特定对象吸收资金,出具凭证,承诺在一定期限内还本付息的活动。这个定义相当宽泛,很多民间借贷都可视为非法。根据解释的规定,非法集资需同时具备四个条件:(1)未经有关部门依法批准或者借用合法经营的形式吸收资金;(2)通过媒体、推介会等途径向社会公开宣传;(3)承诺在一定期限内还本付息;(4)向社会不特定对象吸收资金——个人向30人以上吸收存款；单位向150人以上吸收存款。同时，《解释》还规定，未向社会公开宣传，在亲友或者单位内部针对特定对象吸收资金的，不属于非法集资。在"四个条件"基础上，最高法还列举了10种具体的非法集资形式，可以分为三大类：第一类是假直接投资项目。比如，在房产界中以返本销售、售后包租、约定回购、销售房产份额等方式；以转让林权并代为管护、以代种植(养殖)、联合种植(养殖)等方式非法吸收资金的。第二类是假间接投资。比如，不具有发行股票、债券的真实内容，以虚假转让股权、发售虚构债券等方式；不具有募集基金的真实内容，以假借境外基金、发售虚构基金等方式非法吸收资金的。第三类就是利用民间"会"、"社"等组织非法吸收资金的。所以，民间借贷古已有之，向亲戚、朋友借款再多，也只是民间借贷，并不是法律意义上的金融活动，不需要央行的批准，也就没有"非法集资"一说。但是，一旦通过现代媒体广而告之，个人吸收存款的对象超过30人以上，就可视为非法吸收存款。我国《刑法》有"非法吸收公众存款罪"、"集资诈骗罪"等罪名，前者的最高刑为10年，后者的最高刑是死刑。二者区别在于，后者不仅破坏"金融管理秩序"，而且是以非法占有(包括卷款潜逃、个人挥霍)集资款为目的。

【思考题】

1. 储户通过口头或者函电形式申请挂失存单的，必须在(   )内补办书面申请挂失手续。

  A. 3天 B. 5天 C. 7天 D. 9天

2. 同业拆借的最长期限为(   )。

  A. 3个月 B. 4个月 C. 5个月 D. 6个月

3. 下列有关单位存款表述正确的是(   )。

  A. 对单位存款适用自愿原则

  B. 所收入的现金一般于当日送存开户银行

  C. 不得以个人名义存入储蓄机构

  D. 不得坐支现金

4. 以下各项中，哪些是商业银行发放贷款时不须遵守的规定？(   )

  A. 借款人不提供担保的，一律不予贷款

  B. 不得向关系人发放信用贷款和担保贷款

  C. 贷款银行的贷款余额与存款余额的比例不得超过75%

  D. 对同一借款人的贷款余额与贷款银行资本余额的比例不得超过10%

5. 2013年5月15日，张某乘坐出租车从武汉大学到汉口火车站，下车后发现皮包遗失在出租车上了，包内有一张1万元的定期存单(洪山区工商银行开立，2013年7月20日到期)、一张洪山区农业银行的信用卡，还有现金若干元以及张某的身份证。张某急忙给洪山区工商银行和洪山区农业银行打电话挂失，这两家银行均受理了张某的挂失申请。2013年5月30日，张某从北京出差回武汉，意外发现：1万元的定期存单在5月18日被甲提前支取。请问：甲提前支取张某的定期存款应当办理怎样的手续？张某能否要求洪山区工商银行赔偿？为什么？

第六章 支付结算法律制度

【学习目的与要求】通过本章的学习，了解结算的概念、分类，银行结算账户的概念、分类，信用证的概念、分类；掌握结算的原则、我国现行票据和非票据结算方式及结算规则；运用支付结算的相关理论分析实践中出现的具体结算问题。

第一节 支付结算概述

一、支付结算的概念

支付结算有广义和狭义之分。广义的支付结算是指单位、个人在社会经济活动中使用票据、银行卡和汇兑、托收承付、委托收款等结算方式进行货币给付及其资金清算的行为，其主要功能是完成资金从一方当事人向另一方当事人的转移。广义的支付结算包括现金结算和银行转账结算。狭义的支付结算仅指银行转账结算，即 1997 年 9 月中国人民银行发布的《支付结算办法》中所指的"支付结算"。银行、城市信用合作社、农村信用合作社以及单位和个人(含个体工商户)是办理支付结算的主体。其中，银行是支付结算和资金清算的中介机构。支付结算的任务表现为根据经济往来，准确、及时、安全地办理支付结算，并按照有关法律、法规和规章的规定管理支付结算，保障支付结算活动的正常运行。

二、支付结算的基本原则

单位、个人和银行在办理支付结算时必须遵守以下原则：

第一，恪守信用、履约付款。即各单位之间、单位与个人之间发生交易往来，通过银行办理结算，根据各自的具体条件，自行协商订约，使收付双方办理款项完全建立在自觉自愿、相互信任的基础上。该原则要求结算当事人必须依法承担义务和行使权利，严格遵守信用，履行付款义务，特别是应当按照约定的付款金额和付款日期进行支付。

第二,谁的钱进谁的账、由谁支配。即银行在办理结算时,必须尊重开户单位资金支配的自主权,做到谁的钱进谁的账,银行不代扣款项,以维护开户单位的资金所有权或经营权,保证开户单位对其资金的自主支配。

第三,银行不垫款。即银行在办理结算过程中,只负责将结算款项从付款单位账户划转到收款单位账户,银行不承担垫付任何款项的责任,以划清银行与开户单位的资金界限,保护银行资金的所有权或经营权,促使开户单位直接对自己的债权债务负责。

三、办理支付结算的基本要求

根据《支付结算办法》的规定,单位、个人和银行办理支付结算的基本要求包括:

(一)开立、使用账户

各单位必须依据规定开立银行结算账户,办理支付结算,账户内需有足够的资金保证支付。银行依法为单位、个人在银行开立的存款账户中的存款保密,维护其资金的自主支配权。除国家法律、行政法规另有规定外,银行不得为任何单位或者个人查询账户情况,不得为任何单位或者个人冻结、扣划款项,不得停止单位、个人存款的正常支付。

(二)票据和结算凭证的使用

票据和结算凭证是办理支付结算的工具。未使用按中国人民银行统一规定印制的票据,票据无效;未使用中国人民银行统一规定格式的结算凭证,银行不予受理。

(三)填写票据和结算凭证

银行、单位和个人填写的各种票据和结算凭证是办理支付结算和现金收付的重要依据,直接关系到支付结算的准确、及时和安全。票据和结算凭证是银行、单位和个人凭以记账的会计凭证,是记载经济业务和明确经济责任的一种书面证明。因此,填写票据和结算凭证,必须做到标准化、规范化。根据《正确填写票据和结算凭证的基本规定》的规定,具体应符合以下基本要求:

(1)中文大写金额数字应用正楷或行书填写。如壹、贰、叁、肆、伍、陆、柒、捌、玖、拾、佰、仟、万、亿、元、角、分、零、整(正)等字样。不得用一、二(两)、三、四、五、六、七、八、九、十、廿、毛、另(或0)填写。不得自造简化字。如果金额数字书写中使用繁体字,也应受理。

(2)中文大写金额数字到"元"为止的,在"元"之后,应写"整"(或"正")字,在"角"之后可以不写"整"(或"正"字)。大写金额数字有"分"

的,"分"后面不写"整"(或"正"字)。

(3)中文大写金额数字前应标明"人民币"字样,大写金额数字应紧接"人民币"字样填写,不得留有空白。大写金额数字前未印"人民币"字样的,应加填"人民币"三字。在票据和结算凭证大写金额栏内不得预印固定的"仟、佰、拾、万、仟、佰、拾、元、角、分"字样。

(4)阿拉伯小写金额数字中有"0"时,中文大写应按照汉语语言规律、金额数字构成和防止涂改的要求进行书写。举例如下:

①阿拉伯数字中间有"0"时,中文大写金额要写"零"字。如¥1 409.50,应写成人民币壹仟肆佰零玖元伍角。

②阿拉伯数字中间连续有几个"0"时,中文大写金额中间可以只写一个"零"字。如¥6 007.14,应写成人民币陆仟零柒元壹角肆分。

③阿拉伯金额数字万位或元位是"0",或者数字中间连续有几个"0",万位、元位也是"0",但千位、角位不是"0"时,中文大写金额中可以只写一个"零"字,也可以不写"零"字。如¥1 680.32,应写成人民币壹仟陆佰捌拾元零叁角贰分,或者写成人民币壹仟陆佰捌拾元叁角贰分;又如¥107 000.53,应写成人民币壹拾万柒仟元零伍角叁分,或者写成人民币壹拾万零柒仟元伍角叁分。

④阿拉伯金额数字角位是"0",而分位不是"0"时,中文大写金额"元"后面应写"零"字。如¥16 409.02,应写成人民币壹万陆仟肆佰零玖元零贰分;又如¥325.04,应写成人民币叁佰贰拾伍元零肆分。

⑤阿拉伯小写金额数字前面,均应填写人民币符号"¥"。阿拉伯小写金额数字要认真填写,不得连写。

⑥票据的出票日期必须使用中文大写。为防止变造票据的出票日期,在填写月、日时,月为壹、贰和壹拾的,日为壹至玖和壹拾、贰拾和叁拾的,应在其前加"零";日为拾壹至拾玖的,应在其前面加"壹"。如2月12日,应写成零贰月壹拾贰日;10月20日,应写成零壹拾月零贰拾日。

⑦票据出票日期使用小写填写的,银行不予受理。大写日期未按要求规范填写的,银行可予受理,但由此造成损失的,由出票人自行承担。

(四)票据和结算凭证填写要求

填写票据和结算凭证应当做到要素齐全,数字正确,字迹清晰,不错不漏,不潦草,防止涂改。票据和结算凭证金额以中文大写和阿拉伯数字同时记载的,两者必须一致,两者不一致的票据无效;两者不一致的结算凭证,银行不予受理。少数民族地区和外国驻华使领馆根据实际需要,金额大写可以使用少数民族文字或者外国文字记载。

(五)不得伪造、变造票据和结算凭证

"伪造",是指无权限人假冒他人或虚构人名义签章的行为。"变造",是指无权更改票据内容的人对票据上签章以外的记载事项加以改变的行为。伪造、变造票据属于欺诈行为,应追究其刑事责任。票据上有伪造、变造的签章的,不影响票据上其他当事人真实签章的效力。

票据和结算凭证上的签章,为签名、盖章或者签名加盖章。单位、银行在票据上的签章和单位在结算凭证上的签章,为该单位、银行的盖章加其法定代表人或其授权的代理人的签名或盖章。个人在票据和结算凭证上的签章,为个人本人的签名或盖章。

第二节 银行结算账户法律制度

一、概念和种类

银行结算账户是指存款人在经办银行开立的办理资金收付结算的人民币活期存款账户。这里的存款人是指在中国境内开立银行结算账户的机关、团体、部队、企业、事业单位、其他组织、个体工商户和自然人;银行是指在中国境内经中国人民银行批准经营支付结算业务的政策性银行、商业银行(含外资独资银行、中外合资银行、外国银行分行)、城市商业银行、农村商业银行、城市信用合作社、农村信用合作社。

银行结算账户按存款人不同分为单位银行结算账户和个人银行结算账户。单位银行结算账户是指存款人以单位姓名开立的银行结算账户。个体工商户凭营业执照以字号或经营者姓名开立的银行结算账户纳入单位银行结算账户管理。个人银行结算账户是指存款人凭个人身份证件以自然人姓名开立的银行结算账户。邮政储蓄机构办理银行卡业务开立的账户纳入个人银行结算账户管理。单位银行结算账户按用途分为基本存款账户、一般存款账户、专用存款账户和临时存款账户。财政部门为实行财政国库集中支付的预算单位在商业银行开设的零余额账户,按专用存款账户管理。存款人以个人名义开立的银行结算账户为个人银行结算账户。

二、银行结算账户的开立、变更和撤销

(一)银行结算账户的开立

存款人开立银行结算账户时,应填制开户申请书。银行与存款人签订银行结算账户管理协议,明确双方的权利与义务。银行审查后符合开立账户条

件的,应办理开户手续,并履行向中国人民银行当地分支行备案的义务。需要核准的,应及时报送中国人民银行核准。银行应建立存款人预留签章卡片,并将签章式样和有关证明文件的原件或复印件留存归档。存款人在申请开立单位银行结算账户时,其申请开立的银行结算账户的账户名称、出具的开户证明文件上记载的存款人名称以及预留银行签章中公章或财务专用章的名称应保持一致,另有规定的除外。存款人开立单位银行结算账户,自正式开立之日起3个工作日后,方可使用该账户办理付款业务。

(二)银行结算账户的变更

存款人银行结算账户资料有下列变更的,应于5个工作日内向开户银行申请并办理变更手续,开户银行2日内向中国人民银行报告:(1)存款人的账户名称;(2)单位的法定代表人或主要负责人;(3)地址、邮编、电话等其他开户资料。存款人银行结算账户有法定变更事项的,应于5日内书面通知开户银行并提供有关证明。开户银行办理变更手续并于2日内向中国人民银行报告。

(三)银行结算账户的撤销

存款人有以下情形之一的,应向开户银行提出撤销银行结算账户的申请:(1)被撤销、解散、宣告破产或关闭的。(2)注销、被吊销营业执照的。(3)因迁址需要变更开户银行的。(4)因其他原因需要撤销银行结算账户的。

存款人发生被撤销、解散、宣告破产或关闭,或被注销、被吊销营业执照等主体资格终止的,应于5个工作日内向开户银行提出撤销银行结算账户的申请。存款人申请撤销基本存款账户的,存款人基本存款账户的开户银行应自撤销银行结算账户之日起2个工作日内将撤销该基本存款账户的情况书面通知该存款人其他银行结算账户的开户银行;存款人其他银行结算账户的开户银行,应自收到通知之日起2个工作日内通知存款人撤销有关银行结算账户;存款人应自收到通知之日起3个工作日内办理其他银行结算账户的撤销。

《账户管理办法实施细则》规定,存款人主体资格终止后,撤销银行结算账户的,应当先撤销一般存款账户、专用存款账户、临时存款账户,将账户资金转入基本存款账户后,方可办理基本存款账户的撤销。存款人撤销银行结算账户时,应与开户银行核对银行结算账户存款余额,交回各种重要空白票据及结算凭证和开户登记证,银行核对无误后方可办理销户手续。存款人尚未清偿其开户银行债务的,不得申请撤销银行结算账户。

三、单位银行结算账户

单位银行结算账户按用途分为基本存款账户、一般存款账户、专用存款账户和临时存款账户。

(一)基本存款账户

基本存款账户是指存款人因办理日常转账结算和现金收付需要开立的银行结算账户。根据规定,可以申请开立基本存款账户的存款人包括:企业法人;非法人企业;机关、事业单位;团级(含)以上军队、武警部队及分散执勤的支(分)队;社会团体;民办非企业组织;异地常设机构;外国驻华机构;个体工商户;居民委员会、村民委员会、小区委员会;单位设立的独立核算的附属机构;其他组织。基本存款账户的使用范围包括:存款人日常经营活动的资金收付,以及存款人的工资、奖金和现金的支取。

存款人申请开立基本存款账户,应向银行出具下列证明文件:(1)企业法人,应出具企业法人营业执照正本;(2)非法人企业,应出具企业营业执照正本;(3)机关和实行预算管理的事业单位,应出具政府人事部门或编制委员会的批文或登记证书和财政部门同意其开户的证明;非预算管理的事业单位,应出具政府人事部门或编制委员会的批文或登记证书;(4)军队、武警团级(含)以上单位以及分散执勤的支(分)队,应出具军级以上单位财务部门、武警总队财务部门的开户证明;(5)社会团体,应出具社会团体登记证书,宗教组织还应出具宗教事务管理部门的批文或证明;(6)民办非企业组织,应出具民办非企业登记证书;(7)异地常设机构,应出具所驻地政府主管部门的批文;(8)外国驻华机构,应出具国家有关主管部门的批文或证明;外资企业驻华代表处、办事处应出具国家登记机关颁发的登记证;(9)个体工商户,应出具个体工商户营业执照正本;(10)居民委员会、村民委员会、小区委员会,应出具其主管部门的批文或证明;(11)独立核算的附属机构,应出具其主管部门的基本存款账户开户登记证和批文;(12)其他组织,应出具政府主管部门的批文或证明。

存款人申请开立银行结算账户时,应填制开户申请书,提供规定的证明文件;银行应对存款人的开户申请书的事项和证明文件的真实性、完整性、合规性进行认真审查,并将审查后的存款人提交的上述文件和审核意见等开户资料报送中国人民银行当地分支行,经其核准后办理开户手续。中国人民银行应于2个工作日内对银行报送的基本存款账户开户资料的合规性以及唯一性进行审核,符合开户条件的,予以核准;不符合开户条件的,应在开户申请书上签署意见,连同有关证明文件一并退回报送银行。

(二)一般存款账户

一般存款账户是指存款人因借款或其他结算需要，在基本存款账户开户银行以外的银行营业机构开立的银行结算账户。一般存款账户的使用范围主要为办理存款人借款转存、借款归还和其他结算的资金收付。一般存款账户可以办理现金缴存，但不得办理现金支取。该账户开立数量没有限制。一般存款账户自正式开户之日起，3个工作日后，方可办理付款业务，但因借款转存开立的一般存款账户除外。

根据规定，存款人申请开立一般存款账户，应向银行出具其开立基本存款账户规定的证明文件、基本存款账户开户登记证和下列证明文件：(1)存款人因向银行借款需要，应出具借款合同；(2)存款人因其他结算需要，应出具有关证明。存款人开立一般存款账户没有数量限制，存款人可自主选择不同经营理念的银行，既能享受不同银行的特色服务，又可以分散在一家银行开立账户可能出现的资金风险。但是，需要明确的是，一般存款账户不能在存款人基本存款账户的开户银行(指同一营业机构)开立。存款人开立一般存款账户，应填写开户申请书，并向开户银行出具下列证明文件：(1)开立基本存款账户规定的证明文件；(2)基本存款账户开户许可证；(3)存款人因向银行借款需要，应出具借款合同；(4)存款人因资金结算需要，应出具有关证明。银行应对存款人的开户申请书填写的事项和证明文件的真实性、完整性、合规性进行认真审查，符合一般存款账户条件的，银行应办理开户手续，同时应在其基本存款账户开户登记证上登记账户名称、账号、账户性质、开户银行、开户日期并签章，于开户之日起5个工作日内向中国人民银行当地分支行备案；自开立一般存款账户之日起3个工作日内书面通知其基本存款账户开启银行。开立一般存款账户，实行备案制，无须中国人民银行核准。

(三)专用存款账户

专用存款账户是指存款人按照法律、行政法规和规章，对其特定用途资金进行专项管理和使用而开立的银行结算账户。专用存款账户用于办理各项专用资金的收付，现金支取应按照《人民币银行结算账户管理办法》及国家现金管理的规定办理，要求专款专用、专项管理，可转账结算和现金收付。

该"特定用途"的资金范围包括：基本建设资金；更新改造资金；财政预算外资金；粮、棉、油收购资金；证券交易结算资金；期货交易保证金；信托基金；金融机构存放同业资金；政策性房地产开发资金；单位银行卡备用金；住房基金；社会保障基金；收入汇缴资金和业务支出资金(此项资金是指基本存款账户存款人附属的非独立核算单位或派出机构发生的收入和支出的资金，因收入汇缴资金和业务支出资金开立的专用存款账户，应使用隶属单位的名称）；党、团、工会设在单位的组织机构经费；其他需要专项管理和使用的资金。

存款人申请开立专用存款账户时，应填制开户申请书，提供规定的证明文件；银行应对存款人的开户申请书填写的事项和证明文件的真实性、完整性、合规性进行认真审查；如果专用存款账户属于预算单位专用存款账户的，银行应将存款人的开户申请书、相关的证明文件和银行审核意见等开户资料报送中国人民银行当地分支行，经其对申报资料进行合规性审查，并核准后办理开户手续，该核准程序与基本存款账户的核准程序相同；如果属于预算单位专用存款账户之外的其他专用存款账户的，银行应办理开户手续，并于开户之日起 5 个工作日内向中国人民银行当地分支行备案。银行在办理专用存款账户开户手续时，同时应在其基本存款账户开户登记证上登记账户名称、账号、账户性质、开户银行、开户日期，并签章，自开立专用存款账户之日起 3 个工作日内书面通知基本存款账户开户银行。

存款人申请开立专用存款账户，应向银行出具其开立基本存款账户规定的证明文件、基本存款账户开户登记证和下列证明文件：(1)基本建设资金、更新改造资金、政策性房地产开发资金、住房基金、社会保障基金，应出具主管部门批文；(2)财政预算外资金，应出具财政部门的证明；(3)粮、棉、油收购资金，应出具主管部门批文；(4)单位银行卡备用金，应按照中国人民银行批准的银行卡章程的规定出具有关证明和资料；(5)证券交易结算资金，应出具证券公司或证券管理部门的证明；(6)期货交易保证金，应出具期货公司或期货管理部门的证明；(7)金融机构存放同业资金，应出具其证明；(8)收入汇缴资金和业务支出资金，应出具基本存款账户存款人有关的证明；(9)党、团、工会设在单位的组织机构经费，应出具该单位或有关部门的批文或证明；(10)其他按规定需要专项管理和使用的资金，应出具有关法规、规章或政府部门的有关文件。此外，境外机构投资者在境内从事证券投资开立的人民币特殊账户和人民币结算资金账户纳入专用存款账户管理。其开立人民币特殊账户时应出具国家外汇管理部门的批复文件，开立人民币结算资金账户时应出具证券管理部门的证券投资业务许可证。

(四)临时存款账户

临时存款账户是指存款人因临时需要并在规定期限内使用而开立的银行结算账户。临时存款账户用于办理临时机构以及存款人临时经营活动发生的资金收付。有下列情况的，存款人可以申请开立临时存款账户：(1)设立临时机构；(2)异地临时经营活动；(3)注册验资(注册验资的临时存款账户在验资期间只收不付);(4)境外(含港澳台地区)机构在境内从事经营活动等。

临时存款账户应根据有关开户证明文件确定的期限或存款人的需要确定其有效期限。存款人在账户的使用中需要延长期限的,应在有效期限内向开户银行提出申请,并由开户银行报中国人民银行当地分支行核准后办理展期,并由该分支行收回原临时存款账户许可证,颁发新的临时存款账户开户许可证。中国人民银行当地分支行不核准展期申请的,存款人应当及时办理该临时存款账户的撤销手续。临时存款账户的有效期最长不得超过2年。临时存款账户支取现金,应按照国家现金管理的规定办理。注册验资的临时存款账户在验资期间只收不付,注册验资资金的汇缴人应与出资人的名称一致。增资验资临时存款账户的使用和撤销比照注册验资开立临时存款账户管理。

存款人申请开立临时存款账户,应向银行出具下列证明文件:(1)临时机构,应出具其驻在地主管部门同意设立临时机构的批文;(2)异地建筑施工及安装单位,应出具其营业执照正本或其隶属单位的营业执照正本,以及施工及安装地建设主管部门核发的许可证或建筑施工及安装合同;(3)异地从事临时经营活动的单位,应出具其营业执照正本以及临时经营地工商行政管理部门的批文;(4)注册验资资金,应出具工商行政管理部门核发的企业名称预先核准通知书或有关部门的批文。第(2)、(3)项还应出具其基本存款账户开户许可证。

根据《人民币银行账户管理办法》的有关规定,存款人申请开立临时存款账户时,应填制开户申请书,提供规定的证明文件;银行应对存款人的开户申请书填写的事项和证明文件的真实性、完整性、合规性进行认真审查;银行应将存款人的开户申请书、相关的证明文件和银行审核意见等开户资料报送中国人民银行当地分支行,经对申报资料进行合规性审查,并核准后办理开户手续。该核准程序与基本存款账户的核准程序相同。银行在办理临时存款账户开户手续时,同时应在其基本存款账户开户许可证上登记账户名称、账号、账户性质、开户银行、开户日期,并签章。但临时机构和注册验资需要开立的临时存款账户除外。银行自开立临时存款账户之日起3个工作日内应书面通知基本存款账户开户银行。

四、个人银行结算账户

个人银行结算账户是自然人以个人身份证或相应的证件,因投资、消费、结算等而开立的可办理支付结算业务的银行结算帐户。自然人可根据需要申请开立个人银行结算账户,也可以在已开立的储蓄账户中选择并向开户银行申请确认为个人银行结算账户。个人银行结算账户用于办理个人转账收付和现金支取,储蓄账户仅限于办理现金存取业务,不得办理转账结算。个人银行结算账户是存款人因投资、消费、结算等而凭个人身份证件以自然人姓名开立的可办理支付结算业务的银行结算账户。个人银行结算账户用于办理个人转账收付和现金存取。

根据《人民币银行结算账户管理办法》的规定,下列款项可以转入个人银行结算账户:(1)工资、奖金收入;(2)稿费、演出费等劳务收入;(3)债券、期货、信托等投资的本金和收益;(4)个人债权或产权转让收益;(5)个人贷款转存;(6)证券交易结算资金和期货交易保证金;(7)继承、赠与款项;(8)保险理赔、保费退还等款项;(9)纳税退还;(10)农、副、矿产品销售收入;(11)其他合法款项。有下列情况的,可以申请开立个人银行结算账户:(1)使用支票、信用卡等信用支付工具的;(2)办理汇兑、定期借记、定期贷记、借记卡等结算业务的。自然人可根据需要申请开立个人银行结算账户,也可以在已开立的储蓄账户中选择并向开户银行申请确认为个人银行结算账户。

存款人申请开立个人银行结算账户,应向银行出具下列证明文件:(1)中国居民,应出具居民身份证或临时身份证。(2)中国人民解放军军人,应出具军人身份证件。(3)中国人民武装警察,应出具武警身份证件。(4)香港、澳门居民,应出具港澳居民往来内地通行证;台湾居民,应出具台湾居民来往大陆通行证或者其他有效旅行证件。(5)外国公民,应出具护照。(6)法律、法规和国家有关文件规定的其他有效证件。银行为个人开立银行结算账户时,根据需要还可要求申请人出具户口簿、驾驶执照、护照等有效证件。

第三节 票据结算法律制度

一、概念

票据是由出票人依法签发的、约定自己或者委托付款人在见票时或指定的日期向收款人或持票人无条件支付一定金额并可转让的有价证券。在我国,票据结算方式包括银行汇票、商业汇票、银行本票和支票。一般来讲,票据具有信用、支付、汇兑和结算等职能。

二、银行汇票

(一)概念及特点

银行汇票是汇款人将款项交存当地出票银行,由出票银行签发,多用于办理异地转账结算和支取现金,由其在见票时,按照实际结算金额无条件支付给收款人或持票人的票据。

与其他银行结算方式相比,银行汇票结算方式具有如下特点:(1)适用范围广。银行汇票是目前异地结算中较为广泛采用的一种结算方式。这种结算方式不仅适用于在银行开户的单位、个体经济户和个人,而且适用于未在银行开立账户的个体经济户和个人。(2)票随人走,钱货两清。实行银行汇票结算,购货单位交款,银行开票,票随人走;购货单位购货给票,销售单位验票发货,一手交票,一手交货;银行见票付款,这样可以减少结算环节,缩短结算资金在途时间,方便购销活动。(3)信用度高,安全可靠。银行汇票是银行在收到汇款人款项后签发的支付凭证,因而具有较高的信誉,银行保证支付,收款人持有票据,可以安全及时地到银行支取款项。(4)结算准确,余款自动退回。单位持银行汇票购货,凡在汇票的汇款金额之内的,可根据实际采购金额办理支付,多余款项将由银行自动退回。这样可以有效地防止交易尾欠的发生。

(二)当事人

银行汇票结算的当事人包括:(1)出票人。银行汇票结算的出票人是指签发汇票的银行。(2)收款人。收款人是指从银行提取汇票所汇款项的单位和个人。收款人可以是汇款人本身,也可以是与汇款人有商品交易往来或汇款人要与之办理结算的人。(3)付款人。付款人是指负责向收款人支付款项的银行。如果出票人和付款人属于同一个银行,如都是中国工商银行的分支机构,则出票人和付款人实际上为同一个人。如果出票人和付款人不属于同一个银行,而是两个不同银行的分支机构,则出票人和付款人为两个人。单位和个人各种款项的结算,均可使用银行汇票。银行汇票可以用于转账,填明"现金"字样的银行汇票也可以用于支取现金。申请人或者收款人为单位的,不得在"银行汇票申请书"上填明"现金"字样。

(三)结算程序

1. 签发

汇款人需要办理银行汇票时,应先填写"银行汇票委托书"一式三联,送单位开户银行,申请签发银行汇票。银行受理后,根据"银行汇票委托书"第二、第三联办理银行收款手续,然后签发银行汇票,一式四联,留下第一联和第四联,将第二联汇票、第三联解讫通知和加盖印章后的银行汇票委托书的第一联交给汇款人。汇款人对银行给其签发的银行汇票,要通过"其他货币资金——银行汇票"账户进行结算。

2. 兑付

汇款人取得签发银行签发的银行汇票后,即可到异地向收款人办理结算。对已注明收款人的银行汇票,可直接将汇票交收款人到兑付银行办理兑付;对收款人为持票人的银行汇票,可由持票人到兑付银行办理兑付手续,也可将银行汇票背书转让给收款人,由收款人到兑付银行办理兑付。收款人向银行兑付时,应将实际结算金额填入第二联汇票扣第三联解讫通知,并填写进账单一式两联,一并送交开户银行办理入账手续。

3. 结算余额

兑付银行按实际结算金额办理入账后,将银行汇票第三联解讫通知传递给汇票签发银行,签发银行核对后将余款转入汇款人账户,并将银行汇票第三联多余款收账通知单转给汇款人,汇款人据此办理余款入账手续。汇款人收到通知后借记"银行存款"科目,贷记"其他货币资金——银行汇票"科目。

三、商业汇票

(一)概念和分类

商业汇票是指由付款人或存款人(或承兑申请人)签发,由承兑人承兑,并于到期日向收款人或被背书人支付款项的一种票据。所谓承兑,是指汇票的付款人愿意负担起票面金额的支付义务的行为,通俗地讲,就是承认到期将无条件地支付汇票金额的行为。

商业汇票按其承兑人的不同,可以分为商业承兑汇票和银行承兑汇票两种。商业承兑汇票,是指由收款人签发,交付款人承兑;或者由付款人签发并承兑的票据。商业承兑汇票的出票人,应为在银行开立账户的法人以及其他组织,与付款人存在真实的委托付款关系,具有支付汇票金额的可靠资金来源。银行承兑汇票,是指收款人或承兑申请人签发,由承兑申请人向开户银行提出申请,经银行审查同意承兑的票据。银行承兑汇票的出票人必须具备下列条件:(1)在承兑银行开立存款账户的法人及其他组织。(2)与承兑银行具有真实的委托付款关系。(3)资信状况良好,具有支付汇票金额的可靠资金来源。(4)提供一部分保证金,对不足部分提供符合条件的第三人担保或财产抵押。

(二)特点

与其他银行结算方式相比,商业汇票结算具有如下特点:(1)商业汇票的适用范围相对较窄。各企业、事业单位之间只有根据购销合同进行合法的商品交易，才能签发商业汇票。(2)商业汇票的使用对象也相对较少。商业汇票的使用对象是在银行开立账户的法人或者其他组织。(3)商业汇票可以由付款人签发，也可以由收款人签发，但都必须经过承兑。只有经过承兑的商业汇票才具有法律效力，承兑人负有到期无条件付款的责任。(4)商业汇票一律记名并允许背书转让。商业汇票到期后，一律通过银行办理转账结算，银行不支付现金。商业汇票的提示付款期限自汇票到期日起10日内。

(三)当事人

商业汇票一般有三个当事人，即出票人、收款人和付款人。

1. 出票人

工商企业需要使用商业汇票时，可成为出票人。商业汇票与银行汇票的主要区别：银行汇票的出票人是银行，商业汇票的出票人是工商企业。

2. 收款人

收款人是商业汇票上实际载明的收取汇票金额的人。其有以下情况：(1)如果出票人是基础关系中的债务人，收款人应当是其相对债权人；该债权人收到票据后，向与出票人有资金关系的其他工商企业或银行提示承兑，该债权人即可凭票据在规定日期收取款项。(2)如果出票人是基础关系中的债权人，那么出票人应当是收款人；在这种情况下，出票人作为债权人向其相对债务人签发汇票，再由该债务人向其开户银行提示承兑(并供应充足资金)后，再将汇票还给出票人；原出票人可在规定日期持票通过银行收取债务人的票面金额。

3. 付款人

付款人是对商业汇票金额实际付款的人。其有以下情况：(1)当出票人是债务人时，其相对债权人成为票据收款人，相对债权人可持票向出票人的开户银行提示承兑，由该银行从出票人的银行存款中代为付款，出票人是实际付款人；或者根据与出票人的约定，该债权人向与出票人有资金关系的其他工商企业提示承兑，该工商企业向该债权人付款并成为实际付款人。(2)当出票人是债权人时，其相对债务人收到票据后，可持票向其开户银行提示承兑并供应充足的资金，由该银行从该债务人的银行存款中向出票人代为付款，该债务人是实际付款人。

(四)结算程序

1. 商业承兑汇票结算程序

商业承兑汇票由交易双方约定签发。由收款人签发的应交付款人承兑；由付款人签发的应经本人承兑。承兑人应在汇票正面签署"承兑"字样并加盖印章后将汇票交收款人。收款人可将汇票背书转让。收款人或被背书人应将即将到期的汇票交其开户银行办理收款。付款人应于汇票到期前将票款足额交存其开户银行，银行于到期日凭票将款项划给收款人。

2. 银行承兑汇票结算程序

使用银行承兑汇票，应先由承兑申请人持空白的银行承兑汇票和购销合同向其开户银行申请承兑。银行审查后认为申请符合条件的，与承兑申请人签订申请协议，然后填好汇票，办好承兑手续，将汇票和解讫通知交给承兑申请人转交收款人。承兑银行按票面金额向申请人收取1‰的承兑手续费（不足10元的收10元）。收款人或被背书人应在银行承兑汇票到期时，将汇票、解讫通知连同进账单送交其开户银行办理转账。承兑申请人应于汇票到期前将票款足额交存其开户银行。承兑银行在到期日凭票将款项付给收款人或被背书人。承兑申请人于汇票到期日未能足额交存票款时，承兑银行除凭票向收款人、被背书人无条件支付外，应根据承兑协议，对承兑申请人执行扣款，并就尚未扣回的承兑金额每天按5‰计收罚息。在银行承兑汇票中：发票人是承兑申请人；付款人和承兑人是承兑行，即承兑申请人的开户银行；收款人是与发票人签订购销合同的收款人（买方）。

四、银行本票

（一）概念和种类

银行本票是申请人将款项交存银行，由银行签发的承诺自己在见票时无条件支付确定的金额给收款人或者持票人的票据。银行本票可用于转账，注明"现金"字样的银行本票可用于支取现金。银行本票的出票人，为经中国人民银行当地分支行批准办理银行本票业务的银行机构。本票按金额是否预先选定，分为定额本票和不定额本票，单位可以根据需要选择使用。不定额银行本票是指凭证上金额栏是空白的，签发时根据实际需要填写金额（起点金额为5 000元），并用压数机压印金额的银行本票。定额银行本票是指凭证上预先印有固定面额的银行本票。定额银行本票面额为1 000元、5 000元、10 000元和50 000元，其提示付款期限自出票日起最长不得超过2个月。

（二）特点

与其他银行结算方式相比，银行本票结算具有如下特点：（1）使用方便。单位、个体经济户和个人不管其是否在银行开户，他们之间在同城范围内的所有商品交易、劳务供应以及其他款项的结算都可以使用银行本票。收款单位和个人持银行本票可以办理转账结算，也可以支取现金，同样也可以背书转让。银行本票见票即付，结算迅速。（2）信誉度高，支付能力强。银行本票是由银行签发，并于指定到期日由签发银行无条件支付，因而信誉度很高，一般不存在得不到正常支付的问题。其中定额银行本票由中国人民银行发行，各大国有商业银行代理签发，不存在票款得不到兑付的问题。不定额银行本票由各大国有商业银行签发，由于其资金力量雄厚，因而一般也不存在票款得不到兑付的问题。

(三)结算程序

1. 申请

申请人办理银行本票，应向银行填写一式三联"银行本票申请书"，其格式由人民银行各分行确定的印制，详细填明收款人名称，个体经济户和个人需要支取现金的并应填明"现金"字样。如申请人在签发银行有关账户，则应在"银行本票申请书"上加盖预留银行印鉴。

2. 签发

银行受理银行本票申请书，在办好转账或收妥现金后，签发银行本票。对个体经济户和个人需支取现金的，在银行本票上划去"转账"字样，加盖印章，不定额银行本票用压数机压印金额，将银行本票交给申请人。专业银行签发不定额银行本票的余额和签发定额银行本票收的款项，应划缴人民银行。

3. 付款

银行本票见票即付。申请人持银行本票可以向填明的收款单位或个体经济户办理结算。收款人为个人的也可以持转账的银行本票经背书向被背书的单位或个体经济户办理结算。具有"现金"字样的银行本票可以向银行支取现金。未在银行开立账户的收款人，凭具有"现金"字样的银行本票向银行支取现金，应在银行本票背面签字或盖章，并向银行交验有关证件。兑付银行在接到收款人或被背书人交来的本票和两联进账单时，应审查本票是否真实，本票上的收款人或被背书人名称是否为该收款人，背书是否连续，内容是否符合规定，是否在付款期内，印章是否齐全，金额是否为压数机压印，大小写金额是否一致，进账单与本票是否相符等，确认无误后，办理兑付手续。如是转账支取的，应在第一联进账单上加盖转讫章作收款通知交给收款人或被背书人，第二联进账单作收入传票。如是现金支取的，由收款人填制一联支款凭条，经审查本票上填明收款人姓名和具有"现金"字样，并查验收款人的身份证后，办理现金支付手续。

五、支票

(一)概念和种类

支票是出票人签发的，委托办理存款业务的银行或其他金融机构，在见票时无条件支付确定的金额给收款人或者持票人的票据。我国《票据法》按照支付票款的方式，将支票结算凭证分为普通支票、现金支票和转账支票三种。(1)普通支票。普通支票可以用于支取现金，也可以用于转账，支票未印有"现金"或"转账"字样。当普通支票用于转账时，应当在支票正面的左上角划两条平行线，划账后的支票是用于转账而不得支取现金。(2)现金支票。现金支票专门用于支取现金，它可以由存款人签发用于银行为本单位提取现金，也可签发给其他单位和个人用来办理结算或者委托银行代为支付现金给付款人。(3)转账支票。转账支票专门用于转账，它适用于存款人在同一城市范围内的收款单位划转款项。转账支票只能用于转账，不得支取现金。

(二)特点

支票结算的特点概括起来说就是简便、灵活、迅速和可靠。简便，是指使用支票办理结算手续简便，只要付款人在银行有足够的存款，它就可以签发支票给收款人，银行凭支票就可以办理款项的划拨或现金的支付。灵活，是指按照规定，支票可以由付款人向收款人签发以直接办理结算，也可以由付款人出票委托银行主动付款给收款人，另外转账支票在指定的城市中还可以背书转让。迅速，是指使用支票办理结算，收款人将转账支票和进账单送交银行，一般当天或次日即可入账，而使用现金支票当时即可取得现金。可靠，是指银行严禁签发空头支票，各单位必须在银行存款余额内才能签发支票，因而收款人凭支票就能取得款项，一般不存在得不到正常支付的情况。

(三)结算程序

在采用支票结算方式时，出纳人员必须严格按照支票结算的要求取得或签发支票，并按银行规定的程序进行处理，保证支票在收款、支付及背书转让过程中的安全。

1. 现金支票的结算程序

出纳人员使用现金支票支取现金时，必须按照《现金管理暂行条例》规定的现金使用范围支取。凡是提取现金的支票，都必须在支票存根联上注明收款单位全称及收票人姓名，以明确经济责任。必要时可查验收票人的身份证并注明其证件号码。收款人持现金支票提示付款时，应在支票背面"收款人签章处"签章。若为本单位提取现金，应在本票背面加盖本单位预留印鉴；持票人为个人的，还需交验本人身份证原件，并在支票背面注明证件名称、号码及发证机关，方可到出票人开户银行支取现金。收款人持要素齐全、背书完整的现金支票到银行受理窗口交验支票，银行经办人员审核无误后予以支付现金。

2. 转账支票的结算程序

付款人按应支付的款项签发转账支票后交收款人，凭支票存根贷记"银行存款"科目,借记对应科目。收款人审查无误后,填制一式两联进账单,连同支票一并交本单位开户银行。经银行审查无误后,在进账单的回单上加盖印章,退回收款人,作为收款人入账的凭据,收妥后据此借记。借记"银行存款"科目,货记对应科目。

第四节 非票据结算法律制度

按照《支付结算办法》和《国内信用证结算办法》的规定,我国现行的支付结算方式有银行汇票、商业汇票、银行本票、支票、信用卡、汇兑、托收承付、委托收款和国内信用证九种。前四种是票据结算,后五种是非票据结算。

一、汇兑

(一)概念及种类

汇兑是汇款人委托银行将其款项支付给收款人的结算方式。单位和个人的各种款项的结算,均可使用汇兑结算方式。汇兑又称"汇兑结算",是指企业(汇款人)委托银行将其款项支付给收款人的结算方式。这种方式便于汇款人向异地的收款人主动付款,单位和个人异地之间的各种款项的结算,均可使用。

汇兑根据划转款项的不同方法以及传递方式的不同可以分为信汇和电汇两种,由汇款人自行选择。信汇是汇款人向银行提出申请,同时交存一定金额及手续费,汇出行将信汇委托书以邮寄方式寄给汇入行,授权汇入行向收款人解付一定金额的一种汇兑结算方式。电汇是汇款人将一定款项交存汇款银行,汇款银行通过电报或电传给目的地的分行或代理行(汇入行),指示汇入行向收款人支付一定金额的一种汇款方式。在这两种汇兑结算方式中,信汇费用较低,但速度相对较慢;而电汇具有速度快的优点,但汇款人要负担较高的电报电传费用,因而通常只在紧急情况下或者金额较大时适用。

(二)基本程序

1. 委托银行办理结算

汇兑系由汇款人亦即付款人委托银行办理的结算,汇兑凭证上必须填明收款人。收款人在汇入行开有账户的,由汇入行直接为收款人收账;汇兑凭证上记载收款人为个人的,收款人需要到汇入银行领取汇款,汇款人应在汇兑凭证上注明"留行待取"字样;留行待取的汇款,需要指定单位的收款人领取汇款的,应注明收款人的单位名称;信汇凭收款人签章支取的,应在信汇凭证上预留其签章。汇款人确定不得转汇的，应在汇兑凭证备注栏注明"不得转汇"字样。

2. 汇出银行向汇入银行办理汇款

汇出银行受理汇款人签发的汇兑凭证，经检查无误后，应及时向汇入银行办理汇款，并向汇款人签发汇款回单。汇款单位只能作为汇出银行受理汇款的依据，不能作为该笔汇款已转入收款人账户的证明。

3. 直接转入收款人账户，并发出收账通知

汇入银行对开立存款账户的收款人，应将汇给其的款项直接转入收款人账户，并向其发出收账通知。收账通知是银行将款项确已收入收款人账户的凭据。

4. 收款人支取款项

未在银行开立存款账户的收款人，凭信汇、电汇的取款通知或"留行待取"的，向汇入银行支取款项，必须交验本人的身份证件，在信汇、电汇凭证上注明证件名称、号码及发证机关，并在"收款人签章"处签章；信汇凭签章支取的，收款人的签章必须与预留信汇凭证上的签章相符。银行检查无误后，以收款人的姓名开立应解汇款及临时存款账户，该账户只付不收，付完清户，不计付利息。

支取现金的，信汇、电汇凭证上必须有按规定填明的"现金"字样，才能办理。未填明"现金"字样，需要支取现金的，由汇入银行按照国家现金管理规定检查支付。

5. 对尚未汇出的款项可以请求撤销

汇款人对汇出银行尚未汇出的款项可以请求撤销。请求撤销时，应出具正式函件或本人身份证件及原信汇、电汇回单。汇出银行查明确未汇出款项的，收回原信汇、电汇回单，方可办理撤销。

二、托收承付

(一)概念

托收承付是指根据购销合同由收款人发货后委托银行向异地付款人收取款项，由付款人向银行承认付款的结算方式。根据《支付结算办法》的规定，托收承付结算每笔的金额起点为1万元，新华书店系统每笔的金额起点为1 000元。这一规定对原托收承付的金额起点10万元作了改变。结算款项划回可用邮寄或电报两种方式。托收承付结算方式只适用于异地订有经济合同的商品交易及相关劳务款项的结算。代销、寄销、赊销商品的款项，不得办理异地托收承付结算。

(二)适用范围

根据《支付结算办法》的规定,托收承付的适用范围包括:(1)使用该结算方式的收款单位和付款单位,必须是国有企业或供销合作社以及经营较好,并经开户银行审查同意的城乡集体所有制工业企业;(2)办理结算的款项必须是商品交易以及因商品交易而产生的劳务供应款项。代销、寄销、赊销商品款项,不得办理托收承付结算。

(三)结算程序

1. 托收

收款人按照签订的购销合同发货后,委托银行办理托收。收款人应将托收凭证并附发运凭证或其他符合托收承付结算的有关证明和交易单证送交银行(例如:铁路、航运、公路等运输部门签发运单、运单副本和邮局包裹单回执等)。收款人开户银行接到托收凭证及其附件后,应当按照托收的范围、条件和托收凭证记载的要求对其进行审查,必要时还应查验收、付款人签订的购销合同。

2. 承付

付款人开户银行收到托收凭证及其附件后,应当及时通知付款人。通知的方法可以采取付款人到银行自取或由银行邮寄给付款人。承付贷款分为验单付款和验货付款两种。由收付双方自行商定选择。(1)验单付款的承付期为3天,从付款人开户银行发出承付通知的次日算起,付款人在承付期未向银行表示拒绝付款,银行即视为承付。(2)验货付款的承付期为10天,从运输部门向付款人发出提货通知的次日算起,对收付双方在合同中明确规定,并在托收凭证上注明验货付款期限的,银行从其规定。

付款人收到提货通知后,应立即向银行交验提货通知。付款人在银行发生承付通知的次日起10天内,未收到提货通知的,应在第10天将货物尚未到达的情况通知银行。在第10天付款人没有通知银行的,银行即视为已经验货,于10天期满的次日上午将款项划给收款人。

三、委托收款

(一)概念

委托收款,是指收款人委托银行向付款人收取款项的结算方式。委托收款分邮寄和电报划回两种,由收款人选用。前者是以邮寄方式由收款人开户银行向付款人开户银行转送委托收款凭证、提供收款依据的方式,后者则是以电报方式由收款人开户银行向付款人开户银行转送委托收款凭证,提供收款依据的方式。

(二)适用范围

凡在银行或其他金融机构开立账户的单位和个体经济户的商品交易，公用事业单位向用户收取水电费、邮电费、煤气费、公房租金等劳务款项以及其他应收款项，无论是在同城还是异地，均可使用委托收款的结算方式。可以使用委托收款结算方式的凭证有：已承兑商业汇票、债券、定期储蓄存款、定活两便储蓄存款、活期储蓄存款。

(三)结算程序

1. 委托

收款人办理委托收款应填写委托收款凭证并签章。将委托收款凭证和有关的债务证明一起提交收款人开户行。收款人开户行审查委托收款凭证和有关的债务证明是否符合有关规定。收款人开户行将委托收款凭证和有关的债务证明寄交付款人开户行办理委托收款。

2. 付款

付款人应于接到通知的3日内书面通知银行付款。付款人未在规定期限内通知银行付款的，视为同意付款，银行应于付款人接到通知日的次日起，即第4日上午开始营业时，将款项划给收款人。银行在办理划款时，付款人存款账户不足支付的，应通过被委托银行向收款人发出未付款项通知书。按照有关办法规定，债务证明留存付款人开户银行的，应将其债务证明连同未付款项通知书邮寄被委托银行转交收款人。

3. 拒绝付款

付款人审查有关债务证明后，对收款人委托收取的款项需要拒绝付款的，可以办理拒绝付款。以银行为付款人的，应自收到委托收款及债务证明的次日起3日内出具拒绝证明连同有关债务证明、凭证寄给被委托银行，转交收款人。以单位为付款人的，应在付款人接到通知日的次日起3日内出具拒绝证明，持有债务证明的，应将其送交付款人开户银行。银行将拒绝证明、债务证明和有关凭证一并寄给被委托银行(收款人开户银行)，转交收款人。

四、信用卡

(一)概念

信用卡是银行、金融机构向信誉良好的单位、个人提供的，能在指定的银行提取现金，或在指定的商店、饭店、宾馆等购物和享受劳务时进行记账结算的一种信用凭证。其基本形式是一张附有证明的卡片，通常用特殊塑料制成，其标准为：卡片长85.72mm，宽53.975mm，厚0.762mm(国内标准与国际标准一致），上面印有发行银行的名称、有效期、号码、持卡人姓名等内容。我国目前发行的信用卡主要有：牡丹卡、长城卡、万事达卡、维萨卡、金穗卡、龙卡、太平洋卡等。

(二) 申领与使用

根据《支付结算办法》的规定，单位卡和个人卡的申请与使用不尽相同。

1. 单位卡

凡申领单位卡的单位，必须在中国境内金融机构开立基本存款账户，并按规定填制申请表，连同有关资料一并送交发卡银行。该单位符合条件并按银行要求交存一定金额的备用金以后，银行为申领人开立信用卡存款账户，并发给信用卡。单位卡可以申领若干张，持卡人资格由申领单位法定代表人或其委托的代理人书面指定和注销。在单位卡的使用过程中，其账户的资金一律从其基本存款账户转账存入，不得交存现金，不得将销货收入的款项存入其账户。单位卡的持卡人不得用于10万元以上的商品交易、劳务供应款项的结算，并一律不得支取现金。

2. 个人卡

凡具有完全民事行事能力的公民可申领个人卡。个人卡的主卡持卡人可为其配偶及年满18周岁的亲属申领附属卡，申领的附属卡最多不超过两张，也有权要求注销其附属卡。

(三) 透支

信用卡的持卡人在信用卡账户内资金不足以支付款项时，可以在规定的限额内透支，并在规定期限内将透支款项偿还给发卡银行。但是，如果持卡人进行恶意透支的，即超过规定限额或规定期限，并经发卡银行催收无效的，持卡人必须承担相应的法律责任。根据《支付结算办法》的规定，信用卡透支额，金卡最高不得超过10 000元，普通卡最高不得超过5 000元。信用卡透支期限最长为60天。关于信用卡透支的利息，依《支付结算办法》的规定，自签单日或银行记账日起15日内按日息0.05%计算；超过15日按日息0.1%计算；超过30日或透支金额超过规定限额的，按日息1.5‰计算。透支计息不分段，按最后期限或最高透支额的最高利率档次计算。

(四) 挂失

信用卡丢失后，持卡人应立即持本人身份证件或其他有效证明，并按规定提供有关情况，向发卡银行或代办银行申请挂失。发卡银行或代办银行审核后办理挂失手续。如果持卡人不及时办理挂失手续而造成损失的，则应自行承担该损失；如果持卡人办理了挂失手续而因发卡银行或代办银行的原因给持卡人造成损失的，则应由发卡银行或代办银行承担该损失。

(五)结算程序

持卡人持信用卡消费时,应按以下程序进行:

1. 持卡人将信用卡和身份证件一并交特约单位

特约单位不得拒绝受理持卡人合法持有的、签约银行发行的有效信用卡,不得因持卡人使用信用卡而向其收取附加费用。

2. 特约单位应审查信用卡

特约单位受理信用卡时,应审查下列事项:(1)确为本单位可受理的信用卡。(2)信用卡在有效期内,未列入"止付名单"。(3)签名条上没有"样卡"或"专用卡"等非正常签名的字样。(4)信用卡无打孔、剪角、毁坏或涂改的痕迹。(5)持卡人身份证,但使用智能卡、照片卡或持卡人凭密码在销售点终端上消费、购物,可免验身份证。(6)卡片正面的拼音姓名与卡片背面的签名和身份证件上的姓名一致。

3. 办理结算手续

特约单位受理信用卡审查无误的,在签购单上压卡,填写实际结算金额、用途、持卡人身份证件号码、特约单位名称和编号。如超过支付限额的,应向发卡银行索取并填写授权号码,交持卡人签名确认,同时核对其签名与卡片背面签名是否一致。经审查无误后,对同意按经办人填写的金额和用途付款的,由持卡人在签购单上签名确认并将信用卡、身份证件和第一联签购单交还给持卡人。

第五节 国内信用证结算法律制度

一、概念

国内信用证是指开证行依照申请人的申请开出的,凭符合信用证条款的单据支付的付款承诺。这里所指的信用证为不可撤销、不可转让的跟单信用证。经中国人民银行批准经营结算业务的商业银行总行以及经商业银行总行批准开办信用证结算业务的分支机构,可以办理信用证结算业务。未经批准的银行机构和城市信用合作社、农村信用合作社及其他非银行金融机构不得办理信用证结算业务。信用证只限于转账结算,不得支取现金。

二、当事人

(一)开证申请人

开证申请人是向银行申请开立信用证的公司,一般是指买卖合同的买方。开证申请人应严格遵守合同条款，在合同规定期限内，通过银行开出与合同条款内容相一致的信用证。

(二) 开证行

开证行是指接受开证申请人的申请，开立信用证的银行。开证申请人与开证行的权利义务以开证申请书为依据，开证行承担保证付款的责任。信用证开立后，在其规定的单据提交开证行，并符合信用证条款的，开证行应履行如下义务：(1)对即期付款的信用证，应即期付款；(2)对延期付款的信用证，应于信用证规定的到期日付款；(3)对议付信用证，应于信用证规定的到期日向议付行付款。

(三) 通知行

开证行与受益人开户行为同一系统行的，受益人开户行为通知行。开证行与受益人开户行为跨系统行的，开证行确定的在受益人开户行的同城同系统银行机构为通知行。开证行在受益人开户行所在地没有同系统分支机构的，应在受益人所在地选择一家银行机构建立信用证代理关系，其代理行为通知行。

(四) 受益人

受益人是指接受信用证并享受其利益的一方，一般是买卖合同的卖方。受益人在被拒绝修改或修改后仍不服有权在通知对方后单方面撤销合同并拒绝信用证；交单后若开证行倒闭或无理拒付可直接要求开证申请人付款；收款前若开证申请人破产可停止货物装运并自行处理；若开证行倒闭时信用证还未使用可要求开证申请人另开。受益人在收到信用证后应及时与合同核对，不符者尽早要求开证行修改或拒绝接受或要求开证申请人指示开证行修改信用证；如接受则发货并通知收货人，备齐单据在规定时间向议付行交单议付；对单据的正确性负责，不符时应执行开证行改单指示并仍在信用证规定期限交单。

(五) 议付行

议付行指愿意买入或贴现受益人跟单汇票的银行，议付行必须是开证行指定的受益人开户行。未被指定议付的银行或指定的议付行不是受益人开户行，不得办理议付。议付行可议付也可不议付，议付行议付后可处理(货运)单据。

(六) 付款行

付款行是指承担付款义务的银行。如果信用证未指定付款银行，开证行即为付款行。

三、结算程序

(一)申请

开证申请人使用信用证时,应委托其开户银行办理开证业务。开证申请人申请办理开证业务时,应当填具开证申请书、信用证申请人承诺书并提交有关购销合同。开证申请书和承诺书记载的事项应完整、明确,并由申请人签章。签章应与预留银行的签章相符。开证申请书和承诺书是开证银行向受益人开立信用证的依据,也是开证银行与开证申请人之间明确各自权责的契约性文件。

(二)受理

开证行根据申请人提交的开证申请书、信用证、申请人承诺书及购销合同决定是否受理开证业务。开证行在决定受理该项业务时,应向申请人收取不低于开证金额20%的保证金,并可根据申请人资信情况要求其提供抵押、质押或由其他金融机构出具保函。开证行开立信用证,应按规定向申请人收取开证手续费及邮电费。

(三)通知

通知行收到信用证及信用证修改书,应认真核验开证行签章的真伪、所用密押是否正确等表面真实性。无误的,应填制信用证通知书或信用证修改通知书,连同信用证或信用证修改书交付受益人。通知行确定信用证或信用证修改书签章不符的,必须及时退给开证行,并告知开证行签章不符;密押不符的,应向开证行查询补正。通知行收到的信用证或信用证修改书的内容不完整的或不清楚的,必须及时查询开证行,并要求开证行提供必要的内容。通知行在收到开证行回复前,可先将收到的信用证或信用证修改书通知受益人,并在信用证通知书或信用证修改通知书上注明该通知仅供参考,通知行不负任何责任。通知行应在收到信用证或信用证修改书的次日起3个营业日内作出处理。开证行必须于收到通知行查询的次日营业终了前,对查询行作出答复或提供其所要求的必要内容。

(四)交单

受益人接受信用证后,按照信用证的条款办事,在规定的装运期内装货,取得运输单据并备齐信用证所要求的其他单据,开出汇票,一并送交当地银行(议付银行)。

(五)垫付

受益人可以对议付信用证在交单期或信用证有效期内向议付行提示单据、信用证正本、信用证修改书正本及信用证通知书、信用证修改通知书,并填制信用证议付/委托收款申请书和议付凭证，请求议付。议付行在受理的次日起5个营业日内审核信用证规定的单据，确定表面与信用证条款相符并决定议付的，应在信用证正本背面记明议付日期、业务编号、增额、议付金额、信用证余额、议付行名称，并加盖业务公章。实付议付金额按议付金额扣除议付日至信用证付款到期日前一日的利息计算。议付利率比照贴现利率。议付行议付后，应按规定向受益人收取议付手续费及邮电费。议付行议付信用证后，对受益人具有追索权。到期不获付款的，议付行可从受益人账户收取议付金额。

议付行审核受益人提示的单据发现单据不符时，可告知受益人修改，修改后相符，同意议付的，办理议付；告知受益人修改，修改后仍不符，拒绝议付的，应及时作出书面拒绝议付通知，注明拒绝议付理由，通知受益人。议付行可以根据受益人的要求不作议付，仅为其办理委托收款。

(六)寄单

议付行议付后，应通过委托收款将单据寄开证行索偿资金。除非信用证另有规定，索偿金额不得超过单据金额。

(七)偿付

开证银行(或开证银行指定的付款银行)审核有关单据，认为符合信用证要求的，即向议付银行偿付垫付款项。受益人在交单期或信用证有效期内向开证行交单收款，应向开户银行填制委托收款凭证和信用证议付/委托收款申请书，并出具单据和信用证正本、信用证修改书正本。开户银行收到凭证和单证审查齐全后，应及时为其向开证行办理交单和收款。开证行在收到议付行寄交的委托收款凭证、单据及寄单通知书或受益人开户行寄交的委托收款凭证、信用证正本、信用证修改书正本、单据及信用证议付、委托收款申请书的次日起5个营业日内，及时核对单据表面与信用证条款是否相符。无误后，对即期付款信用证，从申请人账户收取款项支付给受益人；对延期付款信用证，应向议付行或受益人发出到期付款确认书，并于到期日从申请人账户收取款项支付给议付行或受益人。开证行审核单据发现不符的，应在收到单据的次日起5个营业日内将全部不符之处用电讯方式通知交单人。该通知必须说明单据已代为保管听候处理。同时商洽开证申请人，开证申请人同意付款的，开证行应即办理付款，开证申请人不同意付款的，开证行应将单据退交议付行或将信用证正本、信用证修改书正本及单据退交受益人。开证行对符合信用证条款的单据无理拒付、拖延付款的，每天应按单据金额的5‰向议付行或受益人支付赔偿金，并对其处以每天按单据金额的7‰罚款。

(八)付款赎单

开证行付款后,应在信用证正本背面记明付款日期、业务编号、增额、付款金额、信用证余额、开证行名称,加盖业务公章,并将信用证来单通知书连同有关单据交开证申请人。开证申请人接开证银行通知后,即向开证银行付款,从而获取单据凭以提取货物。开证申请人收到开证行交来的信用证来单通知书及单据,发现单证不符的,应与开证行、受益人协商解决,或向人民法院提起诉讼。

五、单据审核标准

银行收到单据时,必须仅以单据为依据,认真审核信用证规定的一切单据,以确定其表面是否与信用证条款相符合。单据表面与信用证条款不符的,可以拒绝接受。单据之间不一致,即视为表面与信用证条款不符。银行不审核信用证没有规定的单据。银行收到此类单据,应退还交单人或将其照转,并对此不负责任。信用证含有某些条件而未列明必须提交的单据,视为未列明此条件。信用证要求多份单据的,所提交的单据中至少应有一份正本。除信用证另有规定外,单据通过电脑处理或复写等方法制作,只要单据注明为正本,银行也将接受其作为正本。信用证要求提交运输单据、保险单据和商业发票以外的单据时,应对单据的出单人及其内容作出明确规定。未作此规定的,只要所提交的单据内容与其他规定单据不矛盾,银行可予接受。信用证使用意义模糊的词语(如"著名的"、"一流的"等)描述单据的出单人时,所提交的单据表面与信用证其他条款相符,银行可予接受。所有单据的出单日期均不得迟于信用证的有效期或交单期。银行对于任何单据的形式、完整性、准确性、真伪性或法律效力,不承担责任。银行对任何单据中有关货物状况及与货物运输有关当事人的信誉、能力等,不承担责任。

【拓展材料】

旅 行 支 票[①]

1. 概念和特点

旅行支票是一种定额本票,其作用是专供旅客购买和支付旅途费用,它与一般银行汇票、支票的不同之处在于旅行支票没有指定的付款地点和银行,一般也不受日期限制,能在全世界通用,客户可以随时在国外的各大银

[①] 参见百度百科:http://baike.baidu.com/view/51291.htm? fr = aladdin,2014 年 3 月 22 日访问。

行、国际酒店、餐厅及其他消费场所兑换现金或直接使用,是国际旅行都常用的支付凭证之一。旅行支票是一种全球范围内被普遍接受的票据,在很多国家和地区都有着如同现金一般的流动性,不仅很多商场和酒店都支持旅行支票的付款,也可以在旅行地兑换为当地的货币使用。

旅行支票具有以下特点:(1)面额固定。各种旅行支票均有不同的固定面额,形似现钞,如有10美元、20美元、50美元、100美元、500美元、1 000美元等面额的旅行支票。使用时可以零星使用,比银行汇票方便。(2)兑换方便。发行者为了扩大其流通领域,在世界各大城市和旅游地特约许多代兑机构,大大方便了旅游者的兑取。持票人携旅行支票出游,不仅可在发行银行的代兑行兑取票款,而且还可以在旅行社、旅店、机场、车站等地随时兑付。(3)携带安全。旅行者购买旅行支票时,需在出售银行柜台上当面在旅行支票初签位置上签字,作为预留签字,取款时,须在兑付行的柜台上当面在旅行支票的复签位置上第二次签字,兑付行核对初签与复签相符后,方可付款。因此,旅行支票遗失或被盗,不易被冒领,比携带现钞安全。(4)挂失补偿。发行机构规定,旅行支票不慎遗失或被盗,可提出"挂失退款申请",只要符合发行机构的有关规定,挂失人就可得到退款或补发新的旅行支票。(5)流通期限长。旅行支票多数不规定流通期限,可以长期使用,并具有"见票即付"的特点,持票人可以在发行机构的国外代兑机构凭票立即取款。

2. 选择

目前,全球通行的旅行支票品种有美国运通、VISA以及通济隆、MASTERCARD、花旗等品牌,而印有"中国银行"字样的上述旅行支票能够在世界各地800余家旅行支票代兑行兑换,或在各国的大商铺和宾馆饭店直接使用。其中美国运通旅行支票在中国大陆2 000多家银行营业网点可以买到,合作银行包括中国农业银行、中国工商银行、中国银行、中国建设银行、中国光大银行、中信银行、交通银行,建议购买前先做电话查询。

和现金一样,旅行支票也有不同票面。以美元支票为例,分20美元、50美元、100美元、500美元、1 000美元。除最为常用的美元旅行支票外,客户还可根据需要在中国银行上海市分行买到欧元、英镑、日元、澳元等币种的旅行支票,避免了兑换当地货币所带来的不必要的汇率损失。其中,美国运通旅行支票目前在中国大陆发行有美元、欧元、加元、澳元、日元等7种币别及20多种面额。

根据规定,境内居民个人可以用外汇存款账户内资金或外币现钞购买外币旅行支票,也可以用人民币账户内资金或人民币现钞购买外币旅行支票。

本市居民凭本人有效身份证明、前往国家或地区有效签证的护照或港澳地区的通行证，就可以在各大银行用外汇现汇账户内资金购买等值5万美元(含5万美元)以下的旅行支票。如果没有外币，市民可在因私出境换汇的额度内，根据《境内居民个人购汇管理实施细则》等有关规定，办理用人民币购买旅行支票的手续。

3. 购买

旅行支票购买手续：客户持本人身份证件、已办妥前往国家或地区有效入境签证的护照(或前往港澳地区的通行证)及外汇现汇(钞)并填写一式多联购买合约向银行申请以现钞(汇)购买等值10 000美元以下(含10 000美元)的旅行支票，以外币现钞购买还需提供证明合法外汇来源的证明材料，并在购买的旅行支票上进行初签，并妥善保管好购买合约回单联。

4. 代兑

旅行支票的代兑：客户持本人身份证件及旅行支票可至银行办理兑付手续，等值5 000美元至等值10 000美元以下者，还需提供购买合约或购物发票，并填写《支付理由填报表》，银行直接办理付款。等值10 000美元(含)以上者，客户需办理托收手续，由银行向旅行支票发行机构托收，收妥后通知客户支取。

5. 使用

旅行支票的使用：用旅行支票进行消费或兑换现金时，客户持本人身份证件及旅行支票，并在承兑受理点当面复签后，即可进行小金额(等值5 000美元以下)的付款或取现。

6. 兑换

兑换旅行支票种类：英国通济隆(Thomas Cook)、巴克莱银行(Barclays)、美国运通(American Express)、花旗银行(City Bank)、日本住友银行等出售的旅行支票。

7. 挂失

旅行支票的挂失及补偿：客户直接与旅行支票发行机构联系，并按要求到指定的银行办理旅行支票的补偿手续。客户须持本人身份证件，并填写《旅行支票补偿申请表》和新的旅行支票购买合约，在新购买的旅行支票上进行初签，并妥善保管好购买合约回单联及《旅行支票补偿申请表》。

【思考题】

1. 下列各项中，可用于支付工资及奖金的账户是(　　)。(2007年全国会计从业资格考试试题)

A. 一般存款账户 B. 基本存款账户
C. 专用存款账户 D. 临时存款账户

2. 根据支付结算法律制度的规定，下列关于票据提示付款期限的表述中，不正确的是（　　）。

A. 银行汇票的提示付款期限为自出票日起 1 个月
B. 商业汇票的提示付款期限为自出票日起 10 日
C. 银行本票的提示付款期限为自出票日起最长不得超过 2 个月
D. 支票的提示付款期限为自出票日起 10 日

3. （　　）纳入单位银行结算账户管理。

A. 个体工商户凭营业执照以字号开立的银行结算账户
B. 个体工商户凭营业执照以经营者姓名开立的银行结算账户
C. 邮政储蓄机构办理银行卡业务开立的账户
D. 存款人以单位名称开立的银行结算账户

4. 下列结算中可采用银行汇票的有（　　）。

A. 个人之间同城结算 B. 个人之间异地结算
C. 单位之间同一票据交换区域结算 D. 单位之间同城结算

5. 关于票据丧失时的法律救济方式，下列说法错误的是（　　）。（2012年全国司法考试试卷三第32题）

A. 通知票据付款人挂失止付
B. 申请法院公示催告
C. 向法院提起诉讼
D. 不经挂失止付不能申请公示催告或提诉讼

6. 甲公司开具一张金额50万元的汇票，收款人为乙公司，付款人为丙银行。乙公司收到后将该汇票转让给丁公司。下列正确的是（　　）。（2011年全国司法考试试卷三第32题）

A. 乙公司将票据背书转让给丁公司后退出票据关系
B. 丁公司的票据债务人包括乙公司和丙银行，但不包括甲公司
C. 乙公司背书转让时不得附条件
D. 若甲公司在出票时于汇票上记载有"不得转让"字样，则乙公司的背书转让行为依然有效，但持票人不得向甲行使追索权

7. 甲公司在与乙公司交易中获由乙公司签发的面额50万元的汇票一张，付款人为丙银行。甲公司向丁某购买了一批货物，将汇票背书转让给丁某以支付货款，并记载"不得转让"字样，后丁某又将此汇票背书给戊某。如戊某在向丙银行提示承兑时遭拒绝，戊某可向谁行使追索权？（　　）

(2009年全国司法考试试卷三第77题)

  A. 丁某 B. 乙公司 C. 甲公司 D. 丙银行

  8. 甲向乙开具金额为100万元的汇票以支付货款,乙取得该汇票后背书转让给丙,丙又背书转让给丁,丁再背书给戊。现查明,甲、乙之间并无真实交易关系,丙为未成年人,票据金额被丁变造。下列正确的是(　　)。
(2008年全国司法考试试卷三第72题)

  A. 尽管甲、乙之间没有真实交易,但该汇票仍有效
  B. 尽管丙为未成年人,但其在票据上签章仍有效
  C. 尽管票据金额被丁变造,但该汇票仍有效
  D. 戊不能向甲、乙行使票据上追索权

  9. 办理支付结算的基本要求有哪些?

  10. 振辉机械厂服务部8月15日开出两张票据:一张为面额10 000元的支票,用于向甲宾馆支付会议费;另一张为面额200 000元的银行承兑汇票,到期日为9月5日,用于向乙公司支付材料款,该汇票已经银行承兑。8月20日,甲宾馆向银行提示付款。银行发现该支票为空头支票,遂予以退票,并对振辉机械厂处以1 000元的罚款。甲宾馆要求振辉机械厂除支付其10 000元会议费外,还另需支付其2 000元赔偿金。9月5日,乙公司向银行提示付款时,得知振辉机械厂的账户余额不足200 000元。根据金融法律制度的有关规定,请回答下列问题:(1)银行对振辉机构厂签发空头支票处以1 000元罚款是否符合法律规定?简要说明理由。(2)甲宾馆能否以振辉机械厂签发空头支票为由要求其支付2 000元赔偿金?简要说明理由。(3)银行能否以振辉机械厂账户余额不足200 000元为由,拒绝向乙公司付款?简要说明理由。

第七章 保险公司业务法律制度

【学习目的与要求】 通过本章的学习，了解保险公司的经营规则，熟悉保险公司及工作人员的禁止性规定；了解保险合同概念、特征和种类；掌握保险合同的订立、生效、履行、变更和终止；了解人身保险合同与财产保险合同的特殊规定。

第一节 保险经营规则

保险公司经营规则，是指为规范保险市场秩序、保险当事人的合法权益而要求保险公司在进行保险业务活动时应当遵循的法定准则。

一、保险公司的业务范围

保险公司的业务范围是指保险公司根据法律和公司章程的规定并由保险监管机构核定的业务经营活动领域。在我国，保险公司的业务范围包括：(1)人身保险业务，包括人寿保险、健康保险、意外伤害保险等保险业务；(2)财产保险业务，包括财产损失保险、责任保险、信用保险、保证保险等保险业务；(3)国务院保险监督管理机构批准的与保险有关的其他业务。经国务院保险监督管理机构批准，保险公司可以经营以上保险业务的下列再保险业务：(1)分出保险；(2)分入保险。

根据《保险法》的规定，保险业务由依照保险法设立的保险公司以及法律、行政法规规定的其他保险组织经营，其他单位和个人不得经营保险业务。保险人不得兼营人身保险业务和财产保险业务。但是，经营财产保险业务的保险公司经国务院保险监督管理机构批准，可以经营短期健康保险业务和意外伤害保险业务。

二、保险公司偿付能力管理

保险公司的偿付能力是指保险公司承担保险责任、履行赔偿或给付保险金义务的能力。根据《保险法》的规定，保险公司应当按规定提取保险保证金、保险准备金、保险公司公积金、保险保障基金、最低偿付能力、自留保险费等。

(一)保险保证金

保险保证金是指保险公司成立后依法提取并向指定银行缴存的,用以担保保险公司偿付能力的资金。根据《保险法》的规定,保险公司应当按照其注册资本总额的20%提取保证金,存入国务院保险监督管理机构指定的银行,除公司清算时用于清偿债务外,不得动用。

(二)保险准备金

保险准备金是保险公司为了承担未到期责任或者未决赔款而从保险费收入中提取的准备基金,包括未到期责任准备金和未决赔款准备金。未到期责任准备金是指在会计年度决算时,将保险责任尚未满期的,应属于下一年度的部分保险费提存出来所形成的准备金。未决赔款准备金是指在会计年度决以前发生保险事故但尚未决定赔付或应付而未付赔款,而从当年的保险费收入中提存的准备金。

(三)保险公司公积金

公积金是指保险公司的储备基金,它是保险公司为了增强其自身的资产实力、扩大经营规模以及预防亏损而依法从公司每年的税后利润中提取的积累资金。该法未对保险公司提取公积金的具体办法作出规定,应适用《公司法》关于公积金的一般规定。

(四)保险保障基金

保险保障基金是指保险机构为了有足够的能力应付可能发生的巨额赔款,从年终结余中所专门提存的后备基金。保险保障基金与未到期责任准备金和未决赔款准备金不同。未到期责任准备金和未决赔款准备金是保险公司的负债,用于正常情况下的赔款,而保险保障基金属于保险机构的资本,主要是应付巨大灾害事故的特大赔款,只有在当年业务收入和其他准备金不足以赔付时方能运用。

保险保障基金应当集中管理,并在下列情形下统筹使用:(1)在保险公司被撤销或者被宣告破产时,向投保人、被保险人或者受益人提供救济;(2)在保险公司被撤销或者被宣告破产时,向依法接受其人寿保险合同的保险公司提供救济;(3)国务院规定的其他情形。

(五)最低偿付能力

《保险法》对保险公司的最低偿付能力作了原则性规定:保险公司应当具有与其业务规模和风险程度相适应的最低偿付能力。保险公司的认可资产减去认可负债的差额不得低于国务院保险监督管理机构规定的数额;低于规定数额的，应当按照国务院保险监督管理机构的要求采取相应措施达到规定的数额。中国保监会于2008年9月1日实施的《保险公司偿付能力管理规定》对保险公司偿付能力的管理规则作了详细规定。

(六)自留保险费

为确保保险公司维持一定水平的偿付能力，《保险法》规定经营财产保险业务的保险公司当年自留保险费，不得超过其实有资本金加公积金总和的4倍。

三、保险资金的运用与资产管理

保险公司的资金运用必须稳健，遵循安全性原则。国务院《关于保险业改革发展的若干意见》中要求按照安全性、流动性和收益性相统一的要求，切实管好保险资产。保险公司的资金运用限于下列形式：(1)银行存款；(2)买卖债券、股票、证券投资基金份额等有价证券；(3)投资不动产；(4)国务院规定的其他资金运用形式。保险公司资金运用的具体管理办法，由国务院保险监督管理机构依照上述规定制定。

经国务院保险监督管理机构会同国务院证券监督管理机构批准，保险公司可以设立保险资产管理公司。保险资产管理公司从事证券投资活动，应当遵守《证券法》等法律、行政法规的规定。保险资产管理公司的管理办法，由国务院保险监督管理机构会同国务院有关部门规定。

四、保险公司的其他经营管理规则

保险公司应当按照国务院保险监督管理机构的规定，建立对关联交易的管理和信息披露制度。保险公司的控股股东、实际控制人、董事、监事、高级管理人员不得利用关联交易损害公司的利益。

保险公司应当按照国务院保险监督管理机构的规定，真实、准确、完整地披露财务会计报告、风险管理状况、保险产品经营情况等重大事项。

保险公司从事保险销售的人员应当符合国务院保险监督管理机构规定的资格条件，取得保险监督管理机构颁发的资格证书。保险销售人员的范围和管理办法，由国务院保险监督管理机构规定。

保险公司应当建立保险代理人登记管理制度，加强对保险代理人的培训和管理，不得唆使、诱导保险代理人进行违背诚信义务的活动。

保险公司及其分支机构应当依法使用经营保险业务许可证，不得转让、出租、出借经营保险业务许可证。

保险公司应当按照国务院保险监督管理机构的规定，公平、合理拟订保险条款和保险费率，不得损害投保人、被保险人和受益人的合法权益。保险公司应当按照合同约定和本法规定，及时履行赔偿或者给付保险金义务。

保险公司开展业务，应当遵循公平竞争的原则，不得从事不正当竞争。

五、保险公司及其工作人员的经营禁止行为

保险公司及其工作人员在保险业务活动中不得有下列行为：(1)欺骗投保人、被保险人或者受益人；(2)对投保人隐瞒与保险合同有关的重要情况；(3)阻碍投保人履行本法规定的如实告知义务，或者诱导其不履行本法规定的如实告知义务；(4)给予或者承诺给予投保人、被保险人、受益人保险合同约定以外的保险费回扣或者其他利益；(5)拒不依法履行保险合同约定的赔偿或者给付保险金义务；(6)故意编造未曾发生的保险事故、虚构保险合同或者故意夸大已经发生的保险事故的损失程度进行虚假理赔，骗取保险金或者牟取其他不正当利益；(7)挪用、截留、侵占保险费；(8)委托未取得合法资格的机构或者个人从事保险销售活动；(9)利用开展保险业务为其他机构或者个人牟取不正当利益；(10)利用保险代理人、保险经纪人或者保险评估机构，从事以虚构保险中介业务或者编造退保等方式套取费用等违法活动；(11)以捏造、散布虚假事实等方式损害竞争对手的商业信誉，或者以其他不正当竞争行为扰乱保险市场秩序；(12)泄露在业务活动中知悉的投保人、被保险人的商业秘密；(13)违反法律、行政法规和国务院保险监督管理机构规定的其他行为。

第二节 保险合同

一、保险合同概述

(一)保险合同的概念和特征

保险合同是投保人与保险人约定保险权利义务关系的协议。其基本内容是，投保人根据保险合同的约定，向保险人支付保险费，而保险人一方在保险合同约定的保险事故发生造成保险标的损失或者具备保险期限届满等条件时，承担保险赔偿或者给付保险金的责任。

保险合同除具有民事合同的一般特征外，还具有其自身的性质和特征：

第一，保险合同与其他双务合同一样，保险合同的投保人、被保险人与保险人双方在保险合同关系中均享有权利和承担义务，而且彼此的权利和义务互为条件。但其双务性的实现具有如下特点：(1)保险合同的双务内容是

否实现是不确定的。在保险合同中，投保人必须履行其交纳保险费的义务。但是保险人所承担的保险责任的履行与否，则是不确定的，完全取决于合同约定的保险事故是否发生。若保险事故发生并造成保险标的损失时，保险人始得履行保险责任。反之，在保险合同有效期内未发生保险事故的，则保险人不履行其约定的保险责任。(2)保险合同的双务性的实现不适用"对待履行"原则。保险合同通常只规定投保人交付保险费的方式和时间，而对保险人的保险责任，则仅规定其承担责任的期间，而不约定具体的履行时间。投保人在交付保险费时，不得要求保险人同时履行保险责任。原因是保险人承担的保险责任是以保险事故发生造成保险标的损失，并经被保险人或受益人依法索赔为条件的，故不得适用同时履行抗辩权。

第二，保险合同是有特殊性的有偿合同。保险合同的有偿性表现为，保险人收取保险费的对价，是承担相应的保险责任；被保险人要获取保险保障，则必须以投保人交纳保险费为对价。保险合同的有偿性具有不同于其他合同的特点：(1)保险合同的有偿性是不可转化的。一般的民商合同的有偿性可根据当事人的意愿而转变为无偿合同。而《保险法》不允许保险合同的有偿性发生此类转化，目的是确保保险基金的规模，维持保险业的正常偿付能力。这意味着保险合同的有偿性具有强制适用的效力，保险合同中存在的免除投保人交付保险费义务的条款应属无效。(2)保险合同的有偿性在具体的保险合同中，并非必然实现。投保人交付保险费的义务是必须履行的，但作为其对价，保险人承担的保险责任是否履行，在保险事故未发生之时处于一种或然状态，只有在保险责任有效期内发生保险事故造成保险标的损失的，才予以履行。(3)保险合同的有偿性是不等价的。

第三，保险合同是诺成合同。根据《保险法》的规定，投保人提出保险要求，经保险人同意承保，保险合同成立。保险人应当及时向投保人签发保险单或者其他保险凭证。保险单或者其他保险凭证应当载明当事人双方约定的合同内容。当事人也可以约定采用其他书面形式载明合同内容。依法成立的保险合同，自成立时生效。投保人和保险人可以对合同的效力约定附条件或者附期限。依此规定，保险合同属诺成合同，只要双方当事人意思表示一致，保险合同即可成立生效。

第四，保险合同是最大诚信合同。由于保险经营是具有特殊风险的行业，保险人承保的范围广泛，保险的对象五花八门，不可能逐个地调查核实，而只能是对投保人或被保险人予以极大的信任，根据其提供的情况来决定是否承保和所应适用的保险费率。所以，如果投保人或被保险人隐瞒事实，违反如实告知义务，保险人有权解除保险合同。最大诚信原则亦存在于保险合同的履行过程中。保险事故发生后，按照保险合同请求保险人赔偿或者给付保险金时，投保人、被保险人或者受益人应当向保险人提供其所能提供的与确认保险事故的性质、原因、损失程度等有关的证明和资料。未发生保险事故，被保险人或者受益人谎称发生了保险事故，向保险人提出赔偿或者给付保险金请求的，保险人有权解除合同，并不退还保险费。投保人、被保险人故意制造保险事故的，保险人有权解除合同，不承担赔偿或者给付保险金的责任；除《保险法》第43条规定外，不退还保险费。保险事故发生后，投保人、被保险人或者受益人以伪造、变造的有关证明、资料或者其他证据，编造虚假的事故原因或者夸大损失程度的，保险人对其虚报的部分不承担赔偿或者给付保险金的责任。

第五，保险合同是射幸合同。因为保险合同所承保的危险是否发生以及在何种程度上发生，在合同订立时具有极大的不确定性。在合同有效期间，如果发生合同约定的损失，被保险人从保险人处获得的赔偿金额可能远远超出其所支付的保险费；如果没有发生损失，被保险人无权获得任何补偿。保险合同具有射幸性质，是由保险事故的发生具有偶然性的特点决定的。

第六，保险合同是不要式合同。《保险法》规定，投保人提出保险要求，经保险人同意承保，保险合同成立。保险人应当及时向投保人签发保险单或者其他保险凭证。保险单或者其他保险凭证应当载明当事人双方约定的合同内容。当事人也可以约定采用其他书面形式载明合同内容。该条文仅仅是强调了用保险单、其他保险凭证或者约定的其他书面形式载明保险合同的内容，但并不意味着排除口头等其他形式的适用。同时，确认保险合同为不要式合同是与保险合同的诺成性相吻合的。这意味着保险合同自投保人与保险人达成协议时即行成立并生效，从而，投保人、被保险人可以据此接受保险人提供的保险保障，避免保险人借保险单或其他保险凭证的签发而推脱保险责任。

(二)保险合同的主体

保险合同的主体是指在保险合同中享有权利和承担义务的人。保险合同的主体可分为两种类型：一是保险合同的当事人，即订立保险合同有的投保人和保险人；二是保险合同的关系人，即与保险合同有间接关系的被保险人和受益人。

1. 保险人

保险人是指与投保人订立保险合同，并按照合同约定承担赔偿或者给付保险金责任的保险公司。保险人具有以下特征：(1)保险人仅指依法定程序设立并取得经营资格的保险组织；(2)保险人在保险合同成立期间享有保险费请求权；(3)保险人在承保危险事故发生后依其承保的保险责任负有损害赔偿或者给付保险金的义务。

2. 投保人

投保人是指与保险人订立保险合同，并按照合同约定负有支付保险费义务的人。投保人可以是自然人、法人或其他组织。投保人订立保险合同，可以是为自己的利益，也可以是为他人的利益。投保人应当具备下列条件：(1)具有法定的订约能力。投保人应当是完全民事行为能力人或者具有独立或相对独立的经营资格的法人、其他组织。(2)在人身保险中，投保人依法对保险标的具有保险利益。根据《保险法》的规定，人身保险的投保人在保险合同订立时，对被保险人应当具有保险利益。如果在订立合同时，投保人对被保险人不具有保险利益的，合同无效。(3)投保人须承担支付保险费的义务。

3. 被保险人

被保险人是指其财产或者人身受保险合同保障，享有保险金请求权的人。投保人可以为被保险人。被保险人具有以下特征：(1)被保险人是保险事故发生时遭受损失的人。被保险人在财产保险中是保险标的的主体，在人身保险中则同时是保险标的，因此，财产保险中的被保险人和人身保险中的被保险人在地位上有一定的差异。(2)被保险人一般是享有赔偿请求权的人。在财产保险中，请求权由被保险人亲自行使。如果被保险人在保险事故中死亡，其法定继承人可以继承取得请求权。在人身保险中，请求权既可由被保险人自己行使，也可由保险合同的受益人根据合同的约定取得。如果保险合同没有约定受益人，在被保险人死亡时，其法定继承人继承取得请求权。(3)被保险人可以是投保人，也可以是第三人。如果投保人以自己的生命、身体或财产为保险标的订立保险合同，投保人与被保险人为同一人。如果投保人不是为其本人而是为他人利益订立保险合同，投保人与被保险人则可以不是同一人。(4)被保险人的资格没有严格限制。被保险人既可以为完全民事行为能力人、限制民事行为能力人，也可为无民事行为能力人。但在人身保险中存在例外。根据《保险法》的规定，投保人不得为无民事行为能力人投保以死亡为给付保险金条件的人身保险，保险人也不得承保。但父母可以为其未成年子女投保人身保险。

4. 受益人

受益人是指人身保险合同中由被保险人或者投保人指定的享有保险金请求权的人。投保人、被保险人可以为受益人。在我国保险市场上，受益人的适用范围目前只限于人身保险合同，而不适用财产保险合同。受益人具有以下特征：(1)受益人享有保险金的请求权，又称受益权。该请求权并不是在保险合同生效时产生，而是在被保险人死亡时产生。受益人故意造成被保险人死亡、伤残、疾病的，或者故意杀害被保险人未遂的，该受益人丧失受益权。(2)受益人由被保险人或投保人指定。被保险人或者投保人可以指定一人或者数人为受益人。受益人为数人的，被保险人或者投保人可以确定受益顺序和受益份额；未确定受益份额的，受益人按照相等份额享有受益权。被保险人或者投保人可以变更受益人但应当书面通知保险人，否则不产生变更受益人的效力。投保人变更受益人须经被保险人同意。(3)投保人、被保险人本人均可为受益人。(4)受益人不受有无民事行为能力及保险利益的限制。

(三)保险合同的种类

1. 财产保险合同与人身保险合同

以保险标的为标准，保险合同分为财产保险合同与人身保险合同。

(1)财产保险合同，是以财产和财产利益为保险标的的保险合同。财产保险以补偿被保险人因保险事故所遭受的经济损失为目的，无损失，无补偿，所以也被称为"损失补偿性保险"。保险事故发生时，由保险人对被保险人所受损失进行评定，并在保险合同确定的保险金额范围内予以补偿，而不能牟取额外利益。

(2)人身保险合同，是以人的身体或寿命为保险标的的保险合同。人身保险的目的是以被保险人生命或身体的完整性受到侵害或损失时，对其损失以金钱方式予以弥补，如人寿保险、健康保险或意外伤害保险等。基于生命、身体的无价性，除医疗费用保险及丧葬费用保险等就具体物质损失投保的保险合同外，绝大多数人身保险合同的当事人可自由约定保险金额，在保险事故发生时，不以实际经济损失的发生为前提，直接以保险合同约定的金额作为赔偿额加以支付。因此，人身保险合同又被称为"定额保险"或"定额给付性保险"。

2. 自愿保险合同与强制保险合同

以保险合同的订立是否出于当事人的自愿为标准，保险合同分为自愿保险合同和强制保险合同。

(1)自愿保险合同，是基于投保人与保险人的自愿协商所签订的保险合同。在保险实践中，大多数保险合同属于自愿保险合同。

(2)强制保险合同，是在法律规定一定范围内的社会成员负有投保特定险种的义务，而保险人负有承保的责任时，双方依法必须签订的保险合同。比如，根据我国有关法律和有关主管部门的规定，各旅行社必须投保游客意外伤害保险；私营企业雇用职工，必须为其投保人身意外伤害保险；机动车必须投保交通事故责任强制保险。

3. 原保险合同与再保险合同

以危险转移的方式为根据，保险合同分为原保险合同与再保险合同。

（1）原保险合同，又称为第一次保险合同，是指投保人与保险人订立的保险合同。

（2）再保险合同，又称为第二次保险合同或分保险合同，是指原保险合同中的保险人，为了避免或者减轻其在原保险合同中承担的保险责任，将其承保危险的全部或一部分再转移给其他保险人所订立的保险合同。其中，原保险合同中的保险人在再保险合同中处于投保人的地位，以交纳再保险费为代价，分出其承保危险的全部或部分，而接受分保的保险人则作为再保险人，对其接受的再次转移的危险，向分出人承担相应的保险责任。

4. 定值保险合同与不定值保险合同

以当事人是否在保险合同中事先约定保险价值为标准，保险合同保险合同分为定值保险合同与不定值保险合同。此分类只适用财产保险合同。

（1）定值保险合同，是指双方当事人事先约定保险标的的保险价值，并载于保险单中，作为保险标的于保险事故发生时的价值的保险合同。定值保险合同成立后，当保险事故发生导致保险标的的损失时，双方在合同中事先确定的保险价值即作为保险人承担给付保险金义务的计算依据，不必对保险标的重新估价。

（2）不定值保险合同，是指在保险合同订立时并未明确保险标的的保险价值，需要待保险事故发生后按照约定的或者法律规定的方法计算保险标的的价值的保险合同。根据《保险法》的规定，投保人和保险人未约定保险标的的保险价值的，保险标的发生损失时，以保险事故发生时保险标的的实际价值为赔偿计算标准。

5. 特定危险保险合同与一切危险保险合同

以保险人承保危险的范围为标准，保险合同分为特定危险保险合同与一切危险保险合同。

（1）特定危险保险合同，是指保险人承保一种或数种危险的保险合同。此类保险合同一般都在合同条款中采取列举方式约定承保危险。保险人的保险责任范围限于所列举的自然灾害和意外事故。而列举以外的自然灾害和意外事故，保险人不负赔偿责任。

（2）一切危险保险合同，是指保险人承保除了责任免除条款约定的危险以外的一切危险的保险合同。在此类合同中，责任免除条款规定的危险是界定保险人之保险责任范围的根据,凡未列入责任免除条款中的危险均是保险人承保的危险。

6. 单保险合同与复保险合同

以承保的保险人人数为标准,保险合同分为单保险合同与复保险合同。

(1)单保险合同,是指同一投保人对同一保险标的、同一保险事故,基于同一保险利益,与一个保险人订立的保险合同。

(2)复保险合同,是指投保人对同一保险标的、同一保险利益、同一保险事故分别与两个以上保险人订立保险合同,又称重复保险。《保险法》对重复保险作出了相应规定:首先,对于人身保险,承认重复保险的效力,各保险人均足额给付。其次,对于财产保险,重复保险的投保人应当将重复保险的有关情况通知各保险人。重复保险的各保险人赔偿保险金的总和不得超过保险价值。除合同另有约定外,各保险人按照其保险金额与保险金额总和的比例承担赔偿保险金的责任。重复保险的投保人可以就保险金额总和超过保险价值的部分,请求各保险人按比例返还保险费。

二、保险合同的订立与生效

(一)保险合同订立的程序

《保险法》第13条明确规定了保险合同的订立过程:"投保人提出保险要求,经保险人同意承保,保险合同成立。保险人应当及时向投保人签发保险单或者其他保险凭证。保险单或者其他保险凭证应当载明当事人双方约定的合同内容。当事人也可以约定采用其他书面形式载明合同内容。"

1. 投保

投保是指投保人向保险人提出保险要求的行为。投保人所提出保险要求是以订立保险合同为目的的意思表示,其方式主要是填写投保单、发出投保函或者电话洽谈及当面洽谈。因此,投保人实施的投保行为构成订立保险合同的要约。其中,投保人是要约人,保险人是受要约人。

2. 承保

承保是指保险人审核投保人的投保要求,向投保人表示同意接受其投保的意思表示。保险人对投保人提出的保险要求,经逐项审查,愿意接受投保人的保险要求并表示同意的。一旦保险人作出同意承保之承诺,合同即告成立。同意承保的方式主要表现为保险人以言词、书信表示同意,或者保险人将保险费收据交付投保人表示同意。保险人承保的行为构成承诺。

(二)当事人在缔约过程中的主要义务

缔约义务是法律规定缔约人在订立合同过程中承担的法定义务。《保险法》根据最大诚信原则的精神，规定了双方当事人在保险合同订立过程中所应当承担的缔约义务。违反这些法定缔约义务，不仅会导致保险合同或者相应条款的解除或无效，而且，违反缔约义务的一方还应根据《合同法》和《保险法》的规定承担缔约过错责任，赔偿因此给对方造成的损失。

1. 投保人的如实告知义务

如实告知义务要求投保人在投保时，应当就保险标的足以影响到保险人决定是否承保或者所应适用保险费率的有关情况如实向保险人进行陈述。《保险法》第16条第1款规定："订立保险合同，保险人就保险标的或者被保险人的有关情况提出询问的，投保人应当如实告知。"

根据《保险法》的规定，我国实行询问告知的原则，即投保人只要如实回答了保险人的询问，就履行了如实告知义务。不过，我国《海商法》第222条第1款有关海上保险的投保人履行如实告知义务范围的规定则采取了主动告知主义："合同订立前，被保险人应当将其知道的或者在通常业务中应当知道的有关影响保险人据以确定保险费率或者确定是否同意承保的重要情况，如实告知保险人。"

《保险法》第16条第2、4、5款对投保人未履行如实告知义务导致的法律后果作出了规定。投保人故意或者因重大过失未履行如实告知义务，足以影响保险人决定是否同意承保或者提高保险费率的，保险人有权解除合同。投保人故意不履行如实告知义务的，保险人对于合同解除前发生的保险事故，不承担赔偿或者给付保险金的责任，并不退还保险费。投保人因重大过失未履行如实告知义务，对保险事故的发生有严重影响的，保险人对于合同解除前发生的保险事故，不承担赔偿或者给付保险金的责任，但应当退还保险费。同时《保险法》对保险人行使合同解除权的期限加以了限制，规定合同解除权自保险人知道有解除事由之日起，超过30日不行使而消灭。自合同成立之日起超过2年的，保险人不得解除合同；发生保险事故的，保险人应当承担赔偿或者给付保险金的责任。

2. 保险人的保险条款注意义务和提请投保人注意义务

《保险法》第17条规定："订立保险合同，采用保险人提供的格式条款的，保险人向投保人提供的投保单应当附格式条款，保险人应当向投保人说明合同的内容。对保险合同中免除保险人责任的条款，保险人在订立合同时应当在投保单、保险单或者其他保险凭证上作出足以引起投保人注意的提示，并对该条款的内容以书面或者口头形式向投保人作出明确说明；未作提示或者明确说明的，该条款不产生效力。"保险人对是否履行了明确说明义务承担举证责任，保险人需要举证证明其除了在保险条款上作出了"足以引起投保人注意的提示"之外,还需要证明其对责任免除部分单独向投保人作了说明。

(三)保险合同的生效

保险合同成立并不意味着保险合同生效。保险合同的生效是指依法已经成立的保险合同在当事人之间产生的法律约束力,要求当事人双方恪守合同,全面履行合同规定的义务。同时,还应将保险合同的生效时间与保险责任的开始时间加以区别。保险合同的生效时间是保险合同的法律约束力产生的时间。而保险责任的开始时间是指保险人开始承担保险责任的时间,又称保险责任的起期。两者可以是同一时间,也可以是不同的时间,但肯定是保险合同的生效时间先于保险责任的开始时间。保险责任的开始时间,一般取决于保险合同的约定,没有约定的,保险责任自保险合同生效时开始。

保险合同生效除应具备一般民事合同的生效要件外,针对保险合同的特殊性,还应具备以下生效要件:

(1)投保人对保险标的具有保险利益。在司法实践中,财产保险的被保险人在发生保险事故时,对保险标的不具有保险利益的,保险人不承担赔偿责任。人身保险合同订立时投保人对被保险人不具有保险利益的,保险合同无效。

(2)保险金额不得超过保险标的的价值。保险标的的价值是确定保险金额的依据,如果支付的保险金额超过保险标的的价值会诱发滥用保险制度牟利的不良现象,不利于保险业的健康发展。《保险法》第55条第3款规定,保险金额不得超过保险价值。超过保险价值的,超过部分无效。

(3)以死亡为给付保险金条件的人身保险合同,需经被保险人同意并认可保险金额,否则合同无效。但父母为其未成年子女投保的人身保险,不受此限。

三、保险合同的履行

保险合同的履行是指保险合同订立并生效后,双方当事人按照合同的约定全面完成各自承担的义务以满足他人权利实现的行为。

(一)投保人义务的履行

1. 交纳保险费

交纳保险费是投保人最基本的义务。保险合同成立后,投保人应按照约定的数额、时间、地点和方法交纳保险费。通常情况下,在财产保险中,除合同另有约定外,被保险人应当在合同订立之际立即支付保险费,并一次缴清。但在人身保险中,投保人可以按照合同约定向保险人一次支付全部保险费或分期支付保险费。合同约定分期支付保险费，投保人支付首期保险费后，除合同另有约定外，投保人自保险人催告之日起超过 30 日未支付当期保险费，或者超过约定的期限 60 日未支付当期保险费的，合同效力中止，或者由保险人按照合同约定的条件减少保险金额。不过，保险人对人身保险的保险费，不得用诉讼方式要求投保人支付。

2. 维护保险标的安全

被保险人应当遵守国家有关消防、安全、生产操作、劳动保护等方面的规定，维护保险标的的安全。保险人可以按照合同约定对保险标的的安全状况进行检查，及时向投保人、被保险人提出消除不安全因素和隐患的书面建议。投保人、被保险人未按照约定履行其对保险标的的安全应尽责任的，保险人有权要求增加保险费或者解除合同。保险人为维护保险标的的安全，经被保险人同意，可以采取安全预防措施。

3. 及时通知

投保人的通知义务体现在两种情况，即危险程度增加和保险事故发生。危险程度增加是指合同订立时未曾预料或未予估计的危险因素的增加，不包括订立合同时已经预料到的危险和危险事故发生过程中危险程度及危险因素的不断升级。《保险法》第 52 条规定："在合同有效期内，保险标的的危险程度显著增加的，被保险人应当按照合同约定及时通知保险人，保险人可以按照合同约定增加保险费或者解除合同。保险人解除合同的，应当将已收取的保险费，按照合同约定扣除自保险责任开始之日起至合同解除之日止应收的部分后，退还投保人。被保险人未履行前款规定的通知义务的，因保险标的的危险程度显著增加而发生的保险事故，保险人不承担赔偿保险金的责任。"

保险事故发生后，投保人、被保险人或受益人应及时通知保险人。《保险法》第 21 条规定："投保人、被保险人或者受益人知道保险事故发生后，应当及时通知保险人。故意或者因重大过失未及时通知，致使保险事故的性质、原因、损失程度等难以确定的，保险人对无法确定的部分，不承担赔偿或者给付保险金的责任，但保险人通过其他途径已经及时知道或者应当及时知道保险事故发生的除外。"

4. 减灾止损

保险事故发生后，投保人不仅应当及时通知保险人，还应当采取各种必要措施，进行积极的抢救，以避免损失的扩大。《保险法》第 57 条规定："保险事故发生时，被保险人应当尽力采取必要的措施，防止或者减少损失。保险事故发生后，被保险人为防止或者减少保险标的的损失所支付的必要的、合理的费用，由保险人承担；保险人所承担的费用数额在保险标的损失赔偿金额以外另行计算，最高不超过保险金额的数额。"

(二)保险人义务的履行

1. 赔偿或给付保险金义务

在保险合同中，保险人所应履行的义务主要是赔付保险金。在保险标的遭受保险责任范围内的危险，发生财产损失或者人身伤亡，或者约定的条件成就、期限到来时，保险人应向被保险人或受益人补偿被保险人的实际损失或支付约定的保险金。保险人补偿或支付的保险金分两部分：一是对为防止或减少保险责任范围内的损失而采取的必要措施所支出的合理费用进行的补偿，包括诉讼费用等；二是对保险标的的损失的赔偿或约定事项出现时的给付。

2. 及时签单义务

保险合同成立后，及时签发保险单证是保险人的法定义务。保险单证即保险单或其他保险凭证是保险合同成立的证明，也是履行保险合同的依据。

3. 保密义务

在订立保险合同时，依据诚信原则，投保人对保险人询问的重要事项履行如实告知义务。为了保护投保人、被保险人的利益，保险人对其所获知的保险标的或投保人、被保险人、受益人财产情况及个人隐私等，不得对外公开或传播。

4. 除外责任

除外责任是指保险人依法不承担保险责任的情形，包括法定情形和约定情形。法定情形主要包括以下几个方面：

(1)未发生保险事故，被保险人或者受益人谎称发生了保险事故，向保险人提出赔偿或者给付保险金请求的，保险人有权解除合同，并不退还保险费。若保险人已支付保险金或者支出费用的，投保人、被保险人或者受益人应当退回或者赔偿。

(2)投保人、被保险人故意制造保险事故的，保险人有权解除合同，不承担赔偿或者给付保险金的责任。若保险人已支付保险金或者支出费用的，投保人、被保险人或者受益人应当退回或者赔偿。但是，在人身保险中，投保人故意造成被保险人死亡、伤残或者疾病的，保险人不承担给付保险金的责任。投保人已交足2年以上保险费的，保险人应当按照合同约定向其他权利人退还保险单的现金价值。受益人故意造成被保险人死亡、伤残、疾病的，或者故意杀害被保险人未遂的，该受益人丧失受益权。

(3)保险事故发生后，投保人、被保险人或者受益人以伪造、变造的有关证明、资料或者其他证据，编造虚假的事故原因或者夸大损失程度的，保险人对其虚报的部分不承担赔偿或者给付保险金的责任。若保险人已支付保险金或者支出费用的，投保人、被保险人或者受益人应当退回或者赔偿。

（4）以被保险人死亡为给付保险金条件的合同，自合同成立或者合同效力恢复之日起2年内，被保险人自杀的，保险人不承担给付保险金的责任，但被保险人自杀时为无民事行为能力人的除外。保险人依照该规定不承担给付保险金责任的，应当按照合同约定退还保险单的现金价值。

（5）因被保险人故意犯罪或者抗拒依法采取的刑事强制措施导致其伤残或者死亡的，保险人不承担给付保险金的责任。投保人已交足2年以上保险费的，保险人应当按照合同约定退还保险单的现金价值。

（三）索赔与理赔

1. 索赔

索赔是指被保险人或受益人在保险标的因发生保险事故而遭受损失，或者在保险合同的期限届满之时，依据保险人签发的保险单和有关规定向保险人要求赔偿损失或给付保险金的行为。索赔通常应遵循下列程序：（1）提出出险通知和索赔请求。出险通知是指投保人、被保险人或受益人在知道保险事故发生后，及时告知保险人保险危险已经发生的通知。出险通知义务人是投保人、被保险人或受益人。（2）提供索赔单证。索赔单证主要包括：保险单或其他保险凭证的正本；有关保险标的的原始单据；已支付保险费的凭证；被保险人的身份证、户口簿、工作证等可以证明其姓名、年龄、职业等情况的资料；保险事故证明及损害结果证明；索赔清单等。（3）领取保险赔偿金或保险金。

权利人应在法律规定的期限内行使索赔权，但索赔时效因保险标的不同而有差异。《保险法》第26条规定："人寿保险以外的其他保险的被保险人或者受益人，向保险人请求赔偿或者给付保险金的诉讼时效期间为2年，自其知道或者应当知道保险事故发生之日起计算。人寿保险的被保险人或者受益人向保险人请求给付保险金的诉讼时效期间为5年，自其知道或者应当知道保险事故发生之日起计算。"

2. 理赔

理赔是指基于被保险人或受益人提出的索赔请求，保险人根据合同和有关索赔资料，受理保险赔偿，审核确定保险索赔责任，以决定是否支付保险金的行为。一般情况下，理赔应遵循下列程序：（1）立案检验、现场勘察。（2）审核责任。（3）计算、确定并支付保险金。（4）先予给付，是指经过保险人审核后，属于保险责任范围内应予赔偿或给付保险金的，在最终确定赔付金额之前，保险人预先向被保险人或受益人给付可以确定的货币数额。

保险人收到被保险人或者受益人的赔偿或者给付保险金的请求后，应当及时作出核定；情形复杂的，应当在30日内作出核定，但合同另有约定的除外。保险人应当将核定结果通知被保险人或者受益人；对属于保险责任的，在与被保险人或者受益人达成赔偿或者给付保险金的协议后10日内，履行赔偿或者给付保险金义务。保险合同对赔偿或者给付保险金的期限有约定的，保险人应当按照约定履行赔偿或者给付保险金义务。保险人未及时履行规定义务的，除支付保险金外，应当赔偿被保险人或者受益人因此受到的损失。任何单位和个人不得非法干预保险人履行赔偿或者给付保险金的义务，也不得限制被保险人或者受益人取得保险金的权利。

保险人依法作出核定后，对不属于保险责任的，应当自作出核定之日起3日内向被保险人或者受益人发出拒绝赔偿或者拒绝给付保险金通知书，并说明理由。保险人自收到赔偿或者给付保险金的请求和有关证明、资料之日起60日内，对其赔偿或者给付保险金的数额不能确定的，应当根据已有证明和资料可以确定的数额先予支付；保险人最终确定赔偿或者给付保险金的数额后，应当支付相应的差额。

四、保险合同的变更和终止

（一）保险合同的变更

保险合同的变更，是指保险合同在其有效期内，由于订立合同时的条件发生变化，合同当事人按照法律规定的条件和程序，对原合同的某些条款进行修改或补充，从而使合同的主体、内容或效力发生变化。

保险标的转让的，保险标的的受让人承继被保险人的权利和义务。所以保险合同的变更适用的是保险单随保险标的的转让而自由转让。但变更保险合同的，应当由保险人在保险单或者其他保险凭证上批注或者附贴批单，或者由投保人和保险人订立变更的书面协议。如果因保险标的转让导致危险程度显著增加的，保险人自收到保险通知通知之日起30日内，可以按照合同约定增加保险费或者解除合同。保险人解除合同的，应当将已收取的保险费，按照合同约定扣除自保险责任开始之日起至合同解除之日止应收的部分后，退还投保人。被保险人、受让人未履行通知义务的，因转让导致保险标的的危险程度显著增加而发生的保险事故，保险人不承担赔偿保险金的责任。

（二）保险合同的终止

保险合同的终止是指因法定或约定事由的发生，保险合同的法律效力完全消灭的法律事实。导致保险合同终止的原因主要包括：（1）保险合同期限届满;(2)保险事故发生,保险人已支付全部保险金;(3)保险标的非因保险事故而全部灭失,保险合同失去保险标的;(4)保险合同因法定或约定原因而解除。

五、人身保险合同

(一)人身保险合同的概念和特征

人身保险是以人的寿命和身体为保险标的的保险。人身保险合同具有以下特征:

1. 人身保险合同主要是定额保险合同

人身保险合同以被保险人的寿命和身体为保险标的,而人的身体和生命不是商品,不存在保险价值,因此保险金额无法以保险标的的价值为依据,而是由保险人事先综合各种因素进行科学计算规定一个固定金额,由投保人协商适用,或者由投保人与保险人约定一个数额,保险人据此固定数额履行保险责任。

2. 人身保险合同属于给付性合同

根据人身保险合同的约定,只要是保险事故发生致使被保险人死亡或伤残的,或者合同约定的期限届满的,保险人均按约定金额向被保险人或受益人给付保险金,而不以被保险人的实际损失为前提,也不论被保险人或受益人是否从其他途径得到补偿。

3. 人身保险合同是以长期合同为主的保险合同

大多数人身保险合同都是长期性的,原因在于被保险人的年龄越大,其寻求保险保障的需要越大,而其交费能力却在下降,所以,长期保险形式有利于降低保险费用,增强保障作用。

4. 人身保险合同具有储蓄性质、返还性

人身保险合同主要是将投保人多次缴纳的保险费集中起来,构成人身保险责任准备金,并最终以保险金的形式返还给被保险人或受益人。

(二)人寿保险合同

1. 人寿保险合同的概念

人寿保险合同又称寿险合同是指以被保险人的生命作为保险标的,以其在保险合同约定的期限内生存或死亡作为给付保险金条件的人身保险合同。

2. 人寿保险合同的险种

(1)死亡保险合同,是以被保险人死亡作为保险金给付条件的人寿保险合同,可分为定期死亡保险合同和终身死亡保险合同。定期死亡保险合同约定被保险人在合同规定期间内死亡的,由保险人给付保险金;如果被保险人在保险期间届满时生存，保险人的责任终止，保险费亦不退还。故定期死亡保险合同不具有储蓄性质。终身死亡保险合同是以被保险人死亡作为保险事故而由保险人支付保险金的保险。终身死亡保险合同是一种不定期的死亡保险合同。

(2)生存保险合同，是以被保险人在保险期间内生存至期间届满时作为保险金给付条件的人寿保险合同。若被保险人生存到约定期限，保险人给付保险金；若被保险人在此期间内死亡的，保险人的保险金给付责任消灭，也不退还保险费。我国保险公司开办的个人养老金保险合同即属于此类。

(3)两全保险合同，是由生存保险和死亡保险合并而成的独立险种。其内容是被保险人在保险期限内死亡或生存至保险期限届满时，保险人均应按合同约定支付保险金。即在保险期限内，被保险人死亡的，保险人按照约定支付保险金后保险合同的效力终止，或保险合同的保险期限届满时被保险人仍然生存的，保险人按照约定给付保险金至给付期限届满。

(三)意外伤害保险合同

1. 意外伤害保险合同的概念

意外伤害保险合同是指由保险人承担在保险有效期内被保险人因遭受意外伤害而致伤残或死亡时的保险金给付责任的人身保险。

2. 意外伤害保险合同的种类

(1)普通意外伤害保险合同，是指为被保险人在日常生活中因一般意外事故致使身体损伤而提供保障的一种保险。

(2)特种意外伤害保险合同，是指保障范围仅限于特种原因或特定地点造成的危险，主要包括旅游伤害保险；电梯乘客意外伤害保险；交通事故伤害保险。

(四)健康保险合同

1. 健康保险合同的概念

健康保险合同又称疾病保险，是指以被保险人因患病、分娩生育所造成的医疗费用支出和工作能力丧失、收入减少为保险事故的人身保险。健康保险的保险事故可分为疾病、生育、因生育或疾病所致的残疾、因疾病或生育所致的死亡四项。

2. 健康保险合同的种类

(1)医疗保险，是指由保险人对被保险人因意外事故或疾病所支出的医疗费用进行补偿的健康保险。

(2)残疾收入补偿保险，是由保险人承担被保险人在因意外或疾病所致残疾后不能继续正常工作时所发生的收入损失的补偿责任的健康保险。

六、财产保险合同

(一)财产保险合同的概念和特征

财产保险合同是以财产及其有关利益为保险标的的保险。财产保险合同具有以下特征:

(1)财产保险合同的标的是特定财产及其有关利益,是指各种实体的财产物资,如建成建筑物及在建工程项目、运输工具、生产机器、货物等各种财产以及依附于这些财产而存在的经营利润,还包括损害赔偿责任、信用、保证等内容。根据《保险法》的规定,财产保险业务包括财产损失保险、责任保险、信用保险、保证保险等保险业务。

(2)财产保险合同是补偿性合同。被保险人可以通过财产保险合同获得的保险赔偿,能够弥补其因此遭受的经济损失,但不能取得额外收益。

(3)财产保险合同是根据承保财产的价值确定保险金额的。基于财产保险合同的补偿性质,保险人与投保人在保险财产的实际价值范围内约定保险金额,保险人只能在保险财产的实际价值范围内承担保险赔偿责任。

(4)财产保险合同强调保险标的因保险事故致损时保险利益的存在。保险利益的存在是保险合同订立和履行的基础。在财产保险合同中,强调被保险人在保险标的因保险事故遭受损失时,必须对保险标的具有保险利益。

(5)财产保险合同一般是短期性合同。

(6)代位求偿和委付是财产保险合同特有的理赔环节。

(二)财产保险合同的分类

(1)根据财产保险合同标的不同可以分为财产损失保险、责任保险、信用保险与保证保险。财产损失保险的保险标的是除农作物、牲畜以外的一切动产和不动产。责任保险是指投保人与保险人之间以被保险人依法所应负的民事赔偿责任为保险标的的保险形式,包括第三者责任保险、公众责任保险、产品责任保险、雇主责任保险和职业责任保险等。信用保险是指保险人对被保险人所从事的商品销售或商业贷款业务活动提供保险,当债务人不履行法定或约定的义务未对被保险人清偿时,由保险人负责赔付。保证保险是指由保险人为被保证人的行为对第三人所造成的经济损失承担赔偿责任的一种保险形式。

(2)根据投保主体的不同可以分为家庭个人财产保险合同与企业经营财产保险合同。

(3)根据保财产分布行业的不同可以分为火险、运输保险、工程保险与农业保险。

(三)代位求偿制度和委付制度

1. 代位求偿制度

代位求偿是指保险人在向被保险人进行保险赔偿之后,取得了该被保险人享有的依法向负有民事赔偿责任的第三人追偿的权利,并依据此权利予以追偿的制度。保险人取得的该项向第三人追偿的权利,称为代位求偿权。代位求偿的构成要件包括:(1)保险事故的发生是由第三者的行为引起的;(2)被保险人必须享有向第三者的赔偿请求权;(3)代位求偿一般应在保险人向被保险人进行保险赔付之后始得实施。

2. 委付

委付是财产保险合同独有的制度,即在保险标的因发生保险事故造成推定全损时,被保险人明确表示将该保险标的的一切权利转移给保险人,而请求保险人全额赔偿的制度。委付的构成要件包括:(1)委付限于保险标的推动全损;(2)委付适用于保险标的的整体,具有不可分性;(3)被保险人应当在法定时间内向保险人提出委付申请;(4)被保险人必须将必须标的的一切权利转移给保险人,并且不得附加条件;(5)委付必须经保险人承诺接受才能生效。

【拓展材料】

环境责任保险制度[①]

环境责任保险制度,是一项服务环境风险管理、降低污染事故发生、减轻事故影响、推进生态文明建设的重要环境经济制度。因此,在雾霾笼罩半个中国的当下,加快推进环境责任保险制度具有特别重大的意义,这既有利于提升环境保护与治理能力,也是生态文明建设的基本内涵和重要组成部分。

当前,我国已进入环境污染高发期,大气污染、淡水污染、海洋污染等突发事件频发,引起了全社会的高度关注,十八大报告要求"把生态文明建设放在突出地位,融入经济建设、政治建设、文化建设、社会建设各方面和全过程"。

环境污染责任保险(以下称"环责险")作为助力生态文明建设的一种有效风险保障机制,被形象地称为"绿色保险"、"生态保险",是市场经济条件下进行环境风险管理的一项基本手段。迄今为止,环责险保险制度已成为

---

① 参见宋志华:《全面推行环责险制度 助力生态文明建设》,载《中国保险报》2013年12月18日。

主要发达国家通过社会化途径提升环境污染风险防范能力、解决环境污染问题的重要制度。推进这项制度的实施将有助于建立环境风险管理长效机制，应对环境风险严峻形势，实现环境管理转型。

针对环境污染事故多发的严峻形势，自2013年年初中国保监会和环保部联合印发了《关于开展环境污染强制责任保险试点工作的指导意见》（以下简称《意见》）后，环责险已从试点工作升级为"强制"性质。《意见》要求各地涉重金属企业和石油化工等高环境风险企业推进环责险试点，其中包括重金属采选、有色金属冶炼、铅蓄电池制造、皮革及其制品、化学原料及化学制品制造等涉及重金属污染物产生和排放的企业。同时，按地方有关规定纳入投保范围的企业，也被要求投保环责险。此外，《意见》还要求地方环保部门、保险监管部门积极争取将环境污染强制责任保险政策纳入地方性法规，环保部门应推动健全环境损害赔偿制度，加快建立和完善环境污染损害鉴定评估机制，支持、规范环境污染事故的责任认定和损害鉴定工作。

当前，环责险在实际推行过程中仍存在损害赔偿标准不明确、道德风险和逆选择等诸多现实问题。国家应综合运用财政、税收和价格等经济手段，推动环责险的顺利实施。推行环责险的目的就是要让每一家生产企业对环境负有社会责任感，保险赔偿限额对传统污染行业转嫁环境责任的保障将有利于企业发展。另外，环责险的基本点就是要保护和补偿受害者。北京工商大学经济学院保险学教授王绪谨表示："当下经济萎靡已使很多钢厂严重亏损，不该把所有环责险实施的费用都抛给钢企承担，政府和社会也应拿出一部分钱来补贴企业，并适当给予其减税等优惠政策。"

实际上，政府层面对于环责险一直很重视，也曾出台多项文件推动这一制度发展。据保险专家介绍，早在2006年，《国务院关于保险业改革发展的若干意见》中就明确提出："采取市场运作、政策引导、政府推动、立法强制等方式，发展环境污染责任保险。"2007年12月原国家环保总局和保监会联合启动了环责险试点。2011年发布的《国务院关于加强环境保护重点工作的意见》再度明确"健全环境污染责任保险制度，开展环境污染强制责任保险试点"。2012年《国家环境保护"十二五"规划》也提出要"研究建立重金属排放等高环境风险企业强制保险制度"。

从2007年试点算起，我国环责险已经走过7年历程。但从总体上看，我国环责险推广缓慢，试点效果并不理想。由于这项保险不具有强制性，企业出于成本的考虑不愿购买这一险种，而投保企业数量不多也使得保险的"大数法则"难以发挥作用，一旦发生环境污染，巨大的赔付金额也让保险公司在推广这一业务时顾虑重重。在众多专家和市场主体的强烈呼吁下，

2013年年初，《意见》首次将"强制"二字与环责险相连。这一举措显著加快了各地开展环责险的步伐，试点范围在全国进一步扩大。政策层面的日益"给力"，也让曾经踯躅不前的保险企业开始重视这一险种，甚至开始"争食"这一市场领域。

事实上，环责险不但在分散排污企业环境风险、保护第三人环境利益和减少政府环境压力等方面发挥了独特的作用，还强化了保险公司对企业保护环境、预防环境损害的监督管理。环责险的设立增加了预防环境危害的参与主体。保险合同订立后，为控制风险，《保险法》赋予保险人以勘查保险标的的权利，督促保险合同的义务人履行维持保险标的的安全状况如缔约时的状态。根据合同的约定，保险人可以对保险标的的安全状况进行检查，及时向投保人、被保险人提出消除不安全因素和隐患的书面建议。保险人为维护保险标的的安全，经被保险人同意，可以采取安全预防措施。环境污染责任保险人为了降低赔付率，一定会请专业人士对投保人的环境风险进行控制和管理；可以通过等级划分、费率浮动等措施督促投保人做好预防工作，从而减少环境事件的发生。也就是说，保险公司可以利用环责险的费率杠杆机制来促使企业加强环境风险管理，提升环境管理水平，同时也能够提高企业的环境保护意识。

尤其是，保险产品和保险公司的社会管理功能重要职能，在环责险上体现得尤为突出。以前鉴于政府的特殊角色，在环境事件发生后，政府担任了最后责任人的角色。但国家介入补偿无异是利用全民的税收作为财源，变成由全民对环境污染负责，由此违反了污染者负责原则，与现代环境保护法则严重不合。利用环责险来参与环境污染事故的处理，可以通过风险分摊，使受害人及时获得经济补偿，使被破坏了的生产条件和生活环境能够及时得到重建和修复，稳定社会秩序，减轻政府负担，促进政府职能的转变。

由此来看，当前开展环责险是适应中国保险业市场快速发展、平衡发展、专业发展的需要；是加快建立环责险保险制度的需要；是创建生态文明、落实科学发展观、建设环境友好型社会的需要。开展环责险，是坚持生产发展、生活富裕、生态良好的文明发展道路，建设资源节约型、环境友好型社会，实现速度和结构质量效益相统一、经济发展与人口资源环境相协调，使人民在良好生态环境中生产生活，实现经济社会永续发展的需要。但如何利用环责险，使它的效果发挥到更大，政府需要给予更多的政策支持。

【思考题】

1. 试述保险公司业务范围限制规则规定。
2. 试述保险公司偿付能力管理规则的内容。
3. 试述当事人订立保险合同过程中所承担的缔约义务。
4. 试述保险合同的法定解除情形。
5. 索赔应当具备哪些条件？
6. 人身保险合同与财产保险合同有哪些区别？
7. 委付制度与代位求偿制度有哪些区别？

第八章 证券公司业务法律制度

【学习目的与要求】通过本章的学习，了解证券发行的概念、特征和分类，证券上市和证券交易的概念和特点，中小企业板和创业板市场的概念，上市公司收购的概念和特点；掌握股票、债券和证券投资基金的发行条件，证券上市和交易的条件，中小企业板上市条件，创业板市场的发行条件，禁止交易行为的种类，要约收购和协议收购的程序。

第一节 证券发行

一、证券发行的概念及分类

证券发行是伴随着生产社会化和企业股份化产生的，同时也是信用制度高度发展的结果。证券发行是指符合发行条件的企业组织或政府组织以筹集资金为直接目的，依照法律规定的程序向社会投资人公开要约出售代表一定权利的资本证券的行为。在其他国家中，证券发行还包括以非公开要约进行的证券私募方式，实践中称之为"证券配售"。

根据不同的标准，证券发行可以分为不同的类型：

(1)根据证券发行的对象不同，证券发行可以分为公开发行和非公开发行。公开发行又称公募发行，是指发行人面向社会公众，即不特定的公众投资者进行的证券发行。公开发行必须严格遵循《证券法》有关信息披露的规定。非公开发行又称私募发行，是指向少数特定的投资者进行的证券发行。非公开发行的证券，不得采用广告、公开劝诱和变相公开的方式发行。

(2)根据证券发行的目的不同，证券发行可以分为设立发行和增资发行。设立发行是为成立新的股份有限公司而发行股票；增资发行是为增加已有公司的资本总额或改变其股本结构而发行新股。增发新股，既可以公开发行，也可以采取配股或赠股的形式。

(3)根据证券发行的方式不同，证券发行可以分为直接发行和间接发行。直接发行是指证券发行人不通过证券承销机构，而自行承担证券发行风险,办理证券发行事宜的发行方式。间接发行是指证券发行人委托证券承销机构发行证券,并由证券承销机构办理证券发行事宜,承担证券发行风险的发行方式。

二、股票的发行

(一)发行条件

1. 首次公开发行股票的条件

《证券法》规定,公司公开发行新股,应当具备健全且运行良好的组织机构、具有持续盈利能力、财务状况良好、3年内财务会计文件无虚假记载、无其他重大违法行为以及经国务院批准的国务院证券监督管理机构规定的其他条件。

根据《首次公开发行股票并上市管理办法》的规定,首次公开发行的发行人应当是依法设立并合法存续的股份有限公司;持续经营时间应当在3年以上;注册资本已足额缴纳;生产经营合法;3年内主营业务、高级管理人员、实际控制人没有重大变化;股权清晰。发行人应具备资产完整、人员独立、财务独立、机构独立、业务独立等要件。发行人应规范运行。发行人财务指标应满足以下要求:(1)3个会计年度净利润均为正数且累计超过人民币3 000万元,净利润以扣除非经常性损益后较低者为计算依据;(2)连续3个会计年度经营活动产生的现金流量净额累计超过人民币5 000万元;或者3个会计年度营业收入累计超过人民币3亿元;(3)发行前股本总额不少于人民币3 000万元;(4)至今连续一期末无形资产(扣除土地使用权、水面养殖权和采矿权等后)占净资产的比例不高于20%;(5)至今连续一期末不存在未弥补亏损。

2. 上市公司增发股票的条件

《证券法》、《公司法》以及《上市公司证券发行管理办法》对上市公司增发股票做了相应规定。除符合上述公开发行证券的条件外,上市公司增发新股还应符合下列条件:(1)组织机构健全,运行良好。上市公司的股东大会、董事会、监事会和独立董事制度健全,能够有效履行职责;公司内部控制制度健全,能够有效保证公司运行的效率。(2)盈利能力应具有可持续性。上市公司最近3个会计年度连续盈利。(3)财务状况良好。根据《关于修改上市公司现金分红若干规定的决定》的规定,最近3年以现金方式累计分配的利润不少于最近3年实现的年均分配利润的30%。该决定同时规定,上市公司可以进行中期现金分红。(4)财务会计文件无虚假记载。(5)募集资金的数额和使用符合规定。上市公司募集资金数额不得超过项目需要量;

募集资金用途应符合国家产业政策和有关环境保护、土地管理等法律和行政法规的规定;除金融类企业外,本次募集资金使用项目不得为持有交易性金融资产和可供出售的金融资产、借予他人、委托理财等财务性投资,不得直接或间接投资于以买卖有价证券为主要业务的公司。

(二)发行程序

1. 首次公开发行股票的程序

发行人董事会应当依法就本次股票发行的具体方案、本次募集资金使用的可行性及其他必须明确的事项作出决议,并提请股东大会批准。发行人股东大会应就本次发行股票作出决议。发行人应当按照中国证监会的有关规定制作申请文件,由保荐人保荐并向中国证监会申报。特定行业的发行人应当提供管理部门的相关意见。中国证监会收到申请文件后,在5个工作日内作出是否受理的决定。中国证监会受理申请文件后,由相关职能部门对发行人的申请文件进行初审,并由发行审核委员会审核。中国证监会在初审过程中,将征求发行人注册地省级人民政府是否同意发行人发行股票的意见,并就发行人的募集资金投资项目是否符合国家产业政策和投资管理的规定征求国家发展和改革委员会的意见。中国证监会依照法定条件对发行人的发行申请作出予以核准或者不予核准的决定,并出具相关文件。自中国证监会核准发行之日起,发行人应在6个月内发行股票;超过6个月未发行的,核准文件失效,须重新经中国证监会核准后方可发行。发行申请核准后、股票发行结束前,发行人发生重大事项的,应当暂缓或者暂停发行,并及时报告中国证监会,同时履行信息披露义务。影响发行条件的,应当重新履行核准程序。股票发行申请未获核准的,自中国证监会作出不予核准决定之日起6个月后,发行人可再次提出股票发行申请。

2. 公司增发股票的程序

首先由董事会就上市公司申请发行证券作出决议,再提请股东大会批准。股东大会就发行事项作出的决议,必须经出席会议的股东所持表决权的2/3以上通过。向本公司特定的股东及其关联人发行的,股东大会就发行方案进行表决时,关联股东应当回避。上市公司就增发股票事项召开股东大会的,应当提供网络或者其他方式为股东参加股东大会提供便利。公司决议增发股票的,应由保荐人保荐并向中国证监会申报。保荐人应当按照中国证监会的有关规定编制和报送发行申请文件。中国证监会依照有关程序审核并决定核准或不核准增发股票的申请。中国证监会审核发行证券申请的程序为:收到申请文件后,5个工作日内决定是否受理;受理后,对申请文件进行初审;由发行审核委员会审核申请文件;作出核准或者不予核准的决定。自中国证监会核准发行之日起，上市公司应在6个月内发行股票；超过6个月未发行的，核准文件失效，须重新经中国证监会核准后方可发行。证券发行申请未获核准的上市公司，自中国证监会作出不予核准的决定之日起6个月后，可再次提出证券发行申请。

三、公司债券的发行

（一）发行条件

发行公司债券应当符合下列规定：(1)公司的生产经营符合法律、行政法规和公司章程的规定，符合国家产业政策；(2)公司内部控制制度健全，内部控制制度的完整性、合理性、有效性不存在重大缺陷；(3)经资信评级机构评级，债券信用级别良好；(4)公司最近一期末经审计的净资产额应符合法律、行政法规和中国证监会的有关规定；(5)最近3个会计年度实现的年均可分配利润不少于公司债券1年的利息；(6)本次发行后累计公司债券余额不超过最近一期末净资产额的40%；金融类公司的累计公司债券余额按金融企业的有关规定计算。存在下列情形之一的，不得发行公司债券：(1)最近36个月内公司财务会计文件存在虚假记载，或公司存在其他重大违法行为；(2)本次发行申请文件存在虚假记载、误导性陈述或者重大遗漏；(3)对已发行的公司债券或者其他债务有违约或者迟延支付本息的事实，且仍处于继续状态；(4)严重损害投资者合法权益和社会公共利益的其他情形。

（二）发行程序

申请发行公司债券，应当由公司董事会制定方案，由股东会或股东大会作出决议。发行公司债券，应当由保荐人保荐，并向中国证监会申报。保荐人应当按照中国证监会的有关规定编制和报送募集说明书和发行申请文件。保荐人应当对债券募集说明书的内容进行尽职调查，并由相关责任人签字，确认不存在虚假记载、误导性陈述或者重大遗漏，并声明承担相应的法律责任。公司全体董事、监事、高级管理人员应当在债券募集说明书上签字，保证不存在虚假记载、误导性陈述或者重大遗漏，并声明承担个别和连带的法律责任。为债券发行出具专项文件的注册会计师、资产评估人员、资信评级人员、律师及其所在机构，应当按照依法制定的业务规则、行业公认的业务标准和道德规范出具文件，并声明对所出具文件的真实性、准确性和完整性承担责任。债券募集说明书所引用的审计报告、资产评估报告、资信评级报告，应当由有资格的证券服务机构出具，并由至少2名有从业资格的人员签署。债券募集说明书所引用的法律意见书，应当由律师事务所出具，并由至少2名经办律师签署。债券募集说明书自最后签署之日起6个月内有效。债券募集说明书不得使用超过有效期的资产评估报告或者资信评级报告。中国证监会依照下列程序审核发行公司债券的申请：(1)收到申请文件后，在5个工作日内决定是否受理；(2)中国证监会受理后，对申请文件进行初审；(3)发行审核委员会按照《中国证券监督管理委员会发行审核委员会办法》规定的特别程序审核申请文件；(4)中国证监会作出核准或者不予核准的决定。

第二节 证券上市与交易

一、证券上市

(一)概念

证券上市是指股票、公司债券等证券，按照《公司法》、《证券法》规定的条件，经证券发行人申请并报国务院证券监督管理机构核准，在证券交易所依法定条件和法定程序公开挂牌交易的行为。证券上市是连接证券发行市场与证券交易所的中间环节，对于投资者和上市公司而言，都具有十分重要的意义。对投资者来说，证券上市方便投资者进行证券投资，以便更好地进行投资决策，而且有利于减少投资风险，降低投资成本。对于上市公司而言，证券上市有利于提高上市公司的信誉和知名度，促进上市公司改善经营管理，增强上市公司的筹资能力。当然，证券上市也有利于证券管理者对上市公司的监管，以保障广大投资者的合法权益，促进证券市场的健康发展。

(二)证券上市的条件

1. 股票上市的条件

股份有限公司申请股票上市，应当符合下列条件：(1)股票经国务院证券监督管理机构核准已公开发行；(2)公司股本总额不少于人民币3 000万元；(3)公开发行的股份达到公司股份总数的25%以上，公司股本总额超过人民币4亿元的，公开发行股份的比例为10%以上；(4)公司最近3年无重大违法行为，财务会计报告无虚假记载。证券交易所可以规定高于上述规定的上市条件，并报国务院证券监督管理机构批准。国家鼓励符合产业政策并符合上市条件的公司股票上市交易。

2. 公司债券上市的条件

公司申请公司债券上市交易，应当符合下列条件：(1)公司债券的期限为1年以上；(2)公司债券实际发行额不少于人民币5 000万元；(3)公司申请债券上市时应符合法定的公司债券发行条件。

(三)证券上市的程序

1. 股票的上市程序

(1)聘请上市保荐人。《证券法》第49条规定:"申请股票、可转换为股票的公司债券或者法律、行政法规规定实行保荐制度的其他证券上市交易,应当聘请具有保荐资格的机构担任保荐人。"

(2)申请。申请股票上市交易,应当向证券交易所报送下列文件:①上市报告书;②申请股票上市的股东大会决议;③公司章程;④公司营业执照;⑤依法经会计师事务所审计的公司最近3年的财务会计报告;⑥法律意见书和上市保荐书;⑦最近一次的招股说明书;⑧证券交易所上市规则规定的其他文件。

(3)核准、签订上市协议及公告。股票上市交易申请经证券交易所审核同意后,证券交易所与拟上市公司签订上市协议。签订上市协议的公司应当在规定的期限内公告股票上市的有关文件,并将该文件置备于指定场所供公众查阅。签订上市协议的公司还应当公告下列事项:①股票获准在证券交易所交易的日期;②持有公司股份最多的前10名股东的名单和持股数额;③公司的实际控制人;④董事、监事、高级管理人员的姓名及其持有本公司股票和债券的情况。

2. 公司债券的上市程序

申请公司债券上市交易,应当向证券交易所报送下列文件:(1)上市报告书;(2)申请公司债券上市的董事会决议;(3)公司章程;(4)公司营业执照;(5)公司债券募集办法;(6)公司债券的实际发行数额;(7)证券交易所上市规则规定的其他文件。申请可转换为股票的公司债券上市交易,还应当报送保荐人出具的上市保荐书。公司债券上市交易申请经证券交易所审核同意后,签订上市协议的公司应当在规定的期限内公告公司债券上市文件及有关文件,并将其申请文件置备于指定场所供公众查阅。

二、证券交易

(一)概念和特点

证券交易是指证券持有人依照交易规则,将证券转让给其他投资者的行为。证券交易除应遵循《证券法》规定的证券交易规则外,还应同时遵守《公司法》及《合同法》的规则。证券交易与证券上市有密切的联系:证券上市是证券交易的前提,没有证券的上市,就没有可交易的证券;证券交易是证券上市的目的,证券上市就是为实现证券的流通。

证券交易具有以下特点：(1)证券转让须借助证券交易场所完成。证券交易场所是依法设立、进行证券交易的场所，包括进行集中交易的证券交易所以及依照协议完成交易的无形交易场所。前者如国际上著名的纽约证券交易所、伦敦证券交易所和法兰克福证券交易所，我国上海证券交易所以及深圳证券交易所也属于集中交易场所。后者如美国全美证券商自动报价系统（NASTAQ）以及各国的店头交易场所。(2)证券交易须遵守相应交易规则。为确保证券交易的安全与快捷，维护资本市场的稳定与发展，我国颁布和制定了一系列法律法规。《证券法》是调整证券交易的特别法，《公司法》对股票及公司债券转让也有原则性规定，《合同法》作为调整交易关系的一般法律规范，同样适用于对证券交易关系的调整。其他法律、法规如《民法通则》、《银行法》、《保险法》和《刑法》也直接或间接地调整着证券交易关系。证券交易所颁布的自律性规范，也具有法律约束力。

（二）集中竞价交易

1. 开设交易账户

每个投资人欲从事证券交易，须首先向证券登记公司申请开设证券账户。凭该证券账户可以从事二级市场证券交易，也可以从事一级市场网上认购。其次须向具体的证券公司（交易所会员）申请开设资金账户，存入交易资金，其限额由证券公司自行规定。依据上述开户合同，证券登记公司将为每一投资人提供证券托管、登记和交割服务；而证券公司将为投资人提供代理买卖、代理清算和资金出纳服务。立法对于投资人的开户设有身份确认程序规则。

2. 委托买卖

每个投资人买卖证券均须委托具有会员资格的证券公司进行，即投资人（委托人）的交易指令先报送于证券公司（或交易系统），证券公司通过其场内交易员或交易系统将委托人的交易指令输入计算机终端，各证券公司计算机终端发出的交易指令将统一输入证交所的计算机主机，由其撮合成交，成交后由各证券公司代理委托人办理清算、交割、过户手续。投资人委托交易的指令可以采取书面报单、当面报单、电话报单和计算机报单多种形式。证券委托买卖规则实际上受到民事代理法与合同约定的支配，此过程中极易造成纠纷，而交易所和交易会员对于委托指令的内容推定也处于不统一和不公开状态。

3. 场内竞价

委托人的交易指令通过证券商的代理按时间序号输入交易所计算机主机后，将通过场内竞价撮合成交。交易所场内竞价的方式分为集合竞价与连续竞价两种。集合竞价主要适用于证券上市开盘价和每日开盘价。集合竞价的所有交易以同一价格成交。集合竞价结束后,交易所将开始当日的正式交易,交易系统将进入连续竞价,直至当日收市。连续竞价是买卖双方按价格优先、时间优先的竞价原则连续报买报卖的过程。依此原则,每一时点的报买价如高于或等于报卖价时,即按价格顺序撮合成交;在每一同等成交价格点上,如买卖报单有时间差异的,即按时间顺序使先报者成交;凡不能成交者将等待机会成交,部分成交者将使剩余部分等待成交。

4. 清算与过户

证券商在代理投资人进行了证券交易的当日,应于收市后首先与交易所办理清算业务,依差额交收规则由各证券商对买卖证券的金额差价予以清偿;然后每个证券商对其代理的每一投资人买卖证券的价款金额进行清抵。投资人在所买卖证券成交后的下一个营业日,证券登记公司应为其办理完毕过户手续,并应提供交割单。如该日逢法定假日,则过户日应顺延至下一个工作日。

(三) 大宗交易制度

我国目前沪深两地的证券交易所均规定有大宗交易制度,并且两地的证券交易所均设有大宗交易柜台。根据我国目前的证券交易规则,凡交易量达到或超过50万股的股票交易均可以向大宗交易柜台申请进行大宗交易。大宗交易柜台在接到申请后将贮存其交易报单而不立即撮合,在交易所当日直接竞价交易结束时,再根据当日该股交易的平均交易价统一撮合成交。这就是说,我国目前对于大宗交易实际采取的是集合竞价制度。

(四) 金融期货交易

1. 保证金交易规则

我国目前对于证券期货交易实行8%的保证金交易规则,即证券期货交易者可以面值8%的保证金买卖一面值的证券期货商品;法律允许期货经纪商在该8%的基础上另加收保证金,按照期货市场惯例,该保证金比例不应超过15%。可见,保证金交易规则是双重的:一方面,金融期货交易所将向所有从事证券期货交易的期货经纪人实行并收取交易额8%的交易保证金;另一方面,期货经纪人将向其客户收取交易额8%或者更高的交易保证金。

2. 当日无负债结算规则

金融期货交易所应当在当日收市时,及时将结算结果通知其所有的期货交易会员并与之完成无负债结算,期货交易会员应当根据期货交易结算结果再与客户进行结算,并应当将结算结果按照与客户约定的方式及时通知客户。凡客户已经穿仓的，将按合同构成对期货交易会员的负债，期货交易会员有权要求该客户补充交易保证金，并以自有资金对交易所承担责任。

3. 强制平仓规则

期货交易所交易会员的保证金不足时，应当及时追加保证金或者自行平仓。会员未在期货交易所规定的时间内追加保证金或者自行平仓的，期货交易所应当将该会员的合约强行平仓，强行平仓的有关费用和发生的损失由该会员承担。客户保证金不足时，应当及时追加保证金或者自行平仓。客户未在期货公司规定的时间内及时追加保证金或者自行平仓的，期货公司应当将该客户的合约强行平仓，强行平仓的有关费用和发生的损失由该客户承担。

4. 逐日盯市规则

期货经纪人有权要求其全部客户在其期货公司周边设有固定的办公场所、固定的办公人员、固定的联系电话。在每日结算时，只要该期货公司按照该固定的联系方式与客户进行了联系，即构成合法的通知。在合同约定的期限届满时，该期货公司有权按照合同的条款推定客户当事人的意思。

第三节 中小企业板和创业板市场

一、中小企业板

(一)概念

中小企业板是深圳证券交易所为了鼓励自主创新而专门设置的中小型公司聚集板块。板块内公司普遍具有收入增长快、盈利能力强、科技含量高的特点，而且股票流动性好，交易活跃，被视为中国未来的"纳斯达克"。中小企业板市场，海外又称为创业板市场或二板市场，是相对于具有大型成熟公司的主板市场而言的，服务的对象主要是中小型企业和高科技企业。中小企业板定位于为主业突出、具有成长性和科技含量的中小企业提供融资渠道和发展平台，以促进中小企业快速成长和发展，是解决中小企业发展瓶颈的重要探索。中小企业板是现有主板市场的一个组成部分，其发行上市条件与主板相同，但发行规模相对较小，成长较快，而且上市后要遵循更为严格的规定，目的在于提高公司治理结构和规范运作水平，增强信息披露透明度，保护投资者权益。

(二)上市条件

1. 独立性条件

发行人应当具有完整的业务体系和直接面对市场独立经营的能力,发行人的资产完整、人员独立、财务独立、机构独立、业务独立。发行人的业务应当独立于控股股东、实际控制人及其控制的其他企业,预控股股东、实际控制人及其控制的其他企业间不得有同业竞争或者显失公平的关联交易。

2. 规范运行条件

发行人已经依法建立健全股东大会、董事会、监理会、独立董事会、董事会秘书制度,机关机构和人员能够依法履行职责。发行人的董事、监事和高级管理人员已经了解与股票发行上市有关的法律法规,知悉上市公司及其董事、监事和高级管理人员的法定义务和责任。发行人的董事、监事和高级管理人员符合法律、行政法规和规章的任职资格。

3. 财务会计条件

发行人资产质量良好,资产负债结构合理,盈利能力较强,现金流量正常。具体各项财务指标应达到以下要求:最近3个会计年度净利润均为正数且累计超过人民币3 000万元;最近3个会计年度经营活动产生的现金流量净额累计超过人民币5 000万元,或者最近3个会计年度营业收入累计超过人民币3亿元;发行前股本总额不少于人民币3 000万元;最近一期末无形资产(扣除土地使用权、水面养殖权和采矿权等后)占净资产的比例不高于20%;最近一期末不存在未弥补亏损。发行人依法纳税,各项税收优惠符合相关法律法规的规定,经营成果对税收优惠不存在严重依赖。

(三)上市程序

在中小企业板公开发行股票并上市应该遵循以下程序:

1. 对企业改制并设立股份有限公司

拟定改制重组方案,聘请保荐机构(证券公司)和会计师事务所、资产评估机构、律师事务所等中介机构对改制重组方案进行可行性论证,对拟改制的资产进行审计、评估、签署发起人协议和起草公司章程等文件,设置公司内部组织机构,设立股份有限公司。除法律、行政法规另有规定外,股份有限公司设立取消了省级人民政府审批这一环节。

2. 对中小企业板企业进行尽职调查与辅导

保荐机构和其他中介机构对公司进行尽职调查、问题诊断、专业培训和业务指导,学习上市公司必备知识,完善组织结构和内部管理,规范企业行为,明确业务发展目标和募集资金投向,对照发行上市条件对存在的问题进行整改,准备首次公开发行申请文件。目前已取消了为期一年的发行上市辅导的硬性规定。

3. 制作申请文件并申报

企业和所聘请的中介机构，按照证监会的要求制作申请文件，保荐机构进行内核并负责向中国证监会尽职推荐；符合申报条件的，中国证监会在5个工作日内受理申请文件。

4. 审核申请文件

证监会正式受理申请文件后，对申请文件进行初审，同时征求发行人所在地省级人民政府和国家发改委意见，并向保荐机构反馈审核意见，保荐机构组织发行人和中介机构对反馈的审核意见进行回复或整改。在初审结束后发行审核委员会审核前，进行申请文件预披露，最后提交发行审核委员会审核。

5. 路演、询价与定价

发行申请经发行审核委员会审核通过后，中国证监会进行核准，企业在指定报刊上刊登招股说明摘要及发行公告等信息，证券公司与发行人进行路演，向投资者推介和询价，并根据询价结果协商确定发行价格。

6. 发行与上市

根据证监会规定的发行方式公开发行股票，向证券交易所提交上市申请，在登记结算公司办理股份的托管与登记，挂牌上市，上市后由保荐机构按规定负责持续督导。

二、创业板市场

（一）概念

创业板市场，又称二板市场，是与主板市场不同的一类证券市场，其主要针对解决创业型企业、中小型企业及高科技产业企业等的融资和发展问题而设立。为了规范首次公开发行股票并在创业板上市的行为，促进自主创新企业及其他成长型创业企业的发展，保护投资者的合法权益，维护社会公共利益，依据《证券法》、《公司法》，中国证券监督管理委员会于2009年1月21日公布了《首次公开发行股票并在创业板上市管理暂行办法》。

（二）发行条件及程序

发行人申请首次公开发行股票应当符合下列条件：（1）发行人是依法设立且持续经营3年以上的股份有限公司。有限责任公司按原账面净资产值折股整体变更为股份有限公司的，持续经营时间可以从有限责任公司成立之日起计算。（2）最近2年连续盈利，最近2年净利润累计不少于1 000万元，且持续增长；或者最近1年盈利，且净利润不少于500万元，最近1年营业收入不少于5 000万元,最近2年营业收入增长率均不低于30%。净利润以扣除非经常性损益前后孰低者为计算依据。(3)最近一期末净资产不少于2 000万元,且不存在未弥补亏损。(4)发行后股本总额不少于3 000万元。

在创业板公开发行股票并上市所应遵循的程序与在中小企业板公开发行股票并上市的程序一致。

第四节 禁止的交易行为

一、禁止内幕交易

(一)内幕交易的概念

内幕交易是指内幕信息的知情人员违反法律、法规的规定,泄露内幕信息,根据内幕信息买卖证券或者向他人提出买卖证券建议的行为。内幕交易行为人为达到获利或避损的目的,利用其特殊地位或机会获取内幕信息进行证券交易,违反了证券市场"公开、公平、公正"的原则,侵犯了投资公众的平等知情权和财产权益,损害了上市公司的利益。

(二)知情人员的范围

根据《证券法》第74条的规定,知情人员是指"知悉证券交易内幕信息的人",包括:发行股票或者公司债券的公司的董事、监事、经理、副经理及有关的高级管理人员;持有公司5%以上股份的股东;发行股票公司的控股公司的高级管理人员;由于所任公司职务可以获取公司有关证券交易信息的人员;证券监督管理机构工作人员以及由于法定的职责对证券交易进行管理的人员;由于法定职责而参与证券交易的社会中介机构或者证券登记结算机构、服务机构的有关人员;国务院证券监督管理机构规定的其他人员。《证券法》第73条还特别规定了"非法获取内幕信息的其他人员",包括以窃取或其他方式故意取得内幕信息的人员。上述规定显然最大范围地涵盖了所有知情人员,即凡是事实占有或知晓内幕信息的人,都不得从事相关证券交易。

(三)内幕信息

内幕信息是指为内幕人员所知悉、尚未公开的可能影响证券市场价格的重大信息。信息未公开指公司未将信息载体交付或寄送大众传播媒介或法定公开媒介发布或发表。如果信息载体交付或寄送传播媒介超过法定时限,即使未公开发布或发表,也视为公开。

《证券法》第75条第2款和第67条第2款采取列举方式,分别规定了

"具有重大事件性质的内幕信息"和"其他内幕信息"。

(1)具有重大事件性质的内幕信息。

根据《证券法》第75条的规定,具有重大事件性质的内幕信息,包括:公司的经营方针和经营范围的重大变化;公司的重大投资行为和重大的购置资产的决定;公司订立重要合同,而该合同可能对公司的资产、负债、权益和经营成果产生重要影响;公司发生重大债务和未能清偿到期债务的违约情况;公司发生重大亏损或者遭受超过净资产10%以上的重大损失;公司生产经营的外部条件发生的重大变化;公司的董事长、1/3以上董事,或者经理发生变动;持有公司5%以上股份的股东,其持有股份情况发生较大变化;公司减资、合并、分立、解散及申请破产的决定;涉及公司的重大诉讼;法院依法撤销股东大会、董事会决议;法律法规规定的其他事项。

(2)其他内幕信息。

《证券法》第67条第2款规定的其他内幕信息,包括:公司分配股利或者增资的计划;公司股权结构的重大变化;公司债务担保的重大变更;公司营业用主要资产的抵押、出售或者报废一次超过该资产的30%;公司董事、监事、经理、副经理或者其他高级管理人员的行为可能依法承担重大损害赔偿责任;上市公司收购的有关方案;国务院证券监督管理机构认定的对证券交易价格有显著影响的其他重要信息。

二、禁止操纵证券市场行为

操纵市场行为,是指利用资金优势或信息优势或滥用职权,影响证券市场价格,诱使投资者买卖证券,扰乱证券市场秩序的行为。《禁止证券欺诈行为暂行办法》将该种行为称为"市场操纵行为",即任何单位或者个人以获取利益或者减少损失为目的,利用其资金、信息等优势或者滥用职权操纵市场,制造证券市场假象,诱导或者致使投资者在不了解事实真相的情况下作出证券投资决定,扰乱证券市场秩序的行为。

根据《禁止证券欺诈行为暂行办法》的规定,操纵市场行为包括:(1)通过合谋或者集中资金操纵证券市场价格;(2)以散布谣言等手段影响证券发行、交易;(3)为制造证券的虚假价格,与他人串通,进行不转移证券所有权的虚买虚卖;(4)出售或者要约出售其并不持有的证券,扰乱证券市场秩序;(5)以抬高或者压低证券交易价格为目的,连续交易某种证券;(6)利用职务便利,人为地压低或者抬高证券价格;(7)以其他方式操纵证券交易价格。《证券法》第77条规定了四种旨在获得不当利益或转移风险的操纵市场行为,包括连续买卖、相互委托、洗售以及其他操纵行为。

三、虚假陈述

虚假陈述是指信息披露义务人违反信息披露义务，在提交或公布的信息披露文件中作出违背事实真相的陈述或者记载。根据《禁止证券欺诈行为暂行办法》第12条的规定，虚假陈述行为包括：(1)发行人、证券经营机构在招募说明书、上市公告书、公司报告及其他文件中作出虚假陈述；(2)律师事务所、会计师事务所、资产评估机构等专业性证券服务机构在其出具有法律意见书、审计报告、资产评估报告及参与制作的其他文件中作出虚假陈述；(3)证券交易所、证券业协会或者其他证券业自律性组织作出对证券市场产生影响的虚假陈述；(4)发行人、证券经营机构、专业性证券服务机构、证券业自律组织在向证券监管部门提交的各种文件、报告和说明中作出虚假陈述；(5)在证券发行、交易及其相关活动中的其他虚假陈述。

四、欺诈客户

欺诈客户有广义和狭义两种解释。广义上，欺诈客户是指受托人在证券发行、交易及相关活动中，利用职务之便，编造、传播虚假信息或者误导投资者的行为，以及利用其作为客户代理人或顾问的身份，实施损害投资者利益的行为。我国《禁止证券欺诈行为暂行办法》第10条列举了欺诈客户行为的类型：(1)证券经营机构将自营业务和代理业务混合操作；(2)证券经营机构违背被代理人的指令为其买卖证券；(3)证券经营机构不按国家有关法规和证券交易场所业务规则处理证券买卖委托；(4)证券经营机构不在规定时间内向被代理人提供证券买卖书面确认书；(5)证券登记、清算机构不按国家有关法规和本机构业务规则办理清算、交割、过户、登记手续等；(6)证券登记、清算机构擅自将顾客委托保管的证券用做抵押；(7)证券经营机构以多获取佣金为目的，诱导顾客进行不必要的证券买卖，或者在客户的账户上翻炒证券；(8)发行人或者发行人代理人将证券出售给投资者时未向其提供招募说明书；(9)证券经营机构保证客户的交易收益或者允诺赔偿客户投资损失；(10)其他违背客户真实意思，损害客户利益的行为。根据上述规定，欺诈客户的行为人属于专业机构和专业人士，包括发行人、发行人之代理人、证券经营机构、证券登记清算机构。根据证券发行人委托，提供专业服务的其他专业机构(如会计师事务所、律师事务所及资产评估机构)不构成欺诈客户之行为人。根据委托向客户提供证券投资咨询和资信评估的证券交易服务机构，也不属于欺诈客户的行为人。狭义上的欺诈客户，是指证券公司及其从业人员在证券交易中违反客户真实意思，损害客户利益的行为。《证券法》第79条规定了6种情况：(1)违背客户的委托为其买卖证券；(2)不在规定时间内向客户提供交易的书面确认文件；(3)挪用客户所委托买卖的证券或者客户账户上的资金；(4)私自买卖客户账户上的证券，或者假借客户的名义买卖证券；(5)为牟取佣金收入，诱使客户进行不必要的证券买卖；(6)其他违背客户真实意思表示，损害客户利益的行为。

第五节　上市公司收购

一、概述

(一)上市公司收购概念

上市公司收购是指投资者依法购买股份有限公司已发行上市的股份，从而获得该上市公司控制权的行为。上市公司收购在各国证券法中的含义各不相同，一般有广义和狭义之分。狭义的上市公司收购即要约收购，是指收购方通过向目标公司股东发出收购要约的方式购买该公司的有表决权证券的行为。广义的上市公司收购，除要约收购以外，还包括协议收购，即收购方通过与目标公司的股票持有人达成收购协议的方式进行收购。我国证券法中的上市公司收购取广义的含义，即我国上市公司收购可以采取要约收购或者协议收购的方式。

(二)上市公司收购特点

上市公司收购在本质上具有证券交易的性质。公司收购通常涉及三方利益关系人，即收购方、出售者及目标公司或上市公司。上市公司收购行为属于市场行为范畴，具有以下特点：

1. 客体条件

上市公司收购针对的客体是上市公司发行在外的股票，即公司发行在外且被投资者持有的公司股票，不包括公司库存股票和公司以自己名义直接持有的本公司发行在外的股票。前者如公司在发行股票过程中预留或未出售的股票，后者如公司购买本公司股票后尚未注销的部分。公司收购客体不包括公司债券。债券持有人可到期要求债券发行人还本付息，但对债券发行人内部事务没有表决权。投资者即使大量持有某种公司债券，也不足以影响公司的股本结构和公司决策权。但若投资者收购在未来可以转换为公司股票的公司债券，且公司债券持有人申请将所持公司债券转换为股票时，债券持有人即转变为股票持有人，可直接参与公司事务。所以，可转换公司债券也可视为公司收购的特殊客体。

2. 市场条件

上市公司收购须借助证券交易场所完成。这使上市公司收购与股份划拨行为相区别。我国个别上市公司存在着对传统体制的依赖，其股权结构不合乎产业政策或与国家的股权持股政策不协调。实践中，出现过两种重新确定股权的做法，一是将某股东已持有的上市公司股份，经批准以划拨方式转由其他适格机构持有；二是政府机关采取不适当的强制手段，将某股东所持股份划归其他机构持有。后者具有非市场性特点，已逐渐被取缔。根据目前做法，涉及以划拨形式转移股份的，均应向证券登记结算机构办理股票过户登记，此类股份转移也属于通过证券交易场所进行的交易。在采取划拨形式转移股份时，新股东通常不需向原股东支付代价，但就权利移转本身而言，其法律效果与有偿转让并无不同。

3. 目的条件

根据《证券法》的规定，持有公司股份5%以上的股东，通过证券交易所买进或卖出上市公司股票达到一定比例的，要受上市公司收购规则的约束。持有上市公司5%的股份，在商业上通常尚未构成对上市公司的实际控制，但却属于《证券法》规范的上市公司收购行为。收购上市公司股票与获得上市公司控制权并非同一概念，对上市公司股票的大宗收购虽然包含着取得上市公司控制权的潜在目的，但仍属于特殊的股票购买行为。投资者从收购上市公司部分股份到形成对上市公司的相对控制，进而形成直接控制，是一个逐渐发展的过程。在此过程中，买卖股票行为具有多重目的，有时是为了获得上市公司股利分配利益，有时是为取得公司控制权而奠定基础，有时还会带有其他特殊目的，但不应将该过程中的所有股票购买行为解释为旨在获得控制权的上市公司收购行为，否则，会误解《证券法》确定的上市公司收购规则及宗旨。

4. 规则条件

证券法律制度以保护社会公众投资者利益作为基本理念，大股东对公司事务的垄断及随意控制，会损害中小投资者利益。公司收购一旦演化为经济垄断，或者有可能消减市场竞争程度时，国家必然要借助行政手段予以干预和规范，从而形成了上市公司收购上的一系列特殊规则。该等特殊规则有两个层次的法律效果：(1)证券法的域内效力及规则。根据《证券法》的规定，持有上市公司发行在外股票5%以上的大股东，其持有公司股票每发生5%的增减，必须履行一定的信息披露义务，且在一定期限内禁止其继续购买本公司股票。(2)证券法之域外效力及规则。上市公司收购制度是旨在保护社会公众投资者利益，规范大股东买卖上市公司股票的特殊规则体系。大股东买卖上市股票行为无论是否构成对上市公司的控制权,均受到这一规则体系的限制与规范。

二、要约收购

(一)要约收购概念及分类

要约收购是指收购人通过向目标公司的股东发出购买其所持该公司股份的书面意见表示,并按照依法公告的收购要约中所规定的收购条件、价格、期限以及其他规定事项,收购目标公司股份的收购方式。根据要约的发出是否基于收购人的意愿,要约收购又可分为强制要约收购和自愿要约收购。自愿要约收购是指收购人自愿作出收购决定,并根据目标公司总股本确定预计收购的股份比例,在该比例范围内向目标公司所有股东发出收购要约。强制要约收购则是指在收购人持有目标公司已发行股份达到一定比例,以致获得对目标公司的控制权时,法律强制其向目标公司的所有股东发出收购其所持有的全部股份的要约。

(二)收购程序

1. 作出上市公司收购报告书

收购人在发出收购要约前,必须事先向国务院证券监督管理机构报送和向证券交易所提交上市公司收购报告书。上市公司收购报告书应当包括以下内容:收购人的名称、住所;关于收购的决定;被收购的上市公司名称;收购目的;收购股份的详细名称和预定收购的股份数额;收购的期限、收购的价格;收购所需资金额及资金保证;报送上市公司收购报告书时所持有被收购公司数占该公司股份总数的比例等事项。

2. 发布要约

收购人在依照法律规定报送上市公司收购报告书之日起 15 日后,公告其收购要约。收购要约的期限不得少于 30 日,并不得超过 60 日。在收购要约的有效期限内,收购人不得撤回其收购要约。收购人需要变更收购要约中事项的,必须事先向国务院证券监督管理机构及证券交易所提出报告,经获准后,予以公告。收购要约中提出的各项收购条件,适用于被收购公司的所有股东。

3. 终止交易

收购要约的期限届满,收购人持有的被收购公司的股份数达到该公司已发行的股份总数的 75% 以上的,该上市公司的股票应当在证券交易所终止上市交易。收购要约的期限届满,收购人持有的被收购公司的股份数达到该公司已发行的股份总数的 90% 以上的,其余仍持有被收购公司股票的股东,有权向收购人以收购要约的同等条件出售其股票,收购人应当收购。

三、协议收购

(一)概念和特点

协议收购是收购者在证券交易所之外以协商的方式与被收购公司的股东签订收购其股份的协议,从而达到控制该上市公司的目的。收购人可依照法律、行政法规的规定同被收购公司的股东以协议方式进行股权转让。协议收购具有以下特点:(1)协议收购是上市公司收购的特殊形态。国家对协议收购的监管比较严格,尤其是国家股股权的转让更要遵循国家主管部门关于股份转让的相关规定。(2)协议收购兼具有场内场外交易的属性,必须遵守证券交易所的一般交易规则和场外交易及大宗交易的特殊规则,并遵循特殊监管方式的监管。(3)协议收购采取个别协议方式进行,不必对全体股东发出收购要约,并可对不同股东采取不同的收购价格和收购条件。

(二)程序

采取协议收购方式的,收购人可以依照法律、行政法规的规定同被收购公司的股东以协议方式进行股权转让。以协议方式收购上市公司时,达成协议后,收购人必须在3日内将该收购协议向国务院证券监督管理机构及证券交易所作出书面报告,并予公告。在未作出公告前不得履行收购协议。采取协议收购方式的,协议可以临时委托证券登记结算机构保管协议转让的股票,并将资金存放于指定的银行。

【拓展材料】

恶 意 收 购[①]

1. 概念和方法

恶意收购,是指收购公司在未经目标公司董事会允许,不管对方是否同意的情况下,所进行的收购活动。当事双方采用各种攻防策略完成收购行为,并希望取得控制性股权,成为大股东。恶意收购是经过收购者和目标公司股东双方的合作,旨在通过收购目标公司股东手中所持的股份,取代其目标公司的投资者地位而成为目标公司的股东,因此在法律上的效果即引起了股权关系的变更。

就恶意收购来看,主要有两种方法:第一种是狗熊式拥抱(Bear Hug),

---

① 参见百度百科:http://baike.baidu.com/view/10498.htm?from_id=9470117&type=Syn8fromtitle=恶意收购&fr=aladdin,2014年4月6日访问。

第二种则是狙击式公开购买。狗熊式拥抱,是一种主动的、公开的要约。收购方允诺以高价收购目标公司的股票,董事会出于义务必须要把该要约向全体股东公布,而部分股东往往为其利益所吸引而向董事会施压要求其接受报价。在协议收购失败后,狗熊式拥抱的方法往往会被采用。而事实上,对于一家其管理部门并不愿意公司被收购的目标公司来说,狗熊式拥抱不失为最有效的一种收购方法。一个CEO可以轻而易举地回绝收购公司的要约,但是狗熊式拥抱迫使公司的董事会对此进行权衡,因为董事有义务给股东最丰厚的回报,这是股东利益最大化所要求的。所以,与其说狗熊式拥抱是一种恶意收购,不如说它更可以作为一种股东利益的保障并能有效促成该收购行为。但是,股东接受恶意收购也不排除其短期行为的可能性,其意志很可能与公司的长期发展相违背。目标公司在发展中,其既得的人力资源、供销系统以及信用能力等在正常轨道上的运营一旦被股东短期获利动机打破,企业的业绩势必会有所影响。狙击式公开购买,一般是指在目标公司经营不善而出现问题或在股市下跌的情况下,收购方与目标公司既不做事先的沟通,也没有警示,而直接在市场上展开收购行为。狙击式公开购买包括标购、股票收购及投票委托书收购等形式。所谓标购就是指收购方不直接向目标公司董事会发出收购要约,而是直接以高于该股票市价的报价,向目标公司股东进行招标的收购行为。而股票收购则指收购方先购买目标公司的一定额度内的股票(通常是在国家要求的公告起点内,中国为5%),然后再考虑是否增持股份以继续收购行为。投票委托书收购系收购目标公司中小股东的投票委托书,以获得公司的控制权以完成收购的目的。狙击式公开购买最初通常是隐蔽的,在准备得当后才开始向目标公司发难。一般来说,采用这种手段针对的是公司股权相对分散或公司股价被明显低估的目标公司。

2. 价值分析

自恶意收购活动于20世纪60年代后期在美国展开后即成为人们议论的中心。对于恶意收购的价值分析,更是褒贬不一。

首先,恶意收购通过更换不称职的管理层能够降低代理成本。股份公司代理成本不可克服。公司在无效率的管理层支配下经营效率极低,反映在公司股票价格上就是股票价格的持续走低,这将会引起收购者的注意,一旦实现了收购,管理层将被代替和惩戒。在新的更具有经营才能和职业道德的管理层的指挥下,公司的经营效率和股票价格都将上升。即使对从未成为收购目标的公司而言,股东也会从恶意收购中获益,因为恶意收购带来的潜在的"袭击者"及收购危险会使管理层竭尽全力勤勉履行责任,最大效率地来提高公司的业绩,从而使公司免遭收购。

其次，恶意收购形成了规模经济，产生了协同效应。收购完成后，两个或者两个以上的公司联合在一起，它们在管理、财务和运营方面实现了整合和协同，此时产生的价值要远远大于资产分离时的价值。这种协同可以表现为产品的互补、单位产品成本的下降、借贷开支的减少等。这种理论已经得到广泛的认同。

当然，恶意收购本身还具有一些弊端。由于收购未必就是经营者管理不善带来的后果，经营良好的公司也可能遭到袭击，因此，目标公司的管理层有可能不会有足够的压力来改善公司的经营业绩。另外，要成功地实现收购，收购公司需要花费巨大的成本，包括聘请法律顾问、财务专家和对目标公司的调查分析所要支付的费用。并且，由于恶意收购的成功往往意味着目标公司管理层的下台，为了维护自己的利益和地位，目标公司管理层也往往会动用一切力量来抵制收购，这种激烈的收购和反收购战会造成社会资源的巨大浪费。此外，收购成功后，随着管理层的被更换，原来由目标公司管理层建立起来的公司与其他经济组织之间的良好的合作关系、信任关系也可能会中断，这都是公司在收购成功后的发展中所要面临的问题。

【思考题】

1. 股票与债券是我国《证券法》规定的主要证券类型。关于股票与债券的比较，下列表述正确的是（　　）。（2011年全国司法考试试卷三第33题）

　　A. 有限责任公司和股份有限公司都可以成为股票和债券的发行主体
　　B. 股票和债券具有相同的风险性
　　C. 债券的流通性强于股票的流通性
　　D. 股票代表股权，债券代表债权

2. 某公司申请其首次发行的公司债券上市交易，下列选项哪一个不符合《证券法》中规定的公司债券上市的法定条件？（　　）（2008年全国司法考试试卷一第24题）

　　A. 该债券的期限为1年
　　B. 该债券的实际发行额为6 000万元
　　C. 该公司的年资产额为1.5亿元，债券发行额为6 000万元
　　D. 该公司最近3年平均可分配利润刚好可以支付公司债券的10个月的利息

3. 某证券公司在业务活动中实施了下列行为，哪些违反《证券法》规定？（　　）（2009年全国司法考试试卷一第78题）

A. 经股东会决议为公司股东提供担保

B. 为其客户买卖证券提供融资服务

C. 对其客户证券买卖的收益作出不低于一定比例的承诺

D. 接受客户的全权委托,代理客户决定证券买卖的种类与数量

4. 根据《证券法》的规定,关于上市公司收购的说法,下列哪些选项是正确的?( )(2008年司法考试四川卷卷一第68题)

A. 收购期限届满,被收购公司股权分布不符合上市条件的,依法终止上市交易

B. 收购人持有的被收购的上市公司的股票,在收购行为完成满12个月以后可以转让

C. 收购期限届满,其余仍持有被收购公司股票的股东,有权向收购人以收购要约的同等条件出售其股票,收购人应当收购

D. 收购行为完成后,收购人与被收购公司合并,并将该公司解散的,被解散公司的原有股票由收购人依法更换

5. 某上市公司因披露虚假年度财务报告,导致投资者在证券交易中蒙受重大损失。关于对此承担民事赔偿责任的主体,下列哪一选项是错误的?( )(2010年全国司法考试试卷三第30题)

A. 该上市公司的监事

B. 该上市公司的实际控制人

C. 该上市公司财务报告的刊登媒体

D. 该上市公司的证券承销商

6. A股份有限公司于2007年发起设立,2010年在上海证券交易所上市,注册资本为1亿元人民币。2012年2月1日,A公司董事长黄某主持与某世界知名企业谈判W合作项目。3月17日,双方签订合作协议。当晚,黄某建议其亲属陈某买入本公司股票。3月18日,在A公司召开的年度例会上,黄某宣布了公司与某世界知名企业合作的消息。3月21日,A公司就该重大事项向中国证监会和上海证券交易所报告,并在《中国证券报》上予以公告。此后,A公司股票持续上涨。3月28日,黄某将其持有的A公司股票全部售出,获得50万元。请问:(1)A公司将该重大事项向中国证监会和上海证券交易所报告并公告的做法是否正确?为什么?(2)黄某建议陈某买入本公司股票的行为是否合法?为什么?(3)黄某将公司股票全部售出的行为是否合法?为什么?

第九章 金融信托公司业务法律制度

【学习目的与要求】 通过本章的学习,要求在熟悉信托与信托财产的基本理论的基础上,重点掌握信托的设立、变更和终止的概念和条件,并对信托公司的经营范围和经营规则有一个科学、权威的认识。

第一节 信托与信托财产

随着经济的快速发展,信托制度已经从传统的民事信托走向了现代的金融信托。在现代社会中,信托业与银行业、保险业、证券业成为金融领域的四大支柱。信托最早起源于 13 世纪的英国,我国则在 20 世纪初才引入信托制度。信托与信托财产是两个相互联系又相互区别的概念。

一、信托

(一)信托的概念

信托,即"信任委托",但是在对信托概念的具体界定上,各国立法和学理上的看法不一。

1. 英美法系中的信托

一般认为,信托制度起源于英国,于 19 世纪初在美国得到迅速发展。英美国家对信托的概念认识如下[①]:(1)《不列颠百科全书》的定义是:"信托是一种法律关系,在此关系中,一人拥有财产所有权,但同时负有受托人的义务,为另一人的利益而运用此项财产。"(2)美国法学家协会编写的《信托法重述》(*Restatement of Trust Law*)第 2 条规定:"信托,除慈善信托、结果信托以及推定信托外,是指以明示意思表示而设立的,发生在当事人之间的一种财产信托关系,在这种关系中,一方享有财产上的所有权,并负有为另一方在衡平法上的利益处分和管理财产的义务。"英美国家承认两种物权权利同时存在,与大陆法系国家"一物一权"的观念相悖,故信托引入大陆

---

① 徐孟洲主编:《信托法学》,中国金融出版社 2004 年版,第 4 页。

法系国家后的概念有所不同。

2. 大陆法系中的信托

在大陆法系国家和地区中,具有代表性的信托概念包括:(1)日本《信托法》第 1 条规定:"本法所称信托,是指办理财产权的转移或其他处理,使他人遵从一定的目的,对其财产加以管理或处理。"(2)韩国《信托法》第 1 条规定:"本法中的信托,是指以信托者与信托接收者之间特别信任的关系为基础,信托人将特定的财产转移给受托人或经过其他手续,请受托人为指定者的利益或特定目的,管理或处理其财产的法律关系。"(3)我国台湾地区"信托法"第 1 条规定:"称信托者,谓委托人将财产权转移或其他处分,使受托人依信托本旨,为受益人之利益或为特定之目的,管理或处分信托财产之关系。"可见,大陆法系国家或地区不承认一物多权,将物权效果与债权效果相区分,信托财产的物权由受托人享有,受益人则享有对信托财产的债权请求权。

3. 我国的信托

我国于 2001 年 4 月 28 日通过了《信托法》,该法第 2 条规定:"本法所称信托,是指委托人基于对受托人的信任,将其财产权委托给受托人,由受托人按委托人的意愿以自己的名义,为受益人的利益或者特定目的,进行管理或者处分的行为。"故在我国,信托的基础是双方之间的信任,信托的产生必须做到财产权的转移或分离,信托的目的是为了实现委托人的意愿。

(二)信托的特征

信托的实质是委托人将某项财产的所有权分为名义所有权与实质所有权,前者由受托人享有,后者由受益人享有。名义所有权人承担管理负担、投资风险和不当干扰等责任,实质所有权人享有收益权。[1] 其主要特征如下:

1. 信托是建立在委托人与受托人之间的信任之上的

委托人通常会选择值得其信任并可以实现其意愿的个人或组织作为受托人,在实践中主要是委托人的亲朋好友或者具有专业技能与经验的商事主体等。受托人接受信托,必须对委托人和受益人诚信,承担忠实、勤勉的义务,其辜负受托人的信任而为自身利益所为的财产管理行为对受托人不产生法律效力。

2. 信托财产所有权的转移

信托行为必须有财产的转移,信托财产的所有权在受托人与受益人之间

---

[1] 常健主编:《金融法教程》,对外经济贸易大学出版社 2007 年版,第 368 页。

分离。一方面,将信托财产所有权中处分权和经营管理权配置给受托人,使受托人取得对信托财产的经营管理权和处分权;另一方面,将信托财产所有权中的收益权配置给受益人,使受益人享有信托财产的收益权,也就是说受益人可以从信托财产上获取一定的经济利益。[1] 信托财产所有权的转移是信托制度不同于其他财产管理制度的根本特征。

3. 委托人是以自己的名义管理信托财产

在信托关系中,信托财产对外的唯一管理处分者是受托人。委托人在名义上已经与信托财产没有联系,不享有对信托财产的直接控制权。受托人独立管理财产,不需要借用委托人与受益人的名义,这是信托区别于代理、委托等民事制度的重要特征。

4. 信托财产的独立性

委托人将信托财产转移给受托人后,信托财产就与委托人分离,并与受托人的其他财产分立,成为独立的财产,服务于特定目的。信托财产不受委托人、受托人或受益人财务情况的影响,即使是委托人、受托人或受益人的债权人一般也无法对信托财产主张任何权利。根据我国《信托法》的规定,信托财产与委托人未设立信托的其他财产相区别,也与受托人自己的固有财产相区别,同时也不属于受益人。[2] 除因信托财产在信托前的理由发生的权利或在信托事务处理中发生的权利之外,信托财产不得被扣押、强制执行或进行拍卖(《信托法》第17条)。

5. 信托财产管理的受限性

受托人管理信托财产必须尽到善良管理人的义务,为委托人的意思或受益人的利益处理信托财产,故双方在信托合同中应明确信托目的,并在立法上要求受托人不能违背信托目的。

(三)信托的分类

依据不同的标准,信托可以有不同的分类[3]。

1. 依据信托目的的不同,信托可以分为私益信托与公益信托

私益信托是指完全为委托人自己或其指定的其他人的利益而设定的信托,可预先指定具体的受益人。公益信托则指为救济贫困,发展教育、文化、科技、医疗卫生、环保、慈善、宗教等社会公益事业而设立的信托,但设立公益信托必须得到国家有关公益事业管理机关的批准。

---

[1] 徐孟洲主编:《信托法学》,中国金融出版社2004年版,第7页。
[2] 吴志攀著:《金融法概论》,北京大学出版社2011年版,第102页。
[3] 徐孟洲主编:《信托法学》,中国金融出版社2004年版,第8~10页。

2. 依据信托设立方式的不同，信托可以分为合同信托和遗嘱信托

前者是指以订立信托合同的法律行为方式所设立的，后者是指以委托人订立遗嘱的法律行为方式所设立的。

3. 依据信托成立的原因不同，信托可以分为自由信托与法定信托

前者是指依当事人自己的自由意思表示而设立的信托，后者是指必须依法律规定或依法院鉴定和强制而成立的信托。

4. 依据受托人是否以从事信托为营业，信托分为民事信托和商事信托

前者是指受托人不以营业为目的而承办的信托，后者是指以从事商业行为而获取盈利而承办的信托。

5. 依据信托利益是否归属于委托人，信托可以分为自益信托与他益信托

前者的委托人和受益人是同一人，后者则由委托人以外的人来享受信托利益。

6. 依据信托标的物的不同，信托可以分为资金信托、实物信托和债权信托

资金信托是一种以货币资金为标的物的信托，实物信托是一种以动产或不动产为标的物的信托，债权信托是一种以债权凭证为标的物的信托。

7. 依据信托是否集合社会公众的财产，信托可以分为个别信托与集团信托

前者是指受托人就各个委托人的财产分别管理，后者是指受托人集合社会大众的资金，为特定目的而从事的信托。

8. 依据信托所涉及的行业不同，信托可以分为金融信托与贸易信托

前者的委托人主要将信托财产用于金融业务性质的经营管理，后者的信托财产主要投资于各种商业性质的经营管理。

(四)信托的功能

信托的功能非常广泛。在西方国家，信托普遍运用于各种财产管理制度中。信托的功能主要包括财产管理、财产保全、财产增值、财产融资和促进公益，其中财产管理是其首要和基本功能。

1. 财产管理功能

财产管理是信托的基本功能，通过信托可以使当事人将特定的财产转移给他人管理。在实践中，无论是资金信托还是实物信托，都属于财产管理功能的运用。在该功能下，受托人应当按照委托人的意愿运营信托财产，为委托人或受益人谋利。委托人一般是拥有众多专门人才与专业技术的公司，能够更好地为受益人服务。

2. 财产保全功能

信托的财产保全功能是指受委托人之托，受托人为特定人的生活或抚

养，防止信托财产的丧失或减少。① 譬如美国的浪费信托、抚养信托都限制受益权的让与从而达到保全财产的目的。在该功能下，受托人必须尽到善良管理人的义务，避免因为投资不当或故意谋取私人利益而导致信托财产的贬值。

3. 财产增值功能

信托的增值功能主要是指委托人运用信托业务手段进行社会投资的功能，其目的是为了追求利润的最大化，不同于财产保全功能。通过信托业务进行社会投资需要专业的人员和知识，否则会导致委托人血本无归，无法实现信托的财产增值目的。故各国法律都对从事信托业务的主体设立了严格的准入门槛。

4. 财产融资功能

财产融资功能主要体现在通过信托的方式实现资产证券化的过程中。委托人与受托人订立信托合同，将信托财产转移给受托人，由受托人将受益权分为相等的份额交给委托人。受益权凭证可以自由转让获取资金，从而实现了财产的融资功能。

5. 促进公益功能

促进公共利益的功能是指信托业可以为欲捐款或资助社会公益事业的委托人服务，以实现其特定目的的功能。譬如公益信托的主要功能是促进社会公共利益，而不是财产的增值等。公益信托一般选择风险较小的领域投资，实践中一般选择政府债券。随着社会经济的发展和文明程度的提升，社会公益需求正逐步提高，私益信托也开始涉足社会公共服务领域，社会公益基金等也可以委托信托公司管理。

二、信托财产

信托财产(Trust Propery)是信托的核心，是受托人与委托人成立信托的标的。信托一旦设立，委托人转移给受托人的财产就成为独立的信托财产。依据我国的《信托法》规定，设立信托必须有明确的信托财产，且该财产必须是委托人合法所有的。我国法律对信托财产的规定主要体现在《信托法》第14~18条中。

(一)信托财产的概念和特征

我国《信托法》对"信托财产"的规定属于直接定义的方式，依据其第14条的规定："受托人因承诺信托而取得的财产是信托财产。受托人因信托财

---

① 常健主编：《金融法教程》，对外经济贸易大学出版社2007年版，第374页。

产的管理运用、处分或者其他情形而取得的财产,也归入信托财产。"从法律规定来看,信托财产应有如下几个特征①:

1. 信托财产的独立性

信托财产独立于委托人、受托人、受益人及其债务人。信托财产的债权和不属于信托财产的债务不能互相抵消。独立性是信托财产的本质属性。

2. 信托财产的物上代位性

这又称为信托财产的同一性。信托财产在其管理处分中的固有性质不会改变。不管信托财产的外在形态如何变化、财产价值量的增减如何变化,均不会影响信托财产性质。即信托终止后,信托财产的权益仍然属于受益人。

3. 信托财产运用的有限性

受托人在信托财产的管理处分过程中受到一定的限制。受托人管理处分信托财产不能违背信托目的;不能违反国家法律法规;不能为自身利益运用信托财产;不能混同信托财产与其固有的其他财产。

4. 信托财产的转让性

信托财产的转让是信托成立的前提。信托财产所有权的转让不同于一般民法上关于所有权是绝对权的规定,其转让给受托人的前提是要求受托人维护他或他指定的他人利益。

(二)信托财产的范围

依据我国《信托法》的规定,信托财产包括信托的最初财产及其在管理运用过程中产生的利益。2007年《信托公司管理办法》将信托财产限制在如下领域:资金;不动产;动产;有价证券;其他财产或财产权;企业资产的重组、并购及项目融资、公司理财、财务顾问等业务;受托经营国务院有关部门批准的证券承销业务;中国银行业监督管理委员会批准的其他业务。就此规定来看,信托公司所能接受的信托财产的范围是很广泛的。理论界一般将信托财产的范围界定在以下几个方面:

1. 资金

资金是指物资的货币表现,一般是指货币现金,包括本国的货币和外国的货币。货币具有一般等价物的性质,可以用来衡量商品的价值。依据我国货币管理制度,除法律另有规定外,人民币是我国唯一通行的法定货币。

2. 不动产

依据我国法律的规定,不动产是指土地以及房屋、林木等地上定着物。

---

① 朱大旗著:《金融法》(第二版),中国人民大学出版社2007年版,第522~523页。

不动产的转让需要进行登记，目的在于向公众公示物权的设立、变更、转移及消灭等情况。不动产物权登记制度有利于保护交易双方的利益，也有利于维护第三方的知情权。

3. 动产

动产主要是指移动不影响其价值的财产。我国法律规定，不动产之外的物即为动产。动产所有权的转让通过交付即可完成，一般不需要履行严格的登记程序。

4. 有价证券

有价证券是设定并证明持券人有取得一定财产权利的凭证。广义上可以分为三类：一是实物证券，比如提单、仓库栈单等；二是货币证券，如支票、汇票、储蓄存单等；三是资本证券，如股票、债券等。实践中，资本证券是有价证券中最常见的信托财产。

5. 知识产权

知识产权在广义上包括一切人类智力创作的成果，狭义上仅仅包括工业产权和版权。在实践中，知识财产权所有人可将知识产权转移给信托公司，信托公司再向投资者发行有价证券，信托公司从出售有价证券的收入中提取一部分支付给转移知识财产权的所有人。知识产权作为信托财产的转让一般也需要登记，如专利的转让。

6. 其他物权

其他物权是指除所有权之外的物权，主要包括用益物权和担保物权。用益物权属于独立物权，主要以不动产为标的物，以物的占有为前提，在他人物上使用、收益的权利。担保物权属于从物权，指以确保债务的实现，在债务人或第三人的特定物或权力上设定一定的负担，重在支配物的交换价值。

7. 资金债权

资金债权是指由于以前借出的贷款还未收回等原因，能够从他人那里收取货币的权利。资金债权作为信托财产，即将象征资金债权的借据、票据、保险证书等作为信托财产委托给信托机构催收、管理和运用。

(三) 信托财产的管理与处分

信托设立以后，信托财产所有权人即由委托人转给受托人，受托人依据信托目的对信托财产进行管理处分。

1. 信托财产的管理

信托财产的管理是受托人的核心权利，但受托人管理财产也需要受信托目的及相关法律法规的限制。

(1) 信托财产之管理原则。为了保障委托人和受益人的利益，信托财产的管理必须遵循一定的原则：第一，财产分离原则，即受托人应当将信托财产与其固有的其他财产分别管理、分别记账，对于不同委托人的信托财产也应当分别管理、分别记账。第二，受托人管理信托财产所产生的债权，不得与其固有财产产生的债务相抵消，也不得与受托人管理其他信托财产所产生的债务相抵消。第三，信托财产专户原则，即受托人应当为不同信托在银行设立不同的专用账户，即信托财产专户，并单独核算每个信托计划项下信托财产的损益。

（2）信托财产之管理投资。信托财产的投资范围包括银行存款、货币市场基金、债券基金、交易所及银行间市场债券以及固定收益类产品等。信托财产对外投资时，受托人应恪尽职守，履行诚实、信用、谨慎、有效管理的义务。为了避免较大的风险，受托人不得将资金直接投资于股票二级市场，也不得投资于其他高风险的金融衍生产品，如股指期货、股票期货等产品。

（3）信托财产管理的权限。受托人管理的权限受信托目的和法律法规的限制，概括来说，受托人的管理权限包括但不限于：首先，根据法律规定和信托文件约定管理信托财产，受托人因自身原因而违背信托合同的约定管理信托事务不当造成信托财产损失的，应依法承担相应的赔偿责任。其次，受托人应监督信托计划保管人。在信托计划保管人更换时，选任新的保管人。最后，为了维护受益人的利益，受托人可以自己的名义实施诉讼权力或者其他法律行为。

2. 信托财产的处分

（1）信托财产处分的内涵。信托财产的处分是法律赋予受托人的合法权利，目的是为了实现委托人的意愿，与民法中财产所有人的处分权没有本质区别。受托人对信托财产的处分既可以采取事实上的处分行为，也可以采取法律上的处分行为，目的都是为了确保委托人或其指定的受益人的利益。在实践中，信托财产的处分大多为法律上的处分，但也无法避免诸如消费等事实上的处分。

（2）违反信托目的处分财产的后果。依据我国现行《信托法》的规定，受托人违背信托目的处分信托财产必须承担相应的法律后果[1]：一是撤销权、恢复原状或赔偿损失的请求权。根据《信托法》第22条的规定，受托人违反信托目的处分信托财产委托人有权申请法院予以撤销，并要求受托人恢复原状、赔偿损失。该信托财产的受让人明知受托人故意而接受财产的应当予以返回或赔偿损失。依据《信托法》第49条的规定，受益人也享有和委托人同

---

[1] 徐孟洲主编：《信托法学》，中国金融出版社2004年版，第119页。

等的权利。二是解任权和申请解任权。根据《信托法》第23条的规定，委托人违反信托目的处分信托财产，委托人有权按照信托文件的规定解任受托人，或者申请法院解任受托人。第49条中同样规定了受益人的此项权利。三是拒付报酬权。根据《信托法》第36条的规定，受托人违反信托目的处分信托财产的，在未恢复信托财产的原状或者未予以赔偿前，不得请求给付报酬。受托人在此情况下请求的，委托人可以拒付。

(3)信托财产占有瑕疵的承继。在信托关系中，不仅有恶意的受托人，也可能会存在恶意的委托人。实践中经常出现这种情形：委托人对某项财产属于有瑕疵的占有，但其仍用该项财产设立信托。如果受让人善意，依照民法的理论，则其对信托财产享有合法权利。而受让人又是以委托人的意愿处分财产的，最终还是恶意的委托人受益。真正的财产所有权人的利益无法得到有效的保障。故各国立法普遍规定了信托财产占有瑕疵的承继制度。依据这一制度，委托人对信托财产的占有瑕疵由受托人承继，即使受托人取得信托财产是善意的，其对物的占有仍然属于瑕疵占有，真正的所有权人有权要求其返还原物或赔偿损失。

我国立法上尽管没有规定信托财产占有瑕疵的承继，但是我国对无效信托规定得较为严格。这种情况在我国都会归入无效信托，自始不发生效力。

(四)信托财产的归属

委托人与受托人设立信托后，信托财产是否发生移转，学术界一直没有形成一个统一的说法，概括起来，主要存在以下四种学说：一是物权说，认为信托财产的所有权属于委托人或受益人。二是双重所有权说，认为受托人是信托财产的名义所有人，委托人或者受益人是信托财产的实际所有人。三是债权说，认为受托人享有信托财产的所有权，受益人享有的是债权请求权。四是附条件的法律行为说，认为信托财产归受托人所有是有条件的。条件成就前，所有权归受托人；条件成就后，所有权归委托人或者受益人。不难看出，以上四种学说都认为信托成立后，委托人不再是信托财产的所有权人，信托财产的所有权发生了移转，不同的是财产的归属不同。

我国《信托法》仅仅在信托定义中笼统地描述为"委托人基于对受托人的信任，将其财产权委托给受托人，由受托人按委托人的意愿，以自己的名义，为受益人的利益或特定目的，进行管理或者处分"。故在我国，信托财产的所有权归属是否发生改变是不明确的，但信托财产的管理处分权肯定是转移给了受托人。

第二节 信托的设立、变更和终止

信托关系是一种双方基于信任而产生的财产关系,这种财产关系的设立、变更和终止是信托行为制度的核心。研究信托的设立、变更和终止能够更好地规范双方当事人的行为,维护委托人或其指定的受益人的合法利益。

一、信托的设立

(一)信托设立的概念与条件

信托的设立是指委托人与受托人之间确定信托关系的法律行为。依据我国现行《民法通则》和《信托法》的规定,信托的有效设立应当具备以下条件①:

1. 信托当事人合法、确定

这是信托成功设立的首要条件,信托的设立必须有合法确定的委托人、受托人和受益人。委托人和受托人必须具有完全民事行为能力。在我国金融信托中,委托人是特定的主体,即信托公司。受益人既可以是由委托人指定的,也可以是由法律明确规定的。

2. 信托目的必须合法

信托目的是信托的基本要素之一,是指委托人希望通过信托所要实现的目的。信托目的要合法是指信托目的不得违反法律、行政法规的规定或者损害社会公共利益;禁止专门以诉讼或讨债为目的设立信托;委托人设立信托业不得损害其自己债权人的合法利益。

3. 信托财产必须合法、确定

信托财产的合法性是指委托人用于设立信托的财产应当是委托人合法取得并占有的财产,包括财产权利。依据我国《信托法》的规定,委托人以盗窃、抢劫等手段获得的财产设立的信托无效;法律、行政法规禁止流通的财产也不得作为信托财产,除经过有关主管机关批准。信托财产的确定性是指信托财产确实存在并且能够转移给受托人,其价值能够计算,如资金、动产、不动产、知识产权等财产。人身权利由于不能估算而无法成为信托财产。

4. 信托的设立形式合法

依据我国法律的规定,设立信托应当采用书面形式。书面形式包括信托

---

① 朱崇实主编:《金融法教程》(第二版),法律出版社 2005 年版,第 314~315 页。

合同、遗嘱或者法律、行政法规规定的其他书面形式。采用信托合同设立信托的，信托合同签订时，信托成立。采取其他书面形式设立信托的，受托人承诺信托时，信托成立。为了更好地保护与受托人进行交易的第三人的合法利益，法律还要求，设立信托，对于特定信托财产，法律、行政法规规定应当办理登记手续的，应当依法办理信托登记。信托登记是指通过一定的形式将有关财产已经设立信托的事实向社会大众予以公示。信托登记一般只针对特定的财产，我国应当办理登记的信托财产主要包括不动产、汽车、船舶、飞机、专利权、商标权、公司股份等。应当办理信托登记而未办理，又不依法进行补办的，该信托无效。

(二)可撤销的信托

可撤销信托，又称为相对无效的信托，即我国《信托法》中规定的债权人撤销权。依据该法第12条的规定，债权人的撤销权是指委托人设立信托损害其债权人的利益时，债权人有权申请人民法院撤销该信托。设立信托的撤销制度的目的是为了保护债权人的合法利益。委托人因设立信托会使自己的财产减少，可能无法清偿债务而损害了债权人的利益。为防止委托人利用信托制度转移财产，赋予债权人撤销权是必要的。

1. 债权人行使撤销权的条件

债权人行使撤销权应以债权人自己的名义进行。所有债权人均可行使撤销权，若一个债权人对委托人设立的某项信托申请的撤销，则其他债权人就不可再行使撤销权了。债权人行使权利违反注意义务给委托人造成损失的，应当予以相应的赔偿。依据我国法律的规定，债权人行使撤销权应当具备以下条件：(1)在委托人设立信托之前，债权人的债权就已经产生。信托设立以后产生的债务不影响信托的效力，在债权人无法获得清偿时，也不得主张对信托财产的任何权利。(2)委托人的行为必须使其自有财产减少。对于委托人所为的不以财产为标的的行为，债权人不可主张撤销权。(3)委托人的信托行为损害了债权人的利益。即委托人的行为导致其无法清偿全部债务。若委托人的信托行为虽然减少了其自有财产但不会影响到债权人的利益，那么债权人就不享有撤销权。(4)债权人向人民法院申请了撤销权。这是债权人撤销权行使的程序性要件。

2. 债权人行使撤销权的时效

为了尽快明确债权人与信托关系当事人之间的权利义务关系，各国法律都对债权人行使撤销权规定了一定的期限限制。各国的规定不一，有的规定的是除斥期间，有的规定的是诉讼时效，但是都不允许债权人无期限地享有申请撤销信托的权利。依据我国《合同法》的规定，撤销权自债权人知道或应当知道撤销事由之日起 1 年内行使；自债务人的行为发生之日起 5 年内没有行使撤销权的，该撤销权消灭。但是我国《信托法》仅采纳了前半部分，依据该法第 12 条第 3 款的规定，债权人撤销权，自债权人知道或应当知道撤销原因之日起 1 年内不行使的，归于消灭。

3. 债权人撤销权行使的法律后果

债权人行使撤销权会导致信托自设立之时起就不发生法律效力，但是善意受益人已经获取的信托利益不受影响。这是由于善意取得人对信托损害了债权人利益并不知情，没有恶意。具体来说，其效力表现如下：(1) 对委托人来说，信托行为一旦被撤销，则该行为自始无效。(2) 对受托人而言，信托撤销后，若信托财产已经为受托人占有、使用和管理的，其应向撤销权人返还财产和收益，不能原物返还的，应当折价赔偿。(3) 对受益人而言，信托被撤销后，受益人只有在善意的情况下，才可以不返还信托利益，否则应予以返还。(4) 对债权人而言，其行使撤销权之后，在直接受领受托人履行的情况下，不能直接清偿自身债权，除非经债务人同意且只有一个债权人。若有数个债权人，则应当依据法律规定的清偿程序进行。

(三) 无效信托

信托的无效是指信托虽然成立但由于欠缺信托行为成立的要件，对当事人及第三人都不发生法律效力的信托行为。无效信托一般由于内容的违法性而自始当然无效，当事人不得履行该信托。依据我国《信托法》第 11 条的规定，无效信托包括以下 6 种情形：

1. 信托目的违反法律、行政法规或者损害社会公共利益

信托目的不得与法律的强制性规定或禁止性规定相抵触，不得有损社会秩序、道德风尚，不得有损国家主权，不得有损国家、集体、公民个人的合法权益等。

2. 信托财产不能确定

若委托人没有确定的信托财产，则受托人就无法行使其对财产的管理处分权，受益人更无法从中获益，信托目的不能实现。故信托财产必须确定，这是信托得以实现的保证。

3. 委托人以非法财产或者本法规定不得设立信托的财产设立信托

非法财产是指委托人通过非法手段获取的，其对财产不享有合法权利的财产。不得设立信托的财产主要是指法律法规禁止流通的财产和法律法规限制流通且委托人设立信托未获得有关主管部门的批准的财产。委托人利用非法财产或不得设立信托的财产设立的信托自始无效也是信托财产合法性原则的要求。

4. 专以诉讼或讨债为目的设立信托

以诉讼或讨债设立信托，会使案件人为复杂化，不利于纠纷的解决和社会稳定，也偏离了信托的本质。故各国立法上都将此类信托规定为无效信托。

5. 受益人或受益人范围不能确定

信托是为受益人的利益而设，委托人设立信托的目的必须通过受益人获益才能实现。故在分配信托利益时，受益人必须确定，不然委托人设立的信托就毫无意义。

6. 法律、行政法规规定的其他情形

兜底性条款是对上述五种情形的补充，能够更好地适应实践发展的需要，使《信托法》与以后要制定的法律法规进一步协调，确保信托无效制度永葆生机，不断完善。

二、信托的变更

信托的变更是指因出现了法定情形或约定情形而对信托当事人或信托内容予以变更。信托一旦设立就不能随意变更。但是为了保护委托人和受益人的利益，法律规定，在特定的情况下，可以对信托当事人及信托内容予以变更。

(一)信托当事人的变更

1. 委托人的变更

委托人的变更主要是指委托人地位的继承与转让。委托人的地位可以由其继承人继承，但有的权利是不可以继承的，如委托人特别为自己保留的权利。在信托关系中，委托人的权利既包括财产属性的权利，也包括人身属性的权利。对于前者，委托人可以转让给他人。

2. 受托人的变更

受托人的变更既可能是自愿也可能是委托人或受益人的意愿。特定受托人职责终止时即需变更；当受托人不履行职责或发生了影响其履行职责的重大事由，会对委托人或受益人的利益造成损害，则委托人或受益人可以解任受托人，选任新的受托人。受托人的变更一般不会影响信托的效力。

3. 受益人的变更

信托一旦成立就具有效力，不得随意变更受益人。但实践中可能会发生特殊情况必须要变更受益人。我国《信托法》第51条规定："设立信托后，有下列情形之一的，委托人可以变更受益人或者处分受益人的信托受益权：(1)受益人对委托人有重大侵权行为；(2)受益人对其他共同受益人有重大侵权行为；(3)经受益人同意；(4)信托文件规定的其他情形。有前款第(1)项、第(3)项、第(4)项所列情形之一的，委托人可以解除信托。"除了法定变更情形外，委托人还可以与受托人在信托文件中对其变更受益人进行约定，当约定的事由发生时也可以变更受益人。

(二)信托内容的变更

信托内容的变更不是对信托内容的全部改变，一般只是一些局部变更，主要包括信托期限、信托财产管理方法等的变更。在信托内容的变更中，最为常见的是对信托财产管理方法的变更。当信托财产管理方法不利于委托人实现其信托目的时，可以变更信托财产管理方法。我国《信托法》第21条规定："因设立信托时未能预见的特别事由，致使信托财产的管理方法不利于实现信托目的或者不符合受益人的利益时，委托人有权要求受托人调整该信托财产的管理方法。"该法第49条赋予了受益人同等的权利。

三、信托的终止

信托的终止是指已经成立的信托，因法律的规定或当事人的约定而失去了法律效力。

(一)信托终止的条件

根据我国《信托法》第53条和《信托公司管理办法》第41条的规定，概括而言，信托终止的条件如下：(1)信托文件规定的信托事由发生。依据合同的意思自治原则，委托人与受托人在订立信托合同时可以在合同中约定信托终止的事由，一旦发生约定事由，信托即告终止。(2)信托的存续违反信托目的。信托目的是信托的灵魂，主宰了信托的设立、变更和终止。如果信托的存续违反了信托目的，则委托人设立信托的初衷即不能达到，信托就没有了存续的必要。(3)信托目的已经实现或不能实现。信托目的已经实现，则委托人的目的已经达到，信托自然失去了存续的意义。另外，信托目的若由于种种原因不能实现，信托设立的目的注定不能达到，信托的存续自然也没有必要。(4)信托当事人协商同意终止。作为一种民事行为，信托行为也尊重双方的意愿。若双方当事人协商一致，也可以终止信托关系。(5)信托被撤销。信托的撤销是指委托人的债权人依照法律规定行使撤销权，使得处于生效状态的信托关系归于消灭。一旦被撤销，信托即告终止。(6)信托被解除。信托的解除是指信托当事人依据法律或者双方的约定行使解除权，使得处于生效的信托关系归于消灭的行为。信托关系一旦消灭，信托即告终止。各国和地区法院均规定在特殊情况下，允许解除信托关系。我国法律对自益信托和他益信托作了不同的规定。对于自益信托，《信托法》第50条规定:"委托人是唯一受益人的,委托人或者其继承人可以解除信托。信托文件另有规定的,从其规定。"该法第51条规定的是他益信托,即在受益人对委托人有重大侵权行为,经受益人同意或有信托文件规定的其他情形时,委托人可以解除合同。(7)信托期限届满。(8)全体受益人放弃信托受益权。所有的受益人都放弃受益权,且信托文件也没有赋予委托人重新指定受益人的权利,导致信托权益失去了受益的对象。信托的目的必然不能实现,自然应当予以终止。

(二)信托终止的法律后果

信托终止会产生一系列法律后果[1],主要表现为:

1. 确定信托财产的权利归属者

信托财产的权利归属者是指信托终止时依法享有取得信托财产权利的人。信托终止后,受托人就丧失了管理处分财产的权利。待信托财产权利归属者出现以后,由受托人将信托财产转移给权利归属者。依据我国法律规定,财产属于信托文件规定的人,信托文件没有规定的,则归属于受益人或其继承人;若没有受益人、继承人或者受益人放弃受益权的,则信托财产权利归属于委托人或其继承人。

2. 信托财产在转移过程中信托被视为存续

信托财产的转移不是一蹴而就的,通常需要进行一系列的结算办理程序,如不动产就必须要登记。那么在财产转移的期间,信托财产如何归属?我国《信托法》第55条规定:"依照前条规定,信托财产的归属确定后,在该信托财产转移给权利归属人的过程中,信托视为存续,权利归属人视为受益人。"信托终止后,在信托财产转移期间,信托被视为存续,则受托人仍享有信托权利,负有信托义务。受益人作为权利归属人享有转移信托财产的请求权及监督受托人的权利。

3. 以权利归属者为被执行人

信托财产一般不得强制执行,但法律规定了一些特殊情形:(1)在财产成为信托财产之前,债权人已经对该财产享有优先受偿权;(2)受托人处理信托事务所发生的债务,是管理或处分信托财产本身所产生的;(3)信托财产本身应担负的税款;(4)法律规定的其他情形。在信托终止后,债权人并不丧失请求人民法院对信托财产强制执行的权利,但此时信托财产的归属已经发生变化,依据《信托法》第56条的规定,此时应当以权利归属人为被执行人。

---

[1] 徐孟洲主编:《信托法学》,中国金融出版社2004年版,第194~198页。

4. 信托终止后受托人仍可以行使取得报酬权以及费用和损失补偿请求权

受托人管理信托财产一般享有取得报酬权；受托人若为处理信托财产预付了一定费用，则还享有费用补偿请求权。信托终止后，若受托人的权利没有实现，则其仍然可以行使该项权利以维护自身的合法利益。我国《信托法》第57条规定："信托终止后，受托人依照本法规定行使请求给付报酬、从信托财产中获得补偿的权利时，可以留置信托财产或者对信托财产的权利归属人提出请求。"

5. 清算信托事务

信托事务的清算是指信托终止后，由受托人对因处理信托事务所产生的债权、债务进行清算的活动。信托的清算主要包括清理信托债权债务、核定并移交信托财产和制作并提交清算报告。我国《信托法》第58条规定："信托终止的，受托人应当作出处理信托事务的清算报告。受益人或者信托财产的权利归属人对清算报告无异议的，受托人就清算报告所列事项解除责任。但受托人有不正当行为的除外。"

第三节 信托公司的业务范围和经营规则

信托制度的运用主要体现在信托公司的经营管理过程中，我国信托公司主要受《信托公司管理办法》的规制。信托公司从事信托业务必须依照该办法的规定进行。

一、信托公司的业务范围

(一)信托公司的业务种类

信托公司的业务范围随着经济发展不断增大，但始终和信托的基本职能相一致，一直将财产管理业务作为其最主要的业务。但由于信托对资金的运行有着诸多优势，各国和地区的信托公司一般还会经营一些其他的金融业务。在国际社会上，一般将信托公司的业务种类分为三类：信托业务、投资业务和兼营业务。[1]

信托公司是专业的受托人，信托业务是其主要业务，即接受委托人的委托，管理处分信托财产。主要有管理生前财产和遗产，管理人身保险的债权；受托管理运用各种年金和其他基金；担任证券投资信托和公司债发行的

---

[1] 王淑敏、陆世敏主编：《金融信托与租赁》，中国金融出版社2002年版，第174页。

受托人；受托运营各种信托资金；管理法院扣押的财产和受任为破产管理人；受托办理工商企业的设立、改组、兼并、解散及清算；经营房地产及代办其他不动产的买卖；承销或代客买卖各类有价证券等。①

信托公司的投资业务包括其受托办理的各类投资业务和自营的投资业务，主要包括自营买卖或代理买卖有价证券；投资国债、公债、金融债券和股票等；经营证券投资业务；投资开发不动产等。

信托公司经营的信托以外的业务为兼营业务，包括投资银行业务、代理业务和担保业务。主要包括经营企业资产的重组、购并及项目融资、公司理财、财务顾问等中介业务；受托经营国债、企业债券等债券承销业务；代理财产的管理处分；代为保管业务；信用见证、资信调查及经济咨询业务；以固有财产为他人提供财产等。

(二) 我国信托公司的经营范围

信托公司的经营范围由公司章程规定，并报中国人民银行批准。依据《信托公司管理办法》的规定，信托公司经过批准可以从事以下业务，但依法受到一定的限制。

(1) 信托公司可以申请经营下列部分或全部本外币业务：①受托经营资金信托业务，即委托人将自己合法拥有的资金，委托信托投资公司按照约定的条件和目的，进行管理、运用和处分。②资金信托是目前信托公司的主要业务，资金信托就是以本币或者外币为信托财产的信托。资金信托在实践中的运用最为广泛。②受托经营动产、不动产及其他财产的信托业务，即委托人将自己的动产、不动产以及知识产权等财产、财产权利，委托信托公司按照约定的条件和目的，进行管理、运用和处分。这种财产信托是以非货币形态的物质财产作为标的的，例如汽车、房屋、专利权、商标权利等。③受托经营法律、行政法规规定允许从事的投资基金业务，受托人可以作为发起人来从事投资基金业务。实质上，证券投资基金是建立在信托的基础之上，是信托制度的一种特殊安排。④信托公司可以经营除了证券经纪、股票、公司债券承销以外的重组、购并及项目融资、公司理财、财务顾问以及国债、政策性银行债券、企业债券的承销等投资银行业务。⑤信托公司可以申请办理信用见证、资信调查及经济咨询等业务。这是信托公司的代理业务。信用见证是指信托公司依据客户要求对指定公司、个人的信用状况进行审查，为客户提供信用见证的业务。资信调查及经济咨询是指信托公司接受委托，以其

---

① 徐孟洲主编：《信托法学》，中国金融出版社 2004 年版，第 226 页。
② 朱崇实主编：《金融法教程》(第二版)，法律出版社 2005 年版，第 320 页。

专门的知识、技术和经验,为委托人提供市场调查等信息,进行可行性研究的一种业务。⑥代保管业务。信托公司从事代保管业务,一般要求在公司设置保管箱,接受单位及个人的委托,代替其保管各种贵重物品的业务。代保管在实质上也是一种代理业务。⑦法律法规或中国银监会批准的其他业务。

（2）依据法律法规的有关规定开展公益信托活动。依据我国的《信托公司管理办法》的规定,我国信托公司可以依照《信托法》的有关规定,接受为下列公益目的而设立的公益信托:①救济扶贫;②救助灾民;③救助残疾人;④发展教育、科技、文化、艺术、体育事业;⑤发展医疗卫生事业;⑥发展环境保护事业,维护生态环境;⑦发展其他社会公共利益。

（3）依据市场的需要,按照信托目的、信托财产的种类或对信托财产管理方式的不同设置信托业务品种。不同的信托公司从事的信托业务并不相同,信托公司可以根据自身实际情形和市场的需求情况,自主决定从事哪些信托业务,并依照不同的方法设置信托业务品种。

（4）管理、运用或处分信托财产时,可以依照信托文件的约定,采取投资、出售、存放同业、买入返售、租赁、贷款等方式进行,中国银监会另有规定的除外,但信托公司不得以卖出回购方式管理运用信托财产。管理、运用和处分信托财产是信托公司信托业务的核心,管理、运用和处分信托财产的方式多种多样,只要不违反法律、行政法规的强制性规定即可。

（5）信托公司运营的财产除了信托计划管理委托人的财产外,还有其固有资产,管理运用其固有资产的业务称为固有业务。依照现行法律法规的规定,信托公司固有业务项下可以开展存放同业、拆放同业、贷款、租赁、投资等业务。其中投资业务限定为金融类公司股权投资、金融产品投资和自有固定资产投资。除中国银监会另有规定外,信托公司不得以固定财产进行实业投资。

（6）信托公司不得开展除同业拆入业务之外的其他负债业务,且同业拆入业务的余额不得超过其净资产的20%,中国银监会另有规定的除外。即信托公司不得发行债券,也不得吸收存款。且信托公司以负债方式获得的资金不得用于同业拆放、贷款、融资租赁和股权投资,也不得用于公司固定资产的购置。

（7）信托公司可以开展对外担保业务,但对外担保业务的余额不得超过其净资产的50%。担保业务属于信托公司的传统业务,也是一项重要的附属业务。① 在实践中,信托公司的担保业务以融资担保为主,即对借款人的

---

① 朱崇实主编:《金融法教程》(第二版),法律出版社2005年版,第321页。

信用和按期还本付息的责任向贷款人作出保证。担保的方式一般是保证，担保的财产一般是信托公司的自有财产而不能用信托财产。

(8)信托公司经营外汇信托业务，应当遵守国家外汇管理的有关规定，并接受外汇主管部门的检查、监督。外汇信托一般都是资金信托，即指委托人以一定数额的外汇资金存入信托公司，在约定的期限内由金融信托公司利用该项资金所得的收益扣除一定的信托费用外，全数由委托人享有。信托公司经营的外汇信托根据委托人所在地的不同，分为境内信托和境外信托。

二、信托公司的经营规则

为了保障委托人和受益人的利益，各国法律都规定了信托公司的经营规则。我国的《信托公司管理办法》也专门规定了信托公司的经营规则。[①]

1. 以书面形式设立信托

各国信托业法都规定信托机构接受委托人的信托时必须采用书面形式，对有关重要事项加以约定以防出现纠纷。依据我国《信托公司管理办法》的规定，设立信托应当采用书面形式，且信托合同应当载明以下事项：(1)信托目的；(2)委托人、受托人的姓名或名称、住所；(3)受益人或受益人范围；(4)信托财产的范围、种类及状况；(5)信托当事人的权利和义务；(6)信托财产管理中风险的揭示和承担；(7)信托财产的管理方式和受托人的经营权限；(8)信托利益的计算，向受益人交付信托利益的形式、方法；(9)信托公司报酬的计算及支付；(10)信托财产税费的承担和其他费用的核算；(11)信托期限和信托的终止；(12)信托事务的报告；(13)信托终止时信托财产的归属；(14)信托当事人的违约责任及纠纷解决方式；(15)新受托人的选任方式；(16)委托人和受托人认为需要载明的其他事项。

2. 依法规范经营规则

信托公司必须遵循《信托法》、《信托公司管理办法》等相关法律法规的规定，规范经营，使得信托行业能够健康快速的发展。

3. 谨慎投资者规则

谨慎投资者规则要求受托人在对信托财产进行投资时，必须履行像"一个谨慎的人"，管理处分自己的财产那样的注意义务，受托人在运用信托财产进行投资时不仅要考虑信托目的，还应当考虑信托财产的安全性和收益性。依据我国《信托公司管理办法》的规定，信托公司应当以受益人的最大利益为宗旨处理信托事务，并谨慎管理信托财产。

---

① 王煜宇等编著：《金融法学》，武汉大学出版社 2010 年版，第 111~113 页。

4. 利益冲突防范规则

在信托过程中，信托公司比较容易利用其控制信托财产的有利地位，为谋取不正当的私人利益而作出有损于信托财产及受益人的行为。故各国法律都对信托机构的这种行为采取了利益防范措施，要求受托人不得使自己处于与委托人或受益人相冲突的地位。我国《信托公司管理办法》第34条规定："信托公司开展信托业务，不得有下列行为：(1)利用受托人地位谋取不当利益；(2)将信托财产挪用于非信托目的的用途；(3)承诺信托财产不受损失或者保证最低收益；(4)以信托财产提供担保；(5)法律法规和中国银行业监督管理委员会禁止的其他行为。"

5. 风险准备金规则

为了保护委托人或受益人的利益，防止信托公司违反法律法规造成信托财产的损失而无法赔偿，一般要求信托公司必须提取一定数额的资金以保证其偿还能力，如日本和韩国都规定了信托公司应当提取资本金1/10以上的数额。我国《信托公司管理办法》第49条规定："信托公司每年应当从税后利润中提取5%作为信托赔偿准备金，但该赔偿准备金累计达到公司注册资本的20%时，可不再提取。信托公司的信托赔偿准备金应当存放于经营稳健、具有一定实力的境内商业银行，或者用于购买国债等低风险高流动性证券品种。"

6. 分别记账、分别管理规则

《信托公司管理办法》第29条规定："信托公司应当将信托财产与其固有财产分别管理、分别记账，并将不同委托人的信托财产分别管理、分别记账。"这种规定是信托财产独立性的要求，有利于委托人和受益人了解信托财产的情况，防止信托公司利用信托财产为自己或第三人谋取利益或将不同委托人的财产进行不公平的内部交易。

7. 资金信托规则

依据法律法规的规定，信托公司办理资金信托业务应当遵循下列规则：(1)不得以任何形式吸收或变相吸收存款；(2)不得发行债券；(3)不得举借外债；(4)不得承诺信托资金不受损失，也不得承诺最低收益；(5)不得通过报刊、电视、广播和其他公共媒体进行营销宣传。

8. 保密规则

为了保护双方当事人的商业秘密，尊重当事人的隐私，《信托公司管理办法》第27条规定："信托公司对委托人、受益人以及所处理信托事务的情况和资料负有依法保密的义务，但法律法规另有规定或者信托文件另有约定的除外。"

9. 直接处理信托事务规则

直接处理信托事务要求信托公司亲自处理信托事务，不得委托他人代为办理。依据我国《信托公司管理办法》第 26 条的规定："信托公司应当亲自处理信托事务。信托文件另有约定或有不得已事由时，可委托他人代为办理，但信托公司应尽足够的监督义务，并对他人处理信托事务的行为承担责任。"

10. 其他规则

信托公司除了遵循以上规则外，《信托公司管理办法》还规定，在信息披露方面，信托公司应当妥善保管信托事务的完整记录，至少每年定期向委托人及受益人报告信托财产及其管理运用、处分及收支情况，并要求信托公司作出说明；在获取报酬方面，信托公司经营信托业务可以依据约定以手续费或者佣金的方式获取报酬，收支报酬的标准由双方协商，除中国人民银行另有规定外。若信托公司违反信托目的处分信托财产，或因违背管理职责、处理信托财产不善致使财产受到损失，在恢复财产原状或予以赔偿前，信托公司不得请求给付报酬；在费用及损害赔偿请求方面，信托公司因处理信托事务而支出的费用、负担的债务，以信托财产承担，但应当在信托文件中明确或告知委托人。信托公司以其固有财产现行支付的，对信托财产享有优先受偿的权利，因信托公司违背管理职责或管理信托事务不当所受到的损失，以其固有财产承担。

【拓展材料】

信托公司将参与信贷资产证券化[①]

多家金融机构正积极筹备发行第三轮额度下的信贷资产证券化产品，产品将在交易所市场试点发行，且试点初期仅面向机构投资者。此次将有多家信托公司参与信贷资产证券化产品发行，意味着信贷资产证券化参与机构进一步扩容。参与的信托公司为此前已取得相关资质的 20 余家信托公司，包括中信信托、兴业信托、中融信托等。多位出席第九届北京金博会的信托业内人士表示，未来信托公司参与信贷资产证券化业务将成为趋势，这将是信托公司应对大资产管理时代挑战的重要"阵地"。第三轮信贷资产证券化试点的规模不超过 3 000 亿元，其中 1 000 亿元额度将分配给进出口银行、农业发展银行和地方城市商业银行等金融机构；国家开发银行将获得 1 000 亿元

---

① 参见《信贷资产证券化产品将在交易所发行》，载《中国证券报》2013 年 11 月 2 日。

额度,其中至少500亿元用于铁路贷款等基础资产;五大国有商业银行有望合计分得1 000亿元额度。

【思考题】

  1. 什么是信托?信托有什么特征?

  2. 信托的分类有哪些?

  3. 如何理解信托的功能?

  4. 如何理解信托财产这一概念?

  5. 信托财产的范围包括哪些?

  6. 如何理解信托财产的特征?

  7. 如何理解信托的设立、变更和终止?

  8. 试述我国信托公司的经营范围。

  9. 试述我国信托公司经营中必须遵循的规则。

  10. 试论我国信托公司的现状及完善。

第十章 其他金融机构业务法律制度

【学习目的与要求】通过本章的学习,了解信用合作社、企业集团财务公司、金融资产管理公司、汽车金融公司和金融租赁公司的业务范围;理解信用合作社、企业集团财务公司、金融资产管理公司、汽车金融公司和金融租赁公司的经营规则。

第一节 信用合作社经营规则

信用合作社是指由个人集资联合,以自愿、平等、互助的原则组织起来的一种经济形态,其目的是以简便的手续和较低的利率向社员提供信贷服务,其属于银行类金融机构。一般认为,信用合作社主要分为农村信用合作社和城市信用合作社。我国目前只剩下农村信用合作社,城市信用合作社已经退出了我国的历史舞台。城市信用合作社产生于20世纪70年代,自1998年中国人民银行《整顿城市信用合作社工作方案》公布后,城市信用合作社逐渐减少。2012年4月,全国最后一家城市信用社(宁波象山县绿叶城市信用社)改制为城市商业银行。

一、农村信用合作社概述

农村信用合作社是指经中国人民银行批准设立的,由合作社的社员入股组成的,实行社员民主管理,是主要为社员提供金融服务的农村合作金融结构。依据《农村信用合作社管理规定》,农村信用合作社是独立的企业法人,以其全部资产对农村信用社的债务承担责任,依法享有民事权利,承担民事责任;其财产、合法权益和依法开展的业务活动受国家法律保护,任何单位和个人不得侵犯和干涉。农村信用合作社的社员是指向农村信用合作社入股的农户及农村各类具有法人资格的经济组织,社员以其出资额为限承担风险和民事责任。农村信用合作社有广义和狭义之分。广义上的农村信用合作社包括农村信用合作社和各级联合社,前者即是狭义上的农村信用合作社。农村信用合作社联合社包括省、市和县级,由本辖区内信用合作社入股组成,目前形成了"省级联合社依法管理,中国银行业监督管理委员会依法监管"的局面,即由省政府负责成立各省省级联社,对本省信用社进行统一管理,并接受人民银行和银监会监管,没有全国性统一管理机构。

从性质上来说,农村信用社是银行类金融机构,是我国金融体系的重要组成部分。其主要任务是筹集农村的闲散资金,为农业、农民和农村经济发展提供金融服务,支持农业生产和农村综合发展,支持各种形式的合作经济和社员家庭经济,限制和打击高利贷。其特点主要表现如下[1]:(1)农村信用合作社是指由农民和农村的其他个人集资联合组成的,以互助为主要宗旨的合作金融组织,其业务经营是在民主选举基础上由社员指定人员管理经营,并对社员负责。其最高权力机构是社员代表大会,负责具体事务的管理和业务经营的执行机构是理事会。(2)其主要资金来源是合作社成员缴纳的股金、留存的公积金和吸收的存款;主要业务是贷款,贷款主要用于解决其成员的资金需求。起初主要发放短期生产生活贷款和消费贷款,后随着经济发展,渐渐扩宽放款渠道,现在和商业银行贷款没有区别。(3)由于业务对象是合作社成员,因此业务手续简便灵活。

二、我国农村信用合作社的历史发展

1920年,我国许多省份都遭受了严重的旱灾,受灾农民达2 000万,为了抵抗灾情,当时各省纷纷成立义赈团体筹措赈灾款救灾。但到了1922年华北各省大丰收,而当时义捐的赈灾款尚有将近300万元的剩余,如何使用这笔赈灾款成为一个现实问题。当时负责管理赈灾款的"中国华洋义赈救灾总会"经过商议最终决定于1923年组织设立了我国历史上的第一个信用合作社,即河北香河县信用合作社。后来在革命根据地,我国农村信用合作社得到了很大的发展,为当时农村地区生产资金不足提供了有利的帮助。新中国成立以后,农村信用合作社发展迅速。1951年5月,中国人民银行总行召开了第一次全国农村金融工作会议并颁布了《农村信用合作社章程准则草案》,决定大力发展农村信用社。1955年,中国农业银行成立,负责指导全国的农村信用合作社。当时的农村信用社,资本金是由农民入股,领导阶层是由社员选举,通过经营信贷活动为农民的生活及生产服务,成为扶持农业生产的重要力量。1958年人民公社化运动以后,农村信用合作社历经撤销、恢复和合并。直到1977年,《国务院关于整顿和加强银行工作的几项规定》表明:"信用社是集体金融组织,又是国家在农村的基层机构。"1984年,国

---

[1] 王煜宇等编著:《金融法学》,武汉大学出版社2010年版,第121页。

务院批准了中国农业银行提交的《关于改革信用社管理体制的报告》,同意把农村信用社真正办成群众性的金融组织,允许其在遵守国家金融政策和接受农业银行的监督下,独立地开展业务。

1996年8月,国务院颁布了《国务院关于农村金融体制改革的决定》(国发[1996]33号),进一步明确了农村信用社改革管理的政策措施,使得农村信用合作社与中国农业银行脱离,促进了农村信用社的发展。该决定将农村信用合作社的业务管理权和金融监管权分别交给县联社和中国人民银行。"十五大"规划纲要明确指出:农村信用社要坚持为农业、农村、农民服务的方向,因地制宜加快管理体制改革,充分发挥农村信用社在农村金融服务中的主力军和联系农民的金融纽带作用。1999年,为了促进农村信用合作社的进一步发展,中国人民银行颁布了《关于组建农村信用合作社市(地)联合社的试点工作方案》、《农村信用合作社市(地)联合社管理规定(暂行)》和《关于组建农村信用合作社市(地)联合社示范章程》,要求各地区进行组建市(地)联社的试点。2000年,经国务院领导批准同意,江苏省率先进行了信用社的改革试点。全省信用社实行以县为单位的统一法人,并在县(市)联社入股基础上,组建了江苏省联社。

2003年政府针对农村信用合作社开始了新一轮改革。6月27日,国务院印发《深化农村信用合作社改革试点方案》(国发[2003]15号),要求各地区依照"明晰产权关系、强化约束机制、增强服务功能、国家适当支持、地方政府负责"的整体要求,加快农村信用合作社的深化改革。该方案明确规定:"对于农村信用社的产权制度改革,有条件的地区可以进行股份制改造;暂不具备条件的地区,可以比照股份制的原则和做法,实行股份合作制;股份制改革有困难而又适合搞合作制的,也可以进一步完善合作制。"可见,股份制是农村信用合作社的最终目标,但我国目前仍然是农村商业银行、农村合作银行和农村信用合作社三种模式并存的局面。按照中央十七届三中全会和全国金融工作会议的战略部署,银监会明确提出,从2011年开始,要通过5年左右时间争取实现农村信用合作社的股份制改革和现代农村银行制度的建立。

三、农村信托合作社经营规则

农村信用合作社的经营规则是农村信用合作社安全运营的基本保障,掌握农村信用合作社经营规则,依照明确的规则行事才能确保农村信用合作社和广大社员的利益,有利于其进一步深化改革。

(一)农村信用合作社的业务范围

作为银行类金融机构,农村信用合作社的业务范围与银行类似,但又有所不同。依据《农村信用合作社管理办法》的规定,农村信用合作社经过中国人民银行批准后,可经营下列人民币业务:(1)办理存款、贷款、票据贴现、国内结算业务,经营存贷款业务是其基本职能,票据贴现是将未到期的票据卖给农村信用合作社以获取流动资金的行为,结算业务属于中间业务,目的是清偿债权债务;(2)办理个人储蓄业务,即个人将资金存入农村信用合作社的行为;(3)代理其他银行的金融业务,目的是获取手续费的收入,而不是利息;(4)代理收付款项及受托代办保险业务;(5)买卖政府债券;(6)代理发行、代理兑付、承销政府债券;(7)提供保险箱业务,即农村信用合作社接受客户委托,按照事先约定的条款,为客户存放各种金银珠宝、有价证券、文书契约及保密资料等贵重物品;(8)由县联社统一办理资金融通调剂业务,这一业务必须由县联社统一办理,单个的农村信用合作社不得开展资金融通调剂业务;(9)办理经中国人民银行批准的其他业务。

(二)农村信用合作社的业务规则与财务会计管理

农村信用合作社开展业务活动,必须遵循一定的规则,依据《农村信用合作社管理办法》,概括如下:(1)农村信用合作社必须按规定缴纳存款准备金。所谓存款准备金,即金融机构为保证客户提取存款和资金结算的需要而留存在中国人民银行的存款。依照中国人民银行的规定,农村信用社存款准备金的管理是以县农村信用联社为单位,按其一般性存款余额的6%控制下限,实行按旬考核。每旬末五日内信用联社将汇总的全辖信用社一般性存款余额表报当地人民银行营业部门,人民银行会计人员将月计表、一般存款余额表核对无误后录入会计核算系统,整个控制工作由人民银行会计集中系统自动完成,当发生缴存额不足时,系统自动提示,对欠缴准备金部分按每日6‰处以罚息。存款准备金不能随便动用,其使用必须经过中国人民银行的批准。(2)农村信用合作社对本社社员的贷款不得低于贷款总额的50%。其贷款应优先满足种养业和农户生产资金需要,资金有余时,再支持非社员和农村其他产业。(3)农村信用合作社坚持多存多贷、自求平衡的原则,实行资产负债比例管理和资产风险管理:①资本充足率不得低于8%,即资本总额与加权风险资产总额的比率不得低于8%;②年末贷款余额与存款余额的比例不得超过80%;③流动性资产余额与流动性负债余额的比例不得低于25%;④对同一借款人的贷款余额不得超过本农村信用社资本总额的30%。(4)农村信用合作社应按规定向中国人民银行县(市)支行、县联社报送信贷、现金计划及其执行情况,报送统计报表和中国人民银行所需要的其他统计资料。农村信用社对所报报表、资料的真实性、准确性负责。

除业务规则外,农村信用合作社还必须执行国家统一制定的农村信用社财务会计制度,按照国家有关规定,真实记录并全面反映其业务活动和财务状况,编制年度财务会计报告,及时向中国人民银行县(市)支行报送会计报表。农村信用合作社的财务会计具体应遵循以下规则:(1)农村信用合作社不得在法定的会计账册外另立会计账册。(2)农村信用合作社应当按照国家有关规定,提取呆账准备金和坏账准备金。(3)农村信用合作社执行中国人民银行统一制定的结算规章制度,按照中国人民银行的规定办理本地和异地结算业务。办理同城结算,可参加中国人民银行组织的同城票据交换和多边结算,也可通过县联社办理;办理异地结算可自由选择开户银行办理。(4)农村信用合作社应以县联社为单位,统一聘请中国人民银行认可的会计师事务所对其财务报表及财务状况进行审查。(5)农村信用合作社应定期向本社理事会、监事会报告其财务状况。

第二节　企业集团财务公司经营规则

企业集团财务公司是非银行类金融机构的主要类型之一,这种称谓仅在我国适用,国外一般称为财务公司,经营范围与规则也有所不同。本节主要介绍的是我国的企业集团财务公司。

一、企业集团财务公司概述

(一)财务公司的概念

财务公司产生于1716年的法国,后来传至英美国家并逐渐繁荣起来。各国对财务公司的称呼和业务内容规定并不相同。大部分学者认为,财务公司是以经营部分金融业务为生的准银行,主要业务是吸收存款。

我国的财务公司出现在1979年之后,当时国内组建了大量的企业集团,这些集团中有的资金闲置,有的又资金紧缺,企业集团财务公司便应运而生。我国的企业集团财务公司是指为企业集团成员单位提供金融服务的具有独立企业法人资格的非银行金融机构,其中的企业集团是指经国家主管部门批准、在中国境内注册、以母公司为主体、依产权关系建立的企业集团,其中的母公司是指具有投资中心功能的大型生产、流通企业或控股公司,成员单位包括母公司,母公司的全资子公司,母公司控股51%以上的子公司,母公司、子公司单独或共同持股20%以上的公司,或持股不足20%但处于最大股东地位的公司。① 除了企业集团财务公司外，我国还出现过外商投资财务公司。但自2006年《外资金融机构管理条例》被废止后，这种财务公司在我国就不具有合法的地位，均被改制成为外资银行或中外合资银行。故目前我国的财务公司只有一种，即企业集团财务公司。

(二)企业集团财务公司的特点

我国的企业集团财务公司是金融深化与多样化的结果，它具有以下特点：

1. 具有双重属性

我国的企业集团财务公司既是所属企业集团的子公司，依附于所属企业集团，又是非银行金融机构，几乎经营除了个人存贷款和保险业务以外的全部金融业务。故其必须接受企业集团和人民银行的双重监管。

2. 业务范围的有限性

我国的财务公司是特定企业集团内部的金融机构，主要是为该企业集团内的成员企业提供金融服务。它不为企业集团成员以外的其他组织或个人服务。

3. 对集团公司的依附性很强

企业集团财务公司的资金主要来源于集团公司和集团公司成员投入的资本金和集团公司成员企业在财务公司的存款。资金的来源决定了其对集团公司的依附性很强。

4. 坚持服务与效益相结合并以服务优先

企业集团财务公司是独立的企业法人，自负盈亏，必须注重公司的效益。但由于其是企业集团内部的机构，且集团公司成员企业大部分都是财务公司的股东，故企业集团财务公司在经营中应当坚持在为集团公司成员企业提供良好金融服务的前提下，努力实现自身利润的最大化。

(三)企业集团财务公司的现状

企业集团财务公司是中国企业体制和金融体制改革的产物。为了增强国有大中型企业的生命力，盘活企业集团的内部资金，增强企业集团的融资能力，促进企业产品结构的调整，最终探索出具有中国特色的产业资本与金融资本相结合的道路，我国于1987年批准成立了第一家企业集团财务公司，即武汉的东风汽车工业集团财务公司。此后，根据国务院1991年71号文件的决定，很多企业集团相继建立了财务公司。自1987年5月我国第一家企业集团财务公司成立以来，截至2011年末，全国能源电力、航天航空、石

---

① 王煜宇等编著：《金融法学》，武汉大学出版社2010年版，第116页。

油化工、钢铁冶金、机械制造等关系国计民生的基础产业和各个重要领域的大型企业集团几乎都组建了自己的财务公司。我国企业集团财务公司数量已经从1987年的7家增加到2011年末的上百家。可见,我国的集团财务公司的规模不断扩大,其结构也在不断完善。当然,在企业集团财务公司发展的同时,我们也应看到其不足,如融资渠道单一、资金实力单薄、行政干预较多、专业人才匮乏等问题。

二、我国集团财务公司的经营规则

我国调整集团财务公司经营规则的文件主要是于2004年修订、2006年通过的《企业集团财务公司管理办法》。在该办法中具体规定了财务公司的业务范围和经营规则。

(一)企业集团财务公司的业务范围

根据《企业集团财务公司管理办法》第28条的规定,财务公司可以经营下列部分或者全部业务:(1)对成员单位办理财务和融资顾问、信用鉴证及相关的咨询、代理业务;(2)协助成员单位实现交易款项的收付;(3)经批准的保险代理业务;(4)对成员单位提供担保;(5)办理成员单位之间的委托贷款及委托投资;(6)对成员单位办理票据承兑与贴现;(7)办理成员单位之间的内部转账结算及相应的结算、清算方案设计;(8)吸收成员单位的存款;(9)对成员单位办理贷款及融资租赁;(10)从事同业拆借;(11)中国银行业监督管理委员会批准的其他业务。依据该办法的规定,财务公司经营的其他业务主要包括:(1)经批准发行财务公司债券;(2)承销成员单位的企业债券;(3)对金融机构的股权投资;(4)有价证券投资;(5)成员单位产品的消费信贷、买方信贷及融资租赁。财务公司欲从事上述业务,除了必须严格遵守国家的有关规定和中国银行业监督管理委员会审慎监管的有关要求,还应当具备以下条件:(1)财务公司设立1年以上,且经营状况良好;(2)注册资本金不低于3亿元人民币,从事成员单位产品消费信贷、买方信贷及融资租赁业务的,注册资本金不低于5亿元人民币;(3)经股东大会同意并经董事会授权;(4)具有比较完善的投资决策机制、风险控制制度、操作规程以及相应的管理信息系统;(5)具有相应的合格的专业人员;(6)中国银行业监督管理委员会规定的其他条件。

财务公司的业务范围经中国银行业监督管理委员会批准后,应当在财务公司章程中载明。财务公司不得办理实业投资、贸易等非金融业务。财务公司在经批准的业务范围内细分业务品种,应当报中国银行业监督管理委员会备案,但不涉及债权或者债务的中间业务除外。

(二)企业集团财务公司的经营规则

1. 资产负债管理制度

为了保障企业集团财务公司的安全经营,企业集团财务公司必须遵循一定的资产负债比例:(1)资本充足率不得低于10%;(2)拆入资金余额不得高于资本总额;(3)担保余额不得高于资本总额;(4)短期证券投资与资本总额的比例不得高于40%;(5)长期投资与资本总额的比例不得高于30%;(6)自有固定资产与资本总额的比例不得高于20%。中国银行业监督管理委员会根据财务公司业务发展或者审慎监管的需要,可以对上述比例进行调整。

2. 内部控制制度

财务公司应当按照审慎经营的原则,制定本公司的各项业务规则和程序,建立、健全本公司的内部控制制度。首先,财务公司必须有符合条件的股东会、董事会和监事会,且有符合中国银行业监督管理委员会规定的任职资格的董事、高级管理人员和规定比例的从业人员。董事和高级管理人员应当具有财务公司资金集中管理经验。其次,财务公司应当分别设立对董事会负责的风险管理、业务稽核部门,制定对各项业务的风险控制和业务稽核制度,每年定期向董事会报告工作,并向中国银行业监督管理委员会报告。再次,财务公司董事会应当每年委托具有资格的中介机构对公司上一年度的经营活动进行审计,并于每年的4月15日前将经董事长签名确认的年度审计报告报送中国银行业监督管理委员会。最后,财务公司还应当依照国家有关规定,建立、健全本公司的财务、会计制度。财务公司应当遵循审慎的会计原则,真实记录并全面反映其业务活动和财务状况。

3. 会计报表报送制度

财务公司应当按规定向中国银行业监督管理委员会报送资产负债表、损益表、现金流量表、非现场监管指标考核表及中国银行业监督管理委员会要求报送的其他报表,并于每一会计年度终了后的1个月内报送上一年度财务报表和资料。财务公司的法定代表人应当对经其签署报送的上述报表的真实性承担责任。相关会计报表是反映财务公司经营状况的主要文件,及时了解财务公司会计报表有助于银监会对其的风险控制。

4. 成员单位名单管理制度

财务公司应于每年的4月底前向中国银行业监督管理委员会报送其所属企业集团的成员单位名录,并提供其所属企业集团上年度的业务经营状况及有关数据。财务公司对新成员单位开展业务前,应当向中国银行业监督管理委员会及时备案,并提供该成员单位的有关资料。与财务公司有业务往来的成员单位由于产权变化脱离企业集团的,财务公司应当及时向中国银行业监督管理委员会备案,存有遗留业务的,应当同时提交遗留业务的处理方案。

5. 重大情况报告制度

财务公司发生挤提存款、到期债务不能支付、大额贷款逾期或担保垫款、电脑系统严重故障、被抢劫或诈骗、董事或高级管理人员涉及严重违纪、刑事案件等重大事项时,应当立即采取应急措施并及时向中国银行业监督管理委员会报告。企业集团及其成员单位发生可能影响财务公司正常经营的重大机构变动、股权交易或者经营风险等事项时,财务公司应当及时向中国银行业监督管理委员会报告。

6. 存款准备金和外汇管理制度

财务公司应当按中国人民银行的规定缴存存款准备金,并按有关规定提取损失准备,核销损失。财务公司对单一股东发放贷款余额超过财务公司注册资本金 50% 或者该股东对财务公司出资额的,应当及时向中国银行业监督管理委员会报告。财务公司的股东对财务公司的负债逾期 1 年以上未偿还的,中国银行业监督管理委员会可以责成财务公司股东会转让该股东出资及其他权益,用于偿还其对财务公司的负债。

7. 其他规则

财务公司应当遵守中国人民银行有关利率管理的规定;经营外汇业务的,应当遵守国家外汇管理的有关规定;财务公司可成立行业性自律组织。

第三节 金融资产管理公司经营规则

金融资产管理公司是指由国家出面成立的,以解决银行不良资产、化解金融风险为目的的公司。

一、金融资产管理公司概述

(一)金融资产管理公司的概念

在国际市场上,金融资产管理公司(Asset Management Corporation,简称 AMC)分为两类:(1)从事"优良"资产管理业务的资产管理公司。此种类型范围较广,涵盖诸如商业银行、投资银行以及证券公司设立的资产管理部或资产管理方面的子公司,提供的服务主要有账户分立、合伙投资、单位信托等;(2)从事"不良"资产管理业务的资产管理公司,其专门处置从银行剥离的不良资产,国家出面设立的专门资产管理公司即属于此类。本节所说的金融资产管理公司即属于此种。

目前，规范我国金融资产管理公司的文件主要有2000年通过的《金融资产管理公司条例》和最高人民法院2001年发布的《关于审理涉及金融资产管理公司收购、管理、处置国有银行不良贷款形成的资产的案件适用法律若干问题的规定》。

(二)我国金融资产管理公司概念

依据《金融资产管理公司条例》的规定，我国的金融资产管理公司是指经国务院决定设立的收购国有独资商业银行不良贷款，管理和处置因收购国有独资商业银行不良贷款形成的资产的国有独资非银行金融机构。从定义来看，我国的金融资产管理公司具有下列特点：(1)我国的金融资产管理公司主要由政府组建，一般不允许私人随意设立的，其组建必须由国务院决定。我国目前有4家资产管理公司，即中国华融资产管理公司、中国长城资产管理公司、中国东方资产管理公司和中国信达资产管理公司。(2)收购对象是国有独资商业银行的不良贷款。银行的不良贷款是国际社会上普遍存在的问题，各国都设立了专门的机构处置这些不良资产。我国银行的不良资产也一直居高不下，故参照国际经验，先后设立了四个金融资产管理公司，专门处置各大国有银行的不良资产。(3)我国金融资产管理公司处置不良贷款的方式较为单一，目前都采用了购买的方式。(4)我国的金融资产管理公司是国家独资的非银行金融机构。

(三)我国金融资产管理公司设立目的

金融资产管理公司以最大限度保全资产、减少损失为主要经营目的，具体来说，其设立是为同时达到以下四个目的：一是通过收购不良资产改善我国国有独资商业银行的资产负债状况，增强银行的抗风险能力，提高其在国内外信用。二是深化国有独资商业银行改革，使得国有独资商业银行成为真正意义上的现代商业银行。三是利用我国金融资产管理公司的特殊法律地位和专业化优势，通过债转股等专业化经营，实现不良贷款价值回收最大化。四是通过金融资产管理，对符合条件的企业实施债权转股权，支持国有大中型亏损企业摆脱困境，促进国有企业改革，推动其建立现代化管理制度。

(四)我国金融资产管理公司的发展

总体来看，我国金融资产管理公司的发展经历了三个阶段[①]：第一阶段是1999年到2005年前后：1999年，为了解决国有银行长期积累的不良资产问题，经国务院批准，我国先后设立了4家资产管理公司。4家资产管理公司用了6年左右的时间完成了政策性不良资产收购任务，化解了银行金融

---

① 柯卡生：《中国金融资产长管理公司转型成效显著》，2013中国金融年度论坛。

风险,维护了金融市场的稳定。第二阶段从完成政策性不良资产收购任务之后到 2009 年:完成国有银行不良资产收购的任务后,四大国有资产管理公司都开始尝试纯商业化资产运作。2006 年开始,四大资产管理公司陆续开展了阶段性股权投资,委托代理和财务顾问等业务,陆续搭建了信托、租赁、银行、证券、保险(放心保)等具有金融限制的转型平台。第三阶段是 2009 年至今:截至 2009 年,我国金融资产管理公司的经营年限已经达到最初设定的 10 年,四大资产管理公司按照财政部的战略部署,先后完成自身的改制。2011 年信达公司率先完成改制。2012 年华融公司相继完成改制,其引账公司开始启动。2013 年 6 月下旬,财政部正式批复东方资产和长城资产启动股份制改革。2013 年 12 月 12 日,信达公司在香港上市,翻开了我国金融资产管理公司新的一页。

二、我国金融资产管理公司经营规则

为了规范我国金融资产管理公司的运营,处理好国有银行长期积累的不良资产,国务院颁布了《金融资产管理公司条例》,集中规定了金融资产管理公司的业务范围和经营规则。

(一)经营范围

根据《金融资产管理公司条例》第 10 条的规定,金融资产管理公司在其收购的国有银行不良贷款范围内,管理和处置因收购国有银行不良贷款形成的资产时,可以从事下列业务活动:(1)追偿债务;(2)对所收购的不良贷款形成的资产进行租赁或者以其他形式转让、重组;(3)债权转股权,并对企业阶段性持股;(4)资产管理范围内公司的上市推荐及债券、股票承销;(5)发行金融债券,向金融机构借款;(6)财务及法律咨询,资产及项目评估;(7)中国人民银行、中国证券监督管理委员会批准的其他业务活动。除此之外,金融资产管理公司还可以向中国人民银行申请再贷款。

(二)收购不良贷款的范围、额度及资金来源

金融资产管理公司按照国务院确定的范围和额度收购国有银行不良贷款;超出确定的范围或者额度收购的,须经国务院专项审批。在国务院确定的额度内,金融资产管理公司按照账面价值收购有关贷款本金和相对应的计入损益的应收未收利息;对未计入损益的应收未收利息,实行无偿划转。金融资产管理公司收购不良贷款后,即取得原债权人对债务人的各项权利。原借款合同的债务人、担保人及有关当事人应当继续履行合同规定的义务。

金融资产管理公司收购不良贷款的资金来源包括:(1)划转中国人民银行发放给国有独资商业银行的部分再贷款;(2)发行金融债券。中国人民银

行发放给国有独资商业银行的再贷款划转给金融资产管理公司,实行固定利率,年利率为 2.25%。金融资产管理公司发行金融债券,由中国人民银行会同财政部审批。

(三)以债权转股权方式处理不良资产的相关规定

金融资产管理公司可以将收购国有银行不良贷款取得的债权转为对借款企业的股权。为了规避《公司法》中公司对外投资的比例限制,《金融资产管理公司条例》特别规定金融资产管理公司持有的股权,不受公司净资产额或者注册资本的比例限制。实施债权转股权,应当贯彻国家产业政策,有利于优化经济结构,促进有关企业的技术进步和产品升级。

实施债权转股权的企业,由国家经济贸易委员会向金融资产管理公司推荐。金融资产管理公司对被推荐的企业进行独立评审,制定企业债权转股权的方案并与企业签订债权转股权协议。债权转股权的方案和协议由国家经济贸易委员会会同财政部、中国人民银行审核,报国务院批准后实施。企业实施债权转股权后,应当按照国家有关规定办理企业产权变更等有关登记。国家经济贸易委员会负责组织、指导、协调企业债权转股权工作。

实施债权转股权的企业,应当按照现代企业制度的要求,转换经营机制,建立规范的公司法人治理结构,加强企业管理。有关地方人民政府应当帮助企业减员增效、下岗分流,分离企业办社会的职能。金融资产管理公司的债权转股权后,作为企业的股东,可以派员参加企业董事会、监事会,依法行使股东权利。金融资产管理公司持有的企业股权,可以按照国家有关规定向境内外投资者转让,也可以由债权转股权企业依法回购。

(四)公司的经营和管理

金融资产管理公司实行经营目标责任制。财政部根据不良贷款质量的情况,确定金融资产管理公司处置不良贷款的经营目标,并进行考核和监督。金融资产管理公司应当根据不良贷款的特点,制定经营方针和有关措施,完善内部治理结构,建立内部约束机制和激励机制。

金融资产管理公司管理、处置因收购国有银行不良贷款形成的资产,应当按照公开、竞争、择优的原则运作。金融资产管理公司转让资产,主要采取招标、拍卖等方式。金融资产管理公司的债权因债务人破产等原因得不到清偿的,按照国务院的规定处理。金融资产管理公司资产处置管理办法由财政部制定。

金融资产管理公司根据业务需要,可以聘请具有会计、资产评估和法律服务等资格的中介机构协助开展业务。金融资产管理公司免交在收购国有银行不良贷款和承接、处置因收购国有银行不良贷款形成的资产的业务活动中的税收,具体办法由财政部会同国家税务总局制定。金融资产管理公司免交工商登记注册费等行政性收费。金融资产管理公司应当按照中国人民银行、财政部和中国证券监督管理委员会等有关部门的要求,报送财务、统计报表和其他有关材料。金融资产管理公司应当依法接受审计机关的审计监督。金融资产管理公司应当聘请财政部认可的注册会计师对其财务状况进行年度审计,并将审计报告及时报送各有关监督管理部门。

第四节 汽车金融公司经营规则

汽车金融公司最开始是汽车企业集团的财务公司,随着社会上对汽车需求越来越大,现在意义上的汽车金融公司便应运而生。

一、汽车金融公司的概述

(一)汽车金融与汽车金融公司

汽车金融是消费者在购买汽车需要贷款时,可以直接向汽车金融公司申请优惠的支付方式,可以按照自身的个性化需求,来选择不同的车型和不同的支付方法。汽车金融主要是指与汽车产业相关的金融服务,是在汽车研发设计、生产、流通、消费等各个环节中所涉及的资金融通的方式。它是汽车业与金融业相互渗透的必然结果,是当前产业金融的重要领域。

汽车金融服务最初始于20世纪初期汽车制造商向用户提供汽车销售分期付款,汽车金融服务的出现使得汽车购买方式从最初的全额付款转变为分期付款。这一转变虽然促进了汽车的销售,但也占用了汽车制造商的大量资金。随着汽车消费市场的日益壮大,汽车制造商必然无法承受,于是汽车金融公司应运而生,其可以依法从社会上筹集资金以解决分期付款中的资金不足问题。①

2003年,为了促进国内汽车消费市场的发展,银监会顺应市场需求,及时设立了汽车金融公司这一非银行金融机构。为了进一步规范我国汽车金融公司的发展,银监会又于2003年10月3日颁布了《汽车金融公司管理办法》(现已废止)。我国第一家汽车金融公司成立于2004年,即上海通用汽车金融公司(GMAC-SAIC)。截至2013年8月份,我国共成立了13家汽车金融公司。

---

① 常健主编:《金融法教程》,对外经济贸易大学出版社2007年版,第161页。

(二)我国汽车金融公司的概念及其作用

依据 2008 年新施行的《汽车金融公司管理办法》的规定,汽车金融公司是指经中国银监会批准设立的,为中国境内的汽车购买者及销售者提供金融服务的非银行金融机构。汽车金融公司作为提供汽车消费信贷及相关服务的专业金融机构,发挥着巨大的作用,具体而言:一是完善我国金融体系。汽车金融公司是银监会批准设立的一类新的金融机构,是金融机构发展史上的一个创新,对促进金融市场的发展,完善我国金融体系具有重大作用。二是改变了我国汽车信贷市场主体单一的局面,促进了市场化的竞争。汽车信贷主体由单一的银行转变为汽车金融公司与银行共存的局面,市场化的竞争能更好地保护汽车购买者及销售者的利益。三是推动了汽车行业的健康发展,在实践中,汽车金融公司通常隶属于较大的汽车工业集团,其主要目的就是推动汽车及其相关产品的销售。专业化的汽车金融公司可以向消费者提供更全面的服务,有利于汽车行业的健康发展。

二、汽车金融公司的业务范围与经营管理

(一)汽车金融公司的业务范围

经中国银监会批准,汽车金融公司可从事下列部分或全部人民币业务:(1)接受境外股东及其所在集团在华全资子公司和境内股东 3 个月(含)以上定期存款;(2)接受汽车经销商采购车辆贷款保证金和承租人汽车租赁保证金;(3)经批准,发行金融债券;(4)从事同业拆借;(5)向金融机构借款;(6)提供购车贷款业务;(7)提供汽车经销商采购车辆贷款和营运设备贷款,包括展示厅建设贷款和零配件贷款以及维修设备贷款等;(8)提供汽车融资租赁业务(售后回租业务除外);(9)向金融机构出售或回购汽车贷款应收款和汽车融资租赁应收款业务;(10)办理租赁汽车残值变卖及处理业务;(11)从事与购车融资活动相关的咨询、代理业务;(12)经批准,从事与汽车金融业务相关的金融机构股权投资业务;(13)经中国银监会批准的其他业务。

(二)汽车金融公司的经营管理

汽车金融公司应按照中国银监会有关银行业金融机构内控指引和风险管理指引的要求,建立健全公司内部控制制度,建立全面有效的风险管理体系。

1. 资产负债比例要求

汽车金融公司应遵守以下要求:(1)资本充足率不低于 8%,核心资本充足率不低于 4%。汽车金融公司的资本充足率计算公式为:资本/风险加

权资产。汽车金融公司的资本包括核心资本与附属资本。核心资本包括实收资本、资本公积、盈余公积、未分配利润。附属资本包括重估储备与一般准备。汽车金融公司核心资本不得低于资本的50%。汽车金融公司风险加权资产的计算及各类资产风险权重如下：风险加权资产＝对商业银行的债权×20%＋有商业银行提供保证的债权×20%＋其他担保形式担保的债权×50%＋其他形式资产×100%＋担保业务余额×100%，其他担保形式是指商业银行提供保证以外的担保；其他形式资产不包括现金。计算各项贷款的风险资产时，应当首先从贷款账面价值中扣除专项准备，其他各类资产的减值准备，也应当从相应的资产项目账面价值中扣除。(2)对单一借款人的授信余额不得超过资本净额的15%；对单一集团客户的授信余额不得超过资本净额的50%；对单一股东及其关联方的授信余额不得超过该股东在汽车金融公司的出资额；授信余额包括表内和表外的项目。汽车金融公司对关联人不得发放信用贷款，对关联人的授信条件不得优于其他借款人同类授信的条件。授信余额的计算口径为扣除借款人以现金和现金等价物作抵押后的余额。汽车金融公司的担保余额不得超过注册资本的200%。(3)自用固定资产比例不得超过资本净额的40%。汽车金融公司流动性资产与流动性负债的比例不得低于100%。流动性资产是指现金、一个月内到期的贷款、一个月内到期的应收款和其他一个月内可变现的资产。上述各项资产中应扣除预计不可收回的部分。流动性负债是指一个月内到期的存款、一个月内到期的向金融机构借款和其他一个月内到期的负债。

中国银监会可根据监管需要对上述指标作出适当调整。

2. 资产风险控制制度

汽车金融公司应按照有关规定实行信用风险资产五级分类制度，并建立审慎的资产减值损失准备制度，及时足额计提资产减值损失准备。未提足准备的，不得进行利润分配。汽车金融公司应实行资产五级分类制度。参照《贷款风险分类指导原则》，制定资产风险分类操作细则，报其所在地银监会分支机构事前备案后执行；依照《银行贷款损失准备计提指引》，建立审慎的贷款损失准备制度，及时足额计提资产损失准备。

3. 相关报表及其他资料的报送制度

汽车金融公司应按规定向中国银监会报送资产负债表、损益表及中国银监会要求的其他报表。汽车金融公司应按银监会及其分支机构有关监管规定定期向所在地银监会分支机构报送由法定代表人签字的财务会计报告、各项监管指标执行情况报告和银监会及其分支机构要求的其他资料。汽车金融公司法定代表人对公司提供上述资料的真实性负有最终责任。

4. 财务会计制度

汽车金融公司应建立定期外部审计制度，并在每个会计年度结束后的4个月内，将经法定代表人签名确认的年度审计报告报送公司注册地的中国银监会派出机构。中国银监会及其派出机构必要时可指定会计师事务所对汽车金融公司的经营状况、财务状况、风险状况、内部控制制度及执行情况等进行审计。中国银监会及其派出机构可要求汽车金融公司更换专业技能和独立性达不到监管要求的会计师事务所。

5. 业务外包制度

汽车金融公司如有业务外包需要，应制定与业务外包相关的政策和管理制度，包括业务外包的决策程序、对外包方的评价和管理、控制业务信息保密性和安全性的措施及应急计划等。汽车金融公司签署业务外包协议前应向注册地中国银监会派出机构报告业务外包协议的主要风险及相应的风险规避措施等。

6. 风险控制体系

汽车金融公司应以控制风险为核心，建立全面的风险管理体系。其内容包括：（1）建立良好的公司治理、分工合理、职责明确、报告关系清晰的组织结构，以及科学、高效的决策、激励和约束机制。除单家股东的外国独资汽车金融公司外，汽车金融公司应设立董事会。单家股东的外国独资汽车金融公司应聘请外部独立董事。（2）参照《商业银行内部控制指引》，按照全面、审慎、有效、独立的原则，建立和健全内部控制制度，并报所在地银监会分支机构备案。

7. 其他制度

汽车金融公司向金融机构借款的利率，比照同业往来利率执行；汽车金融公司发放汽车贷款应遵守《汽车贷款管理办法》等有关规定。汽车金融公司经营业务中涉及外汇管理事项的，应遵守国家外汇管理有关规定。汽车金融公司可成立行业性自律组织，实行自律管理。自律组织开展活动，应当接受中国银监会的指导和监督。

第五节　金融租赁公司经营规则

金融租赁公司是金融业和租赁业的结合，在金融机构中占据重要地位。我国主要通过《金融租赁公司管理办法》来规制金融租赁公司的日常行为。

一、金融租赁的概念与特点

(一)金融租赁的概念

金融租赁从 20 世纪 50 年代创始至今,只有 50 多年的历史。不同国家和地区对金融租赁的定义、性质有不同的规定。国际会计标准委员会所制定的国际会计标准 17 中对金融租赁所作的定义为:"金融租赁是指出租人在实质上将属于资产所有权上的一切风险和报酬转移给承租人的一种租赁。至于所有权的名义,最终时可以转移也可以不转移。"在我国,金融租赁即指出租人根据承租人对租赁物和供货人的选择和认可,将其从供货人处购得的租赁物按合同约定出租给承租人占有、使用,向承租人收取租金的交易活动。[1] 金融融资是一种融物和融资结合的资金融通方式,它既具有传统租赁的一般特性,也有其特殊性。它的最大不同是租赁合同先成立,出租人再依照租赁合同的要求购买租赁物。

(二)金融租赁的特点

金融租赁不同于传统租赁业,其有自身独特的属性:

1. 金融租赁涉及三方当事人,需签订两个或两个以上的合同

金融租赁过程中不仅有出租方和承租方的租赁关系,还包括了出租方和供货方之间的指定货物供应关系。有特殊情况时,还需签订其他的合同以明确各方当事人之间的权利义务。

2. 出租人对租赁标的物无瑕疵担保责任[2]

租赁标的物是由承租人自己选择的,出租人仅依照承租人的要求买入租赁物。在出卖人不履行交货义务时,承租人可直接索要。故出租人没有对标的物承担瑕疵担保的责任。

3. 租赁设备的所有权与使用权分离

在租赁合同期间内,设备的所有权属于出租人,承租人在租期内只能取得租赁物的使用权。租赁期内设备的保养、维修、保险和过时风险由承租人负责。

4. 金融租赁是融资和融物相结合的交易

出租人融通资金并为承租人购买设备,将其出租给承租人,使承租人无须筹措资金,而直接由出租人提供所需设备,因而通过融物的方式达到了融

---

[1] 吴志攀著:《金融法概论》,北京大学出版社 2011 年版,第 108 页。
[2] 朱崇实主编:《金融法教程》(第二版),法律出版社 2005 年版,第 328 页。

资的目的，实现了长期资金的融资。①

5. 承租人分期支付租金以偿付本息

金融租赁是一种信用方式，这就要求承租人必须按照合同约定分期支付租金，以保证出租人在租赁期届满，收回购买设备的价款和该项资金租期内应收的利息及一定的利润。

6. 金融租赁合同是不可随意撤销的合同

一般情况下，当事人无权撤销合同，承租人在租赁关系终止后享有选择权。

(三)金融租赁的方式

1. 自营租赁

承租人根据自己所需的设备与厂商谈好条件，再寻找出租人。由出租人与厂商签订买卖合同并约定由厂商直接提供给承租方，货物经承租方接受后租期即开始。承租人支付租金并负责设备的保养、维修等。租期满后一般由承租方折价买入设备。

2. 转租赁

转租人根据承租人对设备的选择，从原始出租人那里租入设备，转租给承租人使用。转租赁是租赁公司同时兼有承租人和出租人双重身份的一种租赁形式。出租人利用转租人的租赁能力实现自身目的。这种方式一般适用于引进外资或设备。

3. 出售回租

出售回租是指承租人由于资金匮乏将自有设备卖给出租方，同时与出租方签订租赁合同，再将该设备从出租方处租回的租赁形式。在这种融资租赁的方式中，出租方和供货方是同一主体。承租企业既能保持原有设备的使用权，又能将固定资产变为流动现金，以扩大再生产。

二、我国金融租赁业的发展

我国的融资租赁业起源于1981年4月，最早的租赁公司是以中外合资企业的形式出现，其原始动机是引进外资。自1981年7月成立的首家由中资组成的非银行金融机构"中国租赁有限公司"到1997年经原中国人民银行批准的金融租赁公司，共16家。1997年后，海南国际租赁有限公司、广东国际租赁有限公司、武汉国际租赁公司和中国华阳金融租赁有限公司(2000年关闭)先后退出市场。目前，经过增资扩股后正常经营的金融租赁公司有

---

① 常健主编：《金融法教程》，对外经济贸易大学出版社2007年版，第158页。

18家,它们主要从事公交、城建、医疗、航空、IT等产业。融资租赁是不同资本市场之间进行资源传导和资本形态转化的有效机制。由于融资租赁具有其他筹资方式所不可比拟的优点,所以国际上已普遍使用。金融租赁公司在发展初期普遍存在着经营范围较为混乱、在高风险领域投资规模过多过大又疏于风险控制与资产管理,加之中国市场经济体制的不健全,租赁业发展的四大支柱(法律、监督、会计准则和税收)不配套,导致了一些金融租赁公司面临着资产质量恶化,出现严重的支付困难、正常的业务经营已难以为继的状况。随着中国市场经济体制的不断完善,中国资本市场的进一步发育完善,法律、监督、会计准则和税收环境对租赁业的支持力度越来越大,根据十届全国人民代表大会常务委员会立法规划要求,十届全国人大财经委员会组织商务部、中国银监会等部门在充分调查研究、广泛听取各方意见,结合国情,借鉴国外经验的基础上,数易其稿,形成了《中华人民共和国融资租赁法(草案)》(二次征求意见稿)。融资租赁立法将在推进融资租赁业市场化进程,盘活固定资产、优化资源配置,满足企业技术改造的要求,提高企业技术水平,促进中小企业发展,引导消费,增加行业等方面发挥积极作用。融资租赁的立法将促进融资租赁业的快速发展,在加快折旧、呆账准备,流转税缴纳、关税缴纳、外汇结算资金来源等方面给予了重大政策扶持。

三、我国金融租赁公司的业务范围与业务管理

(一)业务范围

经中国银行业监督管理委员会批准,金融租赁公司可经营下列部分或全部本外币业务:(1)融资租赁业务;(2)吸收股东1年期(含)以上定期存款;(3)接受承租人的租赁保证金;(4)向商业银行转让应收租赁款;(5)经批准发行金融债券;(6)同业拆借;(7)向金融机构借款;(8)境外外汇借款;(9)租赁物品残值变卖及处理业务;(10)经济咨询;(11)中国银行业监督管理委员会批准的其他业务。

金融租赁公司不得吸收银行股东的存款。金融租赁公司经营业务中涉及外汇管理事项的,需遵守国家外汇管理有关规定。

(二)经营规则

(1)金融租赁公司应当建立以股东(大)会、董事会、监事会、高级管理层等为主体的组织架构,明确各自之间的职责划分,保证相互之间独立运行、有效制衡,形成科学、高效的决策、激励和约束机制。

(2)金融租赁公司应当按照全面、审慎、有效、独立的原则,建立和健全内部控制制度,并报中国银行业监督管理委员会或其派出机构备案。

(3)金融租赁公司的关联交易应当按照商业原则,以不优于对非关联方同类交易的条件进行。金融租赁公司应当制定关联交易管理制度,具体内容应当包括:①董事会或者经营决策机构对关联交易的监督管理;②关联交易控制委员会的职责和人员组成;③关联方的信息收集与管理;④关联方的报告与承诺、识别与确认制度;⑤关联交易的种类和定价政策、审批程序和标准;⑥回避制度;⑦内部审计监督;⑧信息披露;⑨处罚办法;⑩银监会要求的其他内容。金融租赁公司的重大关联交易应经董事会批准。重大关联交易是指金融租赁公司与一个关联方之间单笔交易金额占金融租赁公司资本净额5%以上,或金融租赁公司与一个关联方发生交易后金融租赁公司与该关联方的交易余额占金融租赁公司资本净额10%以上的交易。金融租赁公司董事会、未设立董事会的金融租赁公司经营决策机构及关联交易控制委员会对关联交易进行表决或决策时,与该关联交易有关联关系的人员应当回避。

(4)售后回租业务必须有明确的标的物。售后回租业务的标的物必须由承租人真实拥有并有权处分。金融租赁公司不得接受已设置抵押、权属存在争议或已被司法机关查封、扣押的财产或其所有权存在其他任何瑕疵的财产作为售后回租业务的标的物。在售后回租业务中,金融租赁公司对标的物的买入价格应有合理的、不违反会计准则的定价依据作为参考,不得低值高买。从事售后回租业务的金融租赁公司应真实取得相应标的物的所有权。标的物属于国家法律法规规定其产权转移必须登记的,金融租赁公司应进行相关登记。

【拓展材料】

非银行金融机构的完善[①]

本节所说的财务公司、金融资产管理公司、汽车金融公司和金融租赁公司都属于非银行类金融机构,但这些机构都存在或多或少的问题。从总体来看,我国非银行类金融机构的改革势不可挡。

首先,完善非银行金融机构发展的制度安排,规范金融市场秩序。尽管我国非银行金融机构的发展已有近30年的历史,但在很长时间内缺乏一个与之相适应的制度安排。信托公司出现风险控制弱化、资本金不足、违规经营及亏损严重等问题;财务公司出现行政干预过多、贷款集中度过高等问题。这些都导致非银行金融机构发展缓慢甚至出现停滞不前的局面。因而,

---

① 参见连平:《中小企业融资难解决之道:大力发展非银行金融机构》,载《第一财经日报》2008年7月23日。

要发展非银行金融机构，政府必须进一步完善相应的制度安排，推动金融机构创新，促进非银行金融机构健康有序发展。当前，可以考虑大力发展小额贷款公司，改造某些准金融机构为信贷机构，加快步伐构筑中小企业融资平台。其次，适时推出非银行金融机构发展的各项优惠政策，促进非银行金融机构快速发展。非银行金融机构作为货币紧缩环境下的金融创新，政府有必要适时通过财政补贴、税收优惠等手段给非银行金融机构创造快速发展的机会。比如在完善制度的基础上，通过财政补助等手段补充非银行金融机构资本金，对这些企业实行有区别的税收政策，促进其较快发展，更好地实现高效的资金配置。再次，政府应积极引导非银行金融机构金融服务向中小企业倾斜。与银行体系一样，非银行金融机构可能也会偏好大企业、大项目。为此，政府需要进一步创新金融工具，通过财政资金实行担保建立非银行金融机构与中小企业的资金融通关系，完善各种类型的贷款担保机构，组建多种类型的担保公司，以适应小企业抵押贷款的灵活性需要。此外，为促进非银行金融机构向中小企业提供资金支持的良性循环，政府应积极搭建非银行金融机构与银行等其他机构的融资平台，对非银行金融机构实行财政资金支持，实现非金融机构资金来源多元化和稳定化，促进非银行金融机构的快速发展，切实解决中小企业融资难问题。

【思考题】

1. 关于《银行业监督管理法》的适用范围，下列正确的是（　　）。(2011年全国司法考试试卷一第29题)

　　A. 信托投资公司适用本法

　　B. 金融租赁不适用本法

　　C. 金融资产管理公司不适用本法

　　D. 财务公司不适用本法

2. 简述农村信用合作社的概念及其历史发展。
3. 论述我国企业集团财务公司的业务范围。
4. 我国企业集团财务公司的经营规则有哪些？请分别予以说明。
5. 简述我国的金融资产管理公司及其历史使命。
6. 简述金融资产管理公司进行债转股的规则。
7. 简述汽车金融公司的概念及产生的意义。
8. 简述汽车金融公司的业务范围和经营规则。
9. 概述我国金融租赁行业的发展现状及其前景。
10. 简述金融租赁公司的概念及其经营规则。

第十一章 金融机构与业务制度改革

【学习目的与要求】在了解金融机构与业务制度改革的背景下，熟知我国国有商业银行制度改革的重点与难点，领会我国政策性银行在制度改革中存在的问题，重点掌握我国中小金融机构制度改革、金融机构退出机制改革以及存款保险制度的建构这三个知识点。同时，要了解金融混业经营的主要模式以及我国金融业务经营制度改革的模式等。

第一节 金融机构与业务制度改革概述

一、金融机构与业务制度改革的背景

总的来说，金融机构与业务制度改革的背景有以下三个方面：

(一)国际范围内的共同发展趋势

说到金融机构与业务制度改革的背景，首先值得关注的是20世纪以来金融制度的演变历程。在较长的时期中，金融制度都被视为所有经济关系中最具稳定性的部分，成为各国政府调节经济发展、建立或修复经济秩序的有力工具，由此形成金融制度的稳定性与管制性两大基本特征。最为典型的是于20世纪30年代在反经济危机的政策基础上重建并逐步发展起来的现代金融制度。它奉行严格的汇率管制与业务分工，金融机构的运营偏于保守、较少创新。然而近20年以来，以英美国家为主导的金融制度变革迅速席卷全球，形成一股势不可挡的改革浪潮，猛烈冲击着既有的金融格局。

突破首先是从银行业开始的。早在20世纪80年代初美国就通过法律取消了限制银行业进行价格竞争的规定，通过赋予银行与其他金融机构展开竞争的机会，提升其在整个金融市场中的份额，挽回银行业急剧下降的市场竞争力；英国则于1986年发起了旨在取消混业经营限制、推动金融服务自由化的更具实质性的改革，后被称为第一次"金融大爆炸"，在世界金融改革历史上写下重要的一页；90年代末美国废除《格拉斯-斯蒂格尔法案》中关于限制金融机构经营品种与经营地域的规定，并颁布《金融服务现代化法》，

以法律的形式确定了金融控股公司的地位和金融混业经营的合法性，正式掀开美国金融机构混业经营的大幕。至此，那种"几乎没有多样化和所有权交叉现象，也很少有其他行业的公司拥有较多的金融机构的所有权"①的状况成为历史，取而代之的是以金融业务全能化、市场竞争全球化、业务运作信息化、经营区域扩大化为基本特征的全能性超级银行在金融舞台上扮演重要角色，并因其明显的市场竞争优势以及能够快速应对金融市场变化的反应力成为全球银行业发展的方向。

这些举措极大地推动了其他国家和地区的金融改革步伐。为顺应这一趋势，更重要的是为在国际金融竞争中赢得一席之地，各国政府纷纷放松金融管制的力度与范围，鼓励金融创新。一个显著的标志便是各国政府对于旨在谋求经济扩张的金融机构的兼并、收购行动普遍持更加自由、宽松的态度，促成了世界范围内大银行间的并购浪潮②，其结果是使得金融机构的业务类型与经营区域显著扩张，金融商品不断创新。令人瞩目的还在于金融的自由化与创新改革不仅打破了金融机构之间原有的经营界限，使金融机构相互间逐渐靠拢，呈现出一定意义上的"同质化"趋势，而且金融业本身与实体经济部门日益融合，大型跨国银行或证券公司已经将其业务从金融延伸至房地产、工商业、石油交易等，形成"全球经济时代的超级金融寡头"、"万能产业"。此外，借助高新技术，国际银行业开始从偏重机构扩张的传统发展模式过渡到运用电脑科技的虚拟银行(如网上银行服务)拓展业务的新的经营方式，使金融服务更加方便快捷并且有效降低了金融机构的运营、管理成本。

综合来看，创新与自由化正在成为这一场全球"金融革命"的基本主题，金融机构与业务制度改革是国际范围内的共同发展趋势。

(二)适应国内经济、社会发展需要

金融机构及业务制度改革的最终动力离不开经济、社会发展的需求。兴

---

① [美]拉维特等著：《银行与金融机构法概要》，刘李胜等译，中国社会科学出版社1996年版，第56页。

② 西方银行业的合并收购浪潮风起云涌，具有代表性的是1998年美国花旗银行与旅行者集团合并成立花旗集团，总资产金额接近7 000亿美元，银行业务遍及全球100多个国家的1亿多个企业和私人客户，成为世界最大的金融服务集团。更令人关注的是，花旗集团将花旗银行的商业银行业务与旅行者集团的证券、保险业务融合，开创了美国金融界"超市型服务"的先河。其他如英国、德国、瑞士、日本、澳大利亚、芬兰、瑞典、泰国等国家也多次出现银行业合并收购案，造就了一大批资产规模巨大的超级银行。

起于英美国家的银行业改革在很大程度上便是基于加强银行业市场竞争地位,促使银行业金融机构更好地满足经济社会发展资金需求的要求。而在推动我国经济社会快速、稳定、可持续发展的进程中,同样离不开金融的支持。金融机构及业务制度改革是适应国内经济社会发展需要的必然产物。

首先,拓宽农村金融市场,加大对"三农"的资金扶持力度,是金融机构及其业务制度改革的重要动因。伴随着改革开放的深入推进,我国农业、农村的经济面貌和农民的生活水平都有了显著的改善和提高,但"三农"对资金的需求亦与日俱增。不仅在农村基础设施建设、农村城镇化建设、农村中小企业发展、农村流通体系建设上需要大量资金投入,农民的生产需求、消费需求和教育需求等也迫切需要得到满足。我国金融机构及其业务制度改革之所以能够取得快速发展,有些甚至取得实质性突破,原因就在于顺应了这一需求变化,进行了诸如增强经营的灵活性、减少审核环节、注重信誉机制的建立、积极扩展农村金融市场、鼓励新兴金融机构服务"三农"等改革。目前,我国面向农村金融市场的村镇银行、小额信贷公司的逐步兴起正是为满足这些需求所积极进行制度改革的产物,这些新兴的金融机构还谋求与传统的商业银行合作,利用债券市场和股票市场来拓宽自己的资金来源。

其次,回应中小企业融资需求,为金融机构及业务制度改革注入活力。中小企业融资难一直是困扰企业发展壮大的瓶颈。由于自身经济实力、经营规模、盈利水平以及所提供的担保不足等主客观原因,中小企业能够获得的间接融资和直接融资都较为有限,这就阻挡了那些具有成长性但资金缺乏的中小企业发展前进的道路,亦挫伤了社会成员自主创业的积极性。在这种背景下,各金融机构尤其是中小金融机构积极采取措施拓宽中小企业融资渠道,并借助各种新兴金融担保机构提供的金融服务,在缓解中小企业融资难问题的同时,自身亦获取了较好的利润回报,提升了市场竞争力。

再次,保护投资者、存款者利益,防范金融风险的需求是推动我国金融机构与业务制度改革的又一强有力因素。可以说,近几年来,一系列旨在完善金融市场的改革举措都与保护投资者、存款者的利益密切相关。如存款保险制度改革的酝酿与推进、证券投资者保护基金的启动、金融机构内部治理的规范及强化等。

最后,在推动改革的动力因素中不容忽视的还有社会财富增长及其对金融机构业务创新的需求。这一点在国内商业银行不断争相推出新兴理财产品的现象中可见一斑。就商业银行的业务改革方向而言,一方面要继续拓展除传统存贷款业务之外的新兴业务的发展空间,如以理财产品为代表的资产管理业务；另一方面要探索并建立适合我国国情的金融混业经营的恰当模式并力求实现法制化。

(三)国内金融机构自身转型与创新要求

综观我国20多年的金融体制改革进程，其基本任务是建立符合社会主义市场经济要求的现代金融体系。目前我国已经形成银行、证券、保险等功能齐全、层次多样、商业金融与政策性金融协调发展的金融市场格局，金融在我国经济生活中的重要地位日益提升。尤其令人瞩目的是2012年我国发布《金融业发展和改革"十二五"规划》，对金融业的发展历程进行了总结。我国在金融业领域的发展改革取得诸多成就：(1)金融机构综合实力显著提升。(2)金融宏观调控和金融监管不断加强。(3)金融市场功能显著增强。(4)金融改革取得突破性进展。国有大型商业银行股份制改革全面完成并成功上市，公司治理结构不断完善。(5)金融对外开放与合作进一步深化。(6)金融法制和基础设施建设成效显著。

然而应当看到，我国的金融业发展改革仍需要进一步推进和深化：

(1)从总体上来看，我国金融体系的集中度仍然过高，在资源配置、分散风险等方面的作用有限。这主要表现为尽管我国已经组建了包括国有商业银行、股份制银行、城市商业银行、信用社、证券公司、保险公司等在内的多元金融机构体系，但从资产规模、经济实力、市场地位、在公众中的影响力等方面来看，银行业尤其是国有银行或国有资本占据控股地位的金融机构仍然拥有绝对优势。① 银行业一直承担着最主要的金融中介角色，整个金融市场呈现出银行业主导、金融资产结构单一、国家占据绝对控制地位的特点。

毋庸置疑，金融机构的市场地位及其与国家的密切关系是由其自身的运营特点所决定的，即使是在市场化程度较高以及竞争较为充分的国家和地区，金融机构仍会受到国家比较严密的监管，甚至可能出现在面临清算风险时由国家注资进行国有化的情况。而对于尚处于金融市场培育与发展阶段的中国来说，国家对金融资源实施较高程度的控制有其合理性，这对于全球化背景下金融风险的防范亦具有积极作用。然而应当指出的是，随着我国加入WTO，金融市场的开放正在逐渐展开，若仍实行单一的国家高度垄断的金融格局，会给我国金融市场的发展带来多方面的影响：第一，市场参与机会受到明显抑制，金融机构间缺乏适度竞争；第二，金融供给水平较低，无法

---

① 参见鲁志勇、于良春：《中国国有独资商业银行竞争力分析》，载《经济研究》2002年第3期。

有效满足多元化的融资需求；第三，参与金融市场的行为主体，无论是金融机构还是其他投资者、消费者在国家不会袖手旁观的心理预期之下存在更加强烈的投机性与风险偏好，缺乏主动、积极的风险防范意识，导致金融市场内聚集的风险最终由国家全部承担；第四，获得垄断地位的金融机构缺乏改进经营与治理水平的动力；第五，由于创新激励不足导致金融机构的创新能力不强。

（2）从国际范围来看，国内金融机构在国际市场的竞争中仍处于劣势，其在资产规模、盈利能力、业务领域、服务水平、治理结构等方面较之西方发达国家的同类金融机构均存在明显差距。值得注意的是，当今世界范围内的金融改革浪潮中有一种趋势，即鼓励金融机构的合并收购，由此形成的金融集团其经济实力更加强大，竞争优势地位亦更加突出，这对于中国的金融机构而言无疑造成更加严峻的挑战。

（3）从国内来看，对外开放不断扩大，需要建立和完善能够有效调节大国开放经济的金融政策框架。生产要素成本上升，"人口红利"开始减少甚至消失，人口老龄化逐步显现，金融发展的经济基础出现新变化。在经济结构和国际收支失衡的背景下，外汇净流入增加较多导致货币被动投放的机制和压力仍然存在。金融支持经济发展方式转变和结构调整的任务仍十分艰巨，对中小企业和"三农"等金融服务还存在一些薄弱环节。金融业粗放经营方式尚未根本转变，国有控股金融机构公司治理需进一步完善，整体竞争力和抗风险能力有待增强。

二、金融机构与业务制度改革的现有格局

由上观之，我国金融机构与业务制度改革的提出是面对内外各种因素和压力作出的必然选择。那么，我国金融机构与业务制度改革目前呈现出一个怎样的格局，它又提供了哪些需要在未来进行进一步推进改革的必要基础和条件呢？

（一）具有宏观指引功能的规范性文件、政策规划

在我国具有宏观指引功能的规范性文件、政策规划中，具有代表性的有1993年国务院《关于金融体制改革的决定》、2004年国务院《关于推进资本市场改革开放和稳定发展的若干意见》、2012年《金融业发展和改革"十二五"规划》等，这些规范性文件及政策规划在不同阶段从宏观层面建构了我国金融体制的基本框架，指出了下一阶段改革发展的基本方向，是金融法制格局的生成依据。

(二)旨在规范各金融业经营者行为及强化监管的单项立法

旨在规范银行业经营者行为及强化监管的单项立法主要有《商业银行法》、《银行业监督管理法》、《商业银行市场风险管理指引》、《商业银行个人理财业务风险管理指引》、《关于加大防范操作风险工作力度的通知》、《商业银行市场风险监管现场检查手册》、《商业银行风险监管核心指标(试行)》等。

旨在规范保险业经营者行为及强化监管的单项立法主要有《保险法》、《财产保险公司保险条款和保险费率管理办法》、《再保险业务管理规定》、《人身保险保单标准化工作指引》、《保险公司非寿险业务准备金管理办法实施细则》、《保险公司偿付能力报告编报规则》、《保险机构投资者债券投资管理暂行办法》、《保险中介机构法人治理指引(试行)》等。

旨在规范证券业经营者行为及强化监管的单项立法主要有《证券法》、《证券公司综合治理工作方案》、《证券投资者保护基金管理办法》等。

旨在规范信托业经营者行为及强化监管的单项立法目前只有一部,即《信托投资公司信息披露管理暂行办法》。

(三)规范、促进金融创新的规范性文件

在规范和促进金融创新方面,银行业的力度最大。银监会不仅单独制定了《商业银行服务价格管理暂行办法》、《金融机构衍生产品交易业务管理暂行办法》、《商业银行外部营销业务指导意见》、《商业银行个人理财业务管理暂行办法》,还与其他部门共同制定了《商业银行设立基金管理公司试点管理办法》、《信贷资产证券化试点管理办法》等。除此之外,其还准备制定颁布《电子银行业务管理办法》、《电子银行安全评估指引》等。

为了更好地规范和促进金融创新,银监会还设立了金融创新的专业监管部门——银监会业务创新监管协作部。其主要职能是加强对银行业务创新的研究、协调和引导,负责制定统一的业务创新审慎监管标准和监管规程。

另外,银监会还于 2006 年发布《商业银行金融创新指引》,鼓励、支持和指导商业银行的金融创新活动。

(四)其他相关法律、法规的重大修订[①]

与金融机构与业务制度改革有关的相关法律、法规的重大修订主要是《证券法》的修订、《企业破产法》的实施以及《银行业监督管理法》的修订。

---

① 以下内容参考胡滨等主编:《中国金融法治报告 2006》,社会科学文献出版社 2006 年版。

这些法律法规的修订也为我国金融机构与业务制度改革现有格局的形成作出了重大贡献。

1. 为业务创新提供必要的法律空间

修订后的《证券法》规定，"证券业和银行业、信托业、保险业实行分业经营、分业管理，证券公司与银行、信托、保险机构分别设立。国家另有规定除外"，这为稳步实施综合化经营留下法律空间；"证券衍生品种发行、交易的管理办法，由国务院依照本法的原则规定"，这又为积极、稳妥推出期货、期权等证券衍生品种创造了条件；"证券公司为客户买卖证券提供融资融券服务，应当按照国务院的规定并经国务院证券监督管理机构批准"，这为在严格监管条件下稳步实施融资融券问题提供了基础。关于银行资金的入市问题，根据中共十六届三中全会决定提出的"拓宽合规资金入市渠道"、"建立健全货币市场、资本市场、保险市场有机结合、协调发展的机制"要求，参照国务院《关于推进资本市场改革开放的若干意见》中"鼓励合规资金入市"的精神，《证券法》相应作出"依法拓宽资金入市渠道，禁止资金违规流入股市"的规定。

2. 推动证券公司的综合治理，防范和化解证券市场风险

新修订的《证券法》吸收了近年来对证券公司进行综合治理的经验，并增加了法律规定。如新增对证券公司主要股东的资格要求，补充和完善对证券公司的监管措施等。

3. 通过《企业破产法》的实施对金融业的改革发展产生有益影响

《企业破产法》首次出现了金融机构的破产条款，规定商业银行、证券公司、保险公司等金融机构出现破产情形时，国务院金融监督管理机构可以向人民法院提出对该金融机构进行重整或者破产清算的申请；国务院金融监督管理机构依法对出现重大经营风险的金融机构采取接管、托管等措施的，可以向人民法院提出中止以该金融机构为被告或者被执行人的民事诉讼和执行程序。这意味着银行等金融机构被依法纳入破产通道。

4. 修改后的《银行业监督管理法》赋予了银行业监督管理机构以相关的调查权

新法规定，银监会依法对银行业金融机构进行检查时，可以对与涉嫌违法事项有关的单位和个人采取相应措施。该法还进一步完善和规范了调查权的行使条件、程序以及有关的法律责任，便于银行业监督管理机构更有效地履行监管职责。

第二节 金融机构制度改革

一、国有商业银行机构的制度改革

(一)基本概况

我国国有商业银行的制度改革如果从1978年打破"大一统"的金融垄断体系,引入竞争机制开始,大体可分为五个阶段。第一阶段(1978—1984年),是四大国有银行逐步设立,形成国有商业银行制度的时期。第二阶段(1984—1993年),是四大国有银行专业化经营的时期。这一时期的银行制度改革重点是探索企业化经营,改革国有商业银行的经营制度。第三阶段(1993—1997年),在这一时期,四大国有商业银行在银行制度改革中参照国际上通行的现代企业制度进行了商业化改革,如剥离政策性业务,完善统一的法人制度,推行资产负债管理制度等。第四阶段(1998—2003年),国有商业银行进行了以提高经营效率为目标的组织机构制度改革,对庞大的分支机构进行了重组和撤并,减少了管理层次,打破了机构按行政区划设置和按政府机关行政层次管理的格局。第五阶段是从2004年开始有选择地对国有独资商业银行进行股份制改造试点。国有独资商业银行在经过股份制改造之后,最终成为了具有国际竞争力的现代化股份制商业银行。这也是我国金融业的一次全新的改革实践。但是总的来看,国有独资商业银行的制度改革距离市场化的目标还很远。

(二)制度改革的重点与难点

国有商业银行的机构运行首先应当依托于法律制度。在确立了这一基本前提之后,还有必要对涉及国有商业银行机构建立与完善的相关制度进行改革。在改革的过程中要注意以下重点与难点:

第一,实现国有控股与产权多元化的统一。如何实现二者的有效结合,特别是如何对政府持股的份额与方式进行合理设计,是影响国有商业银行制度改革成功与否的关键。在改革的过程中既要避免因过度强调国家的控股权而重蹈原有体制的覆辙,亦须克服一味追求股权结构多元化、超越我国经济发展现实条件的做法。为此,不仅有必要在法律制度中明确国家控股的比例,而且应当借助现代公司治理结构为投资者提供相互合作与制约的机制。

第二,厘清国家与商业银行之间的法律关系,明确国家作为投资者与监管者的角色。我国为加速股改、推进上市,对国有商业银行进行了大规模的财政注资，这种措施不宜继续。作为一种在特定背景和发展阶段下采取的政策性扶持行为，大规模财政注资不仅牵制财政支出的总体安排，制约涉及公众民生、环境保护、结构调整等诸多基础领域的资金供给，更为重要的是不利于塑造国有商业银行的独立经营主体地位，从而降低其风险约束，削弱经营激励，对厘清国家与商业银行之间的关系产生消极影响。在完成股改上市的必要注资之后，下一阶段的任务应当是发挥商业银行内部各个经营管理机构的作用，使之形成自身系统的良性运作，产生稳定、安全与高收益的现金流，而不再一味地依赖于外部提供的资金支持。

第三，完善风险监控的长效机制。目前，中、建、交三行的财务重组已经基本完成，但受公司治理机制的影响，风险控制机制的建立与完善不可能一蹴而就。在化解存量风险之后，商业银行将面临如何及时有效地控制新增不良资产，进一步提高资本充足率的问题。全球经济增速放缓、通货膨胀压力持续存在、金融危机发生的频度与破坏程度渐强等复杂、不确定的环境因素要求国有商业银行增强危机意识与风险防范意识，加强在全球化背景下金融风险的监测、预警、化解、救济机制等制度的构建。

二、政策性银行制度改革

政策性银行主要从事期限长、风险高、额度大、条件优惠的批发贷款、项目开发投资、信用担保等资产业务。与商业性金融机构不同，政策性金融机构投资的重点在经济增长的基础性部门，包括基础设施和基础产业。基础性部门的特点是具有外部经济性，其社会效益和经济效益并不对称，对受市场信号支配的商业性资金缺乏吸引力。

政策性银行在实际运营中，面临的问题主要为：一方面基于政策性融资的基本特点，其资金来源、融资对象、业务范围、机构管理等方面受到政府较大的影响与制约；另一方面政策性金融机构毕竟是独立的法律实体，自身存在提高业务独立融资判断和管理能力的需求，以及确保持续运营所必要的盈利水平。除此之外，不容忽视的是，目前我国政策性银行从组建到业务开展并没有专门的立法规范进行调整，更多依据的是银行各自的章程和内部规定。在实务中，又往往出现对《中国人民银行法》、《银行业监督管理法》等基本法律、法规的突破，潜伏着较大的经营风险，对商业性金融机构的业务经营也产生一定的冲击。

尽管发达国家政策性银行的取消或转为商业银行渐成潮流，但对处于经济转轨阶段、市场发育不全、统筹发展任务繁巨的中国来说，采取这种做法的时期尚未到来，在可预见的较长时期内我国政策性银行还有存在的必要。① 当然，这并不排斥我国就个别政策性银行展开制度改革的探索。在2008年岁末，中国国家开发银行经批准转型为商业银行，开了我国政策性银行转为商业银行的先河。采取这项举措与开发银行的经营实践密不可分。从1998年以来，国家开发银行便主动推行市场化改革，以市场化的方式办政策性银行，探索出一条支持发展、防范风险的开发性金融发展之路，增强了支持经济发展的能力。

三、中小金融机构制度改革

这里的"中小金融机构"主要是指城市商业银行、城乡信用合作社等地方性银行业金融机构。如果从金融总量上考察，无论是机构还是业务的相对规模，中小金融机构都无法和其他（国有和股份制）商业银行相提并论。但从改革的本质上考察，中小金融机构的发展却意义重大：一是提高了中国金融机构的多样化与普及化程度，增强了金融机构资产对公众的吸引力；二是完善了中国金融业在国有商业银行垄断结构下所稀缺的金融服务功能；三是从地方金融的角度来讲，中小金融机构在追求地方利益的安排下积极配置地方金融资源的效用，是其他商业银行所无法取代的。②

（一）我国中小金融机构存在的主要问题

从世界各国中小金融机构的发展历史来看，中小金融机构与大银行相比，具有相对的劣势。这主要表现在：资本规模较小、单位交易成本高、服务功能不齐全、竞争能力弱、抗风险能力差、资金不足，以及无力进行大规模的、根本性的金融业务创新活动。

而在我国，中小金融机构除存在世界各国的普遍性问题外，还有其特殊性问题。这些问题已成为制约我国中小金融机构健康发展的重大障碍。

1. 先天性缺陷

由于受"先发展、后规范、再完善"的指导思想的影响，我国的中小金融机构在建立之初就存在许多先天性缺陷。主要表现为：在发展策略上存在较大的盲目性；在具体运作上缺乏科学分析与统一规划；在业务发展上存在业务多样性与业务技术能力短缺性（管理能力短缺、人力资源短缺、技术装备短缺）的矛盾。

---

① 参见朱大旗著：《金融法》，中国人民大学出版社2007年版，第249页。
② 参见褚伟：《市场选择：中小金融机构制度变迁的逻辑》，载《经济科学》2001年第6期。

2. 后天性贫血

在金融监管中，由于市场准入标准不一，把关不严，导致中小金融机构设置泛滥，这成为我国中小金融机构规范发展的后天制约因素。能够设置中小金融机构的主体可以是基层政府、政府有关职能部门、各类企业及地方工会等。其设立的目的也各不相同：可以是小金库型，为主体创收；可以是就业安置型，为主体创造就业岗位；也可以是融资型，为主体部门提供廉价资金，成为重要融资工具。这些都直接造成了我国中小金融机构在发展上的滞后性。

3. 双重性阻滞下的马太效应

我国中小金融机构发展至今始终处于政府扶持政策不到位和政府干预过多的双重矛盾之中。一方面，中小金融机构在金融体系中属于比较弱小的群体，它的稳定发展客观上需要政府相应的政策扶持，这也是众多发达国家的通行做法。但是我国的中小金融机构不仅没有得到相应的政策待遇，反而受到了歧视。另一方面，我国政府尤其是地方政府对中小金融机构的干预过多，"指令贷款、关系贷款、人情贷款"现象严重，从而在中小金融机构中形成了大量的低效资产，严重制约了中小金融机构的发展。

4. 自身"小儿麻痹"症

我国中小金融机构之所以存在这么多的问题，既有政策、体制、环境等客观方面的原因，也有自身主观方面的原因。一是人力资源上的缺陷。从总体水平来看，我国中小金融机构的从业人员素质偏低，水平参差不齐，专业人才缺乏，难以适应市场经济发展的需要。二是制度建设上的缺陷。我国中小金融机构普遍缺乏规范的法人治理结构和系统性的管理制度，内控制度不严，外部监督不力。三是业务发展风险防范上的缺陷。我国中小金融机构由于风险防范的制度性建设落后，很多贷款业务都蕴藏着潜在的风险。在存款人最优选择机制增强和贷款人风险防范机制软化的双重作用下，中小金融机构的有效负债资源萎缩，无效资产规模扩张，形成潜在的支付性危机。

(二) 我国中小金融机构的发展方向

随着我国金融体制改革的不断深入，中小金融机构的问题日趋明显。因此，必须对症下药，移除中小金融机构发展的障碍。

1. 重新洗牌，解决先天性缺陷

一是要明晰产权关系，建立和完善中小金融机构的经营约束机制，实现"权、责、利"三者的有机统一，落实所有者缺位问题；二是要解决当前中小金融机构业务经营混乱的实际问题，进行业务功能归位。

2. 严格市场准入标准，强化金融监管，排除后天性贫血症

一是在立法上要对不同类型的中小金融机构规定相应的市场准入标准，严格机构设置的门槛；二是要制定中小金融机构的金融监管标准，强化风险管理。在金融监管中要以资产质量、盈利状况、清偿能力、流动比例、资本结构、贷款集中度、法人代表任职资格等作为监管的重点；三是要抓好中小金融机构的引导和整合工作。对有问题的中小金融机构，通过政策引导，进行兼并、合并和退出，以实现资产整合，恢复机体的运行能力。

3. 重新定位政府角色，为中小金融机构的健康发展创造一个宽松的环境

一是制定财政税收优惠减免政策，减轻中小金融机构的负担，提高其资本的积累能力；二是按照政企分开的原则，排除政府对中小金融机构的行政干预，尊重中小金融机构的独立经营权和信贷自主权。

4. 完善自身制度建设

一是改革人事管理制度，提高队伍的整体素质；二是完善中小金融机构的法人治理结构，健全内部约束机制和外部监督机制。

四、金融机构退出制度改革与存款保险制度的建构

金融业作为一个特殊的行业，不仅进行着高负债经营，而且涉及政府监管者、投资者、储户等众多利益相关者，事关经济安全与社会稳定。除了有必要建立健全风险防范与控制机制外，出现经营失败也是正常的现象，关键在于是否有健全的后续处置方法，这就包括金融机构的退出与存款人的存款保险制度。

（一）金融机构退出制度改革

随着金融体制改革的深入，金融机构之间的市场竞争日趋激烈，部分经营管理不善、经多种措施救助无效的金融机构退出市场将不可避免。自1995年中国人民银行接管中银信托投资公司以来，金融机构资不抵债退出市场的事件便不断增加。而我国现已建立的金融机构退出制度由于缺乏市场经济体制要求的目标定位、处理方式和相应的制度安排，导致其在运作中带有明显的行政随意性。因此，构建基于市场原则之上的法律化金融机构退出制度显得尤为迫切和重要。

1. 我国金融机构退出制度的缺陷

首先，金融机构退出制度在法律上存在缺陷。目前，我国对金融机构的退出缺乏统一协调、详细具体、可操作性强的法律规定，而现行的法律条文又过于简单、粗糙和分散，导致相互抵触和法律真空的情形并存。主要表现为：(1) 现有立法规范特别是《金融机构撤销条例》未能对撤销中涉及的具体

问题作出全面系统的规定，存在较多的漏洞和空白点，导致法律的适用性较差。(2)缺乏金融机构破产的专项法律。《企业破产法》并未对金融机构破产的特殊问题作出专门规定，对金融机构的破产依然适用过去那些散布在不同部门、不同效力层级的法律法规，降低了法律的权威性。(3)同层级法律法规之间适用条件极不统一，冲突明显，导致在法律适用上存在困难。

其次，处置成本分摊机制不健全，援助资金单一且具有"准财政补贴"性质。我国法律并没有对如何分摊被金融救助机构的损失作出任何规定。目前，解决兑付储蓄存款等个人债权所需的资金来源，一方面来自中央银行作为最后贷款人所提供的救助资金，另一方面来自地方政府从人民银行的借款。从金融实践来看，最后贷款人制度在化解金融风险中发挥了一定的作用，但还存在拯救标准不明确、程序不完善等制度问题，客观上助长了金融机构的道德风险。从另一个角度看，中央银行救助性再贷款是在国家财力有限和缺乏存款保险制度的情况下，由中央银行独立承担的救助资金，具有"准财政补贴"性质。

最后，行政干预过度，救助成本过高。由于金融法律法规的不健全，行政行为缺乏规制，金融市场主体的主动性没有发挥出来，再加上缺乏有效的激励和约束机制，导致市场退出效率低下。

2. 完善我国金融机构退出法律体系

完善和发展我国金融机构退出制度，最根本的是要奠定坚实的法律基础。目前需要迫切建立和完善金融机构市场退出的配套法律法规。

首先，完善金融机构撤销法律制度。(1)尽可能减少监管机构在撤销中的自由裁量权，明确被撤销金融机构权益的保障措施：一是要细化金融机构撤销的启动条件、审批程序等内容，保证撤销程序具有切实的可操作性；二是要赋予金融机构明确的抗辩权，保障其市场地位不会受到随意侵害。此外，要强化监管机构失职、滥用职权等所应承担的责任，做到权责统一。(2)建立债权人权益的保障措施。监管机构应定期公告清算的进展及资产处置状况，防止因被撤销的金融机构妨害清算以及清算组的成员徇私舞弊造成债权人权益上的损失。

其次，健全金融机构破产法律制度。(1)构建金融机构破产法律体系。不管是金融机构破产程序的诸多特殊事项，还是银行监管部门的职权定位，都需要以法律形式加以确定。鉴于法律立法程序的复杂以及我国建立金融业破产制度的紧迫性，当前以行政法规的形式建立相关制度是比较现实的选择。(2)明确金融机构破产的立法目标。结合金融机构破产的立法和实践来看，其目标主要有以下两方面：其一是维护金融体系的安全与稳定，这是金融业健康发展的重要标志；其二是平衡债权人、债务人的利益和社会公共利益。(3)合理规范破产启动条件。在立法体例上对金融机构破产的原因可以采用概括主义和列举主义并举，甚至可以确立量化标准，方便实践操作。(4)科学规范个人债权清偿制度。在金融机构破产清算中对个人债权的保护应区别对待：一是对于存款类个人债权通过建立存款保险等保障制度来实行保护；二是对于人寿类保险和证券委托及投资基金等有委托性质的，可采用转移的办法。

最后，改革中央银行最后贷款人制度。(1)确立明确的救助规则。(2)完善货币市场和公开市场操作，为中央银行最后贷款手段及时、灵活、有效的运用创造条件。同时应当建立和完善再贷款中的抵押贷款制度，以保证中央银行再贷款的安全。

(二)存款保险制度的建构

存款保险制度是指在金融体系内设立保险机构，以银行及其他存款机构作为被保险人，当投保机构出现经营危机或即将陷入破产时，由保险机构向其提供流动性资助或代替该破产机构在约定的限度内向存款人支付存款的制度。存款保险制度是一项针对存款类金融机构的制度设计，其主要目的在于事前纠正与事后救助，即一方面对陷入经营危机、出现重大风险的金融机构及时提供流动性支持或实施接管、重组等措施，督促该金融机构审慎经营，防止其发生挤兑，增强存款人的信心；另一方面，对已经宣布破产的金融机构的存款人实施救助，为存款人提供基本的存款保障。当然，存款保险制度也可能引发道德风险问题，削弱投保机构自我约束、自我纠错的动力。但从总体上来看，在我国仍有必要建立存款保险制度，原因在于：第一，我国存在的隐性存款保险不足以从根本上缓解金融风险，相反助长了金融机构的投机行为，加速了金融风险的累积。我国金融市场的基本格局是国有商业银行占据主导地位。由于国有金融资产数量大、比例高、影响范围广，在长期的经营实践过程中，形成了国家对国有银行实际上担负无限责任、以防止银行发生破产进而危及金融安全的习惯做法，这就是所谓的隐性存款保险。将隐性存款保险转变为市场机制条件下依托于规范的保险运作方式建立的显性存款保险具有现实的必要性。第二，既有的金融监管制度不能替代存款保险制度的作用。尽管金融监管可以极大地降低甚至避免危机的发生，但金融行业是一个高度复杂并且在组织形式、业务类型方面常有创新和突破的特殊领域，金融监管的理念与方式等往往滞后于金融实践的步伐，无法对金融风险的范围及其影响作出准确的预测与评估，对于金融体系的安全保障存在着一定的局限性。而存款保险制度有利于弥补金融监管的不足。第三，存款保险制度伴生的逆向选择、道德风险问题①可以通过优化制度设计的方式加以克服。如在保险费率的制定上采取具有不同风险偏好与经营状况的投保人区别对待的政策；在投保人的经营过程中对其行为进行必要的跟踪监测；详细规定保险赔付的条件等。

目前，实务部门正在加紧制定《存款保险条例》，力争早日通过立法审议。对于我国着手构建的存款保险制度，应当重视以下问题：

首先，关于存款保险的建立模式。关于存款保险的建立模式有三种：(1)强制型，即要求所有承办存款业务的金融机构都必须向存款保险机构投保，如英国、日本等。(2)自愿和强制相结合型，即对特定金融机构强制要求其参加存款保险，而对其他机构则允许自愿选择，如美国《格拉斯-斯蒂格尔法》规定在联邦或州注册且为联邦储备会员的商业银行以及在联邦注册的互助银行、储蓄贷款社必须参加联邦存款保险公司的保险，其他机构则自愿选择参加。(3)自愿型，即对所有存款类金融机构均允许其自愿选择投保存款保险，如德国、意大利等。考虑到我国的存款类金融机构类型较多，在资产规模、经营状况、市场影响力、风险控制水平等方面差异较大，建立以自愿为主、对特定金融机构实施强制要求的自愿与强制相结合的存款保险模式更为可取。在立法时，应当对强制参保的金融机构规定明确的参保条件，对各种参保因素(如盈利水平、经营风险、市场影响等)的权重进行综合考察和科学设定，同时保留一定的弹性空间，赋予监管部门一定的调整权限。

其次，关于存款保险机构的职能定位与设置。纵观各国存款保险机构，其职能定位基本有两种类型：一是单一职能，即只担负存款人利益保障的职责，在金融机构破产后赔付存款人的存款损失；二是复合职能，即在保护存款人利益之外，还负有对参加存款保险的金融机构进行日常监督、检查，在必要时对投保机构给予援助的职责。从国外存款保险制度的演化过程来看，复合职能正在逐步取代单一职能。越来越多的存款保险机构开始行使对参保金融机构的财务检查、风险稽查，以及在发生经营风险后接管参保机构的权力。就我国而言，也可以考虑成立具有复合职能的存款保险机构，其职能可以包括：制定存款保险法规；审批要求加入存款保险的金融机构的申请；监督检查投保金融机构的财务状况与经营状况；对出现问题的金融机构给予各

---

① 逆向选择是指保险公司在对投保人设定一套统一的保险费率标准的条件下，风险偏好强的人会比风险偏好弱的人更加主动地谋求与保险公司缔结保险关系，也被形象地称为"劣币驱逐良币"；道德风险是指投保人在与保险公司缔结保险关系后降低自身的风险防范意识，放任保险事故的发生，以获取保险赔付。

种援助并对储户实施赔付。该机构可以在中央一级设立一个统辖全国的国家存款保险机构,与现有的三大监管部门——银监会、证监会、保监会,以及金融宏观调控部门——中国人民银行保持相对独立的地位。各部门在依法履行职责的基础上应当加强彼此之间的协调,尤其要健全信息沟通与分享机制。该机构还可以在地方设立分支机构,服从国家存款保险机构的统一管理。

再次,关于保费的设计。保费的设计应当体现差异性,避免因按同一费率收缴而引发道德风险问题。① 美国早期的存款保险制度便饱受保险费率不合理的非议。为此,美国在1993年改革了单一保险费率制度,根据不同金融机构的经营风险状况,实行0.23%~0.31%不等的可变保险费率制度,金融机构的投资风险越高,投保的费率就越高。这种浮动费率安排符合存款保险的设立宗旨,有利于保险机构对具有不同风险等级的金融机构进行有效甄别并采取相应的合理措施。我国在构建存款保险制度时应当借鉴这种浮动费率的做法。

最后,关于保险赔付。存款保险制度的一项重要作用就是在参保金融机构发生破产时向存款人支付保险金,以减轻存款人的损失。存款保险并不是全额而是限额赔付。一般的做法是确定一个最高限额和赔付比例,存款人自身要承担部分损失。

第三节 金融业务经营制度改革

一、金融业务经营模式及制度变迁

(一)金融业务经营模式

金融业务经营模式一般分为分业经营与混业经营。分业经营是指经营银行、证券、保险等不同金融业务的机构具有各自独立的法人地位,金融机构不得同时经营银行、证券和保险业务。概括地说,就是"一个法人,一块执照,一类业务"。混业经营是指金融机构同时经营银行、证券、保险等多种性质的金融业务。混业经营分成公司内部混业与集团内部混业两个层面,包括全能银行、银行母公司非银行子公司和金融控股公司三种形式。全能银行

---

① 如在预期投资回报随投资风险增加而增加的前提下,因存款保险的不恰当定价,事实上造成风险转移。金融机构可以不受投资风险的约束而将资金投向高回报项目,获取风险溢价,而损失则由存款保险机构承担。

是在公司内部混业经营;银行母公司非银行子公司和金融控股公司是在集团内部混业经营。

(二)金融业务经营制度变迁

考察西方主要发达国家的金融业务制度变迁史,不难发现它大致经历了这样三个阶段:

第一阶段(20世纪30年代之前),全能银行阶段。所谓全能银行,是指在一个法人内部全面经营银行、证券和保险业务,拥有不同业务部门的商业银行,表现为"一个法人、多块执照、多种业务"。欧美国家在这一阶段的金融业基本是混业经营。银行经营证券等其他金融业务,在整个金融领域中起主导作用。典型的代表是德国的全能银行。全能银行由于是一个法人同时经营多种金融业务,所以各业务部门之间往往缺乏必要的风险隔离。

第二阶段(20世纪30年代至90年代),以分业经营为主。20世纪30年代大萧条时期的美国共有一万多家金融机构破产,人们把银行出现危机的原因归咎为银行的混业经营。在此背景下,美国颁布《格拉斯-斯蒂格尔法》,从法律上将商业银行业务与投资银行业务分离,限制了金融混业经营,规定任何以吸收存款业务为主要资金来源的商业银行不得同时经营证券投资等长期性资产业务,任何经营证券业务的银行不得经营吸收存款等商业银行业务,商业银行不得经营代理证券发行、包销、零售、经纪等业务,不得设立从事证券业务的分支机构。美国此后又相继颁布了《1934年证券交易法》、《投资公司法》等一系列法律,进一步加强了对银行业和证券业分业经营的管制。这种做法为英国、日本等国家效仿,分业经营遂成为发达国家金融业务经营模式的主流。值得一提的是,尽管1956年美国颁布《银行控股公司法》,允许银行以设立和收购子公司的方式跨地区开展业务,标志着以控股公司为形式的金融集团的出现,但从业务类型来看,法律仍对银行控股公司的业务范围进行了明确限制,要求其经营仅限于银行业务,因而仍然属于分业经营。

第三阶段(20世纪90年代以来),全球化背景下的混业经营阶段。在金融自由化、金融全球化的浪潮下,金融业的发展进入了一个新的阶段。监管逐步放松,业务渗透不断加强,金融创新的广度与深度显著扩张。特别是进入90年代后,金融一体化及金融业的国际竞争日趋激烈,银行业的并购浪潮日益频繁,在这种情形下,欧美国家纷纷修订立法,从制度上推进了金融一体化与混业经营。这一阶段呈现出三种各具特色的金融混业经营模式,它们分别是:第一,全能银行模式。该模式在经济全球化的背景下得到了新的发展,尤其是欧洲和日本等地的商业银行已经突破传统的分业界限,将业务范围向投资、保险领域扩展。第二，银行母公司非银行子公司模式。在该模式下，银行通过设立证券、保险类子公司的方式形成金融集团，进行集团范围内的综合经营，主要以英国为代表。第三，金融控股公司模式。该模式是在银行、证券和保险等金融机构之上建立金融控股公司，形成母公司架构，子公司在同一控制权之下实行完全的分业经营、分业管理，在集团层面则形成混业经营。由于在金融控股公司模式下各子公司比较成功地实现了风险隔离，故其成为其他不少国家发展金融混业经营的首选方式。这一阶段还出现了母公司控股职能与子公司经营职能分离的纯粹金融控股公司，母公司从具体的金融业务中抽身出来专司监管、控制职能，极大地提高了整个集团的经营效率和抵抗金融风险的能力。如美国花旗银行的花旗控股，日本瑞惠集团的瑞惠控股，香港汇丰集团的汇丰控股等便是脱离具体业务的纯粹金融控股公司。

二、我国现行金融业务经营制度的形成与改革

(一)我国金融业务经营制度的形成

20世纪70年代至1993年，是我国金融体制改革的启动阶段。受世界金融创新思潮的影响，我国金融体制改革的试点机构曾经尝试过综合经营的模式，1979年成立的中国国际信托投资公司(简称中信公司)、1986年重新组建的交通银行便是适例。

1993年以来，由于金融法制建设的滞后，我国的金融业在经营过程中不断出现失控场面，导致了金融秩序的混乱。因此，我国在1993年金融改革中确立了金融业分业经营、分业管理的原则，并在随后颁布的《商业银行法》、《证券法》、《保险法》等法律中体现了分业经营的原则。1995年《商业银行法》规定，商业银行在中华人民共和国境内不得从事信托投资和股票业务，不得投资于非自用不动产，不得向非银行金融机构和企业投资。2002年《保险法》规定，保险公司业务范围由保险监督管理机构依法核定，保险公司只能在被核定的业务范围内从事保险经营活动，保险公司不得兼营本法及其他法律、行政法规规定以外的业务。1998年《证券法》规定，证券公司应当按照规定的业务类型(综合类的证券公司和经纪类的证券公司)提出申请，并经国务院证券监督管理机构核定，证券公司不得超出核定的业务范围经营证券业务和其他业务。

2003年修订后的《商业银行法》第43条规定："商业银行在中华人民共和国境内不得从事信托投资和证券经营业务，不得向非自用不动产投资或者向非银行金融机构和企业投资，但国家另有规定的除外。"2005年修订后的

《证券法》规定："证券业和银行业、信托业、保险业实行分业经营、分业管理，证券公司与银行、信托、保险机构分别设立。国家另有规定除外。"由上述规定可以看出，修订之后的《商业银行法》、《证券法》尽管维持了分业经营、分业管理的基本格局，但均预留了"国家另有规定的除外"的弹性空间。这种制度安排一方面是基于我国当前金融体系尚不健全、金融风险的防范能力有待进一步增强的客观现实而作出的选择，另一方面也表明了立法者对金融创新需求的承认以及力求通过法制化渠道予以保障和实现的意图，为未来正式推行金融业务综合化经营、有效促进立法衔接提供了条件。

（二）我国金融业务经营制度改革的模式选择

根据学界目前所达成的一般共识，如果我国要在立法上正式确认金融业的混业经营，那么在具体模式上宜采用金融控股公司模式。金融控股公司模式相对来说具有以下优势：

1. 促进经营效率与保障经营安全

金融控股公司的效率优势体现在其能够充分发挥集团的协同效应，有利于避免资源浪费，实现金融服务效益最大化，壮大自身经营实力与市场竞争力。如银行同时为客户提供信贷、理财、保险一体化的综合服务，通过这种整合销售不但降低了人事开支，还进一步加强了销售功能，同时提升了产品的创新空间。该模式相比于内部组织制与分公司制来说，是一种实现风险阻隔的合适选择。

2. 推动我国金融机构公司治理结构的完善

金融控股公司投资控股多个经营具体金融业务的子公司，通过资本、人事、财务等多种途径对子公司实现控制；同时子公司作为独立法人需自主经营、自负盈亏、自我约束、自我发展，控股公司一般情况下只在出资范围内承担有限责任。

3. 促进我国金融业监管模式的转变与监管水平的提高

金融控股公司模式实现金融混业经营之后，对金融监管提出了更高的要求，金融监管的模式必须作出相应的调整。对于金融混业经营下的金融监管存在三种模式：一是银监会、证监会和保监会三家监管机构合并为一家，对金融业实行统一监管；二是继续维持分业监管模式，同时另设或指派某机构，负责协调三家监管机构的关系；三是维持现状，以联席会议的形式来加强合作，对金融控股公司各相关机构按照业务性质实施分业监管，而对金融控股公司则依据其主要业务性质归属给相应的监管机构负责。无论采取哪种模式，都将对我国既有的金融监管模式构成严峻挑战。

(三)我国金融业务经营制度改革的具体构想

1. 金融控股公司的发展模式

金融控股公司的发展模式分为两大类:一是按照控股的母公司是否拥有自己的业务领域分为事业型控股公司和纯粹型控股公司;二是在事业型控股公司中,又根据母公司从事的具体金融业务如银行、保险、信托、证券等进行细分。

从其他发达国家来看,日本、韩国两国禁止纯粹型金融控股公司的存在;而在欧美国家,纯粹型控股公司却广泛存在。如美国花旗公司就是一家典型的纯粹型跨国金融控股公司集团。相比而言,纯粹型金融控股公司更具优势。首先,由于纯粹型金融控股公司没有自己特定的事业部门,故其全部资金可以用于对子公司的控股,而且可以通过层层控股,实现资本的迅速膨胀,放大资本功能,便于开展企业内部的资源整合和企业外部的收购、兼并行动;其次,母公司专注于对公司整体战略的管理,有助于提高纯粹型金融控股公司的经营效率。当然,这些因素也决定了成立纯粹型金融控股公司必须具备一定的条件,如具有擅长资本运营、了解金融市场运作规律、熟练应用各种金融工具及投资组合的专业团体及投资机构。在我国现阶段能够担当纯粹型金融控股公司的实力雄厚、信誉卓著、经验丰富的大型投资机构还非常少。[1]

2. 金融控股公司的发展路径

在我国发展金融控股公司比较现实的路径为:(1)整合现有金融资源,组建以某一金融机构为母公司的事业型控股公司。随着金融制度改革的深化,资本市场发育的成熟,尤其是大批投资银行的发展壮大,金融控股公司再逐步由以事业型控股模式过渡到纯粹型控股模式为主。(2)明确事业型控股公司所属行业类别的问题。从目前我国金融市场各金融机构的发育状况、所占市场份额、资产规模、经营效益、公众影响力等方面来看,银行尤其是四大国有商业银行是优先的选择,而且中国工商银行、中国银行和中国建设银行早已通过设立国外分支机构或与外资金融机构合资、合作等方式涉足非银行金融业务,尝试开展混业经营。因此,组建以四大国有商业银行为核心的金融控股公司是目前比较可行的选择,而组建以证券公司、保险公司为母公司的金融控股公司还有难度。

---

[1] 参见胡怀邦主编:《国有金融机构发展与监管》,中国金融出版社2005年版,第68~69页。

(四)金融控股公司的法律保障机制

在明确以金融控股公司作为我国未来金融业务经营发展模式的前提下,如何从法律上保障金融控股公司高效、安全地运营便成为了必须面对的重要课题。在我国建立、健全金融控股公司的法律保障机制可以从以下方面着手:

1. 金融控股公司的定义

首先应在立法中明确界定金融控股公司。为此,我们应当借鉴其他国家和地区的做法,除了以控股作为界定支配或控制关系的标准之外,还应明确规定直接或间接决定其他公司人事、财务或业务决策的也可认定为形成支配与控制关系,从实质意义上界定金融控股公司。

在立法技术上,对金融控股公司的界定还应当综合运用概括式加列举式的方法,即除了在立法上对金融控股公司的定义及类型作出明确规定之外,考虑到金融市场变动频繁的现实状况,还有必要运用开放性的列举方式,如规定"监管部门认定的其他金融控股公司类型",允许监管部门经由一定程序对是否构成金融控股公司进行审核或者赋予监管部门制定有关认定金融控股公司类型标准的权力,以便于对将来新产生的金融控股公司形态适时作出调整。

对于我国金融控股公司的认定还有一点特殊情况,就是对目前已经实际运作的各种类型的金融控股公司进行调查、归类、筛选,据此确立我国金融控股公司的标准,引导前期已经形成的一些金融控股公司按照有关标准进行登记。

2. 金融控股公司的监管模式

金融控股公司的监管模式有两个问题需要解决。

第一,从金融集团的层面上讲,对金融控股公司及其子公司是实行一元化监管还是多元化监管?目前世界上大多数国家采取的是多元化监管模式,即在对金融控股公司及其子公司进行综合监管的同时,对从事各具体金融业务的子公司进一步实行分业监管。如美国《金融服务现代化法》就对金融监管框架进行改革,规定由联邦储备体系(中央银行体系)作为综合监管的上级机构对金融控股公司及其子公司进行监管。联邦储备理事会可随时要求金融控股公司及其子公司提交负法律责任的报告,保证理事会不间断地获知该公司及其子公司的财务状况、运营情况、交易情况以及对法律法规的遵守情况。联邦储备理事会可以依法检查任何金融控股公司和其子公司,了解其经营、财务状况以及经营财务的风险并对该风险产生的影响进行评估、监测、控制,同时将检查重点放在控股公司和与任何存款机构之间具有交易的其他金融子公司上。另外，货币监理署等银行监管机构、证券交易委员会和州保险厅分别对从事银行、证券、保险业务的子公司实行分业监管，从而实现综合监管和分业监管相结合。

我国目前的情况是对银行、证券、保险实行分业经营分业监管，银监会、证监会、保监会各司其职，而缺乏对实行综合经营的金融控股公司进行监管的机构和相应的法律规定。考虑到目前新设一个综合性的监管机构将对整个金融监管体制带来较大的冲击及各方观点尚存分歧的情况，选择进一步发展和完善既有的三家监管机构联席会议制度相对来说更为可行。需要强调的是，这种联席会议制度并不只是一种形式上的综合监管，而必须从人员配备、职权分工乃至办公场所固定、日常监管事务明确等方面将其落实。当然，作为一种旨在加强各监管机构之间信息沟通和保障行动协调一致的制度安排，联席会议制度更多发挥的是"桥梁"或"平台"的作用，在整合金融监管资源、配置并统一行使金融监管职权方面则具有明显的局限性。当前该制度主要带有过渡性质，从我国未来金融混业监管的发展趋势来看，应当尽早考虑构建综合性监管部门。具体方式并不一定是要在既有的监管格局之外另设一个新的机构，而是可以赋予某个权威部门综合性的监管职责，并注意合理划定该机构与其他分业监管机构之间的职责范围。该综合性监管机构可以考虑为中国人民银行。

第二，单独就金融控股公司而言，是对其实行专门监管还是联合多部门协调监管？对于这个问题，可以借鉴美国采取的多部门协调监管的机制。美国《金融服务现代化法》就多部门的协调监管问题作出了三方面的规定：一是规定了联邦储备理事会与财政部长的协调机制。具体来讲，在涉及金融控股公司业务活动的判断问题上，联邦储备理事会对于确定某一业务活动是否属于金融活动或者是辅助性金融活动的任何要求、提议或申请，应当通知财政部长，并与之协商。财政部长可以书面形式向联邦储备理事会建议调查该活动的性质或者直接表达其对该活动是否在法律规定范围内的意见。另外，对金融控股公司的某些具体经营行为实行联合监管规则。如果联邦储备理事会和财政部长共同认为，出于确保遵守本法的目的，防止规避以及为保障存款机构安全的需要，联邦储备理事会和财政部长可以作出包括限制金融控股公司与存款机构交易在内的规定。二是规定了联邦储备理事会与其他监管机构之间的协调机制。就理事会的检查与银行监督机构、证券监督机构的检查之间的关系问题，法律规定理事会应当最大限度地使用有关联邦或州存款机构的监管当局所提供的有关存款机构的检查报告、最大限度地使用有关证券交易委员会提供的对证券公司的检查报告。三是在赋予联邦储备理事会职权的同时对其施加必要的限制,以确保其他监管机构能够发挥其应有的作用。法律规定理事会有权对金融控股公司的存款机构子公司与该存款机构的任何关系人的交易实施限制或提出要求,但理事会不得针对金融控股公司的"功能性管理子公司"或译为"职能性监管子公司"①制定条例、发布命令或强行禁止、限制及提出指导意见、要求、安全措施或标准,或以其他方式采取行动,除非以上行动对防止或纠正上述子公司不安全的、不正当的或违反受托人义务并存在重大风险的行为是必要的。这就确保了其他监管机构能够正常发挥其职责。

由上观之,美国立法确立了综合监管部门与各分业监管部门之间的协调机制,包括确定各自的监管权限范围以及职权行使过程中各机构间的分工合作机制,保障综合监管部门与分业监管部门既能各司其职又能相互配合。就我国而言,考虑到设置一个专门的综合监管部门乃大势所趋,故在设计我国金融控股公司的监管模式、搭建综合监管体系的同时,必须将综合监管部门与其他分业监管部门的角色安排以及关系处理纳入制度调整的范围。在立法技术上,可以首先就前述问题做一些原则性规定,再在实践的基础上,结合运行中的问题有针对性地出台实施细则,以完善立法。

3. 金融控股公司的监管体系

(1)市场准入监管。在审查金融控股公司是否具备法定的市场准入条件时,须借助于各监管机构之间关于"控股公司关键实体"的信息共享机制,对不同关键实体的准入实行有所侧重、区别对待的标准。如对金融机构提出的设立控股公司的申请,应重点审查其财务指标是否达到相应的要求;对企业提出的设立申请,则应全面考察建立金融控股公司的条件、理由、业务发展计划等。如果存在空壳公司问题,监管者可拒绝批准设立。

(2)资本充足率的监管。对金融控股公司资本充足率的监管有两个层次:第一个层次是对各金融子公司资本充足率的要求;第二个层次是对金融控股公司资本充足率的要求。

关于各金融子公司资本充足率的监管问题,存在不同的观点:一种观点认为应当按照控股公司各实体子公司的所属行业,分别适用相应的资本充足率标准;对于一些没有明确充足率标准的行业(如租赁),则根据行业平均水平或具体业务的风险予以确定,确保控股公司各实体子公司均达到各行业

---

① 在美国,金融控股公司下属从事证券、商品期货或保险业务的非银行子公司是由相应的功能性监管机构进行监管,因此被称为功能性管理子公司或职能性监管子公司。

的资本充足率标准。另一种观点认为资本充足率问题对于证券、保险等非银行业务而言并无实质意义,要求非银行业务的经营者一体遵循源自银行规范的资本充足率要求说服力不足,而且从管制的实际层面来看,决定资本充足率的规范基础将会因为每一家金融控股公司的运作不同而发生差异,并反映在资本充足率的不同规定上,如果强制规定资本充足率,将带来极大的监管成本,而管制的效益并不确定。① 从我国目前实际运行的情况来看,即使在分业经营、分业监管的格局之下,对非银行的证券、保险业务也并未做资本充足率的要求。同时考虑到银行业务与非银行业务的性质差异,本书赞同后一种观点,将第一层次的资本充足率监管仅适用于从事银行业务的子公司。

关于金融控股公司的资本充足率监管问题,这里仍然需要限定的是,只有当金融控股公司涵盖银行子公司或母公司本身是银行的情形下,才对控股公司的资本充足率进行监管。可以说,对金融控股公司整体监管的重心仍在银行业务部分,包括采取降低整个控股公司经营风险的措施,以减轻对其储蓄机构的影响。在对金融控股公司的资本充足率监管问题进行具体立法设计时尚需解决以下具体问题:首先,避免金融控股公司因内部持股而产生的资本重复计算和资本虚增问题。② 其次,灵活确定金融控股公司资本充足率的具体水平。《巴塞尔协议》对金融控股公司的资本充足率并没有设置统一的规定,而是交由各国监管当局掌握。我国可以借鉴既有的银行资本充足率监管规范,规定确保金融控股公司稳健经营的资本充足率水平并保持对金融控股公司的动态监管,对低于法定要求的金融控股公司及时启动预警机制。

(3) 关联交易的监管。关联交易是发生在关联人或关联企业之间的交易。根据一般的公司法理论和有关关联企业的规定,关联企业是存在某些特殊关系的企业,它是与单一企业相对的、双向的企业概念,表明企业间存在直接或间接控制关系或重大影响关系。关联企业既可能从事以增进集团协同效应为目的的交易,也可能进行资产和利润等转移的利益输送行为,而后一种关联交易将导致风险传递,引发利益冲突,产生道德风险。

在立法上对金融控股公司及其子公司之间可能产生的不正当关联交易进行规制时,应当特别注意以下几点:一是对金融控股公司及其子公司的关联

---

① 参见王文宇著:《新金融法》,中国政法大学出版社 2003 年版,第 99 页。

② 如 A 公司可以用 4 000 万元投资设立 B 公司,B 公司又以 2 000 万元投资设立 C 公司,C 公司再以 1 000 万元投资设立 D 公司。如此一来,A、B、C、D 四家公司即使不进行任何经营活动,其账面资本额已经累计虚增资本 7 000 万元。这仅是单向转投资的情形,在双向转投资中这种危害则更为显著,一旦双方回购又将造成实质性减资。

交易类型进行规定，明确规范对象。在立法技术上，可以结合一般企业关联交易的常见类型，针对金融控股公司及其子公司的业务特点，采取概括加列举的模式作出规定。二是加强对金融控股公司与其子公司的财务监督，实行财务会计报表合并制度。尽管在法律上金融控股公司与各子公司具有独立的法律地位，但为防范集团内部的关联交易对相关企业产生不利影响，有必要将金融集团视为一个会计主体，要求金融集团如实反映其整体的财务状况。三是完善有关金融控股公司与关联企业基本状况及从事关联交易的信息披露制度。具体而言，存在关联关系的金融控股公司及其子公司应当就以下信息进行充分、及时的披露：公司的性质、类型、业务、股权结构及其变动、从事关联交易的类型及交易要素（如交易金额或相应比例）等信息。金融监管主体还应当定期收集和评估金融控股公司的经营信息，在可能的情况下，对金融控股公司的特定交易行为进行测试，以考察金融控股公司的风险管理系统是否充分、适当，验证有关监管法律、法规的有效性，及时了解金融控股公司的动态变化并预测由此带来的风险，做到防患于未然。四是保护与金融控股公司存在关联关系的公司及其股东、债权人的利益，金融控股公司因从事关联交易而损害关联企业及其股东、债权人利益的，应当承担法律责任。

（4）金融集团市场力量集中的监管。金融机构本身便是市场大量资本的拥有者，若再通过金融控股公司的设立实现跨业经营的金融组织结合形成金融集团，其市场影响力更会大大增强，这便可能导致规模较小的金融机构因缺乏竞争力而退出市场，进而使得整个金融市场因缺乏足够的竞争机制而无法发挥市场力量。因此，法律有必要对引发金融集团市场力量过度集中的结合行为进行管制。其重点在两个方面：一是在金融控股公司设立时审查是否存在反垄断法规定的企业结合行为；二是在金融控股公司成立后与其他金融机构有结合行为时，审查是否违反了反垄断法的规定。

（5）市场退出的监管。在金融控股公司存在违规操作或支付出现严重危机的情况下，监管当局应当有相应的市场退出机制，包括紧急救助、接管、关闭和破产清算等。

【拓展材料】

民营资本进入银行业的几大悬念[①]

市场期待多年的民营资本进入银行业，马上要有实质性进展了，将开始

[①] 参见高峰：《民营资本进入银行业的几大悬念》，载《上海证券报》2013年9月16日。

尝试由民间资本发起设立自担风险的民营银行。这是我国金融改革迈出的重要一步。鉴于在稳健货币政策下，利息收入压力大增，加之经济增速放缓，银行资产增长速度也相应趋缓，银行盈利能力正大幅下降。在已披露半年报的16家银行中，15家净利润增速放缓，大银行躺着赚钱的时代已经过去。民营资本进入银行业表现如何因此广受期待。

民间资本进入银行业，成为金融改革的重要力量，将会使我国金融资源配置上存在的问题得到一定程度的缓解，更将产生鲶鱼效应，为现有银行业引入竞争机制。

"民营银行"概念的提出，点燃了民营企业进军银行业的热情。中关村率先打出响亮的"科技银行、互联网银行"，拥有互联网优势的苏宁随即提出成立"苏宁银行"，民间资本底子厚实的温州更联合了十几个实力强大的温州商会，拟抱团融资50亿元成立"温州现代商业控股银行"。重庆和湖北，也在迅速出手组建"渝商银行"和"荆州银行"。

不过，民营资本要顺利进入银行业，恐怕还有很长的路要走。按国务院的要求和监管层的思路，在自担风险条款上，民资与国资是否能获得同等待遇，目前尚不清楚，而这将直接关系到能否形成国资银行与民资银行的公平竞争环境。金融专家则特别担心民营资本办银行的风险控制短板，担心民营企业家或民营资本不懂银行，担心出现利益输送，大行关联交易，担心民营资本没办好银行却卷钱外逃，给社会带来严重后果。最后一点正是监管层面临的艰巨挑战。

成立民营银行一方面体现了金融市场的公平，但从政府的角度看，民营银行能否切实解决中小企业贷款难问题才是关键。诚然，民营企业对当地企业情况比较熟悉，大多也熟知本地经济实情，然而，具备解决问题的优势和能否实际解决问题是两码事。现在95%的小贷公司都是为了盈利而运作，组建民营银行的初衷是为了能给中小企业提供更多贷款，但要是没有一定的制度性约束，没能探索出适合中小银行特色的经营模式，民营银行靠什么生存？

目前，我国银行同质化竞争严重，无论是国有银行、股份制银行还是城市商业银行，都是通过在各地增铺网点、扩大规模盈利。实际上，自逐步开始利率市场化的改革以来，中小银行压力更大，这也对其自身发展模式提出了更高要求，想依靠传统的贪大求多盈利的方式或已不现实。如果所有的银行都按照大银行的发展模式，即便成立民营银行也还是解决不了中小企业融资难的问题，因为民营银行首先要解决的是自己的生存问题。

业内人士认为，民营银行试水，需要有全面的设计，既要考虑到民营银行解决中小企业贷款难的问题，也要考虑到民营银行的生存问题。政府应出台相应的法律法规，让大银行从某些非常草根的地方适当地退出去，对小银行和大银行有适当分工。这样的银行业态，是不可能完全依靠市场化来形成的。

60多年来，我国银行业始终是垄断行业，在金融领域，垄断可能意味着资本的利用效率打折，此次银行业的放开也意在引入民营资本这股活水。从出发点看，成立民营银行不仅能为大量游离于民间的资金提供一个合法的投资渠道，也可以在解决中小企业融资难上发力。但对于民营企业来说，银行仍然存在获得暴利的机会，民资谋求进入银行业，当然也是看中了这一点。不能排除民资会更多考虑如何来分得银行"暴利"，那样的话，国内银行业势必要面对一场难以估量的狂风巨浪。如果没有相应的政策约束，银行发展模式没有根本转变，结果恐怕事与愿违。

而且，目前金融市场有效的信用体系还没有形成，金融市场信用基本上处于政府担保状态，鼓励民营资本进入银行业，国内银行体系将面临莫测的高风险。民营资本进入银行业最大的难题在于，现代银行对存贷款风险的定价，这种定价必须要有长期演化而成的信用来担保。显然，民营资本还没有这种信用，那么它们进入银行业的信用就得由政府来担保。这就会使它们无所顾忌进入高风险项目，或不担心进入高风险的资产。因为，这样做，收益可以归自己，而风险或成本则可让整个社会来承担。更为重要的，在网络银行的新环境下，私人银行主事者要盗用存款人的资产更是易如反掌，而且在短时间内就可完成。就当前中国的民营资本信用状况来看，这种风险可能比估计得还要大很多。要知道，即使在管理十分严格、操作流程比较清晰的国有商业银行(当前许多银行的每一笔业务，总行随时都可通过网络系统来了解)，银行职员盗用银行资产的情况也时有发生。

另外，民间资本想要进入银行业，首先要熟悉银行业规则，但规则和经验需要在理论与实践中学习和积累，这也需要一个很长的过程。因为民营资本大多没有经验，风险防范或许会成为很大的问题。

银行最重要的功能是吸收存款、发放贷款，民营银行如何培育出强大的吸储能力，是对它们的巨大考验。所以，民营资本进入银行，固然加大了银行业的竞争，但也意味着会有一些银行出局，这是我们在等待民资银行兴盛起来之时必须要有的思想准备。

【思考题】

1. 根据《银行业监督管理法》，国务院银行业监督管理机构有权对银行业金融机构的信用危机依法进行处置。关于处置规则，下列哪一说法是错误的（　　）？（2012年全国司法考试试卷一第29题）

　　A. 该信用危机必须已经发生

　　B. 该信用危机必须达到严重影响存款人和其他客户合法权益的程度

　　C. 国务院银行业监督管理机构可以依法对该银行业金融机构实行接管

　　D. 国务院银行业监督管理机构也可以促成其机构重组

2. 根据我国《商业银行法》、《银行业监督管理法》的相关规定，下列哪些选项是正确的？（　　）（2007年全国司法考试试卷一第68题）

　　A. 商业银行的组织形式既可以是有限责任公司，也可以是股份有限公司

　　B. 商业银行的设立、变更等应经中国人民银行批准

　　C. 由于商业银行涉及存款人的利益，故商业银行不能通过破产程序而终止

　　D. 中国银监会负责对所有金融机构的监管

3. 根据《银行业监督管理法》的规定，国务院银行业监督管理机构应当与下列哪些机构建立监督管理信息共享机制？（　　）（2007年全国司法考试试卷一第67题）

　　A. 中国人民银行

　　B. 国家工商行政管理总局

　　C. 国务院证券监督管理机构

　　D. 国务院保险监督管理机构

4. 金融机构与业务制度改革的特点是什么？

5. 我国国有商业银行机构改革的重点和难点是什么？

6. 我国政策性银行制度改革的问题是什么？

7. 什么是金融机构的退出制度？

8. 存款保险制度在构建的过程中应当注意什么问题？

9. 试述我国在对金融业务经营制度进行改革的过程中应当建构的法律保障机制。

第四编 金融调控与监督管理法

第十二章 货币政策法

【学习目的与要求】通过本章的学习,掌握货币政策的基本目标,货币政策的实施工具,货币供应的调控原理;了解货币政策目标的确定,货币政策与经济调控的关系,货币政策目标之间的关系,货币政策工具的类型;深入思考货币政策法在金融法律体系中的地位及货币供应与经济运行的关系。

第一节 货币政策概述

一、货币政策的概念

货币政策有广义和狭义之分。广义的货币政策包括政府、中央银行和其他有关部门所有关于货币方面的规定和所采取的影响货币数量的一切措施。狭义的货币政策即通常意义上的货币政策,是指中央银行为影响经济活动,实现特定的经济目标所采取的一系列措施,尤指控制或调节货币供应量与信用量以及调控利率的各项措施和政策的总称。它是一种宏观的经济政策,是调节社会总需求的政策,是间接调控经济的政策,具有长期性和短期性相结合的特点。货币政策由信贷政策、利率政策和外汇政策构成。货币政策分为扩张性的货币政策和紧缩性的货币政策两种。扩张性的货币政策通过提高货币供应增长速度来刺激总需求,在此种政策下,取得信贷更为容易,利率会降低。相反,紧缩性的货币政策通过削减货币供应的增长来降低总需求水平,在此种政策下,取得信贷较为困难,利率也会随之提高。

货币政策起源于20世纪30年代,盛行于第二次世界大战后,现在已成为各国中央银行实现宏观调控的重要手段。货币政策的实质是通过货币机制的调控使国民经济的有关指标服从于国民经济政策,服务于经济的稳定发展,并成为国民经济政策的重要组成部分。它在社会经济的发展过程中扮演着"制动器"的角色,与其他发挥驱动作用的宏观政策(如财政政策)相互配合,共同保障经济的持续、稳定、良好、协调发展,为国民经济的发展营造一个良好的货币金融环境。

货币政策的内容比较丰富，一般包括货币政策决策机制、货币政策目标、货币政策工具、货币政策传导机制、货币政策效应等。

二、货币政策的特征

(一)货币政策是一种宏观经济政策

货币政策不是针对某个部门或单个银行采取的具体的经济措施，而是一种全局的、以总量调节为主、结构调节相结合的经济措施。它涉及国民经济运行的货币供应量、信用量、利率、汇率及金融市场等宏观经济指标，并通过对这些指标的调节和控制进而影响社会总需求和社会总供给。

(二)货币政策是调节社会总需求的政策

在国民经济中，社会总需求和社会总供给的平衡关系是非常重要的关系之一。社会总需求和社会总供给只有在总量上和结构上均保持平衡，国民经济才能持续、稳定、良好、协调发展。社会总需求即对产品和劳务的购买力总量，而货币政策通过调节或控制货币供应量来调节社会总需求，进而促使社会总需求和社会总供给二者保持平衡。

(三)货币政策主要是间接调控经济的政策

国家宏观调控经济的方式有两种：一是直接调控方式，即国家通过行政手段直接调控企业，干预经济；二是间接调控方式，即国家调控市场，市场引导企业，主要采取经济手段和法律手段，通过对市场主体经济活动的管理来对社会总需求进行调控，辅之以必要的行政手段。

(四)货币政策具有长期性和短期性相结合的特点

"货币政策目标具有长期性，而货币政策的各项具体措施又具有短期性、时效性的特点。所以货币政策是目标的长期性和措施的短期性的结合，短期措施服从于长期政策目标，是货币政策和其他经济政策的重要区别。"①

三、货币政策的构成

(一)信贷政策

信贷政策是中央银行根据国家宏观经济政策、产业政策、投资政策和区域经济发展政策，并衔接财政政策、利用外资政策等为控制货币供应量，对金融机构信贷总量和投向实施引导、调控和监督，促使信贷投向不断优化，实现信贷资金优化配置的重要手段，是银行分配信贷资金、组织管理信贷活动的重要依据，也是国家对信贷资金领域方面进行指导的具体体现。制定和

---

① 徐孟洲主编：《金融法教程》，高等教育出版社 2007 年版，第 279 页。

实施信贷政策是中国人民银行的重要职责。信贷政策有以下特点：首先，中央银行制定和实施信贷政策的目的是为了稳定金融市场和通货膨胀，创造良好的金融货币环境；其次，中央银行信贷的对象是政府、商业银行和其他金融机构；最后，中央银行的信贷政策力求在多重目标之间取得平衡，寻求最佳效果。在众多目标中，信贷政策主要关注三个目标：一是促进经济结构优化；二是督促金融业履行社会责任；三是防范信贷风险，实现金融稳健发展，同时兼顾其他目标。中央银行的信贷政策是反经济周期的，当经济繁荣时，信贷政策会逐步缩紧；反之，当经济萧条时，信贷政策却是逐步扩张的，以拉动需求。

中央银行的信贷政策主要有：再贴现率政策、法定存款金政策、准备金政策、公开市场操作政策，以及信贷规模控制、证券市场信用控制、消费信用控制和动产信用控制等。信贷政策不同于货币政策中的其他总量政策工具。其他总量工具主要着眼于解决总量问题，通过调节货币供应量和信贷总规模，促使社会有效供求的大体平衡，从而保持货币币值的稳定。信贷政策则主要着眼于解决结构问题，通过窗口指导、引导信贷投向，促进产业结构、产品结构调整，防止重复建设和盲目建设，促进国民经济协调发展。

（二）利率政策

利率政策是货币政策实施的主要手段之一。中央银行根据货币实施政策的需要，适时地运用利率工具，对利率水平和利率结构进行调整，进而影响社会资金的供求状况，是中央银行间接控制信用规模的一项重要手段。利率政策和信贷政策相互辅助，相互补充。目前中央银行采用的利率工具主要包括：一是调整中央银行基准利率，包括再贷款利率（指中国人民银行向金融机构发放再贷款的利率）、再贴现利率（指金融机构将所持有的已贴现票据向中国人民银行办理再贴现的利率）、存款准备金利率（指中国人民银行对金融机构交存法定存款准备金支付的利率）、超额存款准备金利率（指中国人民银行对金融机构交存的准备金中超过法定存款准备金水平的部分所支付的利率）。二是通过调整金融机构法定存贷款利率来调节和控制整个社会的利率结构，以便社会资金在价格体系指导下得以有效的利用和分配。三是制定金融机构存贷款利率的浮动范围。四是制定相关政策对各类利率结构和档次进行调整，如利率险额、流动性比例控制等，使利率水平能够大致反映货币政策目标要求和社会资金供求状况。

（三）外汇政策

所谓外汇政策是指一国为了实现国际收支平衡、控制国际资本流动、实施外汇管制、维持汇价的基本稳定而在外汇管理方面制定的有关准则，是货币政策的一种。外汇政策的主要手段一般包括以下内容：一是根据世界经济和国际金融变动情况选择适当的汇率制度，控制和调节外汇行市，稳定汇率；二是采取各种手段和措施控制和调节资本的流出与流入，实施外汇管制；三是保持合理的外汇储备，以维持国际清偿能力；四是控制外汇市场交易并维持其稳定。

第二节 货币政策目标

一、货币政策目标的基本概念

货币政策目标是一国中央银行实施货币政策所要达到的既定目标，也是一国中央银行制定和实施货币政策的依据。通过货币政策的制定和实施以达到最终目的，是货币政策制定者——中央银行的最高行为准则。中央银行的货币政策目标应该在中央银行法中作出明确规定。货币政策目标可分为终极目标和中介目标。通常所说的货币政策目标是指货币政策的终极目标。

二、货币政策的基本目标

(一)货币政策和金融调控

金融调控是指金融调控当局(一般是指各国中央银行)根据确定的经济发展目标，运用货币政策工具对货币供应量和信贷总量、结构的调节和控制，以保证金融体系稳定运行，整个经济从宏观上实现总供给和总需要的平衡，实现物价稳定和国际收支平衡。金融调控的首要任务就是确定货币政策的目标，它是指导全部金融调控业务活动实施的基本方针。货币政策目标制度是规定货币政策目标的种类、性质和法律地位等的法律制度，它通常是根据金融调控与经济调控的关系来确定的。中央银行的金融调控是通过调节与控制货币供求行为，实现对需求行为和需求状况的调节和控制，进而实现对经济运行和增长状况的调节与控制的过程。[1]

1. 需求变动与经济运行

经济运行中的需求变动即总需求与总供给的关系变化能综合反映国民经济的运行状况。如果社会的总需求低于总供给，就会引起商品滞销、生产缩减、解雇工人，形成商品和劳务的积压。市场对这种经济运行状况的直接反应是下个生产周期解雇工人，缩减生产，这样的直接结果就是引起资源的浪

---

[1] 刘少军著：《金融法学》，中国政法大学出版社2007年版，第333页。

费、社会收入的减少和经济的衰退。而失业人数增多，收入减少又会导致社会需求的进一步减少。通过产业传导机制和乘数机制，形成由需求减少、生产减少和收入减少，到需求进一步减少、生产进一步减少和收入进一步减少的不断循环，使社会经济运行规模不断萎缩和衰退，直至衰退到基本消费水平的规模。①

反之，如果社会的总需求高于总供给，就会引起产品的供不应求。市场对这种经济运行状况的直接反应是下个生产周期增加工人，扩大生产，从而导致社会收入增加，经济增长。而就业良好，收入增加必然引起社会需求的进一步增加。通过产业传导机制和乘数机制，形成需求、生产和收入的进一步增长。当增长到整个社会不再存在普遍闲置的生产要素之后，就会因商品和劳务的供不应求而出现明显的通货膨胀，并引起整个金融秩序和经济秩序的混乱。最终因瓶颈部门的出现和更加严重的通货膨胀，引起经济的快速衰退。②

2. 货币政策与经济运行

在社会化的市场经济条件下，经济运行本身严格的产业联系形成了其内在的经济波动机制。即使是供给与需求均衡的经济，如果受到技术创新、新资源发现，以及政治变动等外生因素的触发，也会引起经济运行的周期循环波动，这是不以某个人的意志为转移的客观规律。经济的波动不仅会给居民生活带来严重影响，也会给社会经济带来重大损失，是当代整体经济社会生活的矛盾焦点。

在当代经济生活中，需求的变动主要是由货币供求行为决定的，而货币供求的变动又主要是由中央银行的货币政策最终决定的，中央银行的货币政策是调控经济运行和增长的基本手段。因此，各国法律都规定，中央银行的基本职能就是调控社会的货币供应规模，并都赋予其相对独立或独立的法律地位，以通过其货币政策实现经济的合理增长。当社会总需求规模过大，引起经济增长速度过快时，中央银行可以通过其货币政策限制货币供求，适当限制社会总需求的增长速度，保证经济以合理的速度增长。当社会总需求规模过小引起经济衰退时，中央银行则可以通过其货币政策适当增加货币供应，扩大社会总需求规模，阻止经济衰退，稳定经济增长。③

---

① 刘少军著：《金融法学》，中国政法大学出版社2007年版，第334页。
② 刘少军著：《金融法学》，中国政法大学出版社2007年版，第334页。
③ 刘少军著：《金融法学》，中国政法大学出版社2007年版，第334页。

(二)货币政策基本目标的内容

中央银行货币政策的实施,经过一定的传导过程,将其影响导入一国经济的实际领域进而达到既定的目标,实现对经济运行状态的调节与控制。货币政策的实施能平稳货币供求,为经济运行提供相对稳定的货币环境。当经济运行偏离正常轨道时,进行调整,使过热过快的经济速度降到平稳或合理防止经济的衰退。根据多数学者的观点,中央银行货币政策所要达到的最终目标一般来说有四个,即稳定物价、经济增长,充分就业和实现国际收支平衡。

1. 稳定物价

稳定物价是指将一般物价水平的变动控制在一个比较小的区间内,在短期内不发生显著的或急剧的变动。物价稳定后会给经济运行提供一个良好稳定的货币尺度,没有明显的通货膨胀,也没有明显的价格下跌,从而促进经济的持续稳定增长。反过来,经济持续稳定增长又会为币值的稳定再次创造良好的环境。币值变动会引起价格发生剧烈波动,必然引起市场秩序和导向的混乱,进而引起生产经营和生产分配的混乱,导致资源浪费,生产经营活动盲目不堪。所以各国都很重视币值的稳定,把稳定币值作为货币政策的基本任务、出发点和归宿点,即使在短期内兼顾了经济增长的要求,仍必须坚持稳定币值的基本立足点。稳定币值是货币政策的第一个层次。

要稳定物价就要采用适度的货币政策,控制货币供应量,避免通货膨胀和通货紧缩。物价稳定的实质是币值的稳定。"当然,稳定物价并不是保持币值的绝对不变。事实上,将币值保持绝对不变既无必要也不现实。从总体上看,物价总是处于一种刚性上升趋势,如何将通货膨胀率控制在适当的限度内是各国中央银行始终关注的重要问题。根据20世纪60年代以来西方主要国家的经验,年通货膨胀率如能控制在5%以下,即可视为达到了稳定物价的目标。"[1]

2. 经济增长

经济增长是指国民生产总值的增长必须保持合理的、较高的速度,在一定时期内产品和劳务增加,社会财富增多,生产经营规模扩大,技术进步以及质量和效率全面增长。经济的增长一般有两种衡量方式:一是国民生产总值(GNP),另一个是国内生产总值(GDP)。通常,经济的合理增长需要多种因素的配合,最重要的是增加各种经济资源,如人力、物力、财力,并且要求各种资源实现最佳配置。这些同货币政策虽然没有直接的联系,但中央

---

[1] 徐孟洲主编:《金融法教程》,高等教育出版社2007年版,第281页。

银行作为国民经济的货币主管部门,能影响到其中的财力部分。货币政策能够决定总需求,总需求又能通过市场机制和产业联系决定社会的总供给、社会的实际劳动投入量以及各资源的分配情况,最终决定经济的增长情况。

需要进一步强调的是,经济增长作为货币政策的目标是第二层次的,必须以第一层次的稳定物价为前提条件。币值稳定是保证经济增长的基础,没有稳定的货币环境,要实现经济的持续、稳定、协调、良好发展是根本不可能的。所以货币政策以稳定物价为首要目标。经济增长只有在物价稳定的条件下才可能实现,它是货币政策的最终目标,也是稳定物价所要达到的目的。

3. 充分就业

所谓充分就业是指凡是有能力有意愿参加工作者,都能在较合理地条件下随时找到适当的工作,并不是一切有劳动能力的人全部就业。充分就业一般以劳动力的就业程度为基准,即以失业率指标来衡量劳动力的程度。失业,从理论上讲,表示了生产资源的一种浪费,失业率越高,对社会经济增长越不利。因此,各国都力图把失业率降到最低的水平,以实现其经济增长的目标。造成失业的原因主要包括:一是劳动力需求数量原因。当社会总供给大于总需求时,各种经济资源开始闲置,劳动力资源也无法得到正常充分的利用。二是劳动力结构原因,在动态的社会经济中,工作者可能由于客观的或主观的原因想调换自己现有的工作,当这种情况出现而未找到另一个工作之前,常常会有短暂的失业。三是劳动力质量的原因,即劳动者本身不具备某项工作所需要的专业技能。

失业的质量原因和结构原因都是主观原因造成的,与社会的经济运行和增长并没有直接的联系。造成失业的劳动力需求原因主要是由于经济运行不正常,出现剧烈的波动或衰退,引起劳动力需要量减少。劳动力需求数量的变化主要是经济原因,同经济增长有着直接的联系,是货币政策可以调控的原因。通常,只要货币政策能够使经济持续、稳定、协调增长,劳动力的需求量也是不断增长的,不会出现大量的失业现象。因此,只要经济增长目标实现了,充分就业的目标也就能够实现。①

4. 平衡收支

国际收支平衡是指一国外汇收支相抵基本持平或略有顺差或逆差。国际收支是否平衡反映的是某一经济体同世界其他地方之间在商品、劳务和收入方面的债权债务关系,也是国家经济实力和地位的表现。通常,国际收支顺

---

① 刘少军著:《金融法学》,中国政法大学出版社2007年版,第336页。

差，是指某一国在国际收支上入大于出，即对外债权大于债务，是经济实力较强的表现；国际收支逆差，是指某一国在国际收支上支大于入，即对外债务大于债权，是经济实力较弱的表现。国际收支状况如果出现短期内的收支顺差或收支平衡，并不都有利于经济发展。短期内的收支逆差，也不都意味着经济运行状况欠佳。当然，长期的国际收支必须保持平衡，才有利于经济的稳定、持续、协调的增长。

在当今社会中，一国的国际收支状况与其国内的货币供应量有着密切的联系。如果国际收支顺差过大，就意味着国内货币供给增大，市场商品供应减少，对发展中国家来说，会加大物价上涨的压力；相反，如果国际收支逆差过大，也会造成国内资源浪费，并且还会造成本国货币对外贬值，使国内市场不稳定。因此，中央银行必须尽可能地使国际收支平衡。国际收支平衡有静态平衡和动态平衡之分。国际收支的静态平衡是指短期内国际收支相抵达到平衡，一般以一年为周期。国际收支的动态平衡，是指以经济实际运行可以实现平衡的一段时期为平衡周期，在该周期内达到国际收支平衡。如何兼顾国际收支的静态平衡和动态平衡，是值得中央银行研究的一个重要课题。①

5. 其他政策目标

货币政策的其他目标是指除了稳定物价、经济增长、充分就业和平衡国际收支之外的其他政策目标，如稳定利率、稳定汇率、稳定金融秩序等。它们共同构成货币政策目标体系的整体。各项货币政策的实施只有在这些货币政策目标的指引下才能为经济的稳定、协调、持续发展增添色彩。

(三) 货币政策基本目标的确定

稳定物价、经济增长、充分就业、实现国际收支平衡以及其他政策目标共同构成货币政策的目标体系，它的理想状态是这个目标体系中的目标能够全部实现。可是现实生活是复杂多变的，而这些目标之间既具有统一性也有矛盾性。所以，在确定具体实现何种目标时各国中央银行只有根据特定条件下的特定的经济状况，对各利益进行权衡，对各目标进行取舍，尽量趋利避害，作出最佳选择。

1. 货币政策各目标之间的关系分析

货币政策目标体系中的各独立目标之间是客观的内在关系。从长期来看，各货币政策目标之间是具有统一性，相辅相成的。任何目标的实现都有助于其他目标的最终实现，任何目标出现问题都会对其他目标的实现造成不

---

① 徐孟洲主编：《金融法教程》，高等教育出版社 2007 年版，第 281 页。

利的影响。物价稳定是经济平稳运行的前提条件;充分就业就意味着资源得到充分利用,象征着企业都大规模地投入生产,从而高效产出,促进经济增长;国际收支平衡有利于国内物价稳定,有利于国际资源得到有效利用,从而促进国内经济增长以及金融和利率市场的稳定;反过来,如果价格的总体水平不稳定,就难以保证经济的持续、稳定、协调增长;没有经济的持续、稳定、协调增长,就难以从根本上改善国际收支状况,就难以保证实现充分就业和国际收支平衡,也难以保证利率和汇率的稳定,更难以实现金融秩序和经济秩序的稳定。

货币政策目标体系各目标之间不仅具有长期统一性,许多目标之间也存在短期的对立性和矛盾性。除经济增长与充分就业之间是彼此一致以外,其余目标之间都有矛盾。从货币政策角度看,稳定物价和其他目标之间的矛盾更为突出。

(1)稳定物价与充分就业之间的矛盾

英国经济学家菲利普斯(A. W. Philips)最早提出:稳定物价与充分就业之间存在着一定的矛盾关系,即失业率和物价上涨之间存在着此消彼长的关系。

著名的菲利普斯曲线表明:首先要实现充分就业往往要以牺牲物价为代价。因为要实现充分就业,就要刺激投资和消费,增加货币供应量,从而刺激总需求的增加,而总需求增加又必然引起一般物价水平的上涨。其次,充分就业就会引起工资水平的上涨,而工资作为产品的成本之一,又会导致产品的价格上涨,从而推动物价的上涨。最后,当通货膨胀要求物价稳定时,需要通过紧缩信用和减少货币供应量来减少社会总需求,而社会总需求的减少又会引起企业纷纷减少投资,缩小规模和生产,从而减少就业。

(2)稳定物价与经济增长之间的矛盾

从长远来看,稳定物价与经济增长应该是一种正相关关系:物价稳定能为经济增长提供良好的金融环境,经济增长又为物价稳定奠定可靠的经济基础。但二者并不总是协调发展的,在短期内时常会发生矛盾和冲突。因为经济增长必然会导致社会总需求的增加,社会总需求增加又会导致物价的上涨,随之而来的便是通货膨胀。纵观世界各国经济发展史,经济增长较快时期,物价总会有大幅度上涨;反之,在萧条时期,物价则会有一定程度的下降。[1]

(3)稳定物价与国际收支平衡之间的矛盾

---

[1] 徐孟洲主编:《金融法教程》,高等教育出版社2007年版,第282页。

对于开放经济条件的宏观经济,以稳定物价为目标的货币政策常常会影响到国际收支平衡问题。当一国国内发生通货膨胀时,中央银行会采取紧缩性的货币政策,提高利率或降低货币供应量,减少出口,以降低总需求水平;或增加进口,以提高总供给水平。在此种情况下,国际收支逆差会越来越大,而国际收支状况的恶化将导致国际收支失衡。

2. 货币政策目标的原则

货币政策目标的原则,是确定货币政策目标所要遵循的基本准则,它的主要内容包括各目标之间的层次原则,基本目标的稳定性原则和附属目标的灵活性原则。在货币政策目标体系中,由于各目标间的制约关系不同,它们在整个目标体系中的地位也不同。其中,稳定币值是基础目标。从长期来看,如果没有稳定的币值,其他任何目标都无法实现,它是其他目标实现的前提。经济增长是主导性目标,它是一切经济活动的起点和归宿,没有持续、稳定、协调的经济增长,其他任何目标的实现都没有实际意义。货币政策体系中的其他目标都是附属目标,都是保持经济持续、稳定、协调增长的手段而不是目的。虽然充分就业目标带有一定的目的性,但充分就业只是经济增长的结果而不是前提。

货币政策基本目标是制约其他目标的目标,是制定和实施货币政策目标所要达到的根本目的。并且,从长期来看,货币政策目标之间也具有统一性,只要确保基本目标的长期稳定性,不仅能够保证基本目标的实现,同时也能保证其他附属目标的实现。从货币政策目标之间的互相关系来看,它们不仅具有长期统一性,还具有短期矛盾性。在短期内基本目标与附属目标出现矛盾时,如果坚持基本目标就必须牺牲附属目标,如果坚持附属目标就只能适当牺牲基本目标。这时,为保证基本目标的实现,保持基本目标的长期稳定性,就必须保持附属目标的灵活性,并以法律形式确定基本货币政策目标,以中央银行政策的形式确定附属货币政策目标。①

第三节 货币政策工具

一、基础货币调控工具

货币政策工具是中央银行为达到货币政策目标而采取的手段。货币政策工具的基本类型主要包括基础货币的调控工具、货币乘数的调控工具、其他

---

① 刘少军著:《金融法学》,中国政法大学出版社 2007 年版,第 338 页。

货币政策调控工具。基础货币调控工具，是指能够调控基础货币总量和其他相关金融变量，进而实现对货币政策中介目标的调节与控制，并最终实现对货币政策目标的调节与控制的货币政策工具。基础货币的调控工具主要包括再贷款政策、再贴现政策、公开市场政策、基准利率政策和其他调控工具。

(一)再贷款制度

再贷款是指中央银行为实现货币政策目标而对金融机构发放的贷款。它是中央银行调节与控制基础货币总量的重要工具，是一种带有较强计划性的数量型货币政策工具，具有行政性和被动性。中央银行通过调整再贷款利率，影响商业银行从中央银行取得信贷资金的成本和可使用额度，使货币供应量和市场利率发生变化。当中央银行对再贷款利率政策进行调整时，它会对商业银行及社会的活动产生一定的指引和预示。例如，当中央银行调高再贷款利率时，表明中央银行对通货膨胀采取了措施，这时各企业就会谨慎投资，缩小规模。接着，当中央银行降低再贷款利率时，这就在一定程度上刺激投资和经济增长。所以再贷款制度是中央银行实现货币政策的重要工具。

关于再贷款的审批权、管理权及利率的调整权，各国货币的规定不完全相同。再贷款工具的使用权，主要取决于中央银行的独立状况。通常，独立性较强的中央银行往往享有较大的权利，独立性较小的中央银行享有的权利也会相对小些。此外，再贷款的使用往往有一定的限制。有的法律按照再贷款额度来确定其决策权，有的则按照再贷款的时间确定其决策权。但无论其决策权利的大小，再贷款政策都是调节与控制基础货币投放量，以及市场利息率的重要货币政策工具。

(二)再贴现制度

再贴现是指商业银行或其他金融机构将贴现所获得的未到期票据向中央银行转让，中央银行通过制定或调整再贴现利率来干预和影响市场利率及货币市场的供应和需求，从而调节货币供应量的一种金融政策。再贴现制度是规定中央银行再贴现率的调整权、再贴现票据种类和再贴现规模管理权的法律制度。通常，再贴现政策的实施手段主要包括规定再贴现率、规定再贴现票据和规定再贴现的规模。

再贴现率是普通金融机构以未到期票据向中央银行融通资金的成本，它直接决定着普通金融机构的资金融通规模和资金放贷利率，从而影响基础货币的投放规模和市场利率。中央银行通过调整再贴现利率就能够调控基础货币规模和市场利息率。

中央银行再贴现政策的另一实施手段，是规定普通金融机构能够办理再贴现票据的种类。它也能够起到调整再贴现规模和利率，从而调控基础货币量和利息率的作用。如规定贴现票据的真实性、最长期限和出票人身份等。

中央银行的再贴现政策还可以通过规定再贴现规模实现。通过调整中央银行的再贴现规模和利率，从而起到调节与控制基础货币投放量和市场利息率的作用。中央银行可以在法律的授权范围内，通过规定再贴现规模的大小，来控制普通金融机构的再贴现规模和中央银行的基础货币投放规模。再贴现规模还可以分成许多层次，通过对不同层次的再贴现规模规定不同的贴现率，从而实现货币政策目标的要求，比较准确地调控基础货币的投放量和市场利息率。

(三) 公开市场制度

中央银行的公开市场业务，是在公开市场上买进或者卖出证券、外汇和其他金融资产，借以调节货币政策中介目标的行为。公开市场政策制度，是规定中央银行买卖金融资产的具体种类、数量和市场等的法律制度。在政府信用比较发达的条件下，政府债券的发行量往往比较大，它在证券市场上的流通量也比较大，并且流动性好、价格稳定，同时它本身也具有重要的经济调节与控制功能。中央银行仅以政府债券为对象，就足以实现调节、控制基础货币量、股权收益率和市场利率的目的。

中央银行公开市场业务的规模和市场也有严格限制。它的交易规模通常被控制在金融调控需要的范围之内，不允许中央银行任意扩大其所持各种证券的数量。在公开市场业务的交易市场上，法律通常只允许在流通市场上买卖有价证券，不允许直接认购和承销国债及其他政府债券。并且严格规定中央银行的业务身份，其必须以普通市场主体的身份从事公开市场业务。利用这种政策工具，中央银行就能够主动地控制基础货币的投放规模，具有良好的准确性和可控性，可以不受外界其他因素的干扰。并且，由于它是纯粹的间接调控，可以避免形成震荡性冲击。

(四) 基准利率制度

基准利率是指在整个社会的利率体系中起主导作用的基础利率。基准利率政策制度，是规定中央银行基础利率的管理形式和方法等的法律制度。市场利息率是货币政策目标的重要中介目标，它主要包括三种基本形式：一是中央银行与普通金融机构之间的存款和放款利息率；二是普通金融机构与其他经济主体之间的存款和放款利息率；三是金融市场的利息率。在这种利息率中，中央银行与普通金融机构之间的利息率是最基本的利息率，它在整个利息率体系中居于主导地位，是整个社会利息率体系的核心，对其他两种利息率起着重要的调节、控制作用。

基准利率政策制度的基本形式主要包括中央银行利率调控制度和法定限额利率调控制度。中央银行利率调控制度，是中央银行通过制定和调整再贴现率、再贷款率，以及在公开市场上买卖证券的价格等，引导和调控整个金融体系的存贷款和金融市场利率。此外，不再实行其他形式的利率管制。法定限额利率调控制度，是指在实行间接地利率调控外，还规定存贷款和市场利率限额的管理制度。中央银行通过基准利息率的变化，能够影响到基础货币的投放量和需求量，进而影响到整个社会的经济运行和经济增长，决定货币政策目标的实现程度。

二、货币乘数调控工具

货币乘数调控工具是指通过控制货币乘数和其他金融变量，进而实现对货币政策中介目标的调节与控制，并最终实现对货币政策目标的调节与控制的货币政策工具。通常，在信用货币制度下，货币乘数的基本调控工具包括法定存款准备金政策、超额存款准备金政策和其他调节、控制工具。

(一)法定存款准备金制度

法定存款准备金制度是规定普通银行在吸收存款后，必须按法定交存比率和方式等向中央银行交存存款准备金的法律制度。它是强有力的货币政策工具，会对货币乘数水平形成强烈的影响。完整的法定存款准备金制度主要包括法定准备率制度、准备内容制度和准备提取制度。其中，法定存款准备率制度是规定交存法定存款准备金与银行存款总额之间法定比率的法律制度。由于存款准备金不能发放贷款，准备率的高低直接决定货币乘数的大小。法定存款准备率制度包括四项内容：一是对不同期限的存款规定不同准备率；二是对不同规模和经营环境规定不同的准备率；三是规定存款准备率的调整幅度；四是规定准备金中不同种类货币之间的比率。

法定存款准备内容制度是规定可以充当法定存款准备金的内容及其结构的法律制度。它具体包括规定法定准备的内容，规定现钞准备性质和法定准备以外的准备制度三个方面。通常，能够作为存款准备金的只能是普通金融机构在中央银行的存款，普通银行持有的其他资产不能充当法定存款准备金。在法定存款准备金以外的准备上，许多国家法律规定在法定存款准备以外，还必须具有其他准备制度，如货币准备和金融资产准备等。其中，货币准备为一级准备，速动金融资产准备为二级准备。

法定存款准备金的提取制度，是规定法定存款准备金的计算与提取基础的法律制度。它主要包括两项内容，一是规定存款余额的确定方法，它是存款准备金的提取基础；二是规定缴存存款准备金基期的确定方法，它是计算存款余额的基础。存款余额的确定方法主要包括两种，一是以普通银行的日平均存款余额扣除应付未付款项后的存款额为基础；二是以月末或旬末的存款余额扣除相应的月末或旬末的应付未付款项后的存款额为基础。法定存款准备金基期的确定方法也主要包括两种：一是当期准备金账户制度，以当期的存款作为计算基础；二是前期准备金账户制度，以之前的某结算期作为计算基础。

自定超额存款准备金制度是普通银行自行规定的在吸收存款之后，除交存法定存款准备金、储存法定超额存款准备金之外，自身必须存储的超额存款准备金的比率和方式等的法律制度。它实质上是普通银行制定的，针对自身业务管理的内部控制制度。超额存款准备金制度同法定存款准备金制度一样，也是调控货币乘数的重要货币政策工具。在存款准备率提高时，它能够降低货币乘数水平，减少货币供应量；在存款准备率降低时，则提高货币乘数水平，增加货币供应量，从而起到调节、控制流通中的货币量和市场利息率的作用。

(二)选择性调控工具制度

在现实金融调控过程中，中央银行除了使用上述经常性货币政策工具，对货币乘数和其他金融变量进行调控外，还可以根据法律授权适用选择性货币政策工具，调控货币乘数和其他货币政策中介目标，以更好地实现货币政策目标。通常，这些选择性货币政策工具主要包括直接信用控制制度、间接信用控制制度，以及消费信用控制制度、证券信用控制制度和不动产信用控制制度等。

1. 直接信用控制制度

直接信用控制制度，是中央银行在经常性货币政策工具之外，对普通银行创造信用业务进行各种直接干预的法律制度的总称。直接信用控制制度主要包括信用分配制度、直接干预制度和特种存款制度等。

信用分配制度，是中央银行依据法律授权，根据金融市场状况和客观经济需要，直接规定普通银行的信用额度，或者直接决定普通银行的资产业务对象的法律制度。它能够起到控制普通银行的信用扩张能力，进而控制货币乘数和其他金融变量的作用。信用分配制度既可以对普通银行的全部资产业务实施，也可以仅对其超过一定规模或额度的资产业务实施。

直接干预制度，是中央银行以业务监管主体的身份，直接对普通银行的业务活动进行干预，从而对其信用创造能力进行调节、控制的法律制度。中央银行直接干预制度的形式主要有：直接限制放款的额度或直接干涉银行吸收存款；对业务经营不当的商业银行拒绝办理再贴现，或采取惩罚性利率；

明确规定普通银行的放款或投资范围、方针和政策；规定普通银行的其他业务范围等。

特种存款制度，是中央银行要求普通银行按照存款总额或增加额的一定比例，向中央银行缴存特种存款的法律制度，其目的是控制货币乘数和普通银行的信用创造能力。

2. 间接信用控制制度

间接信用控制制度，是中央银行在经常性信用和直接信用政策之外，通过它的各种间接影响调控普通银行信用创造能力的信用控制制度。间接信用控制制度主要包括信用控制劝告制度和信用控制指导制度。

信用控制劝告制度，是中央银行利用它在金融体系中的特殊地位，通过对普通银行以及其他金融机构的业务劝告，影响其资产业务的开展，从而实现调控货币乘数和信用活动的业务制度。如中央银行可以通过说明它的货币政策意图，劝告普通金融机构注意控制放款数量；也可以劝告普通金融机构注意控制对某方面的放款，从而调节放款结构和货币乘数。

信用控制指导制度，是中央银行利用其在金融体系中的特殊地位，通过对普通银行及其他金融机构的业务指导，来影响它们各种资产业务的开展，影响它们的放款规模和投资方向，从而实现调节、控制货币乘数和信用活动的业务制度。如中央银行可以根据市场经济情况、物价变动趋势、金融市场动向、货币政策的要求及以前年度的业务情况，向普通金融机构提出具有指导性的业务计划要求其参照执行，从而达到其调节、控制货币乘数、信用规模和信用结构的目的。

3. 其他信用控制制度

在选择性政策调控工具中，除直接和间接信用控制制度外，还可以采用消费信用控制制度、证券信用控制制度、不动产信用控制制度和其他信用控制制度。

消费信用控制制度，是对不动产以外的各种耐用消费品的消费融资进行控制的法律制度。它的主要内容包括：规定分期付款消费信用第一次付款的最低金额；规定消费信用的最长期限；规定可以消费信用方式购买的耐用消费品的种类等。

证券信用控制制度，是对有关证券交易贷款进行控制的法律制度。它的主要内容包括：规定金融机构是否有权对证券交易提供信用；规定贷款额占证券交易额的比率；规定以信用方式购买证券时，第一次付款的最低额度；根据金融市场状况，调整各种信用交易中的法定保证金比率等。

不动产信用控制制度，是中央银行对普通金融机构的不动产信用业务进行控制的法律制度。它的主要内容包括：规定普通金融机构不动产信用的最高限额；规定其每次不动产贷款的最高额度，或者限制这一最高额度；规定普通金融机构不动产贷款的最长期限；规定不动产交易中第一次付款的最低金额；规定不动产贷款中每次归还的最低金额等。此外，中央银行货币供应和其他金融变量的控制工具还有很多，如现钞货币管理制度、货币流通速度调控制度等，都能在一定程度上影响货币供应数量、货币流通速度和其他金融变量，从而起到调节、控制货币政策中介目标，进而调控货币政策目标实现程度的作用。[1]

【扩展阅读】

"印钞"是货币政策工具吗？[2]

由于流动性短缺持续增加，2009年3月美联储作出收购1.15万亿美元国债和抵押贷款债券的决定。这一大规模的救助计划主要用于购买7 500亿美元由房利美(Fannie Mae)和房地美(Freddie Mac)担保的抵押贷款支持证券和最高1 000亿美元的机构债券，并且将在未来6个月内最高再购买3 000亿美元的长期政府债券。对此，各界纷纷指出美联储正在开印钞机拯救美国经济。

"印钞"并不是一个严格的专业术语，它既不是指货币的印制，也不能简单地等同于货币的发行。这里的"印钞"是指货币发行当局违背货币发行规律而增加货币发行总量的行为，其实质就是货币的过度财政发行。在此种情形下，货币的投放发行并不依赖国民经济增长这一客观经济基础，也没有相应的物质财富来保证币值和物价的稳定，货币发行完全取决于货币发行当局的主观意愿，就好像只需要打开印钞机便可以源源不断地创造出"财富"一般，因此，人们形象地将这种有悖于货币发行客观规律的货币发行现象称为"印钞"。

从行为方式来看，"印钞"可以有多种方式，通常包括下调基准利率水平、创建金融创新工具以及收购国债或机构债券等多种注资手段，美联储主席伯南克甚至表示在金融危机中可以用"直升机向民众撒钱"。同样是伯南克，他也曾在2002年表示："如果需要，可以借助大量印制钞票来增加通货的流动性。"可见，"印钞"的方式真可谓五花八门，花样繁多。

---

[1] 刘少军著：《金融法学》，中国政法大学出版社2007年版，第339～350页。

[2] 参见强力主编：《金融法通论》，高等教育出版社2000年版，第119～121页。

从实际影响来看,"印钞"行为过度地增加了货币供应量,从而造成货币贬值和物价上涨。就此美联储大规模地回购机构抵押贷款支持证券和长期政府证券的案例来看,美联储全部黄金储备大约有8 200吨,即使全部抛售也仅值2 700亿美元,换句话讲,就是美联储根本没有钱来购买上述证券!但是请不要忘记,美联储从来就"不差钱"——"印钞"!美联储开动印钞机无异于转嫁金融危机:一方面直接导致美元贬值与美国国债收益率的降低,直接贬低各国美元外汇储备的价值,例如中国和日本;另一方面也会进一步增加新兴市场国家本币增值的压力,给这些国家的出口企业和产业结构调整带来冲击,不利于其实体经济的健康发展。

从本质属性上看,"印钞"行为违背了货币发行的基本经济规律。货币的经济发行原则,其实质就是无限制地发行一种无利息的国债,是货币的财政发行。因此,在通常情况下各国货币发行当局都奉行货币的经济发行原则,以避免过度的财政发行所带来的通货膨胀和物价上涨。当然在特定情况下(如经济萧条时期)为促进经济的复苏和增长,货币发行当局可以通过适度的财政发行来刺激投资与消费,从而推动经济增长,但货币的财政发行必须控制在可控的范围之内,即短期内不至于造成通货膨胀加剧,长期来看则不能构成对宏观经济的结构性危害。

那么,是不是可以将"印钞"看做是一种货币政策工具呢?目前,无论从学理上还是立法上都没有明确"印钞"可以作为一种货币政策工具而存在。从学理上看,一方面由于"印钞"行为属于货币创造过程中的创造过度,有悖于经济运行原则,并带来贬值和资产缩水风险;另一方面"印钞"行为处于货币投放的源头阶段,而不是对已经进入流通中的货币供应量进行调控,所以不同于一般的货币政策工具。从法律角度来看,"印钞"行为欠缺法律上的正当性,因为实施"印钞"行为即意味着对该货币的持有人(包括其他国家、组织以及自然人等)财富的部分剥夺,若法律确认"印钞"行为的合法性,也就意味这种剥夺他人财产权利的行为合法化,显然这是市场经济的大忌。因此,从各国立法现状来看,鲜见将"印钞"行为规定为一种合法的货币政策工具。相反,为防止"印钞"行为带来的多种负面影响,对内,各国通过立法强调中央银行的独立性,以避免央行货币政策受到行政系统的过多干预和影响,防止财政赤字的货币化;对外,则强调储备货币发行国家或地区,如美国、欧盟以及日本等国,应当防止主权因素对于货币发行的过度影响,正如2009年伦敦G20峰会期间,中国人民银行行长周小川关于国际储备货币改革以及巴西等拉美国家对于美元的批评一样。

实际上,当金融危机来临时,各国一般会根据金融危机发生的原因、危机波及的程度以及危机的特点，而采用不同的危机应对策略和措施，从应对危机的系统来看大致包括了立法系统、行政系统、中央银行系统以及商业金融系统等渠道，从不同角度来应对金融危机。

例如，2008年金融危机发生后，虽然美国参众两院如好莱坞大片似的博弈波折，但美国国会最终还是通过了旨在救助美国金融系统的《2008年紧急经济稳定法案》(Emergency Economic Stabilization Act of 2008)，该法案授权美国财政部可以运用总额为7 000亿美元的资金展开经济救助计划。这就是金融危机来临时，国际权力机关——立法系统应对危机的具体方式。立法权的运用，无论是通过还是否决有关立法议案，都反映出国家权力机关对于金融危机应对的基本态度和立法宗旨，例如：立法要解决什么问题，要保护谁的利益，怎么实现危机情形下的社会公益维护等。应当说明的是，立法机关在危机应对立法中，始终存在党派利益与政治作秀的问题。

为应对金融危机，行政系统通常会利用其所掌握的财政、计划、税收、价格、预算以及审计等行政渠道来采取具体的危机应对措施，具体反映了执政团队处理金融危机的具体方略、目标和措施，同时也是对其施政能力的一次测试。这一点在奥巴马政府对于美国经济的一系列救助措施中表现得十分明显，如将美国政府所持有的花旗集团的优先股转变为普通股从而掌握对花旗集团的控制；如对AIG高级管理人员分红事件的干预；对于通用、克莱斯勒和福特三大汽车业的一系列救助措施。

作为中央银行，当其手中的降息等货币政策工具已经用尽时，似乎中央银行所能做的就是打开印钞机，增加货币的发行。但是千万不能忘记："印钞"作为一种充满争议的临时性危机应对措施，不是货币政策工具，不应当常态化、正当化；不能作为常态的货币政策工具来看待、适用。所以，美联储的做法是一个十足的绑架全球经济的冒险。

【思考题】

1. 下列哪些选项不属于国务院银行业监督管理机构职责范围？（   ）（2010年全国司法考试试卷一第26题）

  A. 审查批准银行业金融机构的设立、变更、终止以及业务范围
  B. 审查银行业金融机构设立申请或者资本变更申请时，审查其股东的资金来源、财务状况、诚信状况等
  C. 审查批准或者备案银行业金融机构业务范围内的业务品种
  D. 接收商业银行交存的存款准备金和存款保险金

2. 试述货币供应与经济运行的关系。

3. 试述货币政策各目标之间的关系。
4. 试述货币政策中介目标的选择原则。
5. 试述货币供应调控机制与货币本位制度的关系。

第十三章　金融监督管理法

【学习目的与要求】通过本章的学习，掌握金融监管体制的概念和类型，了解我国金融监管模式的历史发展和未来方向。理解银行业、保险业、证券业和其他金融业的监督管理法律制度。

第一节　我国金融监管模式的转变和定位

一、金融监管体制的概念及类型

金融监管体制是指一国有关金融监管机构的设置，各自职责、权限的划分及其协作配合的一种制度安排。目前，世界各国的金融监管体制大致有四种类型。

(一)高度集中统一的金融监管体制

即由单一的监管机构负责金融监督管理。这种金融监管体制主要是顺应金融混业、金融全能化发展而形成的。早在20世纪80年代后期，北欧的挪威、丹麦和瑞典即已开始将分散的监管机构合并，成立综合性的金融监管机构，实行统一监管。1996年以后，亚洲的日本和韩国也采用了这种监管模式。而1997年英国的统一金融监管体制改革最为著名，并最终成立了为《2000年金融服务和市场法》所确认的超级金融监管机关——英国金融服务管理局。目前世界上越来越多的国家采用这种体制，包括英国、德国、比利时、瑞士、挪威、冰岛、瑞典、丹麦、日本、韩国、新加坡等国政府均设立专门机构或由中央银行统一负责金融监管。

(二)双层多头的金融监管体制

即在中央和地方两级设立多家管理机构共同负责金融监管工作。这种体制多存在于联邦制国家，以美国为代表。美国在联邦一级就有联储体系、联邦存款保险公司、证券交易委员会、财政部货币监理局、联邦住宅贷款银行局、全国信用社管理局等机构；在州一级，各州均设有银行管理委员会，分工协作，共同管理。

(三)单层多头的金融监管体制

即只在中央一级设立几家管理机构分别进行金融监管。法国、波兰、中国等采取此种模式。如法国设有信贷机构委员会、银行委员会、银行规章委员会、法兰西银行、金融市场管理局等机构,共同负责监管工作;我国设有中国人民银行、银监会、证监会、保监会等机构来负责金融监督管理工作。

(四)混合金融监管体制,或称"不完全统一监管体制"

这种监管模式是适应金融混业经营发展的需要,对高度统一监管和多头分业监管体制的一种改造模式,又可分为牵头监管和"双峰式"监管模式。前者是指在多头监管主体之间建立及时磋商和协调机制,为防止混业中的监管真空和监管机构相互干预,特别确定某一监管机构为主或作为牵头监管机构负责不同监管主体之间的协调工作。巴西属于较典型的牵头监管模式,其国家货币委员会是牵头监管者,负责协调中央银行、证券和外汇管理委员会、私营保险监理署和补充养老金秘书局分别对商业银行、证券公司和保险公司进行监管。《金融服务现代化法案》颁行后美联储对金融控股公司的监管也可归属于牵头监管模式。后者是指根据监管目标设置两类金融监管机构,一类监管机构负责对所有金融机构进行审慎监管,控制金融体系的系统风险,以确保金融安全;另一类机构则对不同金融业务行为的规范运作进行监管,以提高金融服务质量,保护消费者利益。澳大利亚、荷兰、奥地利是这种监管模式的代表。澳大利亚历史上由中央银行负责银行业的审慎监管。自1998年7月开始实施不完全统一监管的改革,新成立了两个跨部门监管机构。其中,澳大利亚审慎监管局负责所有金融机构的审慎监管,证券投资委员会负责对证券业、银行业和保险业的业务经营监管。荷兰历史上实行分业监管体制,从2002年起,荷兰将对金融机构的审慎监管同对金融业务行为规范监管分开,由不同部门负责,该种改革最终于2004年定型。目前,荷兰中央银行负责对整个金融部门——银行、保险、证券等进行审慎监管,而金融市场管理局负责整个金融部门的金融业务行为规范监管。

二、不同金融监管体制模式之比较

典型的高度集中统一监管模式是指对不同的金融行业、金融机构和金融业务均由一个统一的监管机构负责监管。该监管主体可以是中央银行也可以是其他专业监管机构。统一监管模式的优势在于:(1)成本低廉。统一监管可节约技术和人力的投入,尤其可降低信息成本,集中收集和处理信息,获得规模效益。(2)监管机制集中专一。通过提供统一的监管制度,避免使被监管者面临不同的监管制度约束;避免被监管者因多重机构重复监管及不一致性而无所适从。(3)适应性强。统一监管模式可适应金融创新日新月异的要求,避免监管出现空白,降低新的系统性风险;也可减少多重监管制度对金融创新的阻碍。统一监管模式的缺点是缺乏监管竞争性,易导致官僚主义。

双层多头、单层多头监管模式总体上均属于分业监管模式。该监管模式是根据金融行业的业务领域分别设立专门监管机构,负责各行业的审慎监管和业务监管。其优点在于:(1)具有监管专业化优势。职责明确,分工细致,监管目标明确专一,监管效率高。(2)具有竞争优势。尽管监管对象不同,但不同监管机构之间存在竞争压力。其缺点在于:(1)多头监管机构的问题在于难以协调,被监管者可能选择监管薄弱环节。(2)若设立多重目标或不透明的目标,容易产生分歧,使被监管对象难于理解和服从。(3)机构庞大,监管成本较高,规模不经济。

不完全统一监管模式是在金融业综合经营体制下,对完全统一和完全分业监管的一种改进型模式。这种模式可按监管机构不完全统一和监管目标不完全统一划分。不完全统一监管模式的优势是:(1)与统一监管模式相比,在一定程度上保持了监管机构之间的竞争与制约作用;各监管主体在其监管领域内保持了监管规则的一致性,既可发挥各个机构的优势,还可将多重机构的冲突最小化。(2)与完全分业监管模式相比,该模式降低了多重监管机构之间互相协调的成本和难度;对审慎监管和业务监管分别进行,避免出现监管真空或交叉及重复监管。(3)通过牵头监管机构的定期磋商和协调,相互交换信息和密切配合,降低监管成本,提高监管效率。这也是该模式的最大优势。

三、中国金融监管模式的历史沿革

改革开放以来,为适应金融业的发展变化,我国金融监管模式一直处于不断变革之中。大致可以划分为以下三个阶段:

(一)第一阶段:1978—1992年的中国人民银行统一监管时期

这一时期对金融业的监管统一由中国人民银行负责,从金融监管的角度来看,又可以分为两个阶段,即改革开放初我国金融格局的形成阶段(1978—1984年)和中国人民银行金融监管的探索阶段(1984—1992年)。在这个时期,严格意义上的现代金融监管也还没有形成。

自1979年开始,我国逐步实现金融机构多样化,恢复和成立了四大专业银行,与此同时,新型商业银行和其他各类金融机构相继设立。1984年年初,中国工商银行正式成立,标志着中国人民银行开始独立履行中央银行职能。中国人民银行设立了金融机构管理司，履行监管职能，负责研究金融机构改革，制定金融机构管理办法，审批金融机构的设置和撤销，后又从该司分设出条法司、非银行金融机构管理司和保险司，原金融机构管理司改称银行司，另外成立了外资金融机构管理司；1986年国务院颁布《中华人民共和国银行管理暂行条例》，第一次从法规层面上明确了中国人民银行对专业银行、农村信用社、城市信用社以及信托投资公司等金融机构的监管地位；1992年5月，中国人民银行根据证券市场发展的需要，又成立了证券管理办公室，负责对证券经营机构的监管。

(二)第二阶段：1992—1998年由统一监管向分业监管的过渡时期

这一时期中国人民银行的统一监管职能逐渐被拆分，形成了分业监管的格局。1992年10月，中国证券监督管理委员会成立，但只负责对证券发行、交易的监督管理；中国人民银行仍担负银行、证券、保险等经营机构的日常监管活动以及除证券市场之外的所有金融市场正常运行的管理责任。其后，为适应我国金融业分业经营的状况，在1997年11月召开的全国金融工作会议上，中共中央决定对我国金融机构实行分业监管，此后国务院在机构改革过程中贯彻了分业监管的决策，缩小了中国人民银行的监管范围，扩大了证监会的职能并组建了保监会。以1998年保监会成立为标志，形成了中国人民银行、证监会、保监会明确分工，分别对银行业、证券业和保险业进行监管的分业监管模式。

与此同时，中国人民银行进一步改进和完善了对银行业的监管。1998年7月前，中国人民银行设有银行司、非银行金融机构司、保险司、外资金融机构管理司、农村合作金融管理司、稽核监督局。1998年7月后，一方面调整内设监管部门，撤销了稽核监督局和外资金融机构管理司，调整为银行监管一司、银行监管二司、非银行金融机构监管司、合作金融机构监管司，改变过去对同一法人金融机构由多个部门分割监管的格局，实行由同一职能部门负责对同一个法人机构从市场准入到市场退出、从现场到非现场的全过程监管；另一方面，1998年年底，中国人民银行管理体制进行重大改革，撤销了32家省级分行，跨省区组建9家分行，以增强金融监管的独立性和有效性。同时建立金融监管责任制，明确总行、分行、中心支行和支行在金融监管方面的权力和责任，并将金融监管任务落实到各部门、各个监管人员。

(三)第三阶段：1998年以后的分业监管体制时期

这一时期在分业监管体制框架下，进一步调整监管机构设置并构建不同监管机构之间的协调机制。为提高中央银行的独立性和银行监管的有效性，十届全国人大一次会议通过了分离中国人民银行对存款类金融机构监管职能的方案。2003年4月，银监会正式成立，负责监督管理银行、金融资产管理公司、信托投资公司以及其他存款类金融机构，维护银行业的合法、稳健运行。

由此，我国形成了以"一行三会"为基本格局的金融监管体系。在这种分业多头监管的格局下，不同金融机构之间系统性的内在联系，特别是其所监管的金融业务的交叉和重叠，使各家监管机构之间的沟通与合作尤为必要。2000年9月，中国人民银行、证监会、保监会决定建立三方监管联席会议制度；银监会成立后，2003年9月，银监会、证监会、保监会召开了第一次监管联席会议；2004年6月，这三家监管机构签署了《三大金融监管机构金融监管分工合作备忘录》，在明确各自职责分工的基础上，建立了定期信息交流制度、经常联系机制及联席会议机制。

四、中国金融分业监管存在的问题

近年来，随着金融体系的深入发展，使得国内外金融业出现了很多新的情况。在国内，金融业目前已经进入了混业经营模式，而且金融控股集团已经产生。与此同时，随着金融体系的国际化改革，国内外金融市场相关性的增强，国际金融市场的持续动荡对我国国内金融市场产生消极的传导作用，降低了国际各大经济体对中国市场的心理预期。这些新情况的出现暴露出我国金融业分业监管存在下列问题：

(一)存在监管缺位

国内外金融业的发展情况对我国现行的分业监管体制提出了严峻挑战，一些相交叉的领域由于无法严格分清监管权限，从而产生监管真空。这些真空地带存在着大量金融交叉产品，集存款、保险、证券投资于一身。而美国次贷危机恰好证明，由监管真空所导致的大量金融衍生产品和复合产品正是危机爆发的原因。

(二)缺乏有效的协调机制

面对分业监管存在的监管缺位风险，我国金融监管机构也曾经尝试在现有分业监管基础上作出相应的改进。2000年9月由中国人民银行、证监会、保监会之间曾建立起金融监管联席会议。但是受制于当时的情形，监管联席会议没有定期的召开时间，通常只作为金融工作会议之前的通气会，不公开、不透明，监管难以发挥作用。2004年6月，三大金融监管机构之间的联席会议再次提出，明确了金融监管联席会议的操作依据。会议分为季度例会和紧急情况不定期召开两种，由三大机构主席或其授权的副主席参加。金融监管联席会议促进了银监会、证监会、保监会之间的政策沟通与协调,一定程度上避免监管真空和重复监管。但是仍然存在不足:一是目前在我国法律上尚未有相关依据,从而使联席会议讨论成果缺乏对实际金融的作用力。二是缺乏信息共享机制,使得监管仍然无法多管齐下,从而使得监管机构间无法形成合力。

(三)金融风险逐渐加大,制约金融进一步发展

监管跟不上金融的发展,在一定阶段会对金融创新起到刺激作用,但长此以往,必将最终阻碍金融创新的进一步发展,而美国就是最好的例子。此次的次贷危机正是由于监管缺失导致金融创新泛滥,最终风险过大导致危机,损害了金融业的发展。

五、中国的金融监管改革路径

我国的金融监管为了适应今后中国金融的快速发展,需要在现阶段分业监管的基础上逐步进行一系列改革,特别是监管模式需要产生重大转变,从分业监管走向混业监管、集中监管将是必然选择。

(一)完善分业监管,加强行业间沟通协调

由于银行、证券、保险行业的融合尚处于初级阶段,跨行业金融新产品仍然不够丰富,并且在总量上仍然可控,跨行业监管问题相对简单。因此,为了保持金融行业的稳定以及促进金融创新的进一步发展,目前不适合对分业监管模式作出重大调整。而是应该以加强三个监督委员会之间的沟通,以三方联席会议为纽带建立起信息共享机制,加强三方联席会议的责任,提高沟通协调效率,切实起到对目前金融业混业经营中问题的监督和管理,在总体上把握混业经营系统风险和对整个经济的影响。这一步骤只适用于短期,成本相对较小,但是仅仅作为未来混业监管的过渡,通过这一时期将三个部门之间的信息共享和沟通协调机制有效建立起来,将会对未来的监管模式改革搭建坚实的基础。

(二)合并监管机构,设立统一的金融监管机构

将银监会、证监会、保监会合并,设立统一的金融监管机构,并且将三个部门管理范围扩大,以业务实际功能为依据而不是以业务所在行业或部门为依据划分监管,从而在混业监管内部实行功能式监管。遇到部门之间界限模糊不清,划分出现分歧或管理过程中遇到问题,则需要该机构下设调节机制进行研究、协商解决。该机制可以直接借鉴原三方联席会议制度实行。

(三)按照目标式监管模式确定改革的长期目标,分别设立系统性风险监控机构、审慎金融监管机构和消费者保护机构

这项改革是在金融发展到繁荣阶段,金融产品丰富、金融机构充分发展、混业经营已成常态时才予以进行。此时的单一机构监管无法同时兼顾到金融监管的三项目标,必须将三个相互联系但又独立的监管目标分别设立各自的监管机构,发挥独立部门权利和责任的最大功效,在各自的领域发挥监管作用。同时还需要设立新的三方联席会议,用以解决新模式下出现的目标冲突,也可提供综合管理意见,为金融安全保驾护航。

第二节 银行业监督管理法

从1949年新中国成立以来,我国的银行业监管经历了大一统的中国人民银行体制、中国人民银行和专业银行分工体制和分业监管体制等几个阶段。由于中国人民银行既进行货币政策的制定,又进行商业银行的监督和管理,在一定程度上降低了中国人民银行的独立性,也使得银行监管与货币政策的执行之间容易发生冲突。因此,为了更好地对商业银行实施有效监管,2003年3月第十届全国人大决定成立中国银行业监督管理委员会,标志着中国人民银行集宏观调控与银行监管于一身的管理模式正式结束,我国商业银行监管从此进入了由专门银行监管机构监管的专业化监管阶段。

2003年12月27日第十届全国人民代表大会常务委员会第六次会议通过了《中华人民共和国银行业监督管理法》(以下简称《银行业监督管理法》)。2006年10月31日作出了《关于修改〈中华人民共和国银行业监督管理法〉的决定》。修订后的该法共分六章,52条,分别对银行业监管对象、监管机构、监管职责、监管措施等作了明确的规定。此外,《中国人民银行法》和《商业银行法》也是关于银行业监管的重要法律。

一、银监会对银行业金融机构的监督管理

根据2003年3月第十届全国人民代表大会第一次会议通过的《关于国务院机构改革方案的决定》,国务院决定设立中国银行业监督管理委员会(简称银监会)专门对银行业金融机构进行监督管理。2003年4月28日,银监会正式挂牌成立并开始履行职责。随着银监会的成立,我国建立起了银监会、证监会和保监会分工明确、互相协调的金融分工监管体制。

(一)监管原则

1. 依法监管原则

依法监管原则包括：(1)监管主体法定。银监会是对银行业实施监督管理的法定监管主体。(2)监管权力法定。监管权力由《银行业监督管理法》规定。(3)实施监管行为必须依法进行。

2. 公开原则

公开原则包括：(1)监管政策及其相关调整应当公开，未公开的规定，不能作为监督管理的依据；(2)实施监督管理的过程要公开，银行业监督管理机构进行现场检查时，检查人员应当出示合法证件和检查通知书。

3. 公正原则

监管机关在监督管理活动中对所有监管对象都要一视同仁，不分亲疏远近，不能以权谋私。

4. 效率原则

监管机关要最大限度降低监管成本并为银行业金融机构创造公平竞争的外部环境。

(二)监管对象

银监会负责对全国银行业金融机构及其业务活动监督管理的工作。这里的银行业金融机构，是指在中华人民共和国境内设立的商业银行、城市信用合作社、农村信用合作社、政策性银行。同时，对在中华人民共和国境内设立的金融资产管理公司、信托投资公司、财务公司、金融租赁公司以及经国务院银行业监督管理机构批准设立的其他金融机构的监督管理，适用《银行业监督管理法》的规定。银监会可以依法对经其批准在境外设立的金融机构以及境内的金融机构在境外的业务活动实施监督管理。

(三)银监会的监管目标和宗旨

《银行业监督管理法》第1条规定了其立法宗旨，即"加强对银行业的监督管理，规范监督管理行为，防范和化解银行业风险，保护存款人和其他客户的合法权益，促进银行业健康发展"。保护存款人和其他客户的合法权益既是银行监管的主要目标，也是加强监管、防范和化解银行风险的落脚点。设立中国银行业监督管理委员会的主要目的，是通过金融监管的专业化分工，进一步加强银行业的监管、降低银行风险，维护国家金融稳定和保护广大人民群众的财产安全。金融监管机构作为公共管理部门，基本职责之一就是代表存款人的利益监督管理银行经营活动，保护存款人的利益。

《银行业监督管理法》第3条规定："银行业监督管理的目标是促进银行业的合法、稳健运行，维护公众对银行业的信心。银行业监督管理应当保护银行业公平竞争，提高银行业竞争能力。"

(四)银监会的主要职责

根据我国《银行业监督管理法》第三章的规定，银监会主要履行下列职责：(1)国务院银行业监督管理机构依照法律、行政法规制定并发布对银行业金融机构及其业务活动监督管理的规章、规则。(2)依照法律、行政法规规定的条件和程序，审查批准银行业金融机构的设立、变更、终止以及业务范围。(3)对银行业金融机构的董事和高级管理人员实行任职资格管理。(4)依照法律、行政法规制定银行业金融机构的审慎经营规则。(5)对银行业金融机构的业务活动及其风险状况进行非现场监管，建立银行业金融机构监督管理信息系统，分析、评价银行业金融机构的风险状况。(6)对银行业金融机构的业务活动及其风险状况进行现场检查，制定现场检查程序，规范现场检查行为。(7)对银行业金融机构实行监督管理。(8)会同有关部门建立银行业突发事件处置制度，制定银行业突发事件处置预案，明确处置机构和人员及其职责、处置措施和处置程序，及时、有效地处置银行业突发事件。(9)负责统一编制全国银行业金融机构的统计数据、报表，并按照国家有关规定予以公布；对银行业自律组织的活动进行指导和监督。(10)开展与银行业监督管理有关的国际交流、合作活动。(11)对已经或者可能发生信用危机，严重影响存款人和其他客户合法权益的银行业金融机构实行接管或者促成机构重组。(12)对有违法经营、经营管理不善等情形银行业金融机构予以撤销。(13)对涉嫌金融违法的银行业金融机构及其工作人员以及关联行为人的账户予以查询；对涉嫌转移或者隐匿违法资金的申请司法机关予以冻结。(14)对擅自设立银行业金融机构或非法从事银行业金融机构业务活动予以取缔。(15)负责国有重点银行业金融机构监事会的日常管理工作。(16)承办国务院交办的其他事项。

(五)银监会的监管措施

根据我国《银行业监督管理法》第四章的规定，银监会主要采取下列监管措施：

1. 要求银行业金融机构报送报表、资料

银监会根据履行职责的需要，有权要求银行业金融机构按照规定报送资产负债表、利润表和其他财务会计、统计报表、经营管理资料以及注册会计师出具的审计报告。

2. 实施现场检查

银监会根据审慎监管的要求，可以采取下列措施进行现场检查：(1)进入银行业金融机构进行检查；(2)询问银行业金融机构的工作人员，要求其对有关检查事项作出说明；(3)查阅、复制银行业金融机构与检查事项有关的文件、资料，对可能被转移、隐匿或者毁损的文件、资料予以封存；(4)检查银行业金融机构运用电子计算机管理业务数据的系统。

进行现场检查，应当经银监会负责人批准。现场检查时，检查人员不得少于2人，并应当出示合法证件和检查通知书；检查人员少于2人或者未出示合法证件和检查通知书的，银行业金融机构有权拒绝接受检查。

3. 监管谈话制度

银监会根据履行职责的需要，可以与银行业金融机构董事、高级管理人员进行监督管理谈话，要求银行业金融机构董事、高级管理人员就银行业金融机构的业务活动和风险管理的重大事项作出说明。

4. 责令依法披露信息

银监会应当责令银行业金融机构按照规定，如实向社会公众披露财务会计报告、风险管理状况、董事和高级管理人员变更以及其他重大事项等信息。

5. 对违规行为的处理、处罚措施

银行业金融机构违反审慎经营规则的，银监会或者其省一级派出机构应当责令限期改正；逾期未改正的，或者其行为严重危及该银行业金融机构的稳健运行、损害存款人和其他客户合法权益的，经银监会或者其省一级派出机构负责人批准，可以区别情形，采取下列措施：(1)责令暂停部分业务，停止批准开办新业务；(2)限制分配红利和其他收入；(3)限制资产转让；(4)责令控股股东转让股权或者限制有关股东的权利；(5)责令调整董事、高级管理人员或者限制其权利；(6)停止批准增设分支机构。银行业金融机构整改后，应当向银监会或者其省一级派出机构提交报告。银监会或者其省一级派出机构经验收，符合有关审慎经营规则的，应当自验收完毕之日起3日内解除对其采取的上述规定的有关措施。

6. 对危机机构实行接管或重组

银行业金融机构已经或者可能发生信用危机，严重影响存款人和其他客户合法权益的，银监会可以依法对该银行业金融机构实行接管或者促成机构重组，接管和机构重组依照有关法律和国务院的规定执行。

7. 对问题机构予以撤销

银行业金融机构有违法经营、经营管理不善等情形，不予撤销将严重危害金融秩序、损害公众利益的，银监会有权予以撤销。

8. 查询、申请冻结有关账户

经银监会或者其省一级派出机构负责人批准，银监会有权查询涉嫌金融违法的银行业金融机构及其工作人员以及关联行为人的账户；对涉嫌转移或者隐匿违法资金的，经银监会负责人批准，可以申请司法机关予以冻结。

9. 对与涉嫌违法事项有关的单位和个人的执行权

银监会依法对银行业金融机构进行检查时，经设区的市一级以上银监会负责人批准，可以对与涉嫌违法事项有关的单位和个人采取下列措施：(1) 询问有关单位或者个人，要求其对有关情况作出说明；(2) 查阅、复制有关财务会计、财产权登记等文件、资料；(3) 对可能被转移、隐匿、毁损或者伪造的文件、资料，予以先行登记保存。

银监会采取上述措施，调查人员不得少于2人，并应当出示合法证件和调查通知书；调查人员少于2人或者未出示合法证件和调查通知书的，有关单位或者个人有权拒绝。对依法采取的措施，有关单位和个人应当配合，如实说明有关情况并提供有关文件、资料，不得拒绝、阻碍和隐瞒。

在接管、机构重组或者撤销清算期间，经银监会负责人批准，对直接负责的董事、高级管理人员和其他直接责任人员，可以采取下列措施：(1) 直接负责的董事、高级管理人员和其他直接责任人员出境将对国家利益造成重大损失的，通知出境管理机关依法阻止其出境；(2) 申请司法机关禁止其转移、转让财产或者对其财产设定其他权利。

二、其他监管主体对银行业金融机构的监督管理

(一)中国人民银行的监督管理

中国人民银行作为我国的中央银行，其主要职能是进行宏观调控、维护金融体系的稳定。中国人民银行根据执行货币政策和维护金融稳定的需要，可以建议银监会对银行业金融机构进行检查监督。银监会应当自收到建议之日起30日内予以回复。中国人民银行依法监测金融市场的运行情况，对金融市场实施宏观调控，促进其协调发展。当银行业金融机构出现支付困难，可能引发金融风险时，为了维护金融稳定，中国人民银行经国务院批准，有权对银行业金融机构进行检查监督。中国人民银行根据履行职责的需要，有权要求银行业金融机构报送必要的资产负债表、利润表以及其他财务会计、统计报表和资料。

(二)国家审计机关的监督管理

商业银行应当依法接受审计机关的审计监督。国务院各部门和地方各级人民政府及其各部门的财政收支，国有的金融机构和企业事业组织的财务收支，以及其他依法应当接受审计的财政收支、财务收支，依照法律规定接受审计监督。审计机关对财政收支或者财务收支的真实、合法和效益，依法进

行审计监督。审计署对中央银行的财务收支进行审计监督。审计机关对国有金融机构的资产、负债、损益进行审计监督。

(三)银行业自律组织的监督管理

中国银行业协会成立于 2000 年 5 月,是经中国人民银行和民政部批准成立,并在民政部登记注册的全国性非营利社会团体,是中国银行业自律组织。2003 年中国银监会成立后,中国银行业协会主管单位由中国人民银行变更为中国银监会。协会履行下列行业自律职责:

(1)组织会员签订自律公约及其实施细则,建立自律公约执行情况检查和披露制度,受理会员单位和社会公众的投诉,采取自律惩戒措施,督促会员依法合规经营,共同维护公平竞争的市场环境。

(2)依据章程或行规行约,组织制定行业标准和业务规范,推动实施并监督会员执行,提高行业服务水平。

(3)建立健全银行业诚信制度以及银行机构和从业人员信用信息体系,加强诚信监督,协助推进银行业信用体系建设。

(4)制定从业人员道德和行为准则,对银行从业人员进行自律管理,组织银行从业人员资格考试和相关培训,提高从业人员素质。

(5)对于违反银行业协会章程、自律公约、管理制度等致使行业利益受损的会员,可按有关规定实施自律性处罚,并及时告知中国银监会。

(6)对涉嫌银行业金融机构和从业人员违法违规的投诉件和发现的业内涉嫌违法违规的行为,要及时报告中国银监会,并做好中国银监会批转投诉件的调查处理工作。

第三节 保险业监督管理法

保险分为商业保险和社会保险。商业保险是指投保人根据合同约定,向保险人支付保险费,保险人对于合同约定的可能发生的事故因其发生所造成的财产损失或人身伤害承担赔偿或给付保险金责任的商业行为。在我国,商业保险的监管由中国保险监督管理委员会(以下简称保监会)负责,社会保险则由劳动与社会保障部进行管理。

1995 年 6 月 30 日第八届全国人民代表大会常务委员会第十四次会议通过《中华人民共和国保险法》(以下简称《保险法》),并于 2009 年 2 月 28 日中华人民共和国第十一届全国人民代表大会常务委员会第七次会议通过了最新一次的修订。修订后的该法共分八章,187 条,分别是总则、保险合同、保险公司、保险经营规则、保险代理人和保险经纪人、保险业监督管理、法律责任和附则。《保险法》是我国保险业监督管理最重要的法律渊源。

一、监管主体

保监会是国务院直属事业单位,是全国商业保险业的主管机关。根据国务院的授权,保监会依法履行监督管理我国保险市场的职能,主要包括:

(1) 拟订保险业发展的方针政策,制订行业发展战略和规划;
(2) 依据保险业监管的法律、法规,起草、制定业内规章;
(3) 审批保险公司及其分支机构、保险集团公司、保险控股公司的设立;
(4) 审查、认定各类保险机构高级管理人员的任职资格;
(5) 制定保险从业人员的基本资格标准;
(6) 审批关系社会公众利益的保险险种、依法实行强制保险的险种和新开发的人寿保险险种等的保险条款和保险费率;
(7) 监管保险公司的偿付能力和市场行为。

二、对保险公司的监管

(一) 保险公司的设立审批

目前我国对保险公司设立的审批采取的依然是内外有别的模式,并实施许可证管理。内资保险公司的设立,须经保监会批准,采取股份有限公司或国有独资公司的组织形式,并有符合《保险法》和《公司法》规定的章程;有符合规定的最低限额的注册资本;有具备任职专业知识和业务工作经验的高级管理人员;有健全的组织机构和管理制度;有符合要求的营业场所和与业务有关的其他设施。外资保险公司的设立同样须经保监会批准,其中合资保险公司、独资保险公司的注册资本最低限额为2亿元人民币或者其等值的自由兑换货币;外国保险公司分公司应当由其总公司无偿拨给不少于2亿元人民币等值的自由兑换货币的营运资金。保监会根据外资保险公司的业务范围、经营规模,可以提高前述规定的外资保险公司注册资本或者营运资金的最低限额。此外,外资保险公司还需满足的条件包括:经营保险业务30年以上;在中国境内已经设立代表机构2年以上;提出设立申请前1年年末总资产不少于50亿美元;所在国家或者地区有完善的保险监管制度,并且该外国保险公司已经受到所在国家或者地区有关主管当局的有效监管;符合所在国家或者地区偿付能力标准;所在国家或者地区有关主管当局同意其申请以及中国保监会规定的其他审慎性条件。

(二)保险公司董事和高级管理人员任职资格监管

保监会及其派出机构对商业保险机构的董事、高级管理人员任职资格实行分级审查、分级管理,分别规定了不同的任职资格条件。这里的高级管理人员,是指对保险机构经营管理活动具有决策权或者重大影响的下列人员:总公司、分公司、中心支公司总经理、副总经理、总经理助理;总公司董事会秘书、合规负责人、总精算师、财务负责人;支公司、营业部经理以及与上述高级管理人员具有相同职权的负责人。

(三)保险公司资金运用的监管

保监会为了保证各保险公司的资金运用稳健、安全,保证其资产的保值升值,对保险公司的资金运用作了一定的规定。随着我国分业经营体制的逐步放宽,保险公司资金开始进入股票投资市场和商业银行次级债市场。保监会同时加强了保险机构进入上述市场的资格、投资范围等方面的监管措施。

(四)保险公司偿付能力的监管

偿付能力是指保险公司履行赔偿或给付责任的能力。对偿付能力的监管主要是考察保险公司资金能力是否足以履行其承担的危险赔偿责任。保险公司具备基本的偿付能力,不仅是保护被保险人利益的需要,也是保险公司自身稳定经营的需要。为了确保保险公司的偿付能力,法律规定了强制提取保险准备金和在一定情况下增加资本金制度。在保险公司的实际资产减去实际负债后的差额低予保监会规定的金额时,应增加资本金,补足差额。此外,保险公司还应依法提取保险保障基金以增强偿付能力。

三、保险代理机构、保险经纪机构和保险营销员的监管

在中华人民共和国境内设立保险代理机构及其分支机构,应当经中国保监会批准。保险代理机构应符合保监会规定的资格条件,并取得保险代理业务经营许可证。保险代理机构可以采取下列组织形式:合伙企业、有限责任公司和股份有限公司。保险代理机构以合伙企业或者有限责任公司形式设立的,其注册资本或者出资不得少于人民币50万元;以股份有限公司形式设立的,其注册资本不得少于人民币1 000万元。

保险经纪包括直接保险经纪和再保险经纪。直接保险经纪是指保险经纪机构与投保人签订委托合同,基于投保人或者被保险人的利益,为投保人与保险公司订立保险合同提供中介服务,并按约定收取佣金的行为。再保险经纪是指保险经纪机构与原保险公司签订委托合同,基于原保险公司的利益,为原保险公司与再保险公司安排再保险业务提供中介服务,并按约定收取佣金的行为。保险经纪机构可以采取下列组织形式:合伙企业、有限责任公司

和股份有限公司。保险经纪机构以合伙企业或者有限责任公司形式设立的，其注册资本或者出资不得少于人民币500万元；以股份有限公司形式设立的，其注册资本不得少于人民币1 000万元。

保险营销员是指取得中国保监会颁发的资格证书，为保险公司销售保险产品及提供相关服务，并收取手续费或者佣金的个人。中国保监会根据国务院授权，对保险营销员履行监管职责。从事保险营销活动的人员应当通过中国保监会组织的保险代理从业人员资格考试，取得保险代理从业人员资格证书。资格证书持有人应当取得所属保险公司发放的保险营销员展业证，方可从事保险营销活动。

第四节 证券业监督管理法

改革开放以来，我国证券监管体制从分散监管发展到集中监管，即从刚开始的地方监管，到地方和中央共管，再到中央集中监管。在监管手段上，也从依靠政策和行政指令监管转变为依据法律、法规监管。我国现行的证券业监管体制是由中国证券监督管理委员会（以下简称证监会）统一监管全国证券市场，以政府监管为主，自律监管为辅。证监会履行监管职责的主要法律依据是《证券法》、《证券投资基金法》。

一、证监会对证券业的监管

中国证监会成立于1992年10月，当时是作为证券市场主管机构国务院证券委的监管执行机构而存在的。1995年3月被确定为国务院直属事业单位，仍然作为国务院证券委的监管执行机构，依照法律、法规对证券、期货市场进行监管。1997年8月、11月先后获得对上海和深圳证券交易所、原由中国人民银行监管的证券经营机构的监督管理权，并对地方证券监管部门实行垂直领导。1998年4月，根据国务院机构改革方案，将国务院证券委和中国证监会合并，仍为国务院直属事业单位。至此，中国证监会的职能明显加强，集中统一的全国证券监管体制基本形成。1998年12月29日九届全国人大常委会第六次会议通过的《证券法》对此体制加以了确认。

(一)中国证监会的基本职能和主要职责

1. 中国证监会的基本职能

(1)建立统一的证券期货监管体系，按规定对证券期货监管机构实行垂直管理。

(2)加强对证券期货业的监管，强化对证券期货交易所、上市公司、证券期货经营机构、证券投资基金管理公司、证券期货投资咨询机构和从事证券期货中介业务的其他机构的监管，提高信息披露质量。

(3)加强对证券期货市场金融风险的防范和化解工作。

(4)负责组织拟定有关证券市场的法律、法规草案，研究制定有关证券市场的方针、政策和规章；制订证券市场发展规划和年度计划；指导、协调、监督和检查各地区、各有关部门与证券市场有关的事项；对期货市场试点工作进行指导、规划和协调。

(5)统一监管证券业。

2. 主要职责

(1)研究和拟定证券期货市场的方针政策、发展规划；起草证券期货市场的有关法律、法规；制定证券期货市场的有关规章。

(2)统一管理证券期货市场，按规定对证券期货监督机构实行垂直领导。

(3)监督股票、可转换债券、证券投资基金的发行、交易、托管和清算；批准企业债券的上市；监管上市国债和企业债券的交易活动。

(4)监管境内期货合约上市、交易和清算；按规定监督境内机构从事境外期货业务。

(5)监管上市公司及其有信息披露义务股东的证券市场行为。

(6)管理证券期货交易所；按规定管理证券期货交易所的高级管理人员；归口管理证券业协会。

(7)监管证券期货经营机构、证券投资基金管理公司、证券登记清算公司、期货清算机构、证券期货投资咨询机构；与中国人民银行共同审批基金托管机构的资格并监管其基金托管业务；制定上述机构高级管理人员任职资格的管理办法并组织实施；负责证券期货从业人员的资格管理。

(8)监管境内企业直接或间接到境外发行股票、上市；监管境内机构到境外设立证券机构；监督境外机构到境内设立证券机构、从事证券业务。

(9)监管证券期货信息传播活动，负责证券期货市场的统计与信息资源管理。

(10)会同有关部门审批律师事务所、会计师事务所、资产评估机构及其成员从事证券期货中介业务的资格并监管其相关的业务活动。

(11)依法对证券期货违法行为进行调查、处罚。

(12)归口管理证券期货行业的对外交往和国际合作事务。

(13)国务院交办的其他事项。

(二) 中国证监会的监管目标

证券业监督管理的目标是证券监管活动所要达到的目的和标准，它服从于整个证券市场的发展目标。国际证监会组织(IOSCO)在1998年提出的《证券监管目的和原则》文件中指出，证券监管的目的在于：保护投资者；保持市场公正、有效和透明；减少系统性风险。

我国《证券法》没有明确规定证券监管的目标，但其第1条立法宗旨规定："为了规范证券发行和交易行为，保护投资者的合法权益，维护社会经济秩序和社会公共利益，促进社会主义市场经济的发展，制定本法。"第3条规定："证券的发行、交易活动，必须实行公开、公平、公正的原则。"第5条规定："证券的发行、交易活动，必须遵守法律、行政法规；禁止欺诈、内幕交易和操纵证券市场的行为。"根据这些规定，我国证券监管的目标可以归纳为：保护投资者的合法权益；依法维护证券市场的公开、公平、公正；保证证券市场规范、有序运行。

(三) 中国证监会的监管对象

中国证监会监管的对象主要包括：(1)证券发行人；(2)上市公司；(3)证券交易所；(4)证券公司；(5)证券登记结算机构；(6)证券服务机构；(7)证券业协会；(8)证券投资基金管理公司；(9)期货交易所及其他期货交易机构和服务机构；(10)证券期货高级管理人员及从业人员；(11)其他参与或影响证券期货活动的单位和个人。

(四) 中国证监会的监管措施

根据《证券法》第180条的规定，中国证监会依法履行职责，有权采取下列措施：(1)对证券发行人、上市公司、证券公司、证券投资基金管理公司、证券服务机构、证券交易所、证券登记结算机构进行现场检查；(2)进入涉嫌违法行为发生场所调查取证；(3)询问当事人和与被调查事件有关的单位和个人，要求其对与被调查事件有关的事项作出说明；(4)查阅、复制与被调查事件有关的财产权登记、通讯记录等资料；(5)查阅、复制当事人和与被调查事件有关的单位和个人的证券交易记录、登记过户记录、财务会计资料及其他相关文件和资料；对可能被转移、隐匿或者毁损的文件和资料，可以予以封存；(6)查询当事人和与被调查事件有关的单位和个人的资金账户、证券账户和银行账户；对有证据证明已经或者可能转移或者隐匿违法资金、证券等涉案财产或者隐匿、伪造、毁损重要证据的，经中国证监会主要负责人批准，可以冻结或者查封；(7)在调查操纵证券市场、内幕交易等重大证券违法行为时，经中国证监会主要负责人批准，可以限制被调查事件当事人的证券买卖，但限制的期限不得超过15个交易日；案情复杂的，可以延长 15 个交易日。

按照《期货交易管理暂行条例》第五章的规定，中国证监会进行期货交易监督管理时可以采取的措施包括：(1)要求期货交易所和期货经纪公司定期报送财务会计报表、有关资料和审计报告。(2)可以随时检查期货交易所、期货经纪公司的业务、财务状况，有权要求期货交易所、期货经纪公司提供有关资料，有权要求期货交易所提供会员、要求期货经纪公司提供客户的有关情况和资料；必要时，可以检查会员和客户与期货交易有关的业务、财务状况。在检查中如发现有违法嫌疑的，可以调取、封存有关文件、资料。(3)对有期货违法嫌疑的单位和个人有权进行询问、调查；对期货交易所、期货经纪公司、会员和客户在商业银行或者其他金融机构开立的单位存款账户可以进行查询；对有证据证明有转移或者隐匿违法资金迹象的，可以申请司法机关予以冻结。(4)当期货市场出现异常情况时，中国证监会可以采取必要的风险处置措施。(5)对期货交易所和期货经纪公司的高级管理人员和其他期货从业人员实行资格认定制度。(6)认为必要时，可以指定中介机构对期货交易所总经理的离任进行离任审计。

(五)中国证监会监管内容

中国证监会监督管理的内容包括：(1)市场准入监管。如机构设立、变更、资本市场准入等众多内容。但其中最重要的监管是对证券、期货一级市场(发行市场)进行严格的准入监管，亦即监管上市公司和债券上市企业，依法核准或者批准其股票、债券、可转换债券、证券投资基金的公开发行以及期货合约的上市等。(2)业务运营监管。即对证券期货交易的全过程，包括发行、交易、登记、托管、结算等进行严格监管。在业务运营监管方面，证券业监管与银行业金融机构监管不同，其虽然也需要监管风险(如监督证券交易所设立风险基金，对证券公司实施"净资本"等风险控制指标管理，监管其提取交易风险准备金，监管证券登记结算机构设立证券结算风险基金，设立证券投资者保护基金等)，但主要是进行合规性监管。(3)市场退出监管。(4)依法查处或者协助查处证券期货违法行为和犯罪行为。

二、其他主体对证券业的监管

在我国，对证券业的监管除了中国证监会的集中统一监管外，尚有以下监管形式：

(一)证券业协会的自律监管

《证券法》第 8 条规定："在国家对证券发行、交易活动实行集中统一监督管理的前提下，依法设立证券业协会，实行自律性管理。"我国于 1991 年

8月28日成立了中国证券业协会，它是依法在国家民政部注册的社会团体法人。证券业协会作为证券业的自律性组织履行下列职责：(1)教育和组织会员遵守证券法律、行政法规；(2)依法维护会员的合法权益，向证券监督管理机构反映会员的建议和要求；(3)收集整理证券信息，为会员提供服务；(4)制定会员应遵守的规则，组织会员单位的从业人员的业务培训，开展会员间的业务交流；(5)对会员之间、会员与客户之间发生的证券业务纠纷进行调解；(6)组织会员就证券业的发展、运作及有关内容进行研究；(7)监督、检查会员行为，对违反法律、行政法规或者协会章程的，按照规定给予纪律处分；(8)证券业协会章程规定的其他职责。

(二)国家审计机关的审计监督

《证券法》第9条规定："国家审计机关依法对证券交易所、证券公司、证券登记结算机构、证券监督管理机构进行审计监督。"

(三)证券交易所的监管

我国证券交易所自律监管的内容主要包括三个部分，即上市公司监管、会员监管和交易日常监管。上市公司监管主要集中在两个方面：一是监管上市公司信息披露；二是监管上市公司规范运作，督促上市公司依法规范其经营行为。会员监管表现在制定和实施证券交易所的会员管理规章和证券交易所从业人员业务规则，规范会员的交易行为，控制交易风险。证券交易所对市场交易的日常监管，主要由市场监察部通过高度自动化的交易监察系统，对证券交易活动进行实时动态监控和事后统计分析，借助系统对价量异常波动和交易异常行为的预警和报警，及时发现和处理操纵市场、内幕交易等涉嫌违规行为及潜在交易风险，有效维护市场的交易秩序。[1]

第五节 其他金融业监督管理法

一、其他金融机构的概念

"其他金融机构"通常是与银行、特别是商业银行相对而言的，因此又被称为"非银行金融机构"。传统上，以银行为主体的间接融资方式是社会资金融资的主渠道，银行办理零售金融业务，吸收公众存款，然后发放贷款。其他金融机构，如信用合作机构、信托公司、财务公司、租赁公司、投

---

[1] 陈野华等著：《证券业自律管理理论与中国的实践》，中国金融出版社2006年版，第197~198页。

资银行、证券公司等，都在提供一定的资金融通服务，但其业务范围比较有限，或者从事批发性金融业务，或者仅对内部成员提供金融服务，或者仅提供某种特定的融资服务。因此，从金融机构的重要性以及对社会的影响来看，银行与其他非银行金融机构都有较大差异，在监管方式上也有所差异。

二、对其他金融机构的立法和监管

根据我国《银行业监督管理法》的规定，在中华人民共和国境内设立的金融资产管理公司、信托投资公司、财务公司、金融租赁公司以及经国务院银行业监督管理机构认定的其他从事金融业务的机构，适用该法对银行业金融机构监督管理的规定。除此之外，上述其他金融机构还分别受到我国《金融资产管理公司条例》、《信托公司管理办法》、《金融租赁公司管理办法》、《企业集团财务公司管理办法》、《贷款公司管理暂行规定》、《农村信用合作社管理规定》等部门规章以及相应的规范性文件的监管。

（一）对金融资产管理公司的监管

金融资产管理公司，是指经国务院决定设立的收购国有银行不良贷款，管理和处置因收购国有银行不良贷款形成的资产的国有独资非银行金融机构。金融资产管理公司以最大限度保全资产、减少损失为主要经营目标，依法独立承担民事责任。中国人民银行、财政部和中国证券监督管理委员会依据各自的法定职责对金融资产管理公司实施监督管理。金融资产管理公司的注册资本为人民币100亿元，由财政部核拨。金融资产管理公司收购国有银行不良贷款的范围和额度由国务院确定；超出确定的范围或者额度收购的，须经国务院专项审批。金融资产管理公司应当按照中国人民银行、财政部和中国证券监督管理委员会等有关部门的要求，报送财务、统计报表和其他有关材料。金融资产管理公司应当依法接受审计机关的审计监督。

（二）对信托公司的监管

设立信托公司，应当采取有限责任公司或者股份有限公司的形式。设立信托公司，应当经银监会批准，并领取金融许可证。设立信托公司，应当具备的条件包括：有符合我国《公司法》和中国银监会规定的公司章程；有具备银监会规定的入股资格的股东；具有法定的最低限额的注册资本；有具备银监会规定任职资格的董事、高级管理人员和与其业务相适应的信托从业人员；具有健全的组织机构、信托业务操作规程和风险控制制度；有符合要求的营业场所、安全防范措施和与业务有关的其他设施以及银监会规定的其他条件。信托公司注册资本最低限额为3亿元人民币或等值的可自由兑换货币。此外，信托公司在设立分支机构及变更名称、注册资本、公司住所、组织形式等方面，均应经银监会批准。在经营外汇业务时，还应接受外汇主管部门的检查、监督。

(三) 对企业集团财务公司的监管

企业集团财务公司，是指以加强企业集团资金集中管理和提高企业集团资金使用效率为目的，为企业集团成员单位提供财务管理服务的非银行金融机构。企业集团财务公司依法接受银监会的监督管理，其设立应经银监会批准。企业集团设立财务公司应当具备的条件包括：确属集中管理企业集团资金的需要，经合理预测能够达到一定的业务规模；有符合法律规定的章程；有符合我国《企业集团财务公司管理办法》规定的最低限额注册资本金；有符合银监会规定的任职资格的董事、高级管理人员和规定比例的从业人员，在风险管理、资金集约管理等关键岗位上有合格的专门人才；在法人治理、内部控制、业务操作、风险防范等方面具有完善的制度；有符合要求的营业场所、安全防范措施和其他设施等。设立财务公司的注册资本金最低为1亿元人民币。经营外汇业务的财务公司，其注册资本金中应当包括不低于500万美元或者等值的可自由兑换货币。财务公司的业务范围、设立分公司等须经银监会批准，其经营业务应遵守规定的资产负债比例要求。

(四) 对金融租赁公司的监管

金融租赁公司是以经营融资租赁业务为主的非银行金融机构。融资租赁，是指出租人根据承租人对固定资产和供货人的选择或认可，将其从供货人处取得的固定资产按合同约定出租给承租人占有、使用，向承租人收取租金的交易活动。对金融租赁公司实施监督管理的主管机关是中国银监会及其派出机构。申请设立金融租赁公司应具备的条件包括：具有符合法律法规规定要求的出资人、最低限额注册资本和章程；具有符合银监会规定的任职资格条件的董事、高级管理人员和熟悉融资租赁业务的合格从业人员；具有完善的公司治理、内部控制、业务操作、风险防范等制度；具有合格的营业场所、安全防范措施和与业务有关的其他设施等。金融租赁公司的出资人分为主要出资人和一般出资人。主要出资人是指出资额占拟设金融租赁公司注册资本50%以上的出资人，通常为银行、租赁公司、大型企业等。一般出资人是指除主要出资人以外的其他出资人。设立金融租赁公司，应由主要出资人作为申请人向中国银监会提出申请。金融租赁公司的最低注册资本为1亿元人民币或等值的自由兑换货币。金融租赁公司设立分支机构及变更名称、住所、注册资本等方面须经银监会批准，其董事和高级管理人员的任职资格须经银监会核准。金融租赁公司须遵守法定的监管指标，并按照相关企业会计准则及银监会有关规定进行信息披露。

(五)期货市场监管法

证监会下设期货监管部,负责对全国期货市场进行监督管理。期货交易所和期货公司是两个主要的被监管主体。

期货交易所是依照我国《期货交易管理条例》和《期货交易所管理办法》的规定设立,履行法律规定的职责,按照章程和交易规则实行自律管理的法人。设立期货交易所,由证监会审批。未经批准,任何单位或者个人不得设立期货交易所或者以任何形式组织期货交易及其相关活动。期货交易所可以采取会员制或者公司制的组织形式。会员制期货交易所的注册资本划分为均等份额,由会员出资认缴。公司制期货交易所采用股份有限公司的组织形式。证监会对期货交易的监管主要通过审批和报告制度实施。

对期货公司监管分为三个层次:证监会及其派出机构依法对期货公司及其分支机构实行监督管理;中国期货业协会、期货交易所依法对期货公司实行自律管理;期货保证金安全存管监控机构依法对保证金安全实施监控。

申请设立期货公司,应当符合我国《公司法》、《期货交易管理条例》和《期货公司管理办法》的相应规定,其注册资本最低限额为人民币3 000万元。此外,证监会对期货交易人员的从业资格,期货公司的经营、变更,营业部的设立、停业、终止等均作出了相应的监督管理规定。

【拓展材料】

巴塞尔协议①

巴塞尔银行监管委员会,作为国际清算银行的一个正式机构,是"十国集团"成员国(美国、英国、法国、德国、意大利、日本、荷兰、加拿大、比利时、瑞典、瑞士)以及卢森堡的金融监管高层官员定期会晤的一个非正式国际组织,正式成立于1975年2月,其秘书处设在瑞士巴塞尔的国际清算银行总部。巴塞尔银行监管委员会就跨国银行监管的合作与分工、监管原则和方法、资本充足率监管以及风险控制等,发布了一系列的标准和指南。其中一些标准和指南,不仅在成员国得到实施,而且为众多非成员国所自愿遵守或变通实施。借此,巴塞尔银行监管委员会也成为现今国际上最重要的银行监管合作组织之一。

2008年全球金融危机的直接催生了《巴塞尔协议Ⅲ》,该协议的草案于2010年提出,并在短短一年时间内就获得了最终通过,并将于此后的11月

---

① 参见宁喆敏:《"中国版巴塞尔协议Ⅲ"对银行业的影响》,载《金融论坛》2011年第8期。

在韩国首尔举行的 G20 峰会上获得正式批准实施。《巴塞尔协议Ⅲ》第一次建立了一套完整的国际通用的、以加权方式衡量表内与表外风险的资本充足率标准，有效地扼制了与债务危机有关的国际风险，其核心内容在于提高了全球银行业的最低资本监管标准，主要变化如下：

1. 提高资本监管要求

(1) 重新定义银行资本

2009 年 12 月，巴塞尔委员会对银行业监管的资本进行了重新定义，简化了监管资本的结构。巴塞尔委员会仍将银行业的资本结构分为一级资本和二级资本，但是对一级资本和二级资本的定义进行了重新界定。

巴塞尔委员会确定一级资本必须具备在银行连续经营下无条件地、充分地吸取损失和加大银行抵御风险的能力，又将一级资本划分为核心一级资本和附属一级资本，减少了原一级资本包括的创新型混合资本工具和原普通股权益中包括的少数股权；一级资本中非普通股资本工具必须满足在连续经营下所要求的吸收损失的能力。

巴塞尔委员会简化了二级资本的内容，重新确定银行业的二级资本只能在银行进行清算时吸收损失，撤销了《巴塞尔协议Ⅱ》对附属二级资本的要求以及专门用于吸收市场风险的三级资本。

(2) 提高资本金比率要求

该协议确定，在过渡期内，商业银行的一级核心资本占银行的风险资产下限由原来的 2% 逐步提高到 4.5%；一级资本充足率的最低限由原来的 4% 逐步调高至 6%；总资本充足率仍维持原来的最低下限 8%。

(3) 建立资本缓冲

为避免商业银行因信贷过快增长而带来的风险及进一步防范银行系统的危机，巴塞尔委员会在《巴塞尔协议Ⅲ》中规定各国商业银行要根据各自国家的经济、金融形势建立逆周期资本缓冲和资本留存缓冲。

在金融市场繁荣时建立逆周期资本缓冲。当金融市场出现危机并逐渐紧缩的时候，开始投入使用逆周期资本缓冲，目的是吸收危机情况下所发生的损失。资本留存缓冲是针对公司高管的薪酬而制定的。在危机来临后，当逆周期资本缓冲消耗无几的情况下，将暂时停止对高管薪酬的发放，并且将这笔资金作为用来吸收损失的资金。新协议规定商业银行建立 0~2.5% 的逆周期资本缓冲和 1.5% 的资本留存缓冲。

2. 加大流动性监管

本次国际金融危机表明，即便在银行资本充足和资本质量得到保证的前提下，流动性出现问题也容易造成不可收拾的局面。为此，巴塞尔委员会引入了两个流动性监管新指标,即流动性覆盖率(LCR)和净稳定融资比率(NSFR)。流动性覆盖率是指银行流动性资产储备与压力情景下30日内净现金流出量之比,用于度量短期(30日内)单个银行流动性状况,目的是提高商业银行短期应对流动性停滞的敏感性。《巴塞尔协议Ⅲ》要求存款性金融机构所持有的流动性能够应对出现危机时30天的流动性压力,该协议规定商业银行的流动性覆盖比率要不低于100%。净稳定融资比率是指可用的稳定资金与业务发展所需资金之比,用于衡量银行在中长期内可供使用的稳定资金来源是否足以支持其资产业务发展,也可以反映中长期内银行所拥有的解决资产负债期限错配的资源和能力。《巴塞尔协议Ⅲ》规定商业银行的净稳定融资比率所要求的最小量的流动性资本要能够应对至少一年内的流动性风险,不管这些风险来自于表内,还是来自于表外的流动性风险敞口。该协议规定商业银行的净稳定融资比率要大于100%。

3. 引入杠杆率指标

《巴塞尔协议Ⅲ》首次在金融监管中引入杠杆率监管指标,旨在将银行表外业务包括在风险资产范围内,防范银行因内部计量模型存在偏差而带来的风险,尽量避免由表外业务诱发的风险损失的出现,尤其是由复杂衍生品业务引发的风险。杠杆率是核心资本与银行表内外总资产的比例。《巴塞尔协议Ⅲ》要求商业银行的杠杆率指标最低限为3%,并规定在2013—2017年过渡期间接受测试。

【思考题】

1. 世界各国金融监管的模式有哪几种?
2. 评述各种监管模式的优劣。
3. 简述银行业监督管理体制。
4. 如何评价我国的金融监督管理体制?
5. 简述中国证监会的监督内容。

第十四章 金融调控与金融监督管理制度的改革

【学习目的与要求】通过本章的学习,理解金融调控与金融监管的内涵以及两者的关系,掌握金融调控与金融监管的区别,理解中央银行的双重职能,了解外国金融调控与金融监管的关系及我国金融调控与金融监管的改革方向。

第一节 金融调控与金融监督管理关系概述

金融即货币资金的融通,它是现代经济的核心,是以银行等金融机构为中心的各种形式的信用活动以及在信用基础上组织起来的货币流通等经济活动的总称。金融市场是瞬息万变、充满不确定风险的市场;并且,任何一个金融机构金融活动的开展,其影响都会超过交易个体自身的范围,都现实地或潜在地对其他市场主体产生着影响,从而对社会经济发生作用。由于金融影响着国民经济总体的运行,所以,在当今世界,各国无不在尊重市场机能的前提下,从社会整体利益需要出发,通过金融实现经济的宏观调控,同时加强对金融的有效监管。金融调控和金融监管正是在这种情况下由国家实行的干预措施。

一、金融调控与金融监管的具体内涵

(一)金融调控

金融调控一般指各国金融调控当局(中央银行)根据确定的经济发展目标,运用货币政策工具对货币供应量和信贷总量、结构的调节和控制,以保证整个经济从宏观上实现总供给与总需求的平衡。金融调控的实质是货币政策的制定和实施,它作为宏观调控的重要组成部分,主要由中央银行通过制定和实施货币政策来实现。由于金融对国民经济有着直接的影响,所以,金融调控对宏观经济总量(总供给和总需求)的作用,比其他诸多宏观调控措施更加明显。

根据上述概念，我们不难归纳出，金融调控的特征主要在于：其一，金融调控的主体是中央银行。其二，金融调控的手段主要是货币政策，包括金融调控当局为实现特定目标调节和控制货币供应量及处理货币事务的路线、方针、规范和措施等。其三，金融调控的手段虽具有灵活性与适应性，其本身并不是严格意义上的法律，但必须在法律框架下运作，这个法律框架就是金融调控法。

(二)金融监管

金融监管是在市场运作的条件下，以克服市场机制的缺陷、改善市场机制的运行效率为目的，由政府对市场经济行为进行的监督与管理。金融监管即金融监督和金融管理之简称。前者是指金融主管当局通过对金融机构全面的、经常性的检查，以促使其依法稳健经营、安全可靠和健康发展的活动。而后者则由国家根据有关法律，授权有关部门制定、颁布和实施有关规范金融业的组织机构和业务活动的特殊规定和条例，通过这些规定和条例的制定和实施，力图将金融业务活动纳入有序轨道，建立一个健康、安全的金融体系，对金融客户提供公正、有效的服务。

总的说来，金融监管着眼于维护金融体系的安全与稳定，限制金融交易关系中产生的过度竞争和不正当竞争，以保护存款人、投资者和社会公众的利益，使竞争环境趋于公平、有效，从而达到维护金融业合法、稳健、高效运行的目标。从实施手段看，金融监管是通过金融主管机关对金融机构的审批、检查、稽核，对金融机构和金融市场的统计管理，对金融机构的财务会计管理，对金融市场主体的处罚强制等形式来实现的。其中又以对金融经营的资本充足性、流动性与贷款集中度的监管最为重要。

综上所述，金融调控和金融监管皆为国家干预社会经济的措施，但金融调控着眼于金融总量的干预，金融监管则着眼于金融机构运行的干预。前者属于国家宏观管理措施之一，作用于宏观经济领域；而后者属于国家市场管理行为，作用于微观经济领域。

二、金融调控与金融监督管理的区别

(一)金融调控与金融监管的宏观差异

1. 经济学基础及根源不同

在20世纪30年代之前很长的一段时间里，古典主义的自由经济理论占据着主流经济学的地位，此时的人们在"看不见的手"的范式下实行一种"银行自由经营制度"皆认为有货币支付能力的需求将自发地与社会有效供给相平衡。事实上，这种理论如果要在实践中成立必须立足于完全竞争市场的基础之上，而完全竞争市场只是经济学家的乌托邦。如果说在资本主义自由竞争时代的市场与完全竞争市场尚有点接近，而在垄断阶段，市场缺陷则逐渐暴露无遗。这时，凯恩斯的"国家干预理论"便堂皇登场。该理论与"萨伊定律"的看法相反，认为由于"边际消费倾向递减规律"、"边际利润率递减规律"和"货币灵活偏好"的作用，有货币支付能力的需求总是小于有效供给，市场经济不可能自动达到均衡，而需要国家通过调节货币供给量来促使有货币支付能力的需求和有效供给之间的平衡。自此，金融调控披上合法外衣登上经济舞台，并逐渐成为与财政措施并驾齐驱的宏观经济调控手段之一。

与金融调控不同的是，即使在自由主义经济理论横行的年代，金融监管也受到经济学家的青睐。从历史看，"社会利益论"、"特殊利益论"、"多元利益论"、"社会选择论"等经济理论，在不同时期或不同侧面对金融监管的发展产生了很大的影响。金融监管的产生最初是金融市场本身的要求，而金融调控的产生却是整个市场经济失灵时的要求。可见，金融监管与金融市场是相伴而来的，拥有远远早于金融调控的历史。

2. 对国民经济的影响不同

(1) 对金融自由的影响存在着差别。金融自由是经济自由的重要组成部分，但无限制的金融自由会使金融市场不可避免地出现多方面的缺陷。正因为如此，需要政府对金融市场进行干预。由于金融监管对金融自由的影响比宏观调控要大得多，因此，在市场经济中，对于金融监管应该有明确的范围限制，对政府的金融监管权应该有明确的规定。否则，基于政府监管部门追求权力最大化的倾向就会导致金融监管的无限扩张，从而会不恰当地侵害微观金融活动主体应该享有的金融自由，这样，金融监管就会由金融市场运行效率和宏观经济运行效率的促进力量变成阻碍力量。

(2) 对宏观经济运行的影响存在差别。金融调控与金融监管对货币供求、投资需求、消费需求等都会产生影响，但两者的影响是有差别的。就金融监管来看，其有效运行是宏观经济正常运行的基础，只有监管失效，才可能对宏观经济运行产生影响，其影响的程度取决于与宏观经济运行联系的密切程度。而金融调控对宏观经济运行却有着巨大的影响。如果调控的时机、政策工具、力度选择不当不仅无法实现调控目标，还可能导致负效应。

(3) 对金融与经济结构的影响不同。金融调控与金融监管对金融和经济结构都具有影响，但两者的影响途径、影响程度存在着极大的差别。金融调控会对宏观金融环境和宏观经济环境产生影响，从而使市场结构和一般价格水平以及相对价格发生变化，由此会对金融与经济结构产生影响。但是，其对结构的影响程度究竟有多大，取决于金融调控的力度及其对宏观金融环境和宏观经济环境的影响程度。金融监管则不同,它既包括对资金运动(集中、分配等)的直接干预,也包括对资金或者金融产品价格的直接干预。它既会通过市场进入监管、经营过程监管等影响、制约或者改变市场结构,也会通过差别性的价格监管政策影响、制约或者改变相对价格。而且,金融监管还会对宏观金融环境和宏观经济环境产生影响。金融监管对金融和经济结构的影响途径是多方位的,影响具有长期性,是深层次的,影响程度是金融调控所无法相比的。

3. 基本原则不同

金融调控的基本原则是相机选择。就是说,政府是否进行金融调控、调控力度的选择等取决于宏观金融市场运行和宏观经济运行的状态,服从于宏观金融市场运行和宏观经济运行的需要。如果宏观金融市场、宏观经济出现了失衡,就需要进行金融调控,宏观金融市场、宏观经济失衡越严重,金融调控的力度应该越大。基于宏观金融市场、宏观经济平衡与失衡一般所具有的周期交替特点,金融调控一般来说具有逆对金融市场和宏观经济运行方向、微调和大调交替进行的特点。

金融监管的基本原则是依法行事。金融监管是常规性的,依法律规定的某种金融监管力度应当是相对稳定的。至于金融市场出现的监管缺位或者监管越位问题,与监管原则没有关系。虽然监管者拥有法定的自由裁量权,在法律授权的范围内,可以就监管力度进行选择,但这种选择与宏观金融市场和宏观经济运行状态没有什么关系。

(二)金融调控与金融监管的微观差异

1. 法律渊源不同

金融调控是中央银行的基本职能,因而规范此行为及其相关要素无疑是中央银行法的重大任务。中央银行法是金融调控法的最主要法律渊源,是其核心和基础,并指导整个金融调控法体系的建构。在我国,《中国人民银行法》无论是在修改之前,还是修改之后,都具有此种属性与地位。而政策性银行的功能是直接或间接从事政策性融资业务,充当政府发展经济、调整产业结构、进行宏观经济调控的手段和工具。所以,政策银行的性质和宗旨之特殊性决定了它们与客户之间的业务关系并非简单的平等、自愿、公平、等价、有偿性质的金融交易关系,更重要的是体现了国家宏观经济目标和产业政策的金融调控关系性质,因而调整此种关系的政策性银行法从本质上已属金融调控法范畴。货币法是调整在货币发行、货币流通和管理活动中所发生的社会关系的法律规范的总称。制定货币法的目的在于加强国家对货币的管理,调节货币的流通,以保证货币的统一与币值的稳定。因此,货币法应属于金融调控法的法律渊源。与货币法一样，外汇管理法也是金融调控法的重要法律渊源。这些金融宏观调控法的渊源必然要对金融调控行为作出主要或是重要的而且是细致的规定。

与金融调控法相比，金融监管法的法律渊源要复杂得多。不像金融调控机构一般局限于各国中央银行，金融监管主体在各国却差异颇大，除官方的监管机构，还有行业监管部门、金融机构内部监管部门等。即使是官方监管机构，可能专指中央银行，也可能是政府专门监督机关，后者又可能涉及许多层次与不同部门。而对任何监管主体，都必然有对其性质、地位、机构设置、权责、手段及责任等的相关立法，这无疑导致金融监管法的法律渊源纷繁复杂。事实上，在绝大多数金融法律、法规中，都可能包含着调整金融监管关系的法律规范。如在我国原有的《中国人民银行法》以及《商业银行法》、《票据法》、《证券法》、《保险法》中都有相关监管规定。2003年12月，我国《银行业监督管理法》的出台，使其成为我国金融监管领域的专门性与基础性法律，也成为金融监管法的最主要的法律渊源。

2. 行为主体和行为客体不同

金融调控的权力主体在各国几乎都局限于中央银行，因此具有恒定性。中央银行在各国的职能与地位颇有差异，但作为货币的发行者和货币供应量的最终调节者，通过对货币及运行的调节，实现对宏观经济的强有力调控，进而使之成为金融调控的主要机构的特征却是一样的。我国2003年修订的《中国人民银行法》将金融宏观调控职权授予中国人民银行。在银监会成立之前，我国的官方金融监管机构以前是中国人民银行，之后则主要由银监会承担此职能。不过根据修订后的《中国人民银行法》第4条的规定，中国人民银行仍然肩负着监督管理银行间同业拆借市场和银行间债券市场，及负责反洗钱的资金监测等职能。所以我国建立的金融监管体制仍然属于单层多头监管模式。由此可以看出金融监管行为主体具有多样性、交叉性和重叠性；同时行业自律、金融机构内部监管也举足轻重，缺乏它们的配合，国家机关的金融监控将无效运转。在客体方面，金融调控行为的客体具有广泛性，在范围上明显广于金融监管行为的客体，任何机关、团体、社会组织、公民个人都可能成为金融调控的受控对象。然而就金融监管的客体来说，非金融领域的机关、团体、社会组织以及公民个人，虽然不是绝对不可能成为受监管客体，但可能性也是渺茫或是偶然的，这与金融受控主体的广泛性特征区别明显。

3. 决策方式不同

金融宏观调控的决策即调控的时机、手段、力度等是根据宏观金融运行和宏观经济运行状态来确定的。而金融监管是常规性的，每一监管机构依照金融监管法规，运用其拥有的授权独立地行使监管权，与宏观金融市场和宏观经济运行状态没什么关系。金融调控具有逆经济周期运行的特点，即在经济高涨时期，货币政策抑制通货膨胀往往会收紧银根，减少货币供应；在经济衰退时期，货币政策为了抑制通货紧缩往往放松银根，扩大货币供应。金融监管则具有顺运行的特点。由于在同一经济周期阶段调控政策与金融监管行为方式不同，导致两者经常产生利益冲突。如在经济高涨时期潜在的通货膨胀压力要求将利率提高并维持在较高的水平，这将导致金融机构经营成本增加或业务萎缩，从而带来风险，与监管目标冲突。在经济衰退时期，监管当局对金融机构经营的流动性和安全性指标要求较严，导致金融机构业务拓展谨慎小心，使扩张性的调控政策传导过程受阻。调控政策属于短期的宏观政策行为，具有较强的弹性和伸缩性；而监管则属于政府职能之一，应该从严进行，持之以恒，不能忽紧忽松。

4. 实施手段不同

金融调控的实施手段则主要是经济手段，金融调控机构并不与调控对象发生直接的联系，因此应该说金融调控主要是间接干预，因此具有非强制性。这种影响使经济总量发生变化，来矫正宏观经济失衡，最终重新恢复市场平衡。除非行政手段和司法手段的采用迫不得已，应该禁止政府使用。政府确实必须要使用这类手段，也必须获得政府立法机构的授权。金融监管的实施手段主要是行政、司法手段，监管者与被监管者多发生直接的联系，它是监管者直接对被监管者进行管理与监督，而且监管具有强制性，因此金融监管主要是直接干预。需要说明的是，经济监管本身并不排斥经济手段的运用，最近一二十年来，无论在经济发达国家还是在发展中国家，在许多领域政府运用经济手段取得了过去运用行政手段和司法手段进行监管所没有取得的效果。经济手段的运用范围有扩大的趋势，但基于经济监管的基本性质，经济监管的实施手段以行政手段和司法手段为主的格局并不会发生变化。

三、金融调控与金融监督管理的联系

随着各种因素的推动，金融调控与金融监督管理职能之间的差异是比较明显的。但这并不意味着两者之间就不存在任何联系，相反，金融调控的顺利实施离不开健全的银行体系，而银行体系的安全也离不开货币当局的支持，两个职能之间仍然存在着不可分割的联系。执行金融调控与实施金融监督管理是相辅相成的，二者的关系不能割裂开来。货币政策的实施必须要考虑银行体系的状况，而对银行的监督管理也必须要考虑特定的货币运行状况。由于这种联系的存在,使得职能的分离并不必然带来金融监督与管理组织结构从中央银行的分离。这种联系具体体现在以下几个方面:

(一)货币稳定和银行体系的稳定紧密联系

货币政策的实施是要经过几个中间环节的,其中银行是重要的传导渠道。银行对货币政策实施作用影响程度大小是和银行体系在整个金融体系中的地位相对应的。如果一个国家的银行体系在金融体系中占绝对的地位,那么货币政策实施的效果将受到银行体系运行状况的巨大影响,这在包括我国在内的发展中国家表现得尤其明显。同样,如果货币政策出现问题,不能保证一个稳定的货币环境,银行体系的安全也难以得到保证。

(二)职能的互补性

货币政策是当今各国进行宏观经济调控的主要手段,而中央银行是利用货币政策实施宏观经济调控的主体。货币政策的有效实施必须依靠金融市场上的成员机构的经营业务活动,运用各种货币政策工具推行自己的政策意向,实现货币政策目标。安全有效的金融体系是货币政策有效传导的重要前提,金融体系的不稳定会增大货币政策的成本,影响货币政策的实施效果。有效的货币政策能够创造稳定的货币环境,有利于实现宏观经济形势的稳健,从而有助于保障金融体系的稳健和金融监督管理的实施。

为了保证货币政策的顺利实现,金融监督管理机构应当通过监督管理,使金融机构的经营活动与中央银行的货币政策目标保持一致性,以使其对中央银行调节手段及时准确传导和执行,这样,在宏观经济发展之下的金融监督管理才有实际意义。

货币币值的稳定是宏观经济政策稳健的重要内容,货币币值不稳定,将导致银行及其他金融机构决策的信息失真,扭曲金融机构的经营行为,从而造成微观经济主体效率下降和系统性风险增加。有效的金融监督管理则可保证金融体系的稳定性,提高货币当局制定和执行货币政策的能力,增强货币政策的有效性。金融监督管理不力会使货币政策传导机制复杂化,加剧金融风险,增加中央银行制定和实施货币政策的难度,降低货币政策的有效性。同时,维护金融稳定是中央银行的重要职责,这种稳定侧重于宏观的金融稳定,但也需要以各类金融机构的微观稳定为基础,而微观的稳定是以有效的金融监督管理为前提的,在维护金融稳定方面,二者是互补的。中央银行灵活运用货币政策工具,可以化解金融风险特别是局部性的金融风险,也有助于金融监督管理效率的提高。

(三)金融监督与管理信息的反馈可以促进货币政策的完善合理

货币政策的决策和金融监督管理政策的制定,都需要从银行收集大量数据和信息。如中央银行对货币政策的调整会影响银行等金融机构的头寸和经营，为保证货币政策的准确性，中央银行必须掌握详尽的金融机构信息，以便对金融运行情况以及金融运行可能引发的问题作出正确的判断；中央银行为正确地发挥最后贷款人的作用，需要及时了解商业银行的运行状况，金融监督管理所获得的银行等金融机构运行的信息是中央银行制定和实施货币政策的重要基础和重要保证。因此，金融调控与金融监督管理在不同的条件下存在着许多差别，必须加强中央银行与金融监督管理机构之间信息获得的协调，保证数据和信息的及时性、可靠性和一致性，实现两种职能之间的信息共享，协调二者之间的相互关系。同时，中央银行作为支付、清算的组织者，在获得宏观经济运行中资金流向与流量的信息方面，具有不可比拟的优势，这些信息可以对金融监督管理提供支持，也可以避免增加银行的负担。

综上所述，金融调控与金融监督管理如同一枚硬币的正反两面，在政策操作中相互作用、相互制约，存在着密不可分的联系。金融调控的有效实施需要有效的金融监督管理的支持，而稳定的银行体系是保障金融调控顺利实施的重要条件。银行业金融机构良好的资产负债结构和稳定的经营策略，是金融调控充分发挥效应的重要基础。由此可见，货币政策和金融监督管理的关系决定了二者必须要协调运行。

第二节　金融调控与金融监督管理关系的理论争议

按照传统惯例，一国的中央银行肩负着双重责任：实施金融调控时，根据宏观调控的需要和国民经济的变化制定和执行货币政策，确保一国的币值稳定和经济的发展；履行监管职能时，应通过对金融机构经营管理、内控风险体系评价以及外部的金融法律法规的立法和执法实践活动来防范金融体系的系统性风险。这里实际包含着一个隐含的假定：中央银行将货币政策与金融监管的权力集于一身。但近年来，一些发达国家出于政治和经济的考虑，逐渐将金融监管职能从央行的手中分离出来，成立独立的监管机构，从而引发了两项职能是分离还是兼容的争论。

一、金融调控和金融监督管理的分离论

持金融调控职能和金融监管职能分离论观点的人认为，无论从规模效应、避免目标冲突、道德风险，还是避免中央银行的声望损失方面来讲，两项职能分离具有明显的改进优势。

(一)中央银行的"双重角色冲突"

中央银行在执行金融调控与金融监管时的"双重角色冲突"是中央银行和监管机构分离的主要理由。对角色冲突的通常说法是：中央银行既实施金融调控又拥有金融监管的权力，存在着整体和局部的矛盾。中央银行进行金融调控的目标不外乎物价稳定、经济增长、充分就业和国际收支平衡（或汇率稳定）等。而这些目的一般都是为了公众利益而考虑的，并不意味着中央银行可以利用金融调控对金融业这个特殊的行业作特别的融通。但中央银行身兼二任时，往往会在实施监管时成为商业银行的监管"捕获者"，使公众利益和金融业的特殊利益产生冲突，结果是中央银行过多考虑保护银行而非社会公众的利益，倾向于尽可能不采取或少采取不利于银行体系利益的事情（例如降低利差）。比如，经济处于高通货膨胀时期，中央银行急需采取紧缩货币政策，但由于银行体系的脆弱，中央银行将面临相当的压力，不得不拖延实施紧缩的货币政策或者使货币政策进行不适当的放松，导致无法有效缓解通货膨胀的局面。根据一些经验性的研究，由中央银行负责银行监管的国家有着较高的通货膨胀率、货币增长率和财政赤字、GDP 比率。由于独立的中央银行能够更好地达到货币政策目标，因此大多数中央银行倾向于不负责金融监管。

(二)分工专业化

随着金融全球化的深化、IT 技术对金融业的深厚影响以及金融混业浪潮的迅猛发展，金融监管面临着非常紧迫的专业化要求。专业化的分工能使管理者的工作范围更专一，工作目标更单一，管理的效率就会更高。如果不能专业化，金融监管就可能既缺乏事先对有问题银行进行系统有效的预警的机制，又缺乏在监管过程中敏锐地捕捉和发现问题的能力，更缺乏在事后对有问题银行救助的体系。结果，非专业化的金融监管或对危机视而不见，或贻误处理问题的时机，或徒劳无益地对明明挽救无望的银行进行代价昂贵的救助。因此，当中央银行集金融调控和监管职能于一身时，会不堪重负，影响金融监管的有效性。

(三)有助于避免道德风险

当金融调控职能和监管职能融于中央银行一身时，作为金融监督者，中央银行的一个重要功能就是充当最后贷款者，向即将破产者和社会提供资金以维持金融体系必要的流动性。但这往往会产生"太大以致不能倒"等道德风险问题，即银行普遍相信当它们出现流动性风险或挤兑危机时，中央银行会出于防止金融系统性风险的考虑而给予援助。在这种预期下，银行往往缺乏动力去遵守审慎经营原则和市场约束，甚至还会倾向于采用高风险的经营策略。而将金融调控职能和金融监管职能彻底分离则有助于消除银行的保险预期,避免道德风险的产生。

(四)避免中央银行的声望损失

金融市场秩序良好,整个体系稳定,各家金融机构进行良性竞争、健康发展时,社会收益的增加归因于金融机构的创新和开拓精神,而监管部门的努力却不易衡量而得不到相应的肯定。而且,由于一些小小的工作失误甚至是某一偶发事件而引发金融震荡时,对监管当局的指责就会铺天盖地而来。与之相反的是,金融调控的目标愈来愈容易被量化,如设立通货膨胀率的目标等,这意味着金融调控的成败绩效较容易衡量,也容易树立威信。因此,中央银行兼容监管职能,监管不力对其权威性、可信度、独立性的损害必然会间接影响金融调控的独立性和有效性。

二、金融调控和金融监督管理的兼容论

坚持金融调控和监管职能兼容的学者认为,职能分离所导致的信息交流阻塞会直接影响监管的有效性,而两项职能兼容具有以下优势:

(一)有助于收集信息

监管信息与金融调控信息的交叉互补客观上要求两种职能加强融合、提高效率。就金融监管职能而言,了解宏观决策层意图和未来金融调控走向有助于更好地实施监管职能。就金融调控职能而言,微观监管信息对宏观决策具有十分重要的意义,且中央银行制定和实施货币政策的过程依赖于金融监管活动获取的各种信息,以及监管过程中形成的中央银行对金融机构的制约关系。若中央银行无监管职能,部分有用的监管信息将会不可避免地流失掉,影响到宏观稳定决策的实施。同时,通过一系列监管活动,中央银行才能获取商业银行的业务经营、财务状况和风险控制情况,为制定和实施金融调控政策提供依据,保证中央银行对商业银行金融监管的合法性和权威性。

(二)维持金融体系之间的支付、结算体系

金融机构之间的支付、结算存在着一定的时间差额,因而,如果在整个支付、结算体系中,一旦有一个环节出现问题,整个体系将会遭受打击,从而影响整个金融体系的稳定。这方面最典型的例证莫过于1974年发生的德国赫斯塔特银行倒闭事件。如果金融调控与金融监管统一于中央银行时,就能够及时察觉金融体系监管中产生的问题,并对支付结算中时间差产生的问题给予资金解决,避免产生类似的问题。

(三)减少信息交流摩擦

对于金融调控职能和金融监管职能分离持反对意见的人认为,将金融监

管权力从中央银行中分离，最大的问题在于：中央银行不易发现金融调控的错误，日积月累，可能给金融体系带来更大的灾难，从而损害公众的利益；中央银行拥有金融监管权力时，因其本身具备最后贷款人角色，在金融危机到来时，比较容易协调整个金融体系以应付危机。另外，因为金融产品的创新，传统货币与非传统货币之间的界限越来越模糊，金融产品之间的相互替代等，更需要有效执行金融调控，中央银行直接监管金融业是必要的。

第三节 金融调控与金融监督管理职能的经验考察

在建立有效的银行监管体制方面，核心和基本的问题是：为了货币政策和银行监管的有效性，负责货币政策与银行监管的机构应该各自独立，还是处于同一管理机构之下甚至就是同一机构呢？

一、金融调控与金融监督管理关系的国际趋势

在相当长的时期内，大多数国家的中央银行集金融调控和监管职能于一身，证明这两项职能具有高度的关联性和互存性。20世纪80年代至90年代末期是部分发达国家中央银行的金融调控和监管职能相分离的重大拐点时期，这与国际经济、金融环境以及本国的金融发展特征紧密相连。

从现阶段发达国家或工业化国家中央银行是否对银行业进行金融监管来看，并不存在很明显的特征或规律可循，尤其从经济制度、经济规模、地域特点、中央银行是否充当"最后贷款人"角色等方面更没有明显特征进行考量。20世纪80年代后期受世界经济一体化、贸易自由化的冲击，金融自由化一时成为潮流，金融创新产品的产生、开发和运用来势凶猛，金融制度改革的滞后危及金融体系的安全；原有不同类型的金融活动界限逐渐模糊，金融业混业经营成为许多国家主要的制度选择。在发达国家，中央银行传统的金融调控从中介目标到政策工具都产生明显的变化，货币供应量与主要经济变量的数量关系变得越来越不明确，原来有效的金融调控工具如存款准备金制度、贴现率制度等的重要性不断下降，运用金融调控的目的更完全地转向维持金融的安全和价格的稳定，而不再是简单运用金融调控手段来刺激需求。

正是在这一背景下，世界许多国家在强化中央银行独立性的同时，将金融监管职能从中央银行中分离出来，交由另外的政府机构承担，以更好地适应本国及世界的经济发展。

二、西方国家金融调控与金融监督管理职能分离的客观条件

从中央银行分离出银行业的监管职能是相对的和有条件的,可以概括为四个方面:

(一)完善的金融微观基础

从经济金融环境看,西方发达国家一般具有相对有利的分离背景:一是具有良好的金融信誉和完善的指标体系,信息的透明度、真实性和及时性较好。监管机构分设后的信息交流成本较低。二是拥有丰富的监管人力资源和良好的法律制度保障。三是金融业运行机制良好,利益约束较强,一般都建立了现代法人治理结构。四是这些国家金融市场的成熟度较高,市场调节较为灵敏。在这样的金融微观运行机制和金融市场基础的前提下,中央银行贯彻实施金融调控主要通过市场信号的调节和引导,与金融调控与监管密切联系的政策意图和调控重点可以通过协商机制取得共识,央行就可以把主要精力放在制定和实施金融调控政策、措施上,而金融监管机构在为央行提供服务的同时负责对银行业的监管。

(二)金融调控层次和内容的变化

20世纪90年代以来,金融调控的终极目标、中介目标和操作手段都随着金融管制的放松、金融全球化的发展而变化。从一定的意义上说,发达国家已经开始摆脱传统的简单运用金融调控工具直接调控宏观经济的观念,使金融调控更多地表现为传导政府或货币当局信息的途径,以及对经济预期和社会信心的调节。这不仅为金融调控注入新的调节内容,而且是更高层面上的调节。这些变化意味着中央银行需将更多的精力放在金融调控的制定和实施上,对金融监管职能的分离提出了需求。

(三)雄厚的财政基础和存款保险制度

雄厚的财政基础和存款保险机构可以有效地解决中央银行最后贷款人职能与金融监管职能分离后带来的问题,减轻中央银行对出现危机的金融机构单独承担救助性的资金支持的压力。

西方实行金融调控与监管分离的国家都具有由财政资金化解金融危机的实力,而且几乎都建立了存款保险制度,使监管机构相对独立于中央银行成为可能。只是在具体的组织形式上有所不同,有的建立基金,有的建立独立的公司。在处理金融机构出现的金融危机方面,主要由存款保险公司和政府等几家联合拯救,中央银行基本上不对出现危机的金融机构单独提供救助性的资金支持。

(四)完善的信息共享和协调机制

西方国家中央银行与监管当局分工协作的基本原则是明确责任、充分透明、避免重复和共享信息。从实践中看,实行职能分离的国家并不否认金融调控和监管的内在联系,并为了保证二者的协调运作,采取了一系列的保障手段,具体包括:一是金融监管当局隶属于中央银行。二是两类机构的高层决策者相互兼任。三是由于审慎监管原则和中央银行作为最后贷款人,有些国家的中央银行仍在一定程度上与其他监管机构共同对银行业进行监管,并保留一定层面对银行进行检查的权力。如澳大利亚尽管成立了专门的金融监管机构,但同时保留了中央银行为实施金融调控所需要的监管职能。四是建立协商机制和信息沟通管道。如英格兰银行和金融服务监管局及财政部签署了《谅解备忘录》,对英格兰银行与金融服务局之间的信息收集、交换和共享方面作了详细的制度安排,并且设立了协调机构——常务委员会,允许相互之间人员借调以加强联系,保证政策的一致性和行动的协调性。

三、金融调控与金融监督管理职能制度分离抑或兼容的考量因素

金融调控与监管职能是分离还是兼容各有其存在的理由,少有"放之四海而皆准"的定论,还涉及诸如各国金融发展历程、金融体系的结构以及金融市场成熟度等相关因素。但无论如何,制度选择时应当考虑以下因素:

其一,就双重角色冲突而言,金融调控与监督管理分离或兼容取决于中央银行的独立性。如果中央银行独立性较差,其在执行金融监管职能时,容易受到政府部门、金融机构或者某些政治集团的干预的影响,会模糊金融调控与金融监督管理职能,不能平衡公众利益与金融业利益,寻求短期利益的输送,使其与金融调控的矛盾激化,减弱或影响金融调控的有效性,也不利于监管效率的提高,此时宜将调控职能与监管职能分离;反之,中央银行能较好地在两者之间作出取舍,调控职能与监管职能兼容的危害性就不大。

其二,就金融监督管理效率而言,无论成立独立的金融监管部门,还是中央银行将调控职能和监督管理职能集于一身,都会影响到金融监管体系的效率。实行分离,成立独立于中央银行的金融监管部门,在不同的地区和部门进行金融监管,由于具有专门化的知识和较易执行的现场监督,监管效果有所提高。但监管信息需要传递给执行金融调控的中央银行,即使在电子技术发达的今天,也需要一定的成本,而且有的信息是无法传递的。因此,分离相对于兼容提高了生产效率却降低了分配效率。同样,采用兼容方式,金融监管部门与宏观金融调控部门的信息传递效率提高,但监管的效果则有所

降低，因为没有专业的知识、人才和较为便利的现场监督等条件对金融业进行监管，其效果不够理想。故兼容相对于分离提高了分配效率却降低了生产效率。因此，应权衡兼容与分离对金融调控信息成本的影响和对金融体系监管的效率影响，来决定采取何种监管。一国金融市场的联结程度越强、金融体系越健全，采用兼容带来的分配效率损失越小，越可以采用兼容的方式，反之，则应采用分离方式。

其三，就中央银行维护支付结算系统而言，涉及本国货币市场特别是银行金融市场的建设问题以及支付结算体系的成熟程度。货币市场和支付结算体系越成熟、有效，商业银行在出现问题时获取额外货币以满足流动性需求的能力越强，兼容的需要就越小；反之，则分离的需求越小。

其四，由于金融调控与监管职能具有内在的密切联系和较强的互补性，即使选择了职能分离，在分拆之后，也应当在二者之间建立、完善有效的金融调控与监管的协调机制，以发挥其协同效应，包括在组织、在信息上的共享，以及在职能交叉所涉及的协调行动方面建立联系。联系重点指向的是保证银行的系统安全，这需要双方在安全评价机制、监控指标体系、预警机制以及金融安全网的建设方面形成协调。

第四节　我国金融调控与金融监督管理制度的改革

一、我国金融调控与金融监督管理关系的历史演进

大致来说，我国金融调控与金融监督管理的关系经历了三个阶段：

（一）国家银行时期

1948—1978 年，"一身二任"的中国人民银行集中央银行和商业银行业务于一身，成为全国高度垄断的独家大银行。1979—1982 年，金融体制进行了改革，中国农业银行、中国银行先后从中国人民银行中独立出来，行使专业银行的职能。这些举措为中国人民银行专门行使中央银行的职能作了重要的制度、组织等方面的准备。

（二）兼容时期

1983 年以后，国务院决定由中国人民银行独立行使中央银行职能，同时成立中国工商银行来承担原由中国人民银行经办的工商信贷业务和储蓄业务，至此，真正结束了中国人民银行"一身二任"的历史，中国人民银行成为现代意义上的中央银行。1995 年《中国人民银行法》、《商业银行法》确立了中国人民银行兼容监督管理全国金融业及调节和控制全国宏观金融活动的

体制。为了增强中国人民银行的调控职能，1998年下半年我国对其分支机构作出了相应的调整，改变按照行政区划设置分机构的做法，而按照货币在全国范围流通的要求，把全国划分为若干经济区域，在每一区域设置分支机构。中国人民银行的分支机构作为总行的派出机构，统一接受总行的集中管理，摆脱各级地方政府的干预，保障金融宏观调控的统一和有效性。

(三)分离时期

我国2003年设立了银监会，剥离中国人民银行的金融监管职能，专门行使金融调控职能，以保障中国人民银行金融宏观调控的科学性和有效性。这标志着我国在货币政策制定与金融监督管理职能分离的机制正式确立。对此，2003年修订的《中国人民银行法》还进一步提高了货币政策委员会的法律地位，强化了中国人民银行在国家金融宏观调控、货币政策制定和执行方面的重要地位。

二、我国金融调控与金融监督管理职能分离的制度保障

我国作为发展中国家，也在近十年内，逐步实现了金融宏观调控职能与主要的金融监督管理职能分别由不同机构承担的变革，形成了中国人民银行承担金融宏观调控和货币监督管理，中国银行业监督管理委员会承担对银行业金融机构监督管理，中国证券监督管理委员会承担对证券类金融机构的监督管理，中国保险监督管理委员会承担对保险公司监督管理的格局(简称"一行三会")。分离是提高效率、解决冲突的客观需要，对有效实施金融宏观调控与金融监督管理都是有利的。相伴而生的问题是，如何在这两项职能之间建立良好的协调运作法律机制。

从我国目前货币政策的制定与银行监管分设的基本情况出发，结合理论与国际演变趋势的经验，我国在选择了金融监管和调控职能分离的体制之后，更应当强调二者协调与合作的法律机制。具体包括：

(一)综合协调机制之一：定期磋商与紧急磋商制度

在我国现行的金融管理体制下，我国实行金融调控职能与金融监管职能分离，银行业、保险业、证券业监管职能之间相互分离的金融监管模式。这样的监管模式，使得在中国人民银行、中国银监会、中国保监会和中国证监会这些地位平级、相互没有隶属关系的金融管理机构之间，需要以法定的方式和程序，建立一种相互沟通与交流信息、就法定事项予以通报和沟通的定期磋商制度，或定期磋商之外就特定事项寻求协调行动或共同行动的紧急磋商制度。此外，在金融调控与财政政策的协调中，在出现金融危机或出现金融系统性风险的危机救助中，除了这些政府金融管理机构之外，还需要有政

府财政部门的参与。同样,政府财政部门与政府金融管理部门之间也是地位平级、相互没有行政隶属性的外部关系。定期磋商与紧急磋商制度可以分为两种类型:

1. 银行、证券、保险监管机构之间的定期磋商和紧急磋商制度

在这类磋商制度中,中国人民银行应当参与,作为其了解金融监管信息的重要渠道,参与的方式可以是发表金融调控措施对金融监管措施可能带来影响的看法,也可以是仅仅列席,了解金融监管信息和动态。为了应对国际金融业的竞争,世界许多国家金融企业从分业经营向混业经营发展,采用金融控股公司的形式或全能银行形式参与竞争。面对这种严峻的形势,我国金融监管机构之间必须加强监管信息的沟通和监管合作,借鉴国际先进的监管措施,改变单一追求安全的监管模式,注重安全与效率的兼顾。监管机关既要避免产生监管"盲区"使金融企业游离于监管之外,又要避免重复监管和多头监管,加大监管成本,影响金融中介机构竞争效率的提高。在中国银监会成立前,我国已经建立了中央银行与两家金融监管机构的定期联席会议;中国银监会成立后,三家金融监管机构也已于2003年9月18日召开了第一次监管联席会议,讨论并通过了《银监会、证监会和保监会在金融监管方面分工合作的备忘录》,建立了定期和不定期联席会议制度。但这些制度都还不完善,还需要通过立法,具体明确相关的协调事项、协调程序和协调责任。

2. 中央银行、财政部门以及银行、证券、保险监管机构之间定期磋商和紧急磋商制度

在这一协调机制的建立过程中,我们可以借鉴英国《金融服务与市场法》中设计的英国金融管理局成立后,英国财政部、英格兰银行和金融管理局三方设立协调机构的有关做法,即英国的财政部、英格兰银行和金融管理局建立三方协调机构——常务委员会,每月开会讨论与金融稳定有关的重大问题,任何一方都应作为牵头机构,对发生在其职责范围内的事项与其他方协调解决方案。英国法律要求当某一机构的政策变化涉及另一机构的职能时,应事先向对方通报,并征求意见,以保持英格兰银行和监管机构所出台的政策的协调一致。此外,为了加强日常决策与信息的沟通与联系,英格兰银行和金融管理局还通过互相派员在对方兼任高级管理人员的途径来实现,如英格兰银行负责金融稳定的副行长兼任金融管理局理事会的理事,金融管理局主席兼任英格兰银行理事会的理事。这两个机构还有相互借调工作人员的人事安排。德国的《银行法》中也有类似这样的人事安排:金融监管局的主席或副主席应当参加德意志银行理事会与监管局职责有关的会议。我国是

否可以考虑设立一个常设机构——金融协调委员会，成员由中央银行、财政部门以及银行、证券、保险监管部门选派，金融协调委员会主席由这五家机构轮流担任或由具有主导作用的中国人民银行行长担任。法律要规定召开定期磋商和紧急磋商会议的召集人、会议议程提出的时间、形成决议的程序、决议的执行、协调与监督机构等。

(二)综合协调机制之二：信息监测与信息共享制度

为适应金融分业经营的现实情况和综合经营的发展趋势，需要建立货币当局和监管当局的信息共享机制。具体来说，应当建立全国统一的金融信息中心，一方面能够提高金融调控决策的科学性，增强金融监管的针对性；另一方面，可以避免银行业、证券业、保险业分业统计可能产生的问题，全面、及时、综合地监测我国金融中介机构的整体信息资料，科学预测和防范金融系统性风险。在现行金融体制下，尤其是三部银行法出台之后，中国人民银行、银监会和商业银行之间的信息相对分离，可以通过国务院制定相关的行政法规建立金融监管信息的共享机制协调和沟通不同监管机构和中国人民银行在履行各自职责中监测到的金融信息。而建立和完善货币信息、财政信息、监管信息的交流与共享，保证各自收集到的信息数据的及时、准确和全面，不仅是实现金融调控与财政政策有效配合、金融监管支持与贯彻金融调控与财政政策的制度基础，也是实现我国金融安全、维护金融稳定的制度基础。在设计或构建信息监测与信息共享制度时，不仅需要设计监测金融信息的权力与责任，也需要设计金融信息共享的范围和方式。

1. 金融信息监测权的设计

考虑到中国人民银行制定金融调控需要以准确、及时和全面的金融信息为基础，金融监管机构实施有效监管更是需要对被监管机构经营信息的持续监测，因此，设计金融信息监测权的分配时，比较切合实际的安排是在两个层次上分配信息监测权，即基于职责分工的信息监测权和基于特别授权的信息统计、整理和预测权，前者可以称为一般信息监测权，后者可以称为综合信息监测权。

一般信息监测权是指中央银行、财政部门以及银行、证券、保险监管部门。在履行职责中享有与其履行职责有关的经济、金融信息的收集、统计、分析和预测权。立法需要具体规定监测经济、金融信息的范围、信息的种类，对采集信息的及时性、真实性和全面性的要求，对错误信息的纠正与处理以及违反强制性规定的不利后果等。综合信息监测权，是指在由不同部门分别行使一般信息监测权的基础上，还需要有一家机构从整体性和全局性的角度对金融信息进行监测。从综合情况看，中国人民银行更适合担当起这份责任，综合信息监测权应当授予中国人民银行。具体理由有：中国人民银行负责监管银行间同业拆借市场和银行间债券市场，有利于其监测和控制来自于金融市场的金融风险因素；中国人民银行维护支付、清算体系的正常运行有利于其监测金融机构的流动性水平，及时预警、控制流动性风险。而从另一角度来看，银行业、证券业、保险业三家专业监管机构虽然都对各自监督管理的金融机构的合法稳健运行负有法定职责，但由于其监管范围的局限性以及缺乏相应的资源，每一家都难以从整体角度担当促进整个金融业的稳健运行和金融市场的高效、有序运转的职责。因此，通过掌握金融中介机构的整体性信息，监测金融市场运行促使其协调发展的责任，理所当然地要由中央银行来担当。

2. 金融信息共享权的设计

金融信息共享权的实质是金融信息共享的程度、范围和方式。

这里涉及的金融信息，是一个广义的概念，除了统计数据和财务报表中的常规信息外，还包括相关部门决策中的实时信息、情况通报、检查与调查报告、评估报告、专题研究报告、金融监管部门与金融中介机构的日常往来文件等。这些信息中，有些涉及金融中介机构的商业秘密，有些涉及国家秘密或政府秘密，都处于法律保护范围。因此，在金融信息共享制度的构建中，不仅需要明确相关部门决策中实时信息的及时沟通与报告制度，而且需要研究金融信息的分类标准和金融信息的保密措施。稳妥的方法是按信息类别建立两个或者两个以上的数据库，分别供不同级别管理人群查询。必要的保密措施包括技术上的保密和对数据库工作人员与查阅人员的保密要求。

金融信息共享的实现机制是一项系统工程，金融信息共享的实现包括前述一般信息监测权、综合信息监测权、相关部门决策中实时信息的及时获取权以及全国金融信息数据库或国家金融信息中心金融信息的查阅权等综合权利。因此，尽快制定全国金融信息数据库或国家金融信息中心的建设规划，从人员、技术、资金的投入保障到数据库信息的收集与分类、监测与评估、维护与更新、提供与利用等一系列活动的具体规划，再到对整个规划实施进行监督与管理的机构设置，所有这些，都需要有严密的制度设计。

(三) 综合协调机制之三：金融危机救助制度

中央银行作为最后贷款人，有职责救助问题金融机构和防范系统性金融风险。中央银行应当在适当的条件和程序下，谨慎启动最后贷款人机制，同时也要考虑存款保险机制对金融风险的防范和分担作用。

1. 中央银行参与危机救助的条件和程序

(1) 救助的可行性分析。应该区分陷入危机的金融中介机构是缺乏流动性的,还是无偿还能力的。技术、信息以及来自外部的偶然事件都可能导致金融中介机构出现缺乏流动性的危机,在这种情况下,可以通过来自中央银行的短期借款或者援助解决危机,否则,中央银行有权自主决定是否进一步提供最后贷款人的其他救助职能。

(2) 以市场化的救助手段为主。立法应当明确,尽可能通过市场机制解决危机。即金融危机的救助应该首先采用市场化的方式或利用存款保险制度来解决,只能在其他救助方式无能力解决或无能力完全解决的前提条件下中央银行才能以最后贷款人身份参与救助,否则,极易产生道德风险。

(3) 救助限额和清偿安排。中央银行决定以最后贷款人身份参与救助的情形下,必须同时明确援助的限额。即中央银行援助的比例、社会动员的资金的比例、被救助机构自身或股东应该承担的损失比例。此外,还应该明确援助资金的偿还期限、利率标准,以及如果陷入危机的金融机构通过援助在规定的时间内仍然不能克服危机,就应该采取强制性的措施进行清算等。

(4) 专业监管机构的持续监管责任。中央银行参与危机救助需要有及时、准确和全面的金融监管信息为基础。立法中明确专业监督机构对陷入危机的金融中介机构承担持续监管责任是非常必要的。《银行业监督管理法》第28条第2款规定:"银行业监督管理机构发现可能引发系统性银行业风险、严重影响社会稳定的突发事件的,应当立即向国务院银行业监督管理机构负责人报告;国务院银行业监督管理机构负责人认为需要向国务院报告的,应当立即向国务院报告,并告知中国人民银行、国务院财政部门等有关部门。"第29条规定:"国务院银行业监督管理机构应当会同中国人民银行、国务院财政部门等有关部门建立银行业突发事件处置制度,制定银行业突发事件处置预案,明确处置机构和人员及其职责、处置措施和处置程序,及时、有效地处置银行业突发事件。"这些规定对中国银监会在突发事件和危机处置中的角色作了原则性的规定,但还需要制定更具体、可操作的实施细则,以进一步明确中国银监会在危机救助中的持续监管责任。此外,《保险法》和《证券法》中,对中国保监会和中国证监会的类似职责没有作出规定,需要尽快通过立法填补这方面的空白,明确这两家机构在金融危机和突发事件中的职责。

2. 尽快推出市场化运作的存款保险制度

实际上,中央银行为了执行稳定金融调控的基本职能,不可能完全独立地承担起资助任何大规模的金融危机救援行动。相反,中央银行只是银行系统的信息收集者和协调者,鼓励并召集单个银行结成团体,利用其管理的存款准备金为陷入困境的银行提供支持和援助。如英格兰银行就一直扮演着金融救援体系中协调人的角色,而不是单独靠自己提供救援。但是,金融危机的不断出现,以及金融市场竞争的加剧,各银行联合起来援助和支持同伴的愿望和能力有所降低。事实上,在20世纪30年代为银行提供救援所需要的大规模资金只能来自纳税人——政府财政资金。由于财政资金多来源于税收收入,用纳税人的钱偿付因银行亏损造成的存款人损失有失公平、更无效率。在这样的背景下,一些发达国家和少数发展中国家先后建立了存款保险制度。应该说,存款保险制度的积极作用是明显的,在防止银行倒闭、保护存款者利益、提高金融体系的信誉和稳定性等方面发挥了重要作用。

从世界各国存款保险机构职能的演变过程来看,其复合职能正在逐步取代单一职能。所谓复合职能,是指存款保险机构除保护存款人利益外,还要对参加保险的金融机构进行监督、检查、对经营失败或有问题的投保机构给予存款赔付或收购资产、提供资金援助。其基本职能具体包括保险救助职能、接管破产银行、监管职能。值得说明的是,在对倒闭或破产的银行进行风险管理时,存款保险制度与中央银行的救助并不冲突。存款保险制度是银行业自我救助与中央银行最后救助之间的缓冲,可以有效缓解中央银行的救助压力,是启动中央银行最后贷款人职能的有益补充和必要的配套措施。

金融调控与金融监管综合协调机制的建立,需要国务院的高度重视和中国人民银行及三大金融监管机构主动性的协调与配合。这是因为,金融分业监管体制的建立,既增加了建立金融调控与金融监管综合协调机制的必要性和重要性,也增加了建立这种综合协调机制的成本和难度。要在国务院领导下的这些行政级别相同、相互没有隶属关系的金融管理部门之间,以及这些部门与财政部门之间,建立起分工和责任相对明确、协调事项和协调方式相对清晰、协调机构权威性和效率性并重的合理机制,需要在制度的构建过程中精心设计和充分论证,包括对我国金融中介机构现状与未来的整体性把握,对协调目标和协调事项的准确定位,对参与协调的主体和协调责任的基本界定,对基本协调制度的充分论证与具体化。

【拓展材料】

美国次贷危机[①]

2002—2005年,美国联邦储备委员会一直将联邦基金利率维持在较低水平。这一政策大大鼓舞了各银行纷纷放宽购房贷款标准,推动了大批消费

[①] 参见百度百科:http://baike.baidu.com/view/1256938.htm?fr=aladdin,2014年3月20日访问。

者购置房产，导致不动产价格攀升继而形成市场泡沫。从 2006 年 6 月开始，为抑制通货膨胀，美联储决定提高利率冷却经济。在两年时间里，美国联邦储备委员会连续 17 次提息，将联邦基金利率从 1% 提升到 5.25%。利率大幅攀升加重了购房者的还贷负担。同时，随着美国住房市场价格持续下跌，购房者难以将房屋出售或者通过抵押获得融资。受此影响，数以十万计的次级抵押贷款市场的借款人无法按期偿还借款，严重影响了美国银行业资产流动性，重创美国银行业。同时，这对国际金融秩序造成了极大的冲击和破坏，使金融市场产生了强烈的信贷紧缩效应，国际金融体系长期积累的系统性金融风险得以暴露，最终形成了全球金融危机。

次贷危机从 2007 年 8 月全面爆发以来，对美国经济造成极大的影响。2007 年 4 月美国第二大次级债金融机构新世纪金融公司申请破产，7 月贝尔斯登宣布旗下对冲基金濒临瓦解，8 月房地产投资信托公司（American Home Mortgage）申请破产保护，10 月美林证券发布第三季度财报，称由于受次贷影响，公司当季亏损 22.4 亿美元。进入 2008 年后，次贷风波影响进一步扩大，对美国金融机构的影响不断地暴露出来。其中美国两大住房抵押贷款融资机构房利美（Fannie Mae）和房地美（Freddie Mac）被收为国有；五大投资银行均受重创，贝尔斯登被摩根大通兼并、美林证券被美国银行收购、雷曼兄弟破产、摩根士丹利和高盛被迫改制为银行控股公司；当年美国的银行倒闭 25 家。而 2009 年美国银行倒闭数量增加到 140 家，2011 年也有 92 家银行倒闭。

同时，这次金融危机也重创了欧洲、日本等地区的银行业和股市。2007 年 9 月英国北岩银行遭遇百年不遇的挤兑事件；2008 年 9 月，英国主要住宅抵押贷款机构 HBOS 也陷入流动性危机，最终被劳埃德信托储蓄银行并购；法国巴黎银行由于信贷市场流动性枯竭，被迫低价甩卖债券，导致巨额损失；法国兴业银行于 2007 年第三季度宣布 3.75 亿欧元的资产冲减和交易损失；瑞士银行 2007 年第四季度亏损 125 亿瑞士法郎，创历史最高季度亏损额。国际金融市场不断恶化，股价市值损失近半。截至 2009 年 3 月 3 日，纽约道琼斯工业指数和纳斯达克股指分别报收于 6 763.29 点和 1 322.85 点，比 2007 年末分别下跌 49% 和 50.1%。同期，德国 DAX 股价指数和英国富时 100 股指分别报收于 3 721.10 点和 3 585.06 点，分别比上年末下跌 53.9% 和 45.5%。日经 225 股数下跌更为惨烈，股指报收于 7 229.72 点，比 2007 年末下跌 52.8%，为 1990 年以来最差表现。

美国次贷危机最先是一场爆发在金融机构内部的信用危机和流动性危机，因此，其形成原因涉及金融体系中的金融创新、金融监管和金融调控。

1. 无节制的金融创新

此次次贷危机对世界经济造成如此重大影响的一个重要因素是资产证券化。金融工具的过度创新，导致风险不能够准确地计算和控制，住房抵押贷款证券化是最早的一种证券化产品。资产证券化就是将缺乏流动性并能够产生未来稳定现金流的资产集中起来组成资产池，然后对这些资产池资产进行打包，并以此为基础发行证券并向市场出售，以获取流动性和分散风险。金融机构因利益的驱使，在包含次级抵押贷款的资产池基础上，运用复杂的数学模型，经过层层衍生和复杂的结构化技术处理，不断创造出各种不同层次的衍生产品。由于衍生品链条过长，使得投资者和初始贷款人之间的信息已经极度不对称，基础资产现金流的风险和收益特征已经被完全淹没，投资者不能准确地估算真实的风险状况，使得资产支持证券在发行和交易过程中聚集了大量的潜在风险。

2. 金融调控政策不当

美国次贷危机的爆发与美国金融监管当局，特别是美联储的货币政策变化有关。为了防止美国经济走向衰退，美联储从2001年开始将联邦基金利率维持在较低水平，联邦基金利率由6.5%降到了1%。宽松的信用环境和过剩的流动性推动房地产等资产价格迅速上涨。2004年，美联储意识到问题的严重性后，于当年6月30日首次将利率提高至1.25%，从此开始了其连续17次的升息历程，到2006年6月30日联邦基金利率已升至5.25%。连续升息提高了房屋借贷的成本，开始发挥抑制需求和降温市场的作用，引发了房价下跌，使得按揭违约风险的大量增加。美联储的货币政策由松变紧，对房地产市场应对货币政策的能力估计不足，最终引发了次贷危机。

3. 金融监管的缺失

在房地产市场次级债贷款增多和过度资产证券化的环境下，金融监管的缺失更促进了危机的爆发。首先，在房地产市场，美国在宏观政策上过于支持经济发展，降低住房抵押贷款要求，支持房贷机构的次级债的发行，以此来促进房地产市场的发展。而金融监管机构对房地产金融业采取了短期内支持和纵容的态度，房贷机构对于贷款人或审查不严或降低门槛，向不具备偿还能力的借款人提供贷款，从而不断扩大了房贷泡沫。其次，对抵押贷款资产证券化的监管也存在严重的缺失。资产证券化的初衷是为了增加流动性分散风险，构建资产池的资产必须是能够未来产生稳定现金流的优质资产。基础资产的质量评级主要是由信用评级公司来完成的，由于信用评级机构不能独立于资产证券化的发起人，很可能导致评级结果不实。同时SPV或投资银行这些金融机构在证券化基础上不断创新,更多的金融衍生工具被推向市场。由于这些衍生品的专业性和复杂性,投资者很难对其作出正确的判断,所以为了保证证券化的安全性和保护投资者的利益,监管机构必须加强对评级机构和投资银行的监管。

【思考题】

1. 简述金融调控和金融监管的区别。
2. 金融调控与监管职能是分离还是兼容?
3. 我国金融调控与金融监督管理制度应当如何改革?

第五编　涉外金融法

第十五章 涉外金融业法律制度

【学习目的与要求】 通过本章的学习，了解我国涉外金融业的发展和立法概况；了解我国对外资银行、外资保险公司、外资证券公司以及外资金融机构驻华代表处的法律监管；了解我国境内金融机构的对外业务。

第一节 我国涉外金融业概述

中国境内的外资金融机构，无论其采取何种组织形式，本质上是外国银行或非银行金融机构设在我国的分支机构。1979 年以来，外国金融机构在华设立的分支机构不断增多。一开始，这些分支机构多以银行代表处的形式存在，主要负责总行与客户的业务接洽与联系，不从事银行存、贷款等金融业务。1982 年以来，逐渐地在我国特准的开放城市成立办事处、外国银行分行、合资银行、合资财务公司、外资财务公司、外资银行等，在批准的业务范围内从事营利性金融业务活动。由于我国实行逐步开放金融市场的政策，所以对外资金融机构设立及其业务的管理呈现下列特点：(1)引进外资金融机构逐渐多元化。从引进代表机构发展到引进营业机构，从引进银行业发展到引进保险业和投资银行业。(2)开放地域逐渐扩大。由沿海开放城市向内地中心城市逐步推进，目前我国已有海南省和 23 个中心城市允许外国银行设立机构，基本上覆盖了所有经济发达地区。(3)业务范围从只允许外资银行经营外币业务，过渡到在试点基础上允许上海、深圳的少数外资银行从事本币业务；允许上海、广州试办外资性保险业务。(4)外资金融机构由享受优惠待遇逐步向"国民待遇"靠拢。

步入 21 世纪后，特别是 2001 年我国加入世贸组织以来，我国金融领域对外开放稳步扩大。按照入世承诺，我国放宽了金融业对外开放的地域和业务范围，来华立机构、开展业务和投资参股的外资金融机构不断增加。此外还有大量的外资金融机构代表处。金融领域对外开放的不断扩大，不仅吸引了资金，更重要的是引进了国外先进的金融服务理念、管理经验和技术，促进了我国金融业和经济建设的改革发展。

第二节　对在我国境内外资银行金融机构管理的规定

国务院于 2006 年 11 月 11 日发布的《中华人民共和国外资银行管理条例》(以下简称《外资银行管理条例》)及中国银监会于 2006 年 11 月 24 日发布的《中华人民共和国外资银行管理条例实施细则》(以下简称《外资银行管理条例实施细则》)对外资银行的设立和登记、业务范围、监督管理、终止与清算、法律责任进行了规定。

根据《外资银行管理条例》的规定,外资银行,是指依照中华人民共和国有关法律、法规,经批准在中华人民共和国境内设立的下列机构:(1) 1 家外国银行单独出资或者 1 家外国银行与其他外国金融机构共同出资设立的外商独资银行;(2)外国金融机构与中国的公司、企业共同出资设立的中外合资银行;(3)外国银行分行;(4)外国银行代表处。其中第(1)项至第(3)项所列机构,统称外资银行营业性机构。

一、外资银行的设立条件和程序

(一)外资银行的设立条件

设立外资银行及其分支机构,应当经银行业监督管理机构审查批准。外商独资银行、中外合资银行的注册资本最低限额为 10 亿元人民币或者等值的自由兑换货币。注册资本应当是实缴资本。外商独资银行、中外合资银行在中华人民共和国境内设立的分行,应当由其总行无偿拨给不少于 1 亿元人民币或者等值的自由兑换货币的营运资金。外商独资银行、中外合资银行拨给各分支机构营运资金的总和,不得超过总行资本金总额的 60%。外国银行分行应当由其总行无偿拨给不少于 2 亿元人民币或者等值的自由兑换货币的营运资金。国务院银行业监督管理机构根据外资银行营业性机构的业务范围和审慎监管的需要,可以提高注册资本或者营运资金的最低限额,并规定其中的人民币份额。

同时,《外资银行管理条例》第 9 条规定拟设外商独资银行、中外合资银行的股东或者拟设分行、代表处的外国银行应当具备下列条件:(1)具有持续盈利能力,信誉良好,无重大违法违规记录;(2)拟设外商独资银行的股东、中外合资银行的外方股东或者拟设分行、代表处的外国银行具有从事国际金融活动的经验;(3)具有有效的反洗钱制度;(4)拟设外商独资银行的股东、中外合资银行的外方股东或者拟设分行、代表处的外国银行受到所在国家或者地区金融监管当局的有效监管,并且其申请经所在国家或者地区金融监管当局同意;(5)国务院银行业监督管理机构规定的其他审慎性条件。拟设外商独资银行的股东、中外合资银行的外方股东或者拟设分行、代表处的外国银行所在国家或者地区应当具有完善的金融监督管理制度,并且其金融监管当局已经与国务院银行业监督管理机构建立良好的监督管理合作机制。

拟设外商独资银行的股东应当为金融机构,除应当具备上述第9条规定的条件外,其中唯一或者控股股东还应当具备下列条件:(1)为商业银行;(2)在中华人民共和国境内已经设立代表处2年以上;(3)提出设立申请前1年年末总资产不少于100亿美元;(4)资本充足率符合所在国家或者地区金融监管当局以及国务院银行业监督管理机构的规定。

拟设中外合资银行的股东除应当具备上述第9条规定的条件外,其中外方股东及中方唯一或者主要股东应当为金融机构,且外方唯一或者主要股东还应当具备下列条件:(1)为商业银行;(2)在中华人民共和国境内已经设立代表处;(3)提出设立申请前1年年末总资产不少于100亿美元;(4)资本充足率符合所在国家或者地区金融监管当局以及国务院银行业监督管理机构的规定。

拟设分行的外国银行除应当具备上述第9条规定的条件外,还应当具备下列条件:(1)提出设立申请前1年年末总资产不少于200亿美元;(2)资本充足率符合所在国家或者地区金融监管当局以及国务院银行业监督管理机构的规定;(3)初次设立分行的,在中华人民共和国境内已经设立代表处2年以上。

外国银行在中华人民共和国境内设立营业性机构的,除已设立的代表处外,不得增设代表处,但符合国家区域经济发展战略及相关政策的地区除外。代表处经批准改制为营业性机构的,应当依法办理原代表处的注销登记手续。

(二)外资银行的设立程序

设立外资银行营业性机构,应当先申请筹建,并将下列申请资料报送拟设机构所在地的银行业监督管理机构:(1)申请书,内容包括拟设机构的名称、所在地、注册资本或者营运资金、申请经营的业务种类等;(2)可行性研究报告;(3)拟设外商独资银行、中外合资银行的章程草案;(4)拟设外商独资银行、中外合资银行各方股东签署的经营合同;(5)拟设外商独资银行、中外合资银行的股东或者拟设分行的外国银行的章程;(6)拟设外商独资银行、中外合资银行的股东或者拟设分行的外国银行及其所在集团的组织结构图、主要股东名单、海外分支机构和关联企业名单;(7)拟设外商独资银行、中外合资银行的股东或者拟设分行的外国银行最近3年的年报；(8)拟设外商独资银行、中外合资银行的股东或者拟设分行的外国银行的反洗钱制度；(9)拟设外商独资银行的股东、中外合资银行的外方股东或者拟设分行的外国银行所在国家或者地区金融监管当局核发的营业执照或者经营金融业务许可文件的复印件及对其申请的意见书；(10)国务院银行业监督管理机构规定的其他资料。拟设机构所在地的银行业监督管理机构应当将申请资料连同审核意见，及时报送国务院银行业监督管理机构。

国务院银行业监督管理机构应当自收到设立外资银行营业性机构完整的申请资料之日起6个月内作出批准或者不批准筹建的决定，并书面通知申请人。决定不批准的，应当说明理由。特殊情况下，国务院银行业监督管理机构不能在规定期限内完成审查并作出批准或者不批准筹建决定的，可以适当延长审查期限，并书面通知申请人，但延长期限不得超过3个月。申请人凭批准筹建文件到拟设机构所在地的银行业监督管理机构领取开业申请表。

国务院银行业监督管理机构应当自收到完整的开业申请资料之日起2个月内，作出批准或者不批准开业的决定，并书面通知申请人。决定批准的，应当颁发金融许可证；决定不批准的，应当说明理由。经批准设立的外资银行营业性机构，应当凭金融许可证向工商行政管理机关办理登记，领取营业执照。

二、业务范围

外商独资银行、中外合资银行按照国务院银行业监督管理机构批准的业务范围，可以经营下列部分或者全部外汇业务和人民币业务：(1)吸收公众存款；(2)发放短期、中期和长期贷款；(3)办理票据承兑与贴现；(4)买卖政府债券、金融债券，买卖股票以外的其他外币有价证券；(5)提供信用证服务及担保；(6)办理国内外结算；(7)买卖、代理买卖外汇；(8)代理保险；(9)从事同业拆借；(10)从事银行卡业务；(11)提供保管箱服务；(12)提供资信调查和咨询服务；(13)经国务院银行业监督管理机构批准的其他业务。外商独资银行、中外合资银行经中国人民银行批准，可以经营结汇、售汇业务。

外国银行分行按照国务院银行业监督管理机构批准的业务范围，可以经营下列部分或者全部外汇业务以及对除中国境内公民以外客户的人民币业务：(1)吸收公众存款；(2)发放短期、中期和长期贷款；(3)办理票据承兑与贴现；(4)买卖政府债券、金融债券，买卖股票以外的其他外币有价证券；(5)提供信用证服务及担保；(6)办理国内外结算；(7)买卖、代理买卖外汇；(8)代理保险；(9)从事同业拆借；(10)提供保管箱服务；(11)提供资信调查和咨询服务；(12)经国务院银行业监督管理机构批准的其他业务。外国银行分行可以吸收中国境内公民每笔不少于100万元人民币的定期存款。外国银行分行经中国人民银行批准，可以经营结汇、售汇业务。

三、监管要求

(一)对代表机构工作人员的监管

外国银行在中华人民共和国境内设立的外商独资银行的董事长、高级管理人员和从事外汇批发业务的外国银行分行的高级管理人员不得相互兼职。

(二)对工作范围的监管

外国银行在中华人民共和国境内设立的外商独资银行与从事外汇批发业务的外国银行分行之间进行的交易必须符合商业原则，交易条件不得优于与非关联方进行交易的条件。外国银行对其在中华人民共和国境内设立的外商独资银行与从事外汇批发业务的外国银行分行之间的资金交易，应当提供全额担保。外国银行代表处及其工作人员，不得从事任何形式的经营性活动。

(三)对资本的监管

外资银行营业性机构举借外债，应当按照国家有关规定执行。外资银行营业性机构应当按照有关规定确定存款、贷款利率及各种手续费率。外资银行营业性机构经营存款业务，应当按照中国人民银行的规定交存存款准备金。外商独资银行、中外合资银行应当遵守《中华人民共和国商业银行法》关于资产负债比例管理的规定。外国银行分行变更的由其总行单独出资的外商独资银行以及《外资银行管理条例》施行前设立的外商独资银行、中外合资银行，其资产负债比例不符合规定的，应当在国务院银行业监督管理机构规定的期限内达到规定要求。国务院银行业监督管理机构可以要求风险较高、风险管理能力较弱的外商独资银行、中外合资银行提高资本充足率。外资银行营业性机构应当按照规定计提呆账准备金。外国银行分行营运资金的30%应当以国务院银行业监督管理机构指定的生息资产形式存在。外国银行分行营运资金加准备金等项之和中的人民币份额与其人民币风险资产的比例不得低于8%。国务院银行业监督管理机构可以要求风险较高、风险管理能力较弱的外国银行分行提高前述规定的比例。外国银行分行应当确保其资产的流动性。流动性资产余额与流动性负债余额的比例不得低于25%。外国银行分行境内本外币资产余额不得低于境内本外币负债余额。

四、终止与清算

外资银行营业性机构自行终止业务活动的,应当在终止业务活动30日前以书面形式向国务院银行业监督管理机构提出申请,经审查批准予以解散或者关闭并进行清算。外资银行营业性机构无力清偿到期债务的,国务院银行业监督管理机构可以责令其停业,限期清理。在清理期限内,已恢复偿付能力、需要复业的,应当向国务院银行业监督管理机构提出复业申请;超过清理期限,仍未恢复偿付能力的,应当进行清算。

外资银行营业性机构因解散、关闭、依法被撤销或者宣告破产而终止的,其清算的具体事宜,依照中华人民共和国有关法律、法规的规定办理。外资银行营业性机构清算终结,应当在法定期限内向原登记机关办理注销登记。外国银行代表处自行终止活动的,应当经国务院银行业监督管理机构批准予以关闭,并在法定期限内向原登记机关办理注销登记。

第三节 对在我国境内外资保险公司、外资证券公司管理的规定

一、对在我国境内外资保险公司管理的规定

在保险业方面,国务院于2001年12月12日发布的《外资保险公司管理条例》及中国保监会于2004年5月13日发布的《外资保险公司管理条例实施细则》是关于外资保险公司、合资保险公司、外国保险公司分公司等营业性外资保险机构的现行有效规范。

外资保险公司,是指依照中华人民共和国有关法律、行政法规的规定,经批准在中国境内设立和营业的合资保险公司、独资保险公司、外国保险公司分公司。

(一)设立和登记

1. 设立条件

合资保险公司、独资保险公司的注册资本最低限额为2亿元人民币或者等值的自由兑换货币;其注册资本最低限额必须为实缴货币资本。外国保险公司分公司应当由其总公司无偿拨给不少于2亿元人民币或者等值的自由兑换货币的营运资金。中国保监会根据外资保险公司业务范围、经营规模,可以提高前述规定的外资保险公司注册资本或者营运资金的最低限额。

申请者应当具备下列条件:(1)经营保险业务30年以上;(2)在中国境

内已经设立代表机构 2 年以上；(3) 提出设立申请前 1 年年末总资产不少于 50 亿美元；(4) 所在国家或者地区有完善的保险监管制度，并且该外国保险公司已经受到所在国家或者地区有关主管当局的有效监管；(5) 符合所在国家或者地区偿付能力标准；(6) 所在国家或者地区有关主管当局同意其申请；(7) 中国保监会规定的其他审慎性条件。

外国保险公司与中国的公司、企业合资在中国境内设立经营人身保险业务的合资寿险公司，其中外资比例不得超过公司总股本的 50%。外国保险公司直接或者间接持有的合资寿险公司股份，不得超过前述规定的比例限制。

2. 设立程序

(1) 提出申请。设立外资保险公司，申请人应当向中国保监会提出书面申请，并提交下列资料：①申请人法定代表人签署的申请书，其中设立合资保险公司的，申请书由合资各方法定代表人共同签署；②外国申请人所在国家或者地区有关主管当局核发的营业执照（副本）、对其符合偿付能力标准的证明及对其申请的意见书；③外国申请人的公司章程、最近 3 年的年报；④设立合资保险公司的，中国申请人的有关资料；⑤拟设公司的可行性研究报告及筹建方案；⑥拟设公司的筹建负责人员名单、简历和任职资格证明；⑦中国保监会规定提供的其他资料。

(2) 初步审查。中国保监会应当对设立外资保险公司的申请进行初步审查，自收到完整的申请文件之日起 6 个月内作出受理或者不受理的决定。决定受理的，发给正式申请表；决定不受理的，应当书面通知申请人并说明理由。

(3) 筹建工作。申请人应当自接到正式申请表之日起 1 年内完成筹建工作；在规定的期限内未完成筹建工作，有正当理由的，经中国保监会批准，可以延长 3 个月。在延长期内仍未完成筹建工作的，中国保监会作出的受理决定自动失效。筹建工作完成后，申请人应当将填写好的申请表连同规定文件报中国保监会审批。

(4) 工商登记。中国保监会应当自收到设立外资保险公司完整的正式申请文件之日起 60 日内，作出批准或者不批准的决定。决定批准的，颁发经营保险业务许可证；决定不批准的，应当书面通知申请人并说明理由。经批准设立外资保险公司的，申请人凭经营保险业务许可证向工商行政管理机关办理登记，领取营业执照。

外资保险公司成立后，应当按照其注册资本或者营运资金总额的 20% 提取保证金，存入中国保监会指定的银行；保证金除外资保险公司清算时用于清偿债务外，不得动用。

(二) 业务范围

外资保险公司按照中国保监会核定的业务范围，可以全部或者部分依法经营下列种类的保险业务：(1)财产保险业务，包括财产损失保险、责任保险、信用保险等保险业务；(2)人身保险业务，包括人寿保险、健康保险、意外伤害保险等保险业务；(3)可依法经营前述规定的保险业务的分出保险、分入保险等再保险业务。

外资保险公司经中国保监会按照有关规定核定，可以在核定的范围内经营大型商业风险保险业务、统括保单保险业务。同一外资保险公司不得同时兼营财产保险业务和人身保险业务。

外资保险公司的具体业务范围、业务地域范围和服务对象范围，由中国保监会按照有关规定核定。外资保险公司只能在核定的范围内从事保险业务活动。

(三) 监督管理

中国保监会有权检查外资保险公司的业务状况、财务状况及资金运用状况，有权要求外资保险公司在规定的期限内提供有关文件、资料和书面报告，有权对违法违规行为依法进行处罚、处理。外资保险公司应当接受中国保监会依法进行的监督检查，如实提供有关文件、资料和书面报告，不得拒绝、阻碍、隐瞒。

除经中国保监会批准外，外资保险公司不得与其关联企业从事下列交易活动：(1)再保险的分出或者分入业务；(2)资产买卖或者其他交易。关联企业，是指与外资保险公司有下列关系之一的企业：(1)在股份、出资方面存在控制关系；(2)在股份、出资方面同为第三人所控制；(3)在利益上具有其他相关联的关系。

外国保险公司分公司应当于每一会计年度终了后3个月内，将该分公司及其总公司上一年度的财务会计报告报送中国保监会，并予公布。

外国保险公司分公司的总公司有变更名称、主要负责人或者注册地；变更资本金；变更持有资本总额或者股份总额10%以上的股东；调整业务范围；受到所在国家或者地区有关主管当局处罚；发生重大亏损；分立、合并、解散、依法被撤销或者被宣告破产等情形之一的，该分公司应当自各该情形发生之日起10日内，将有关情况向中国保监会提交书面报告。

外国保险公司分公司的总公司解散、依法被撤销或者被宣告破产的，中国保监会应当停止该分公司开展新业务。

外资保险公司经营外汇保险业务的，应当遵守国家有关外汇管理的规定。除经国家外汇管理机关批准外，外资保险公司在中国境内经营保险业务的，应当以人民币计价结算。

(四)终止与清算

外资保险公司因分立、合并或者公司章程规定的解散事由出现，经中国保监会批准后解散。外资保险公司解散的，应当依法成立清算组，进行清算。经营人寿保险业务的外资保险公司，除分立、合并外，不得解散。

外资保险公司违反法律、行政法规，被中国保监会吊销经营保险业务许可证的，依法撤销，由中国保监会依法及时组织成立清算组进行清算。

外资保险公司因解散、依法被撤销而清算的，应当自清算组成立之日起60日内在报纸上至少公告3次。公告内容应当经中国保监会核准。

外资保险公司不能支付到期债务，经中国保监会同意，由人民法院依法宣告破产。外资保险公司被宣告破产的，由人民法院组织中国保监会等有关部门和有关人员成立清算组，进行清算。

外资保险公司解散、依法被撤销或者被宣告破产的，未清偿债务前，不得将其财产转移至中国境外。

二、对在我国境内外资证券公司管理的规定

中国证监会2002年6月1日发布的《外资参股证券公司设立规则》和2004年9月16日发布的《证券投资基金管理公司管理办法》等就合资投资银行、合资证券公司、合资基金管理公司等营业性机构的组织及运营监管作了规定。这三类机构本质上都是合资证券公司，其设立规则大同小异，本处就《外资参股证券公司设立规则》的有关规定进行介绍。

外资参股证券公司是指境外股东与境内股东依法共同出资设立的证券公司；境外投资者依法受让、认购内资证券公司股权，内资证券公司依法变更的证券公司。

(一)设立条件和程序

1. 设立条件

外资参股证券公司应当符合下列条件：(1)注册资本符合《证券法》的规定；(2)股东具备《外资参股证券公司设立规则》规定的资格条件，其出资比例、出资方式符合该规则的规定；(3)按照中国证监会的规定取得证券从业资格的人员不少于30人，并有必要的会计、法律和计算机专业人员；(4)有健全的内部管理、风险控制和对承销、经纪、自营等业务在机构、人员、信息、业务执行等方面分开管理的制度，有适当的内部控制技术系统；(5)有符合要求的营业场所和合格的业务设施；(6)中国证监会规定的其他审慎

性条件。

外资参股证券公司的境外股东，应当具备下列条件：(1)所在国家或者地区具有完善的证券法律和监管制度，已与中国证监会或者中国证监会认可的机构签定证券监管合作谅解备忘录，并保持着有效的监管合作关系；(2)在所在国家或者地区合法成立，至少有1名是具有合法的金融业务经营资格的机构；境外股东自参股之日起3年内不得转让所持有的外资参股证券公司股权；(3)持续经营5年以上，近3年未受到所在国家或者地区监管机构或者行政、司法机关的重大处罚；(4)近3年各项财务指标符合所在国家或者地区法律的规定和监管机构的要求；(5)具有完善的内部控制制度；(6)具有良好的声誉和经营业绩；(7)中国证监会规定的其他审慎性条件。

外资参股证券公司的境内股东，应当具备中国证监会规定的证券公司股东资格条件。外资参股证券公司的境内股东，应当有1名是内资证券公司。但内资证券公司变更为外资参股证券公司的，不在此限。

境内股东可以用现金、经营中必需的实物出资；境外股东应当以自由兑换货币出资。

境外股东持股比例或者在外资参股证券公司中拥有的权益比例，累计（包括直接持有和间接控制）不得超过49%。境内股东中的内资证券公司，应当至少有1名的持股比例或者在外资参股证券公司中拥有的权益比例不低于49%。内资证券公司变更为外资参股证券公司后，应当至少有1名内资股东的持股比例不低于49%。

外资参股证券公司的董事、监事和高级管理人员应当具备中国证监会规定的任职资格条件。

2. 设立程序

申请设立外资参股证券公司，应当由全体股东共同指定的代表或者委托的代理人，向中国证监会提交规定的申请文件。

中国证监会依照有关法律、行政法规和《外资参股证券公司设立规则》对前述规定的申请文件进行审查，并在规定期限内作出是否批准的决定，书面通知申请人。不予批准的，书面说明理由。

股东应自中国证监会的批准文件签发之日起6个月内足额缴付出资或者提供约定的合作条件，选举董事、监事，聘任高级管理人员，并向工商行政管理机关申请设立登记，领取营业执照。

外资参股证券公司的董事长或者授权代表应自营业执照签发之日起15个工作日内，向中国证监会提交规定的文件，申请经营证券业务许可证。

中国证监会依照有关法律、行政法规和《外资参股证券公司设立规则》

对前述规定的申请文件进行审查，并自接到符合要求的申请文件之日起15个工作日内作出决定。对符合规定条件的，颁发经营证券业务许可证；对不符合规定条件的，不予颁发，并书面说明理由。

未取得中国证监会颁发的经营证券业务许可证，外资参股证券公司不得开业，不得经营证券业务。

(二)业务范围

外资参股证券公司可以经营下列业务：(1)股票(包括人民币普通股、外资股)和债券(包括政府债券、公司债券)的承销与保荐；(2)外资股的经纪；(3)债券(包括政府债券、公司债券)的经纪和自营；(4)中国证监会批准的其他业务。前述所称外资股，包括境内上市外资股(B股)和在境外上市的外资股。

证券公司应按规定向中国证监会提出业务范围的申请；从事股票主承销业务的，应按有关规定取得股票主承销业务资格。

此外，《外资参股证券公司设立规则》还就内资证券公司申请变更为外资参股证券公司的条件、申请审批程序、"营业执照"与"经营证券业务许可证"的换领等诸多问题作出了规定。外资参股证券公司的设立、变更、终止、业务活动及监督管理事项，如《外资参股证券公司设立规则》未作规定的，适用中国证监会的其他有关规定。

第四节 对外资金融驻华代表机构管理的规定

国务院2006年11月11日发布的《外资银行管理条例》及同月24日中国银监会发布的《外资银行管理条例实施细则》取代了2002年6月的《外资金融机构驻华代表机构管理办法》。而中国保监会发布的《外资保险机构驻华代表机构管理办法》，亦先后于2004年1月15日、2006年7月12日作了两次修订，并更名为《外国保险机构驻华代表机构管理办法》。

一、对外国银行在华设立代表处的监管规定

(一)设立外国银行代表处的条件和程序

依据《外资银行管理条例》的规定，在中国境外注册的外国银行经中国银监会批准可在中国境内设立代表处；香港特别行政区、澳门特别行政区和台湾地区的金融机构在内地设立的银行机构，比照适用《外资银行管理条例》的规定，但国务院另有规定的，依照其规定。

1. 设立外国银行代表处的条件

申请在中国境内设立代表处的外国银行应具备以下条件：(1)具有持续盈利能力，信誉良好，无重大违法违规记录；(2)拟设外商独资银行的股东、中外合资银行的外方股东或者拟设分行、代表处的外国银行具有从事国际金融活动的经验；(3)具有有效的反洗钱制度；(4)拟设外商独资银行的股东、中外合资银行的外方股东或者拟设分行、代表处的外国银行受到所在国家或者地区金融监管当局的有效监管，并且其申请经所在国家或者地区金融监管当局同意；(5)国务院银行业监督管理机构规定的其他审慎性条件。此外，拟设代表处的外国银行所在国家或者地区应当具有完善的金融监督管理制度，并且其金融监管当局已经与中国银监会建立了良好的监督管理合作机制。在中国境内增设代表处的外国银行，除应具备前述条件外，其在中国境内已设代表处无重大违法违规记录。

2. 设立外国银行代表处的程序

申请设立代表处，应向拟设代表处所在地的银行业监管机构报送下列材料：(1)由拟设代表处的外国银行董事长或行长签署的致中国银监会主席的申请书，该申请书应包括拟设代表处的名称、所在地等；(2)可行性研究报告；(3)申请人的章程；(4)申请人及其所在集团的组织结构图、主要股东名单、海外分支机构和关联企业名单；(5)申请人最近3年的年报；(6)申请人的反洗钱制度；(7)拟任该代表处首席代表的身份证明和学历证明的复印件、简历以及拟任人有无不良记录的陈述书；(8)对拟任该代表处首席代表的授权书；(9)申请人所在国家或者地区金融监管当局核发的营业执照或者经营金融业务许可文件的复印件及对其申请的意见书；(10)国务院银行业监督管理机构规定的其他资料。以上资料，除年报外，凡用外文书写的，应附有中文译本。外国银行初次申请设立代表处的，应报送由在中国境内注册的银行业金融机构出具的与其建立代理行关系的证明。

拟设代表处所作地的银行业应当自收到设立外国银行代表处完整的申请资料之日起6个月内作出批准或者不批准设立的决定，并书面通知申请人。决定不批准的，应当说明理由。经批准设立的外国银行代表处，应当凭批准文件向工商行政管理机关办理登记，领取工商登记证，并予以公告。同时，应自批准设立之日起6个月内迁入固定的办公场所，超期仍未开始办公的，原批准决定失效。

（二）对外国银行代表处的监管规定

按《外资银行管理条例》及《外资银行管理条例实施细则》的规定，银行业监督管理机构负责对代表处及其活动进行监管。主要监管内容包括以下内容：

1. 名称与从业人员监管

外国银行代表处的中文名称应当标明该外国银行的国籍以及责任形式；代表处应具备独立的办公场所、办公设施和专职工作人员；拟任首席代表应具备规定的任职资格条件，不得存在不能担任首席代表的法定情形，并需经银行业监管机构实行任职资格核准；首席代表离岗连续1个月以上的，应向所在地银行业监管监管书面报告，并指定专人代行其职，无特殊情况离岗连续3个月以上的应更换人选；首席代表存在违法行为的，银行业监管机构可视情节轻重取消其一定期限直至终身的任职资格。

2. 业务范围监管

代表处可从事与其代表的外国银行业务相关的联络、市场调查、咨询等非经营性活动，其行为所产生的民事责任由所代表的外国银行承担；代表处及其工作人员，不得从事任何形式的经营性活动；代表处违反规定从事经营活动的，依照《外资银行管理条例》第69条的规定给予责令改正、警告、没收违法所得、罚款直至依法追究刑事责任的处罚。

3. 财务会计监管与报告制度

代表处应建立会计账簿，真实反映财务收支情况，其成本及费用开支应符合代表处工作职责；代表处不得使用其他企业、组织或个人账户，不得在其电脑系统中使用与代表处工作职责不符的业务处理系统；代表处应及时向所在地银行业监管机构报告其所代表的外国银行发生的有关重大事项，应于每年2月末前按规定格式向所在地银行业监管机构报送上年度工作报告和本年度工作计划。

4. 撤销监管

经批准关闭的代表处应在办理注销登记手续后15日内，按要求在有关报纸上公告，并将公告内容报送所在地银行业监管机构；代表处经批准改制为营业性机构的，应依法办理原代表处的注销登记手续；代表处自行终止活动的，应经中国银监会批准予以关闭，并在法定期限内向原登记机关办理注销登记。

二、对外国保险机构驻华代表机构的监管规定

外国保险机构驻华代表机构，是指外国保险机构（中国境外注册的保险公司、再保险公司、保险中介机构、保险协会及其他保险组织）在中国境内获准设立并从事联络、市场调查等非经营性活动的代表处、总代表处。其主要负责人称"首席代表"或"总代表"。我国现行关于外国保险机构驻华代表

机构的有效监管规章主要是2006年7月中国保监会发布的《外国保险机构驻华代表机构管理办法》。

(一)设立外国保险机构驻华代表处的条件和程序

1. 设立外国保险机构驻华代表处的条件

申请设立代表处的外国保险机构(下称"申请者")应具备下列条件:(1)经营状况良好;(2)外国保险机构经营有保险业务的,应当经营保险业务20年以上,没有经营保险业务的,应当成立20年以上;(3)申请之日前3年内无重大违法违规记录;(4)中国保监会规定的其他审慎性条件。经营保险业务20年以上,是指外国保险机构持续经营保险业务20年以上,外国保险机构吸收合并其他机构或者与其他机构合并设立新保险机构的,不影响其经营保险业务年限的计算。

2. 设立外国保险机构驻华代表处的程序

申请者应当提交下列材料:(1)正式申请表;(2)由董事长或者总经理签署的致中国保监会主席的申请书;(3)所在国家或者地区有关主管当局核发的营业执照或者合法开业证明或者注册登记证明的复印件;(4)机构章程、董事会成员名单、管理层人员名单或者主要合伙人名单;(5)申请之日前3年的年报;(6)所在国家或者地区有关主管当局出具的对申请者在中国境内设立代表处的意见书,或者由所在行业协会出具的推荐信,意见书或者推荐信应当陈述申请者在出具意见书或者推荐信之日前3年受处罚的记录;(7)代表机构设立的可行性和必要性研究报告;(8)由董事长或者总经理签署的首席代表授权书;(9)申请者就拟任首席代表在申请日前3年没有因重大违法违规行为受到所在国家或者地区处罚的声明;(10)拟任首席代表的简历;(11)中国保监会规定提交的其他资料。"营业执照"、"合法开业证明"和"注册登记证明"的复印件必须经其所在国家或者地区依法设立的公证机构公证或者经中国驻该国使、领馆认证。

对拟设代表处的申请,中国保监会应当根据下列情况分别处理:(1)申请材料存在可以当场更正的错误的,应当允许申请人当场更正;(2)申请材料不齐全或者不符合法定形式的,应当当场或者在5日内一次告知申请人需要补正的全部内容,逾期不告知的,自收到申请材料之日起即为受理;(3)申请材料齐全、符合法定形式,或者申请人按照要求提交全部补正申请材料的,应当受理申请。中国保监会受理或者不予受理申请,应当出具加盖专用印章和注明日期的书面凭证。中国保监会根据审慎性原则对设立代表处的申请进行审查,并应当自受理申请之日起20日内,作出批准或者不予批准的决定。20日内不能作出决定的,经中国保监会主席批准,可以延长10日,并应当将延长期限的理由告知申请人。决定批准的，颁发批准书；决定不予批准的，应当书面说明理由。

代表处领取批准书后，应当按有关规定办理工商登记。应当自领取批准书之日起3个月内迁入固定的办公场所，并向中国保监会书面报告下列事项：（1）工商登记注册证明；（2）办公场所的合法使用权证明；（3）办公场所电话、传真、邮政通讯地址；（4）首席代表移动电话、电子邮箱。代表处自领取批准书之日起3个月内未向中国保监会提交书面报告的，视为未迁入固定办公场所，原批准书自动失效。

（二）对外国保险机构驻华代表处的主要监管规定

中国保监会根据法律和国务院授权，对代表机构履行监管职责；中国保监会派出机构在中国保监会授权范围内对本辖区的代表机构实施日常监管。

1. 名称监管

代表处的名称应当依次由下列内容组成："外国保险机构所属国家或者地区名称"、"外国保险机构名称"、"所在城市名称"和"代表处"；总代表处的名称应当依次由下列内容组成："外国保险机构所属国家或者地区名称"、"外国保险机构名称"和"驻中国总代表处"。代表机构除主要负责人外，其他主要工作人员应当称"代表"、"副代表"。

2. 对代表机构工作人员的监管

代表机构应当有独立、固定的办公场所和专职的工作人员。代表机构工作人员应当遵守中国的法律法规，品行良好，无重大违法违规记录。总代表和首席代表应当具备履行职责所需的学历、从业经历和工作能力。总代表应当具备8年以上工作经历、大学专科以上学历；首席代表应当具备5年以上工作经历、大学专科以上学历。总代表和首席代表不具备大学专科以上学历的，应当具备10年以上保险从业经历。每个代表机构的外籍工作人员最多不得超过3人。

总代表或首席代表应当常驻代表机构主持日常工作，并且常驻时间每年累计不得少于240日。总代表或者首席代表离开代表机构的时间每次不得连续超过30日；离开代表机构连续超过14日的，应当指定专人代行其职，并向当地中国保监会派出机构书面报告。

3. 业务范围监管

代表机构及其工作人员不得以任何方式从事或者参与经营性活动。总代表或首席代表不得在2个以上代表机构中任职；也不得在中国境内任何经营性机构中任职。

4. 变更与撤销监管

代表机构变更总代表、首席代表或者变更名称，按照规定向中国保监会提出申请，由其自受理申请之日起 20 日内，作出批准或者不予批准的决定。代表机构更换或者增减代表、副代表、外籍工作人员，应当自更换或者增减人员之日起 5 日内向当地中国保监会派出机构报告，并提交被任命人员的身份证明、学历证明和简历。代表机构只能在所在城市的行政辖区内变更办公场所，并应当自变更之日起 5 日内向中国保监会和当地中国保监会派出机构书面报告有关事项。

代表机构撤销的，应当自撤销之日起 20 日内，向中国保监会书面报告下列事项：(1)撤销代表机构的情况说明；(2)外国保险机构撤销代表机构文件的复印件。外国保险机构的代表处撤销后，总代表处是其唯一驻华代表机构的，总代表处应按规定向中国保监会申请将总代表处名称变更为代表处。代表处撤销后，其代表的外国保险机构设有总代表处的，由总代表处负责未了事宜；没有设立总代表处的，由其代表的外国保险机构的其他代表处负责未了事宜；其代表的外国保险机构的所有代表机构均已撤销的，由其代表的外国保险机构负责未了事宜。

5. 报告制度与监督管理

代表机构应当在每年 2 月底前向当地中国保监会派出机构报送上一年度的工作报告一式两份，由中国保监会派出机构转报中国保监会。代表机构每年在其代表的外国保险机构会计年度结束后的 6 个月内，应当分别向中国保监会和当地中国保监会派出机构报送其所代表的外国保险机构上一年度的年报。代表机构代表的外国保险机构有下列情形之一的，代表机构应当自事件发生之日起 10 日内，向中国保监会提交书面报告，同时抄报当地中国保监会派出机构：(1)公司章程、注册资本或者注册地址变更；(2)分立、合并或者主要负责人变动；(3)经营严重亏损；(4)因违法、违规行为受到处罚；(5)外国保险机构所在国家或者地区的有关主管当局对其实施重大监管措施；(6)对经营有重大影响的其他事项。

三、对外国证券类机构驻华代表机构的监管规定

外国证券类机构驻华代表机构包括"代表处"、"总代表处"，是指外国证券类机构(在中华人民共和国境外依法设立的投资银行、商人银行、证券公司、基金管理公司等从事证券类业务的金融机构)在中国境内获准设立并从事咨询、联络、市场调查等非经营性活动的派出机构。现行对其有监管效力的规章是中国证券监督管理管理委员会于 1999 年 4 月发布的《外国证券类

机构驻华代表机构管理办法》。

(一)设立外国证券类机构驻华代表处的条件与程序

1. 设立外国证券类机构驻华代表处的条件

外国证券类机构申请在华设立代表处,应具备下列条件:(1)申请者所在国家或地区有完善的金融监督管理法律、法规;(2)申请者是由其所在国或地区金融监管当局批准设立的从事证券类业务的金融机构;(3)申请者合法经营、享有良好信誉并在过去3年内连续盈利。

2. 设立外国证券类机构驻华代表处的程序

申请者申请设立代表处应提交下列文件:(1)由董事长或总经理签署的致证监会主席的申请书;(2)所在国或地区有关主管当局核发的营业执照(复印件)或合法开业证明;(3)公司章程;(4)董事会成员或主要合伙人名单;(5)最近3年的年报;(6)由所在国或地区监管当局出具的同意其在中国境内设立代表处的批准书或其他有关文件;(7)证监会要求提交的其他文件。除年报外,凡用外文书写的文件,均需附中文译本;其中"营业执照"或"开业证明"必须经所在国或地区认可的公证机构公证,或者经中国驻该国或该地区大使馆或领事馆认证。

申请者应当将申请文件提交拟设代表处所在地的证监会派出机构,证监会派出机构对其申请文件初审后,报证监会审查批准。设立代表处的申请经证监会审查同意后,由证监会发给申请者正式申请表(申请者自提交设立代表处申请材料之日起6个月未接到正式申请表的,即为不予受理其申请),申请者应自接到正式申请表之日起2个月内填交正式申请表,并向证监会提交下列文件:(1)拟任首席代表身份证明、学历证明和简历;(2)由董事长或总经理签署的委任首席代表的授权书。提交的文件,凡用外文书写的,均需附中文译本。

经批准设立的代表处,由证监会颁发批准证书,有效驻在期限为6年。代表处应当自证监会批准之日起30日内,凭批准证书到工商行政管理机关办理登记注册,到公安、税务部门办理居留手续和税务登记手续。

(二)对外国证券类机构驻华代表处的主要监管规定

1. 名称监管

在中国境内已设立3个以上(含3个)代表处的外国证券类机构,可以申请设立总代表处;总代表处的申请设立程序及管理与代表处相同。代表处名称应当按下列顺序组成:"外国证券类机构名称"、"所在城市名称"和"代表处";总代表处名称应当按下列顺序组成:"外国证券类机构名称"、"驻中国总代表处"。代表处主要负责人称"首席代表",其他负责人称"代表"、

"副代表"；总代表处主要负责人称"总代表"，其他负责人称"代表"、"副代表"。

2. 对代表机构工作人员的监管

担任代表处的总代表、首席代表应熟悉中国金融管理的法律、法规，品行良好，无不良记录。担任代表处的总代表应具有从事金融工作10年以上，并在最近5年内有2年以上从事中国业务的经历；担任代表处的首席代表应具有5年以上金融工作或相关工作经历；聘用中国公民担任代表处的首席代表、总代表应符合中华人民共和国的有关法律、法规和规章。担任代表处的总代表或首席代表须经代表处所在地证监会派出机构对申请文件初审后，报证监会审批。担任代表处的代表、副代表由代表处所在地证监会派出机构参照《外国证券类机构驻华代表机构管理办法》进行审批和管理，并将审批情况报证监会备案。

3. 业务范围监管

代表处及其工作人员，不得与任何法人或自然人签订可能给代表处或所代表的机构带来收入的协议或契约，也不得从事其他经营性活动。首席代表不得由其总管理机构或地区总部有关部门负责人兼任，也不得在中国境内任何机构兼职；首席代表应当常驻代表处主持日常工作，离境时间超过1个月以上，应当指定专人代行其职，并报所在地证监会派出机构备案。

4. 年度与重大事项报告制度

代表处应当于每年2月底前向所在地证监会派出机构报送上一年度的工作报告，由所在地证监会派出机构转报证监会；工作报告应当按证监会规定的格式用中文填写。

设立代表处的外国证券类机构发生下列重大事项，代表处应当在其外国证券类机构公告后的一个工作日内向证监会报告，同时抄报所在地证监会派出机构：(1)章程、注册资本或注册地址变更；(2)机构重组、合并或其主要负责人变动；(3)发生严重经营损失；(4)因违规行为受到处罚。

5. 变更监管与撤销监管

代表处有下列情况之一的，应当向所在地证监会派出机构提出申请，并由所在地证监会派出机构报证监会批准：(1)更换首席代表。应当提交由其外国证券类机构董事长或总经理签署的申请书和授权书以及拟任首席代表的身份证明、学历证明和简历。(2)变更名称。应当提交由其外国证券类机构董事长或总经理签署的申请书。(3)代表处展期。应当在代表处有效驻在期期满前2个月提交由其外国证券类机构董事长或总经理签署的申请书和由代表处首席代表签署的该代表处近3年的工作报告。经审核批准后，代表处展期6年。

代表处有下列情况之一的，应当报所在地证监会派出机构批准或备案：(1)更换或增减代表、副代表、外籍和港澳台工作人员。应提交由外国证券类机构主管部门负责人签署的申请书，以及被任命人员的身份证明和简历，由所在地证监会派出机构批准，并报证监会备案。(2)变更地址。应提交由其首席代表签署的地址迁移申请书，由所在地证监会派出机构批准，并报证监会备案。(3)雇用中国公民担任一般工作人员，应符合中华人民共和国的有关法律、法规和规章。代表处应提交被雇用中国公民的名单、身份证明和简历，报所在地证监会派出机构备案。

撤销代表处，应提交向所在地证监会派出机构提交由其外国证券类机构董事长或总经理签署的申请，并由所在地证监会派出机构转报证监会。经证监会批准后，向工商行政管理机关申请注销登记，并到有关部门办理相关手续。代表处升格为总代表处的，原代表处自行撤销，并向工商行政管理机关申请注销登记。代表处撤销后，凡设总代表处的，由其总代表处负责未了事宜；未设总代表处的，一切未了事宜由其外国证券类机构承担责任。

第五节　我国境内金融机构的对外业务

一、境外中资银行业金融机构的管理

按照《境外金融机构管理办法》等的规定，我国对境外中资银行业金融机构的管理主要有以下内容。

(一)设立或收购境外金融机构的条件

申请设立或收购境外金融机构，必须具备一定的条件。

申请者为境内银行、非银行金融机构(以下统称境内金融机构)的，应具备下列条件：(1)经国务院或者中国人民银行批准，依法登记注册，并持有中国人民银行颁发的经营金融业务许可证；(2)经国家外汇管理局批准经营外汇业务，持有国家外汇管理局颁发的经营外汇业务许可证，并有3年以上经营外汇业务经验和与其经营业务相适应的专业人员；(3)有合法的外汇资金来源；(4)有不低于8000万元人民币等值外汇的自有资金。

申请者为非金融性公司、企业及其他组织(以下统称境内非金融机构)的，应具备下列条件：(1)经有关部门批准成立，依法登记注册的大型公司、企业；(2)在境外设有集团性公司、企业或者其他大型企业，并有较好的基础和盈利前景；(3)经主管部门同意在境外设立金融机构，并有不低于

1亿元人民币等值外汇的自有资金;(4)有与其经营金融业务及外汇业务相适应的专业人员。

申请者为境外中资银行、非银行金融机构(以下统称境外中资金融机构)和境外非金融性中资公司、企业及其他组织(以下统称境外中资非金融机构)的,应具备下列条件:(1)经主管部门批准,依法在境外设立,有正式批准文件和在当地合法营业的证明材料;(2)拟设机构地区中资金融机构力量较弱,有必要设立金融机构;(3)所提申请符合有关国家或者地区的法律。

(二)设立或收购境外金融机构的程序

在境外设立或者收购金融机构,应当由其境内投资单位向中国人民银行提出申请。如属境内非金融机构在境外设立中资、中外合资金融机构或者收购境外金融机构,由主管部门征求经贸部(现商务部)意见并审核同意后,报中国人民银行批准;如属境外中资金融机构和非金融机构,设立或者收购境外金融机构,由其境内投资单位征求经贸部意见后报中国人民银行批准。申请者的境内投资单位在向人民银行提出申请时,除提交载明拟设立或者收购金融机构的名称、营业范围、条件和必要性的申请书外,还须提交下列法定文件。

境内金融机构申请在境外设立代表机构,应当提交下列文件:(1)申请单位的主要负责人签署的申请报告,其内容包括拟设代表机构的名称、住所、首席代表、代表简历;(2)设立代表机构的费用预算和外汇来源证明。

境内金融机构申请在境外设立分支机构,应当提交下列文件:(1)申请单位主要负责人签署的申请报告,其内容包括拟设分支机构的名称、住所、营业资金数额、经营业务种类、主要负责人简历等;(2)申请单位前3年的资产负债表、损益表和业务状况报告;(3)可行性研究报告;(4)中国人民银行要求提交的其他有关文件。

境内金融机构、非金融机构及境外中资金融机构、非金融机构申请在境外设立中资金融机构,应当提交下列文件:(1)申请单位主要负责人签署的申请报告,其内容包括拟设中资金融机构名称、住所、注册资本和实有资本、资金来源、经营业务种类、主要负责人简历等;(2)申请单位前3年的资产负债表、损益表和业务状况报告;(3)可行性研究报告;(4)中国人民银行要求提交的其他有关文件。

境内金融机构、非金融机构及境外中资金融机构、非金融机构申请收购境外金融机构,应当提交下列文件:(1)申请单位主要负责人签署的申请报告,其内容包括拟收购的金融机构的名称、住所、章程、总资本和总资产数额、机构及人员状况、财务状况、收购原因、收购目的、收购资金数额、资金来源；(2)申请单位前3年的资产负债表、损益表和业务状况报告；(3)可行性研究报告；(4)中国人民银行要求提交的其他有关文件。

中国人民银行对申请单位提交的申请文件进行审查，并在接到申请文件之日起3个月内决定批准或者不批准。如获批准，应由其境内投资单位持中国人民银行批准文件，依照有关规定到国家外汇管理局办理外汇汇出手续。

(三)境外金融机构的监督管理

1. 定期报告制度

(1)对设在境外的银行分行、附属行、持股25%以上的银行及取得当地银行执照的机构，其总管理机构以机构或国别(地区)为单位，按月报送境外机构的业务基本情况报表；按季报送资产负债表、损益表、综合监控比例报表及对最大10家客户贷款状况表，资产负债表、损益表除按机构或国别(地区)为单位报送外，还应按总管理机构为单位汇总上报(报表格式附后)；年中和年末除报送上述报表外还须按《境外金融机构管理办法》第16条和第17条的规定，报送半年工作报告和年度工作报告。即境外金融机构的境内投资单位应当于每年7月31日前向所在地中国人民银行省级分行报送境外金融机构上半年工作报告，其内容包括：机构人员变化情况，存款放款分析，汇出汇入款项分析，进出口结算分析，投资项目分析和外汇、证券、黄金买卖分析；应当于每年3月31日前向所在地中国人民银行省级分行报送境外金融机构上一年的资产负债表、损益表和年度工作报告。

(2)对境内金融机构的境外代表处及其他金融机构，其境内投资单位应按《境外金融机构管理办法》第16条和第17条的规定，报送有关资料。

(3)以上报表填制以人民币元为单位，汇率按汇总日期的有关汇率确定。

(4)凡境外中资金融机构向其总管理机构、当地金融管理当局上报的报表资料，以及境外中资金融机构的外部审计师的审计报告和内部审计报告均需报中国人民银行。

(5)中国工商银行、中国农业银行、中国银行、中国建设银行、交通银行、中保集团及其他在京总管理机构直接向中国人民银行报送报表，其他机构向中国人民银行当地分行报送报表，由中国人民银行当地分行上报总行。月报表、季报表分别在月后25日、30日内报送，半年工作报告应在本年度7月31日前报送，年度工作报告应在第二年度3月31日前报送。

(6)境外投资机构应自1996年10月开始向中国人民银行报送报表。

2. 变更管理

境外金融机构有下列变更之一的,其境内投资单位应当于事前向中国人民银行提出申请,由中国人民银行审批:(1)代表机构升为分支机构;(2)撤销代表机构、分支机构、中资或者中外合资金融机构;(3)调整中外合资金融机构的股份比例或者增资。

境外中资金融机构董事长、副董事长、董事、总经理、副总经理、首席代表、代表等主要负责人的变更,总管理机构应按中国人民银行有关规定,报中国人民银行进行任职资格审查,审查同意后,总管理机构方可办理任免手续。境外中资金融机构营业地址变更及机构名称更改应报中国人民银行备案。

二、境外中资保险类机构的管理

境外中资保险类机构包括保险公司设立境外保险机构和非保险机构投资境外保险类企业。本部分仅就保险公司设立境外保险类机构的管理进行介绍。

(一)保险公司设立境外保险机构的概念

按2006年7月31日中国保监会发布的《保险公司设立境外保险类机构管理办法》的规定,保险公司设立境外保险类机构是指经中国保险监督管理委员会(以下简称中国保监会)批准设立,并依法登记注册的商业保险公司直接在中国境外投资设立境外分支机构、境外保险公司和保险中介机构(保险代理机构、保险经纪机构和保险公估机构)或者收购境外保险公司和保险中介机构的行为。所称收购,是指保险公司受让境外保险公司、保险中介机构的股权、且其持有的股权达到该机构表决权资本总额20%及以上或者虽不足20%但对该机构拥有实际控制权、共同控制权或者重大影响的行为。保险公司收购上市的境外保险公司、保险中介机构的,适用该办法。中国保监会另有规定的从其规定。

(二)设立条件和程序

1. 设立条件

保险公司设立境外保险类机构的,应当具备下列条件:(1)开业2年以上;(2)上年末总资产不低于50亿元人民币;(3)上年末外汇资金不低于1500万美元或者其等值的自由兑换货币;(4)偿付能力额度符合中国保监会有关规定;(5)内部控制制度和风险管理制度符合中国保监会有关规定;(6)最近2年内无受重大处罚的记录;(7)拟设立境外保险类机构所在的国家或者地区金融监管制度完善,并与中国保险监管机构保持有效的监管合作关系;(8)中国保监会规定的其他条件。

保险公司申请设立境外分支机构、境外保险公司和保险中介机构的,应当向中国保监会提交下列材料:(1)申请书;(2)国家外汇管理局外汇资金来源核准决定的复印件;(3)上一年度经会计师事务所审计的公司财务报表及外币资产负债表;(4)上一年度经会计师事务所审计的偿付能力状况报告;(5)内部控制制度和风险管理制度;(6)拟设境外保险类机构的基本情况说明,包括名称、住所、章程、注册资本或者营运资金、股权结构及出资额、业务范围、筹建负责人简历及身份证明材料复印件;(7)拟设境外保险类机构的可行性研究报告、市场分析报告和筹建方案;(8)拟设境外保险类机构所在地法律要求保险公司为其设立的境外保险类机构承担连带责任的,提交相关说明材料;(9)中国保监会规定的其他材料。保险公司在境外设立的保险公司、保险中介机构有其他发起人的,还应当提交其他发起人的名称、股份认购协议书复印件、营业执照以及上一年度经会计师事务所审计的资产负债表。

保险公司申请收购境外保险公司和保险中介机构的,应当向中国保监会提交下列材料:(1)申请书;(2)国家外汇管理局外汇资金来源核准决定的复印件;(3)上一年度经会计师事务所审计的公司财务报表及外币资产负债表;(4)上一年度和最近季度经会计师事务所审计的偿付能力状况报告及其说明;(5)内部管理制度和风险控制制度;(6)拟被收购的境外保险类机构的基本情况说明,包括名称、住所、章程、注册资本或者营运资金、业务范围、负责人情况说明;(7)拟被收购的境外保险类机构上一年度经会计师事务所审计的公司财务报表;(8)收购境外保险类机构的可行性研究报告、市场分析报告、收购方案;(9)中国保监会规定的其他材料。拟被收购境外保险类机构为保险公司的,还应当提交其上一年度和最近季度经会计师事务所审计的偿付能力状况报告及说明。

保险公司在境外设立代表机构、联络机构或者办事处等非营业性机构的,应当具备下列条件:(1)具有合法的外汇资金来源;(2)内部控制制度和风险管理制度符合中国保监会有关规定;(3)最近2年内无受重大处罚的记录;(4)中国保监会规定的其他条件。

2. 设立程序

(1)审查批准。中国保监会应当依法对设立境外保险类机构或者境外代表机构、联络机构、办事处等非营业性机构的申请进行审查,并自受理申请之日起20日内作出批准或者不予批准的决定。决定不予批准的,应当书面通知申请人并说明理由。

(2)设立后的报告。保险公司应当在境外保险类机构获得许可证或者收购交易完成后 20 日内,将境外保险类机构的下列情况书面报告中国保监会:许可证复印件;机构名称和住所;机构章程;机构的组织形式、业务范围、注册资本或者营运资金、其他股东或者合伙人的出资金额及出资比例;机构负责人姓名及联系方式;中国保监会规定的其他材料。

(3)保险公司应当在境外代表机构、联络机构或者办事处等非营业性机构设立后 20 日内,将境外代表机构、联络机构或者办事处等非营业性机构的下列情况书面报告中国保监会:登记证明的复印件;名称和住所;负责人姓名及联系方式;中国保监会规定的其他材料。

(三)境外保险类机构管理

保险公司应当对其设立的境外保险类机构进行有效的风险管理,并督促该类机构按照所在国法律和监管部门的相关规定,建立健全风险管理制度。

保险公司应当严格控制其设立的境外保险类机构对外提供担保。确需对外提供担保的,应当取得被担保人的资信证明,并签署具有法律效力的反担保协议书。以财产抵押、质押等方式提供反担保协议的,提供担保的金额不得超过抵押、质押财产重估价值的 60%。

保险公司在境外设立的分支机构,除保单质押贷款外,不得对外贷款。

保险公司应当对派往其设立的境外保险类机构的董事长和高级管理人员建立绩效考核制度、期中审计制度和离任审计制度。

保险公司设立的境外保险类机构清算完毕后,应当将清算机构出具的经当地注册会计师验证的清算报告,报送中国保监会。

【拓展材料】

电子金融[①]

当前,国内外对电子金融(e-finance)存在不同的理解。从狭义的观点来看,将电子金融局限为网络金融,是指在国际互联网上开展的金融业务,包括网络银行、网络证券、网络保险等金融服务及相关内容。它不同于传统的金融活动,是指在于电子空间的金融活动,其存在的形式是虚拟的,运行方式是网络化的,是适应电子商务发展需要而产生的网络时代的金融运行方式。从广义的观点来看,电子金融就是以互联网技术为支撑的,在全球范围

---

① 参见百度百科:http://baike.baidu.com/link?url = x02417vnv8db56GNxtFBCOLVnjYfTkszfxI1RdmgnP2HACJ53C4SN_gz5Kv5jtugz2_1abpkfD60JZEdPR1,2013 年 10 月 10 日访问。

内的所有金融活动的总称，它不仅包括狭义的内容，还包括网络金融安全、网络金融监督等诸多方面。它是指传统金融与现代信息网络技术高度紧密集合而形成的一种新的金融服务形态。这两种观点之争的关键点在于金融的服务方式采用的网络是封闭的还是开放的，即是采用金融专用网还是互联网。

广义的电子金融服务的主要内容包括以下几个方面：第一，电子银行，又称网上银行或电子银行，它利用计算机和互联网技术，为客户提供综合、实时的全方位银行服务，相对于传统银行，网络银行是一种全新的银行服务手段或全新的企业组织形式。对于传统银行而言，它具有开放性，以客户为中心、采用多种服务方式和服务渠道以及集成性的特点。第二，网上保险，是指保险公司或新型的网上保险中介机构以互联网和电子商务技术为工具来支持保险经营管理活动的经济行为。通过广泛的网上保险信息共享系统，保险公司可以扩大与客户群的接触面，直接提供和出售保险商品，从而缩短了销售环节，节约佣金，降低人力成本，提高了公司的竞争力，同时扩大市场份额。第三，电子化的资本市场，主要是指现代信息技术再资本市场尤其是在证券市场的广泛应用，涉及内容包含各种证券电子交易系统、网上经纪业务、电子通信网络以及网上公开发行和相关的综合信息服务等内容。第四，网上个人理财，是指运用互联网技术，为客户提供理财信息查询和理财分析工具，甚至帮助理财者制订个性化的理财计划，以及提供理财投资工具的交易服务等一系列个人理财服务的活动。提供上述服务的主体有：网上银行、网上保险及中介、网上券商以及专门的个人理财信息增值服务的网络服务公司等。

【思考题】

1. 试述我国关于涉外金融业的法律规定。
2. 试述我国关于设立外资银行条件的规定。
3. 试述我国关于设立外资金融机构驻华代表处的规定。
4. 试述我国境内金融机构对外业务的法律规范建设。

第十六章 涉外金融监管法律制度的改革

【学习目的与要求】 通过本章的学习，了解金融全球化的发展、金融全球化对我国涉外金融监管提出的新要求；理解英美等发达国家对于涉外金融监管的规定，并通过各国之间的对比确定我国的涉外金融监管目标。熟悉我国涉外金融监管法律制度的发展历程，掌握我国为应对金融全球化在证券、保险等方面设立的监管规定。

第一节 金融全球化与我国涉外金融监管的目标选择

一、金融全球化

(一)金融的全球化发展概述

作为经济全球化的重要组成部分，金融全球化是指"以跨国金融机构为主体，以货币市场与资本市场为主战场，以信息网络为技术支撑的金融活动跨越国界在世界范围内进行，从局部地区性的业务活动发展成为全球性业务活动，实现世界金融活动的一体化，金融主体所从事的金融活动在全球范围内不断扩展和深化的过程"[1]，其表现为"货币体系、资本流动、金融市场、金融信息流动、金融机构等要素的全球化以及金融政策与法律制度的全球化等"[2]。

从 20 世纪 70 年代开始，随着世界经济一体化的不断推进，世界上主要发达国家逐渐开始放宽了对于国内金融活动以及跨国金融交易的控制力度，金融活动随着实体经济的全球化而逐渐开启一体化进程，以满足经济全球化的金融需求；20 世纪 80 年代，各西方国家政府对金融进一步放松管制，市

---

[1] 赵喆：《金融全球化趋势下我国金融监管体制的科学构建》，中国政法大学 2008 年博士论文。

[2] 何焰：《金融全球化与国际金融法——兼论中国金融法治之因应》，载《世界经济与政治》2003 年第 9 期。

场一体化的进程得到了进一步的发展,在信息技术的高速发展下,90年代金融的发展取得突破性发展,该技术降低了资金交易成本,加快交易速度,使交易不再局限于地理和时间的限制,使大量资本快速从发达国家逐渐进入发展中国家、地区的金融市场,使这些国家、地区逐步纳入金融全球化进程。其中,开放资本市场和放宽外汇管制是实现金融全球化的基本条件,关税与贸易协定及其后的世界贸易组织、国际货币基金组织和巴塞尔委员会等组织及其规定则构成了金融全球化的制度基础。近些年以来,WTO的"金融服务协议"中将开放金融领域作为加入组织的条件之一,这无疑有力地促进了各国金融机构和业务的跨地区发展,全球性银行、跨国商业银行和投资银行纷纷出现,构成了金融全球化的组织基础。

从金融市场本身来看,各类金融市场结构出现较大变化、金融机构出现较强的兼并重组趋势、金融产品的品种数量不断增加、金融工具不断创新、金融市场融资的证券化趋势等方面,对于提高金融市场运营能力与效率,提高国际金融深化的水平发挥了重大的积极作用。同时,现代经济已逐渐向知识经济转变,金融在其中的地位亦随之逐步重要,金融日渐成为现代经济的枢纽与核心。

1. 金融市场的自由化、开放化和国际化

第二次世界大战结束之后,西方各国银行广泛开展国际银行业务,美元市场在20世纪50年代后期在欧洲出现后,迅速在60年代末发展到1000多亿美元,随后,亚洲等其他地区的美元市场和离岸金融业务同样迅速发展起来。

然而,真正的金融全球化是伴随着世界政治形势的缓和而出现的。在两极世界格局的解体后,世界政治出现多极化的趋势,全球范围内贸易、投资自由化趋势明显。为吸引外资,促进本国资本发展,发展中国家、地区普遍地采取对外开放政策,发达国家也偏向于放松管制。英国于1979年解决了妨碍国际资本流入和流出的全部限制,日本随后也于1980年取消了外汇管制,法国、爱尔兰、挪威等一批国家均纷纷取消对资本项目的汇兑限制。

与此同时,区域经济一体化取得了迅猛的发展,单一货币欧元的正式启动,成为与美元相抗衡的另一种国际货币,成为国际货币体系中的重要一员,形成了世界货币体系中"美元、欧元"的两强局面,对于促进金融全球化亦有着十分重要的促进作用。

2. 金融机构的全球化发展

作为金融市场的组织基础,大批跨国银行和跨国金融公司随着金融市场的此种发展趋势不断涌现,它们或者通过在境外设立分支机构,或者通过间接投资使接受投资国的本土金融机构成为其附属机构,从而实现其扩大银行规模,提高效益、增强抗风险能力的发展策略。

20世纪90年代以后,跨国金融机构纷纷从事跨国兼并收购业务,其中范围横跨同业兼并和跨业务兼并两个领域,从而使金融机构向着复合化的方向发展,加速了金融机构全球化的进程。

3. 金融业务的全球化发展

伴随金融机构的全球化发展和金融市场的全球化趋势,银行、证券、信托和保险业等都纷纷扩展国际业务。银行业务一方面从传统的存贷款及结算业务逐步向多元化方向发展,另一方面跨国界开展其传统和新兴业务,大量购买其他国家龙头企业的股票,通过资本输入达到控制实体经济目的,加强与跨国公司的合作,担当其财务顾问等角色。

同时,各国不断放松对资本流动和限制,开放了非居民购买本国国债和票据市场,使票据发行、货币互换等金融衍生工具业务从产生伊始就着眼于国际市场。

4. 金融中心全球化色彩的加强

主要发达国家和地区的金融市场的开放造就了一大批全球性的证券交易中心,例如美国纽约、日本东京、英国伦敦、瑞士苏黎世以及我国香港等。全球主要股市和主要国家利率水平呈上升势头,这亦能反映出金融市场在全球范围内一体化的程度在逐步提高。这些全球性的证券交易中心并非局限于国内的金融市场,其与国际金融市场相互贯通,不存国内外之分,在全球范围内调度资金,促使不同币种之间流动更为容易和迅速,刷新了"现货交易"的概念,形成一个遍布全球的同步运行的金融运作市场。

5. 金融监管协作的全球化

从前述可知,金融组织的跨国运行、资本的全球流动等因素使得单个国家的金融监管政策难以从根本上发挥作用,一国政府部门无力独立完成在全球化趋势下的金融有效监管。

因此,如今的金融监管更为强调跨国性质的监管合作。国际货币基金组织、世界银行和国际清算银行等国际金融组织在全球金融监管的作用显得尤为重要。"金融国际组织对国际银行业和国际证券业的监管力求统一标准,对维护国际金融活动的安全与稳定发挥了巨大作用。"①例如国际货币基金组织作为典型的金融协调组织,其设立的宗旨为监督成员国的外汇安排和外汇

---

① 韩忠亮:《金融全球化背景下金融监管立法的博弈分析》,中国政法大学2007年博士论文。

管制,促进国际贸易平衡发展和国际货币合作,向成员国提供暂时性资金融通,纠正国际收支失衡;为成员国之间就国际货币问题进行磋商提供一个国际论坛。同样,《巴塞尔协议》及《有效银行监管的核心原则》等法律文件被越来越多的国家所接受,也标志着全球统一的金融协调和监管标准趋于形成。

(二)金融全球化与涉外金融监管之新挑战

在金融全球化的过程中,以中国为代表的发展中国家普遍迎来了国内金融市场迅速发展的良好趋势。但同时,随着国外金融资本大规模地进入本国,跨国金融机构的业务迅速在本国开展,对于本国的金融机构发展甚至是巨大的阻碍。同样,许多局部性的金融危机也随着金融全球化的发展能够迅速地从局部到全球感染。然而,许多国家的金融监管机构并未意识到金融全球化给本国涉外金融监管带来的新挑战,运用老思维、老办法去应对,其监管措施也未作出相应的调整,仍将本国境内的金融机构作为重点监管对象。同样,针对全球性的金融活动,单个国家的措施已经难以取得成效,金融监管方面急需加强全球合作,这些都是全球化趋势给各国涉外金融监管带来的新挑战、新问题。

1. 银行业

由于我国金融体制和金融市场的不完善,央行的货币政策已出现调控手段单一落后和力度有限的情形。而一些外资金融机构可通过在国际金融市场上调动资金来导致本国央行难以控制本外币的流动。因此,在金融全球化的背景下,就必须处理好外资银行进入中国之后与四大银行的关系。即如何在扩大金融开放的同时有效地维护本国金融安全,是我国金融监管部门所面临的突出问题。

2. 其他金融机构

金融全球化带来的技术革新使得许多传统业务界限被突破,商业银行可以涉足投资银行领域,而投资银行业可以变相地从事商业银行业务。同样,激烈的竞争使得金融机构为了逃避管制、增强竞争力,而采取许多处于灰色地带的技术手段,譬如增加资产负债表外业务。再者,信息技术的高速发展使得金融企业从粗放经营向集约化经营转变,从存放款机构变为投资理财机构,网络银行的出现也改变了银行的经营环境,从根本上突破了传统银行经营的局限。

这些技术上的革新给涉外金融监管带来了许多困难。现行金融监管体系中的许多做法已毫无意义,网上银行的兴起使得现场监管的作用荡然无存。同时,许多网上交易业务从技术上可以不留痕迹,也是的监管机构对这些银行业务难以核查，无法有效地实施监管。

另外，一些巨型金融混合集团在世界范围内产生，这些金融集团通过并购等方式，对非银行金融机构采取直接经营、设立子公司、控股公司等多种形式，实现多元化经营。但同时，这种巨型金融集团也可通过并购形成垄断，影响金融资源的合理流动、优化配置。

(三) 涉外金融监管之比较法研究

从各国的涉外金融制度的发展选择来看，无论是立法型监管模式还是自律型监管模式，[1] 各国监管当局均系在金融安全和金融开放两者之间进行协调。过快的开放金融市场将会导致整个国家金融经济体系的波动过大，而过分地强调金融安全将会束缚国内金融市场的发展速度，限制其体系活力。

1. 美国金融安全法律制度分析

美国金融安全的法律制度在多次发展之后，体现出以下几个特点[2]：

首先，通过《联邦储备法案》、1993 年银行法、Q 条例、《外资银行监管加强法》等法律文件的制定，不断完善维护国家金融安全法律规则体系，使其金融系统能够平稳应对诸如恐怖犯罪和洗钱犯罪的打击，金融安全法律规则体系的完善更具有应急性特征。

其次，美国政府对于其本国银行业金融安全十分重视，以《外资银行监管加强法》为首，境外机构要取得美国境内银行股权，还要受到《国际银行法》、《银行控股权变更法》、《银行兼并法》、《银行持股公司法》以及《金融机构现代化法》等法律文件的制约。更进一步的是，美国政府于 2007 年通过的《外商投资与国家安全法案》更是将银行业领域纳入美国国家安全问题，增加了外资进入的难度。美国财政部于 2007 年公布了更为严格的《关于外国人兼并收购的条例》，对外资收购提出了更为苛刻的要求。同时，美国对外资银行的监管，除体现在各个机构权力制衡对外资银行结构性监管上，在技术规范和股权比例上也存在着明显限制。

再次，为了平衡内外资银行的竞争优势，美国国会颁布了《国际银行法》等一系列银行业监管法律，消除了在美外资银行的竞争优势，通过《联邦存款保险公司改进法》等，要求外国银行等金融机构必须达到资本充足率、资产质量、风险管理能力等方面的要求后方能取得进入美国金融市场的资格。

---

[1] 参见杨贵宾、李燕妮：《金融监管：国际经验与我国的选择》，载《哈尔滨金融高等专科学校学报》2005 年 9 月。

[2] 参见肖健明：《开发条件下我国银行业金融安全法律制度的构建》，武汉大学 2010 年博士论文。

最后，国会法律以安全性作为银行业法律规制的首要目标，将外资银行在美国的金融活动作为宏观控制的一个重要组成部分，特别以巴塞尔委员会标准为基础，确定了一系列谨慎监管标准，将银行业安全与稳健经营作为监管的首要问题。

2. 英国金融安全法律制度分析

相较于美国，英国对于跨国金融机构的管理更具有弹性。但其并非意味着放任不管，其中，以《金融服务和市场法》为核心，构建起以 FSA 为统一的金融监管机构。该法中涉外金融监管措施主要体现在以下几个方面[①]：

（1）市场准入。根据 FSA 的规定，外资银行在进入英国市场前需要向相关机构申请，并且必须维持充足的资本充足率、满足 FSA 规定的外币风险指导线，同时对其高管人员、注册资本等一系列业务能力和风险控制能力都有相应的要求。

（2）股份管理。FSA 规定要求外资银行在本国银行的股份如超 15% 时，需报许可。

（3）业务管理。对于跨国银行的业务经营，需要视其母国资本市场对英国跨国银行的待遇而定。其次，对于跨国银行的监管更为严格，如规定跨国银行必须按月、季、年度向 FSA 呈送报表，并提供特殊储户的名单。

（4）风险管理。为了防范跨国银行等金融机构的破产，FSA 对于跨国银行的实缴资本等要求甚严，同时对于其母公司的资产和资产负债率都有相关的要求，以防止其经营风险的承受能力。

二、我国涉外金融监管的目标选择

从各国的金融监管发展可以看出，金融安全与金融开放并非不可兼得，两者相辅相成，"其本质目的都是实现金融资源优化配置，以服务于社会经济整体对资金融通的需求。只有建构于安全基础之上的金融开放，才能真正实现进入资源的优化配置；而能够促进金融开放的金融安全，才是真正富有生机并可持续发展的金融安全。只有兼顾金融安全与金融开放两者之间的关系，并在两者之间寻找最佳的利益平衡，金融监管才能有效应对金融全球化趋势的挑战，实现金融业快速、稳健的发展"[②]。

我国的金融监管政策经历了从放松管制到加强监管的过程，出现了"一

---

① 参见肖健明：《开发条件下我国银行业金融安全法律制度的构建》，武汉大学 2010 年博士论文。

② 岳彩申、盛学军主编：《金融法学》，中国人民大学出版社 2010 年版，第 277 页。

放就乱，一乱就收，一收就死"的怪相，这就是没有处理好金融安全与金融开放两者之间的关系。过度强调金融安全，使得我国的金融市场缺乏活力，未能得到充分的发展，而过度开放，则可能在宏观经济出现问题时将潜在的矛盾彻底爆发，造成大范围的经济危机。因此，面对金融全球化的历史趋势和其带来的机遇与挑战，我国金融监管机构应该迎着潮流而上，在制定监管制度和法律文件时，兼顾好金融安全和金融开放，采取灵活的监管措施和手段，创造有利于竞争和创新的稳定局面，实现进入资源的最优配置。

第二节 我国涉外金融监管法律制度的改革实践

一、放松管制

为了应对金融全球化的挑战，我国积极参与国际竞争，修改我国现有法律制度，以实现我国在加入世贸组织时的承诺，同时也制定了一系列相应的金融监管措施与法律制度。从整体来看，我国涉外金融监管措施呈现出"放松管制"的趋势。

(一)银行业市场准入的放松管制

1. 我国有关商业存在方式下外资银行市场准入的承诺条件

(1)自正式加入 WTO 之日起，中国政府应取消外资银行办理外汇业务的地域和客户限制；

(2)自正式加入 WTO 之日 5 年内，逐步取消所有的外资银行经营人民币业务的地域和客户限制，逐步取消所有现存的对外资银行所有权、经营和设立形式；

(3)提出申请之日上一年年末总资产超过 100 亿美元的外国金融机构可申请设立外商独资银行和合资银行，超过 200 亿美元的外国金融机构可申请设立外国银行分行；

(4)在中国营业 3 年，且在申请前连续 2 年盈利的外国金融机构可以申请本币业务；

(5)除关于本币业务的地域和客户限制外，其他均享有国民待遇。[①]

2. 我国对于跨境提供的市场注入的承诺条件

(1)允许提供和转让金融信息、金融数据处理以及与其他金融服务相关

---

① 参见石广生主编：《中国加入世界贸易组织知识读本(三)》，人民出版社 2002 年版，第 15 页。

的软件;

(2)允许对有关活动进行咨询、中介和提供其他附属服务;

(3)对于以上承诺服务的提供和境外消费等,除国民待遇外没有其他承诺。①

3. 具体措施

为实现入世承诺、放松对外资银行的准入门槛,我国先后颁布了一系列法规条例:中国人民银行依据《中华人民共和国商业银行法》和国务院《中华人民共和国外资金融机构管理条例》等有关金融法律法规,制定了《中华人民共和国金融机构管理条例实施细则》,废止了中国人民银行1996年《中华人民共和国外资金融机构管理条例实施细则》和《在华外资银行设立分支机构暂行办法》;2001年12月颁布实施了《中国人民银行关于外资金融机构市场准入有关问题的公告》,进一步将该问题明确。同时,一些更为细节的法律文件也先后颁布。例如《中国银行业监督管理委员会关于向外资金融机构进一步开放人民币业务的公告》、《中国银行业监督管理委员会外资金融机构行政许可事项实施办法》和《境外金融机构投资入股中资金融机构管理办法》等,都标志着我国履行入世承诺,构建起一个更加规范、开放和国际化的外资银行市场准入法律制度。

(二)证券业市场准入的放松管制

在中国加入世贸组织之后,针对服务贸易重要组成部分的证券业的监管依据除了国内相关法律之外,还应考虑到《服务贸易总协定》、《GATS的金融服务附录》、《有关金融服务承诺的谅解书协议》和《全球金融服务贸易协议》等规则。具体而言:

1. GATS对我国证券业的具体要求

(1)最惠国待遇。每一缔约方向任何其他一个缔约方开放证券市场,应立即无条件地也向其他任何缔约方开放其证券市场。

(2)透明度。除非在紧急情况下,每一缔约方必须将其与证券市场有关的法律、法规、行政令或其他决定、规则和习惯做法,无论是由中央或地方政府作出的,最迟在它们生效前予以公布。

(3)市场准入。各缔约方证券市场应该开放,除非在承担义务清单中明确规定,缔约方不得有下列行为:①限制外资进入本国证券市场,包括限定其最高股权比例或对单个的或累计的外国投资额实行限制。②要求必须通过

---

① 参见韩龙著:《世贸组织与金融服务贸易》,人民法院出版社2003年版,第25~26页。

特定法人实体或合营企业从事证券业务。③限制境外证券投资者的数量，包括采用数量配额、垄断、专营服务提供者等方式。④限制外资经营证券业务的总量。

(4)国民待遇。缔约方给予外国证券投资及投资者的待遇不得低于给予本国证券投资及投资者的待遇。如在投资证券的种类、投资数量、投资比例等方面不应有差别。

而《GATS 的金融服务附录》、《有关金融服务承诺的谅解书协议》和《全球金融服务贸易协议》等则规定了更为繁重的自由化义务。

2. 具体措施

为履行承诺，规范合格境外机构投资者在中国境内证券市场的投资行为，促进中国证券市场的发展，我国政府于 2002 年颁布并实施了《合格境外机构投资者境内证券投资管理暂行办法》，其中规定了符合申请合格投资者的资格，围绕申请人的财务、资信，要求其达到中国证监会规定的资产规模等条件，风险监控指标符合所在国家或者地区法律的规定和证券监管机构的要求，同时对其从业人员、治理结构和内控制度均有规范，对申请人所在国家或者地区法制环境亦有所限制。

2006 年的《合格境外机构投资者境内证券投资管理办法》继承并修订了 2002 年《合格境外机构投资者境内证券投资管理暂行办法》关于合格投资者的条件，具体为：

(1)申请人的财务稳健，资信良好，达到中国证监会规定的资产规模等条件；

(2)申请人的从业人员符合所在国家或者地区的有关从业资格的要求；

(3)申请人有健全的治理结构和完善的内控制度，经营行为规范，近 3 年未受到监管机构的重大处罚；

(4)申请人所在国家或者地区有完善的法律和监管制度，其证券监管机构已与中国证监会签订监管合作谅解备忘录，并保持着有效的监管合作关系。

(三)保险业市场准入的放松管制

在保险业方面，依据 WTO 的相关规定，我国在正式加入 WTO 之时，作出了诸多承诺，具体如下：

1. 具体承诺①

(1)寿险方面。加入时：允许外国寿险公司在上海、广州、大连、深圳

---

① 参见中国保监会：《关于印发我国加入 WTO 法律文件有关保险业内容的通知》，保监办发[2002]14 号文件。

和佛山设立合资公司，外资比例不超过50%，外方可以自由选择合资伙伴。允许上述公司向外国公民和中国公民提供个人(非团体)寿险服务。营业许可的发放不设经济需求测试或许可数量限制，设立条件如下：①投资者应为在WTO成员境内有超过30年经营历史的外国保险公司；②必须在中国设立代表处连续2年；③在提出申请前一年的年末总资产不低于50亿美元。

加入后2年内：开放地域扩大到北京、成都、重庆、福州、苏州、厦门、宁波、沈阳、武汉和天津。

加入后3年内：取消地域限制，允许合资公司向中国公民和外国公民提供健康险、团体险和养老金/年金服务，除外资比例不超过50%及设立条件限制外，没有其他限制。

(2)非寿险方面。加入时：允许外国非寿险公司跨境从事国际海运、航空和运输保险业务。允许外国非寿险公司在上海、广州、大连、深圳和佛山设立分公司或合资公司，外资比例可以达到51%。允许上述公司从事没有地域限制的"统括保单"和大型商业险保险业务，允许提供境外企业的非寿险业务、在华外商投资企业的财产险、与之相关的责任险和信用险服务。营业许可的发放不设经济需求测试或许可数量限制，设立条件与寿险公司相同。

加入2年内：允许外国非寿险公司设立独资子公司。开放地域扩大到北京、成都、重庆、福州、苏州、厦门、宁波、沈阳、武汉和天津，允许向外国和中国客户提供全面的非寿险服务。

加入后3年内，取消地域限制，除设立条件外，没有其他限制。

2. 具体措施

为了履行承诺，在《外资保险公司管理条例》的基础上，保监会于2004年发布了《关于外国财产保险分公司改建为独资财产保险公司有关问题的通知》，规定外国财产保险公司分公司除符合《外资保险公司管理条例》和相关法律之外，符合以下条件的可改建为独资财产保险公司：

(1)外国财产保险公司分公司设立1年以上；

(2)外国财产保险公司分公司内控制度健全、机构运转正常，其总公司符合所在国家或者地区偿付能力标准；

(3)在华营业以来无重大违法、违规行为；

(4)具有符合中国保监会规定的任职资格的高级管理人员。

同时，于2004年年底开始，外资保险公司可在任何城市申请设立机构，除有关法定保险业务外，向外资寿险公司取消所有业务限制。

二、加强审慎监管

GATS《金融服务附件》第 2 条第 1 款特别授权成员方可基于审慎目的采取监管措施，这些措施不受 GATS 其他条款的限制，这就是著名的"审慎例外条款"(prudential carve-out)。因此，在 GATS 的语境下，放松管制并不意味着不监管，而是保证成员在享受金融自由化利益的同时，尽可能尊重其国内政策目标，维护金融体系的稳定，避免金融风险，在金融自由化与金融监管之间再次作了谨慎的平衡。

(一) 银行业的审慎监管措施

在银行业领域，我国政府将"审慎措施"具体化为：

1. 股东条件

(1) 拟设外商独资银行、中外合资银行的股东或者拟设分行、代表处的外国银行应当具备下列条件：①具有持续盈利能力，信誉良好，无重大违法违规记录；②拟设外商独资银行的股东、中外合资银行的外方股东或者拟设分行、代表处的外国银行具有从事国际金融活动的经验；③具有有效的反洗钱制度；④拟设外商独资银行的股东、中外合资银行的外方股东或者拟设分行、代表处的外国银行受到所在国家或者地区金融监管当局的有效监管，并且其申请经所在国家或者地区金融监管当局同意；⑤国务院银行业监督管理机构规定的其他审慎性条件。

拟设外商独资银行的股东、中外合资银行的外方股东或者拟设分行、代表处的外国银行所在国家或者地区应当具有完善的金融监督管理制度，并且其金融监管当局已经与国务院银行业监督管理机构建立良好的监督管理合作机制。

(2) 拟设外商独资银行的股东应当为金融机构，除应当具备上述规定的条件外，其中唯一或者控股股东还应当具备下列条件：①为商业银行；②在中华人民共和国境内已经设立代表处 2 年以上；③提出设立申请前一年年末总资产不少于 100 亿美元；④资本充足率符合所在国家或者地区金融监管当局以及国务院银行业监督管理机构的规定。

(3) 拟设中外合资银行的股东除应当具备前述规定的条件外，其中外方股东及中方唯一或者主要股东应当为金融机构，且外方唯一或者主要股东还应当具备下列条件：①为商业银行；②在中华人民共和国境内已经设立代表处；③提出设立申请前一年年末总资产不少于 100 亿美元；④资本充足率符合所在国家或者地区金融监管当局以及国务院银行业监督管理机构的规定。

(4) 拟设分行的外国银行除应当具备《外资银行管理条例》第 9 条规定的

条件外，还应当具备下列条件：①提出设立申请前1年年末总资产不少于200亿美元；②资本充足率符合所在国家或者地区金融监管当局以及国务院银行业监督管理机构的规定；③初次设立分行的，在中华人民共和国境内已经设立代表处2年以上。

2. 资本充足率

根据《外资银行管理条例》和《商业银行法》的相关规定，外商独资银行和中外合资银行的资本充足率不得低于8%。对于一些风险高、管理能力弱的外国银行分行的资本充足率要求更高，必须同时满足母国和东道国的要求。①

3. 风险管理

在风险管理方面，为了规范外资商业银行和中外合资银行的贷款业务，要求对同一借款人的贷款余额与商业银行资本余额的比例不得超过10%，外商独资银行与中外合资银行的贷款余额与存款余额的比例不得超过75%，，同时，前两者和外国银行分行的流动性资产余额与流动性负债余额的比例不得低于25%，其营运资金的30%应当以国务院银行业监督管理机构指定的资产形式存在，且其境内本外币资产余额不得低于境内本外币负债余额。

（二）证券业的审慎监管措施

2006年的《合格境外机构投资者境内证券投资管理办法》对2002年《合格境外机构投资者境内证券投资管理暂行办法》关于合格投资者的条件规定进行修订，具体为：

（1）申请人的财务稳健，资信良好，达到中国证监会规定的资产规模等条件；

（2）申请人的从业人员符合所在国家或者地区的有关从业资格的要求；

（3）申请人有健全的治理结构和完善的内控制度，经营行为规范，近3年未受到监管机构的重大处罚；

（4）申请人所在国家或者地区有完善的法律和监管制度，其证券监管机构已与中国证监会签订监管合作谅解备忘录，并保持着有效的监管合作关系；

（5）中国证监会根据审慎监管原则规定的其他条件。

同时，还对于审核制度、投资方向等进行了详细的规定，制定了符合我

---

① 参见岳彩申、盛学军主编：《金融法学》，中国人民大学出版社2010年版，第281页。

国国情的具体的"审慎监管"标准。

(三)保险业的审慎监管措施

在保险领域,《外资保险公司管理条例》、《外资保险公司管理条例实施细则》以及《保险资金境外投资管理暂行办法》等法律、法规构建了比较完善的规范外资保险公司和中外合资保险公司的法律制度。

《外资保险公司管理条例》对外资保险公司在华境内设立分支机构、具体业务范围、业务地域范围和服务对象范围都进行了规定,赋予中国保监会可依法按照有关规定审核批准。但其对于一些核心概念,如"有关规定"等,未加以明确。在《外资保险公司管理条例》的基础上,《外资保险公司管理条例实施细则》将更加明确一些专业术语,同时也明确对外资保险公司的审慎性要求。

《保险资金境外投资管理暂行办法》从保险资金进行境外投资方面进行了规定,要求保险机构应当慎用衍生产品,且不得用于投机或放大交易。

三、促进国际合作

(一)银行业监管国际合作与协调

1. 双边银行监管合作与协调

截至2011年6月底,中国银行业监督管理委员会已与美国货币监理署、英国金融服务局、韩国金融监督委员会、美国纽约州银行厅、加拿大金融机构监管署、吉尔吉斯共和国国家银行、新加坡金融管理局、德国联邦金融监理署、波兰共和国银行监督委员会、法兰西共和国银行委员会、澳大利亚审慎监管署、俄罗斯联邦中央银行、泽西岛金融服务委员会、卡塔尔金融中心监管局、卢森堡金融监管委员会、白俄罗斯国家银行、智利银行和金融机构监理署等44个国家或地区的银行监管当局签署了监管合作谅解备忘录。

这些双边谅解备忘录内容包括了双方信息交换、市场准入和人员交流培训等多项内容。这些双边谅解备忘录的签署有助于双方银行机构的跨境分行、代理机构、代表办事处和附属机构按照审慎经营的原则开展业务,有助于两地监管当局相互协助,对其银行机构的跨境业务进行持续有效的并表监管。

2. 多边银行监管合作与协调

我国积极加强与巴塞尔监管委员会的合作和交流,2006年,我国在《有效银行监管核心原则》和《核心原则评价办法》的意见征订过程中积极参与,其中我国有关监管方法、风险管理、对有问题资产的处理、操作风险、跨境监管的意见被其采纳。对于2013年巴塞尔新资本协议中的《对预期和非预期损失处理办法的草案》征求意见过程中,我国银监会亦积极参与。

(二)证券业监管国际合作与协调

1. 双边证券监管合作与协调

截至 2014 年 1 月 20 日,我国与白俄罗斯签署《证券期货监管合作备忘录》之时,我国已相继同美国、新加坡、澳大利亚、英国、日本、马来西亚、巴西、法国、德国、意大利、埃及、韩国、罗马尼亚、南非、荷兰、葡萄牙、比利时、加拿大、瑞士、印度尼西亚、越南、印度、阿联酋等 52 个国家和地区的证券期货监管机构签署了 56 个监管合作谅解备忘录。

这些双边谅解备忘录涵盖了多项内容,规范了核查当事人或机构的范围和内容,其中核查内容主要有:当事人或机构的背景资料、涉嫌违法违规情况、破产或接受调查情况、有关业务行为及跨境违规经营情况等内容。这些谅解备忘录的签署对于进一步加强我国与其他国家双方在证券期货领域的监管交流与合作、促进双方资本市场的健康发展具有重要的意义,标志着签订双方在证券监管机构合作进入一个新的阶段。

我国的证券交易所也加强了同境外的证券监管组织的监管合作。截至 2013 年 11 月,深证证券交易所与卢森堡交易所、美国期权协会、纳斯达克股票市场公司、芝加哥商品交易所、德国证券交易所、日本东京证券交易所等 30 家境外交易所和境外机构签订了合作谅解备忘录,双方在信息交换、人员互访、信息沟通、经验交流等方面开展合作。

2. 多边证券监管合作与协调

随着全球金融市场日益融合,跨境证券活动不断增加,IOSCO(国际证监会组织)于 2002 年 5 月制定了《关于咨询、合作与信息交换的多边备忘录》(以下简称多边备忘录),为成员机构调查处理跨境证券类案件提供了便利,为国际监管合作制定了新的标准。截至 2012 年年底,已有 91 个成员机构签署多边备忘录,另有 25 个成员机构正式承诺实施相应的立法和行政改革,以满足签署多边备忘录的要求。中国证监会于 2007 年签署了多边备忘录。

IOSCO 下设主席委员会、执委会、技术委员会和新兴市场委员会、秘书处、地区委员会、自律机构咨询委员会五部分,技术委员会设有五个常设委员会,分别负责跨国披露和会计(SC-1)、二级市场监管(SC-2)、市场中介机构监管(SC-3)、执法与信息交流(SC-4)和投资管理(SC-5)五方面的工作。中国证监会近年来一直参加 SC-1 的工作。

(三) 保险业监管国际合作与协调

1. 双边保险监管合作与协调

截至 2009 年，保监会与美国、德国、新加坡、韩国等国以及我国港澳地区的保险监管机构签署了保险监管谅解备忘录。加强信息交流和共享，防范国际风险跨境传递，通过国际合作完善保险监管，重点关注境外保险机构和外资保险公司境外母公司的财务状况，及时化解风险，扩大双方分享的监管信息范围，以加强双边保险监管合作。

同时，我国保监会积极参与世贸组织、CEPA 新一轮谈判以及与东盟、澳大利亚、新西兰、智利、新加坡等国家和地区的自贸区谈判，不断扩大保险市场对外开放。

2. 多边保险监管合作与协调

在地区性的合作中，2005 年，中国、中国香港、印度、日本、约旦、韩国、中国澳门、马来西亚、尼泊尔、巴基斯坦、菲律宾、新加坡、泰国和越南等 14 个国家和地区的保险监督官讨论通过了《亚洲区域保险监管合作北京宣言》(以下简称《北京宣言》)。《北京宣言》的签署为确保合作机制持续、有效地发挥作用，亚洲各国和地区保险监管当局在平等自愿的基础上，采用适当的形式召开亚洲区域保险合作会议，并在合作机制框架内，开展多层次、多领域的保险监管合作活动。

在全球性保险监管合作方面，加强与国际组织和区域保险组织的合作。建立与国际保险监督官协会(IAIS)、国际养老金监督官协会(IOPS)、日内瓦协会、经济与合作组织、世界银行、亚洲开发银行等国际组织的密切联系。在国际保险监督官协会第 13 届年会期间，举办了首届"亚洲保险监督官论坛"，首倡发起成立"亚洲区域保险监管合作"机制；与欧盟保险和职业养老金监督官委员会建立中欧保险对话机制，积极参加中欧财经政策对话和金融服务圆桌会议。

第三节 深化我国涉外金融监管法律制度改革的路径

一、目前我国涉外金融监管法律制度的不足

(一) 涉外金融监管法律体系严重滞后于金融改革进程

(1) 从立法内容来看，现阶段的金融监管法律体系存在空白，以银行法律为例，我国现有涉外银行业监管法律主要有《中华人民共和国外资金融机构管理条例》、《中华人民共和国金融机构管理条例实施细则》、《中国人民

银行关于外资金融机构市场准入有关问题的公告》《中国银行业监督管理委员会关于向外资金融机构进一步开放人民币业务的公告》《中国银行业监督管理委员会外资金融机构行政许可事项实施办法》和《境外金融机构投资入股中资金融机构管理办法》等法律法规，但现有的银行业监管法律体系对于现阶段出现的金融创新和我国整体的监管政策问题回应不够，法律文件缺乏系统性、弹性不够。①

(2) 从立法层次来看，现阶段的涉外金融监管法律体系多为国务院行政法规、部门规章和行业性文件，立法层级偏低，且不同文件之间存在一些龃龉，导致在适用时出现矛盾，削弱了法律文件的权威性。

(3) 从与外部衔接来看，我国现有涉外金融监管法律体系仍存在与WTO不协调之处，在市场准入、服务限制、国民待遇等方面有待进一步完善。

(二) 金融监管方法存在的不足

目前我国涉外金融监管中存在监管资源利用不均的情形。例如，我国在涉外金融监管过程中，对于金融业市场准入、业务范围、财务账目、资本状况等是否合规的监管进行了大量资源的投入，而对于金融机构的日常经营中风险性监管的投入有待加强。同时，在风险性监管中，过度关注商业银行风险的排查，对于其风险管理的方法和能力监管不够，同时还存在重传统存贷业务、轻表外业务和其他金融创新业务的情况。

在监管的标准上，对于资本充足性和资产流动性方面多加监管，对于其经营能力、盈利能力和发展前景等指标则疏于监管。风控中，偏重于信用风险，而对利率风险和汇率风险等其他风险的重视不够。

(三) 我国金融监管仍采分业监管体制，不同监管机构之间缺乏协调性

我国现有的金融监管体制为"一行三会"格局，这一体制有助于金融监管职责的明确分工，并能够根据市场变化及时调整货币政策，保持货币政策的相对独立性。但是，实行分业监管在金融全球化的发展过程中会暴露出越来越多的问题，主要包括：(1) 各机构工作难以协调；(2) 分业监管难以有效监管混业经营金融机构；(3) 分业监管阻碍金融创新。

(四) 目前我国有关金融监管合作多以签订谅解备忘录的形式进行

就目前而言，我国现有的金融监管国际合作多以谅解备忘录的形式进行，这些备忘录虽然在一定程度上满足了我国加强与其他国家地区合作的需要，但在这些备忘录中，"有关金融监管法律实施的合作与磋商只限于原则

---

① 参见肖健明：《开发条件下我国银行业金融安全法律制度的构建》，武汉大学2010年博士论文。

性的规定，具备可操作性的规定极少，对于如何加强东道国与母国金融监管机构对跨国金融机构的监管合作与协调的内容较为欠缺"①。其次，谅解备忘录系"软法"②，对于签订双方的效力有限，仅系双方关于加强金融监管合作的意向，并不创设实际的权利义务关系。

二、中国涉外金融监管法律制度的改革路径

(一)完善我国涉外金融监管法律制度

首先，从我国现有的涉外金融监管法律制度出发，根据审慎性标准，完善和创新其内容。譬如，一方面，我国应尽快完善外资和中外合资金融机构的准入制度，确定进入市场的金融机构的业务范围，以降低我国金融机构的经营风险，提高金融业的金融管理和服务水平，促进我国金融业的稳健发展，保障我国金融业的安全。这主要可从审批登记制度、资本金审验制度、高级管理人员任职资格审查制度、重要事项变更审批制度等方面进行完善，理清现有立法。另一方面，可以尝试建立新的外资金融机构准入形式，即可允许外资金融机构的准入形式走向分行、子行、合资等并存的多元模式，鼓励现有的外资金融机构分行转型等措施。

其次，在成熟的条件时，将现有的涉外金融监管制度上升为全国人大及其常委会制定的立法，对一些基本且已达成共识的问题以法律的形式确定下来，同时，理顺现有立法文件中相互龃龉的地方，以增加我国涉外金融监管法律制度在适用时的权威性。

最后，我们应该以更加积极的态度去迎接全球化给法律制度带来的挑战。本着法制统一、透明的原则，全面清理现行金融法规，及时修改、废除与 WTO 组织体系不符的金融业法律法规，制定与 WTO 基本原则、《服务贸易总协定》、《巴塞尔协议》等国际规则相符的法律法规和实施细则。

(二)采取综合性、国际性的监管策略、政策和手段

首先，应当尽快落实 2004 年 2 月 1 日开始施行的《中国人民银行法》关于国务院建立金融监督管理协调机制的规定，考虑设立一个高于一般部委规格的常设机构——金融协调委员会，成员由"一行三会"及财政部、发改委等综合部门共同参加，负责制定金融业监管的有关政策，确定金融体系的重

---

① 参见岳彩申、盛学军主编：《金融法学》，中国人民大学出版社 2010 年版，第 285 页。

② 参见胡晓红：《金融监管国际合作的法制现状及其完善》，载《法学》2009 年第 5 期。

大问题和趋势。银监会、证监会、保监会三会则由政策制定者转变为政策的具体执行者。

其次，应尽快建立资本流动风险监控体系，涵盖资本流动风险控制的政策体系和资本流动风险的检测体系。通过运用各种政策工具减少国际资本流动的负面影响。同时根据经济环境的变化，适时调整管理目标，对跨境资本流动进行有效的统计、跟踪、预测和分析。

（三）进一步加强对金融风险监管的国际协调与合作

在2009年伦敦召开的G20峰会上，明确了金融监管国际合作的基本框架，分别为：

第一，应提出具有一定实质内容的经济复苏计划，以恢复全球信贷和就业市场及经济增长；第二，对各国央行采取的货币政策予以支持；第三，同意IMF对各国金融业进行监管，规定无论是现在还是将来的发展中，都将支持由公平、独立的国际货币基金组织对各国经济及金融业进行监管，对一国经济政策对其他国家的影响进行监管，以及对全球经济所面临的风险作出评估；第四，实行金融监管国际合作，在确保本国推行强有力的监管系统的同时，还同意建立更加具有一致性和系统性的跨国合作，创立全球金融系统所需的，通过国际社会一致认可的高标准监管框架；第五，积极推进IMF和WB改革。

正如胡锦涛在该峰会上提出，为了应对全球性的金融危机，各国之间必须加强合作，共同应对金融风险监管问题，并提出完善金融监管的国际合作法律制度的构想：

"一是加强金融监管合作，尽快制定普遍接受的国际金融监管标准和规范，完善评级机构行为准则和监管制度，建立覆盖全球特别是主要国际金融中心的早期预警机制，提高早期应对能力。二是国际金融机构应该增强对发展中国家的救助，有关国际和地区金融机构应该积极拓宽融资渠道，通过多种方式筹集资源。中方支持国际货币基金组织增资，愿同各方积极探讨并作出应有贡献。同时，我们认为，注资应该坚持权利和义务平衡、分摊和自愿相结合的原则，新增资金应该确保优先用于欠发达国家；应该建立快速反应、行之有效的国际金融救援机制，对借款国采取客观、科学、全面的评估标准。三是金融稳定论坛应该发挥更大作用。论坛不久前已成功实现扩员，应该尽快理顺机制，制定规划，着手工作，及时就稳定金融市场、加强金融监管提出更多可行性建议，并同其他国际金融机构加强协调，共同推动国际金融体系改革早日取得积极进展。四是国际货币基金组织应该加强和改善对各方特别是主要储备货币发行经济体宏观经济政策的监督，尤其应该加强对货币发行政策的监督。五是改进国际货币基金组织和世界银行治理结构，提高发展中国家代表性和发言权。六是完善国际货币体系，健全储备货币发行调控机制，保持主要储备货币汇率相对稳定，促进国际货币体系多元化、合理化。下一阶段，各方应该在充分协商的基础上制定出可供操作的时间表和路线图，扎扎实实推进改革，创造有利于世界经济健康发展的制度环境。"①

现阶段，我国的双边和多边国际合作多以参与国际组织、构建双边谅解备忘录的方式开展。其对于我国加强金融风险监管的国际协调与合作意义深重。因此，下一阶段，我国一方面应进一步加强双边和多变合作，完善谅解备忘录的内容，使其更具操作性。同时，也可构建多渠道的合作途径，发挥司法互助条约在国际金融监管合作中的作用。另一方面，可更为积极地参与地区性乃至全球性的金融监管组织，在国际证监会组织、国际保险监督官协会中发挥更为重要的作用，加强与巴塞尔监管委员会等国际组织的联系，推动我国金融监管的国际化发展。

【拓展材料】

涉外监管的难点一方面在于我国国内的法律制度并不完善，其本身运行存在诸多问题，另一方面在于外资金融机构的经营模式与国内存在一定的差异，导致在监管过程中出现空缺与重复。因此，该问题的进一步讨论可围绕着如何通过进一步加强国际合作与协调来理论我国现有的监管法律体制，使其能够平衡好金融安全与金融开放，提高我国金融机构在全球化背景下的竞争力。

【思考题】

1. 金融全球化的发展经历了哪些过程？
2. 美国有哪些应对的涉外金融监管手段？
3. 目前我国的涉外金融监管法律制度存在哪些不足？
4. 我国的涉外金融监管制度可以作出哪些改善？

---

① 胡锦涛：《携手合作 同舟共济——在二十国集团领导人第二次金融峰会上的讲话》，http://news.163.com/09/0403/05/55UUQ7VR0001124J.html，2013年12月22日访问。

第十七章 我国加入国际金融组织以及公约的概况

【学习目的与要求】通过本章的学习，了解我国加入的国际金融组织情况，把握各金融组织的宗旨及我国与该组织的联系。从国际货币制度、国际融资制度、国际金融监管制度三方面了解我国加入的国际金融公约情况，了解国际金融新秩序建立的紧迫性。

第一节 我国加入国际货币基金组织、世界银行和地区银行的概况

一、国际货币基金组织

国际货币基金组织是联合国经营国际金融业务的专门机构。根据1944年7月联合国货币金融会议签订的《国际货币基金协定》，国际货币基金组织于1945年12月27日成立，1947年11月成为联合国专门机构。其宗旨是促进国际货币合作和国际贸易的发展，促进汇兑稳定，避免竞争性汇率贬值，协助建立会员国之间货币交易的多边支付制度以及消除妨碍世界贸易的外汇限制。会员国要认缴一定的基金份额，才能参加基金会成为会员。会员国的投票权的大小和能够向货币基金组织取得借款的多少，主要取决于其认缴的基金的大小。会员国借款的累计数不得超过本身份额的12.5%。1970年又产生了特别提款权作为会员国原有提款权的补充。认缴基金份额的大小又根据一国货币储备、外贸数额和国民收入来确定。该基金组织最高权力机关是理事会，负责处理日常事务的机关是执行董事会。执行董事会是基金组织负责处理日常业务工作的常设机构，由22名执行董事组成，任期2年。执行董事包括指定与选派两种。指定董事由持有基金份额最多的5个成员国即美、英、德、法、日各派一名，中国与沙特阿拉伯各派一名。选派董事由其他成员国按选区轮流选派。

中国是该组织创始国之一。1980年4月17日，国际货币基金组织正式

将中国的代表权转移给中华人民共和国。中华人民共和国在 1980 年获得货币基金组织的席位后单独组成一个选区并派一名执行董事。1991 年，该组织在北京设立常驻代表处。

二、世界银行

世界银行成立于 1945 年 12 月 27 日，1946 年 6 月开始营业。凡是参加世界银行的国家必须首先是国际货币基金组织的会员国。世界银行集团目前则由国际复兴开发银行(即世界银行)、国际开发协会、国际金融公司、多边投资担保机构和解决投资争端国际中心五个成员机构组成，总部设在美国首都华盛顿。这五个机构分别侧重于不同的发展领域，但都运用其各自的比较优势，协力实现其共同的最终目标，即减轻贫困。

世界银行的宗旨：对用于生产的投资提供便利，以协助会员国的复兴与开发，鼓励较不发达国家生产与资源的开发；利用担保或参与私人贷款和投资的方式，促进会员国的对外投资；通过鼓励国际投资，开发成员国的生产资源，促进国际贸易的发展，维持国际收支水平；在提供贷款保证时，应同其他方面的国际贷款配合。

今天世界银行的主要帮助对象是发展中国家，在人类发展领域(如教育、医疗)和农业及农村发展领域(如灌溉、农村建设)帮助它们建设教育、农业和工业设施以及在环境保护领域(如降低环境污染、制定实施相关法规)和基础设施建设(如修建新路、城市复兴、电网增容)方面发挥其作用。它向成员国提供优惠贷款，同时世界银行向受贷国提出一定的要求，比如减少贪污或建立民主等。世界银行(WBG)、国际货币基金组织(IMF)和世界贸易组织(WTO)一道，成为国际经济体制中最重要的三大支柱。

中国是世界银行的创始国之一。1980 年 5 月 15 日，中国在世界银行及国际金融公司的合法席位得到恢复。我国在世界银行有投票权。在世界银行的执行董事会中，我国单独派有一名董事。我国从 1981 年起开始向该行借款。

根据世界银行对中国的《国别伙伴战略》的要求，世界银行目前主要为中国提供以下援助：

(1)促进中国经济与世界经济的融合：深化中国对多边经济机构的参与，降低对内和对外贸易和投资壁垒，为中国的海外发展援助提供帮助。

(2)减少贫困、不平等和社会排斥：推动城镇化均衡发展，保障农村生活，扩大基本社会服务和基础设施服务，尤其是在农村地区。

(3)应对资源短缺和环境挑战：减少大气污染，节约水资源，优化能源利用(部分通过价格改革)，改善土地行政管理，履行国际环境公约。

(4)深化金融中介作用：扩大金融服务(尤其是中小企业)，发展资本市场，应对系统性风险，维护金融稳定。

(5)加强公共部门和市场制度：提升企业竞争力，改革公共部门，理顺政府间的财政关系。

三、亚洲开发银行

亚洲开发银行是亚洲和太平洋地区的区域性金融机构。根据1963年12月在菲律宾首都马尼拉由联合国亚太经社会主持召开的第一届亚洲经济合作部长级会议的决议，章程于1966年8月22日生效，11月在东京召开首届理事会，宣告该行正式成立。同年12月19日正式营业，总部设在马尼拉。

亚洲开发银行的宗旨是帮助发展中成员国减少贫困，提高人民生活水平，以实现"没有贫困的亚太地区"这一终极目标。亚洲开发银行主要通过开展政策对话、提供贷款、担保、技术援助和赠款等方式支持其成员在基础设施、能源、环保、教育和卫生等领域的发展。亚洲开发银行的组织机构主要有理事会和董事会。由所有成员代表组成的理事会是亚洲开发银行最高权力和决策机构，负责接纳新成员、变动股本、选举董事和行长、修改章程等，通常每年举行一次会议，由亚洲开发银行各成员派一名理事参加。行长是该行的合法代表，由理事会选举产生，任期5年，可连任。

1986年2月17日，亚洲开发银行理事会通过决议，接纳中国为亚洲开发银行成员国。同年3月10日中国正式成为亚洲开发银行成员，台湾以"中国台北"名义继续保留席位。在1987年4月举行的理事会第20届年会董事会改选中，中国当选为董事国并获得在董事会中单独的董事席位。同年7月1日，亚洲开发银行中国董事办公室正式成立。1986年，中国政府指定中国人民银行为中国对亚洲开发银行的官方联系机构和亚洲开发银行在中国的保管银行，负责中国与亚洲开发银行的联系及保管亚洲开发银行所持有的人民币和在中国的其他资产。2000年6月16日，亚洲开发银行驻中国代表处在北京成立。

四、非洲开发银行及其基金组织

1963年7月，非洲高级官员及专家会议和非洲国家部长级会议在喀土穆召开，通过了建立非洲开发银行的协议。1964年，非洲开发银行正式成立，1966年7月1日开业，总部设在科特迪瓦的经济中心阿比让。2002年，因科特迪瓦政局不稳，临时搬迁至突尼斯至今。非洲开发银行是非洲最大的地区性政府间开发金融机构,其宗旨是促进非洲地区成员的经济发展与社会进步。

非洲开发银行理事会为最高决策机构,由各成员国委派一名理事组成,一般为成员国的财政和经济部长,通常每年举行一次会议,必要时可举行特别理事会,讨论制定银行的业务方针和政策,决定银行重大事项,并负责处理银行的组织和日常业务。理事会年会负责选举行长和秘书长。董事会由理事会选举产生,是银行的执行机构,负责制定非洲开发银行各项业务政策。非洲开发银行共有 18 名执行董事,其中非洲以外国家占 6 名,任期 3 年,一般每月举行两次会议。

中国于 1985 年加入非洲发展基金和非洲发展银行。中国积极参加非洲开发基金捐资,大力支持了非洲地区的基础设施建设、扶贫和教育等项目。中国积极参与非洲开发银行的业务活动与决策,不仅从政治上体现了对非洲的支持,扩大了中国在非洲地区的影响,还带动了中国对非洲贸易、工程承包与咨询业务的开展。

五、美国银行

美国银行的建立可以追溯到 1784 年的马萨诸塞州银行,它是美国第二个历史最悠久的银行。2002 年 8 月,美国第一大银行美国美洲银行(全称为美洲国民信托储蓄银行,简称为美洲银行)将其在中国大陆注册的中文名美国美洲银行正式更名为美国银行。同时,该行的法律地位及其英文名字保持不变。

美国银行在亚洲的业务源自 1912 年在香港成立的广东银行,由华籍商人创办。1998 年,美国银行集团与众国银行集团合并成为新的美国银行。截至 2012 年,该行在香港及澳门共有十六家分行。内地的上海南京西路支行提供广泛的商业及个人银行服务,包括人民币及外币存款、人民币、港币及美元房地产抵押贷款、财富管理、电子银行、商业信贷及融资等服务。2005 年 6 月,建设银行与美国银行签订投资协议的同时,签署了战略协助协议,同年 9 月战略协助正式启动。4 年多来,双方完全遵守和实施了当初的协议,成为国有银行对外资开放的典型案例。

六、国际清算银行

国际清算银行最初创办的目的是为了处理第一次世界大战后德国的赔偿支付及其有关的清算等业务问题。第二次世界大战后,它成为经济合作与发展组织成员国之间的结算机构,该行的宗旨也逐渐转变为促进各国中央银行之间的合作，为国际金融业务提供便利，并接受委托或作为代理人办理国际清算业务等。国际清算银行不是政府间的金融决策机构，亦非发展援助机构，实际上是西方中央银行的银行。国际清算银行成立的实质就是美国要利用这个机构作为掌握德国财政的手段，并将欧洲债务国清偿美国债务问题置于自己的监督之下。1944年，根据布雷顿森林会议的决议，国际清算银行的使命已经完成，应当解散，但美国仍把它保留下来，作为国际货币基金组织和世界银行的附属机构。

我国于1984年与国际清算银行建立了业务联系，中国人民银行自1986年起就与国际清算银行建立了业务方面的关系，办理外汇与黄金业务。此后，每年都派代表团以客户身份参加该行年会。国际清算银行召开股东大会，中国人民银行被邀请列席，并以观察员身份多次参加该行年会，这为中国广泛获取国际经济和金融状况、发展与各国中央银行之间的关系提供了一个新的场所。中国的外汇储备有一部分是存放于国际清算银行的，这对中国人民银行灵活、迅速、安全地调拨外汇、黄金储备非常有利。自1985年起，国际清算银行已开始向中国提供贷款。1996年9月9日，国际清算银行通过一项协议，接纳中国、巴西、印度、韩国、墨西哥、俄罗斯、沙特阿拉伯、新加坡和我国香港地区的中央银行或货币当局为该行的新成员。香港回归之后，其在国际清算银行的地位保持不变，继续享有独立的股份与投票权。香港金融管理局与中国人民银行同时加入国际清算银行。我国中央银行加入国际清算银行，标志着我国的经济实力和金融成就得到了国际社会的认可，同时也有助于我国中央银行与国际清算银行及其他国家和地区的中央银行进一步增进了解，扩大合作，提高管理与监督水平。

七、加勒比开发银行

加勒比开发银行是地区性的多边开发银行，1969年10月18日，16个加勒比国家和2个非本地区成员在牙买加金斯敦签署协议，成立加勒比开发银行。1970年1月26日，协议生效；1月30日，理事会成立大会在拿骚举行。加勒比开发银行总部设在西印度群岛的巴巴多斯首都布里奇顿。该行的宗旨是促进加勒比地区成员国经济的协调增长和发展，推进经济合作及本地区的经济一体化，为本地区发展中国家提供贷款援助。该行的宗旨是促进加勒比地区成员国经济的协调增长和发展，推进经济合作及本地区的经济一体化，为本地区发展中国家提供贷款援助。

1997年5月22日，加勒比开发银行在第27届理事会年会上接纳中国为其第26个成员。中国在加勒比开发银行享有一个董事席位，代表中国以及在中国之后加入加勒比开发银行的非本地区国家。1998 年 1 月 20 日，在完成缴纳股本和捐资手续后，中国在加勒比开发银行的成员国地位正式生效。

八、国际金融协会

国际金融协会是目前唯一和最具影响力的全球性金融业协会，总部设在美国华盛顿。其成员包括世界所有的主要商业银行和金融投资机构，以及资产管理公司、养老基金、评级机构和保险公司等，共计 400 多家，来自 70 多个国家和地区。该协会成立于 1983 年，最初的目的是应对 20 世纪 80 年代初不断扩大的拉丁美洲国家债务危机而设立的。2010 年 11 月，国际金融协会在北京成立其亚洲代表处，以增进与亚洲地区的合作与了解。

国际金融协会的中资银行会员有中国银行、中国工商银行、中国建设银行、中国农业银行、国家开发银行、交通银行、农业发展银行、北京银行、中信银行、招商银行、民生银行、华夏银行、兴业银行、北京农商银行、广发银行、平安银行、中国进出口银行、中国国际金融有限公司、浦东发展银行、富滇银行等；另外中信证券、银河证券、中国人寿、平安保险、中国银联、中国投资公司、中国华融资产管理公司等是其中的非银行金融机构会员。

第二节 我国加入国际金融公约的概况

一、国际货币制度

国际货币制度又称国际货币体系，是指为了适应国际贸易和国际支付的需要，使货币在国际范围内发挥世界货币的职能，各国政府都共同遵守的有关政策规定和制度安排。

《国际复兴开发银行协定》(Articles of Agreement of the International Bank for Reconstruction and Development) 于 1944 年 7 月 22 日由联合国货币金融会议通过。根据该协定成立了"国际复兴开发银行"（又称世界银行），在 1947 年同联合国组织正式签订建立相互关系的协议，成为联合国的专门机构。该协定于 1945 年 12 月 27 日生效，共 11 条。1980 年 9 月 26 日修订补充了《国际复兴开发银行协定附则》，共 22 条。中国是该协定缔约国之一，于 1945 年 8 月 25 日批准，于 1945 年 12 月 27 日签字。1980 年 5 月 15 日世界银行执行理事会决定恢复中国的合法席位。

《国际货币基金协定》(Agreement of the International Monetary Fund)，于

1944年7月22日由联合国货币金融会议通过，于1945年12月27日生效。该协定共31条，曾于1969年和1976年两次进行修改。根据该协定成立了国际货币基金组织，是国际货币体系的主要支柱。国际货币基金组织在1947年同联合国组织正式签订建立相互关系的协议，成为联合国的专门机构，但其经营和组织原则仍保持很大的独立性，不受联合国的约束。中国是该协定缔约国之一，于1945年8月25日批准，1945年12月27日签字。1980年4月1日中国恢复了在该组织的合法席位。

二、国际融资法律制度

融资即资金融通，是指在现代信用货币制度下资金的借贷和筹资活动。国际融资是指在国际金融市场上，运用各种金融手段，通过各种相应的金融机构而进行的资金融通。其主要的融资方式，如国际贷款融资、国际证券融资、国际融资租赁等，构成国际金融法的核心内容。

《国际开发协会协定》(Agreement of the International Development Association)于1960年9月24日由世界银行理事会通过，根据协定成立了"国际开发协会"。

《国际开发协会协定》共11条，1981年3月2日补充修定了《国际开发协会协定附则》，共11节。协定及附则对国际开发协会的宗旨、业务范围和组织机构等作了明确的规定。其宗旨为通过对低收入发展中国家提供长期无息贷款，作为世界银行的补充，以促进经济的发展。协会的贷款期限为50年并免收利息，每年只收0.75%的手续费。根据该协定，该协会的资金来源有三方面：一是会员国认缴股本；二是会员国与非会员国提供补助资金；三是世界银行从净收入中拨给部分资金。理事会是国际开发协会的最高权力机构，由各会员国派正、副理事各一名组成；执行董事会负责协会日常业务。中国是该协定缔约国之一，于1960年9月24日批准，1965年12月17日签字。1980年4月14日中国恢复了在该组织的合法席位。

《国际金融公司协定》(Agreement of the International Finance Corporation)，于1956年7月20日在华盛顿订立，后又于1961年、1965年和1980年进行修订。根据该协定，成立了"国际金融公司"。《国际金融公司协定》共9条，1980年2月18日补充修订了《国际金融公司协定附则》，共17节。协定及附则对国际金融公司的宗旨、组织机构和业务范围等都作了明确的规定。其宗旨为对于会员国，特别是不发达国家的会员国"通过和私人资本共同投资和提供管理与技术的方式，鼓励发展生产性的私人企业"。根据这个宗旨，公司直接向私人企业发放贷款，不需要政府担保。公司还直接向会员国私人企业投资，方式主要有两种：一是直接入股，参与企业管理；二是对私人企业贷款，年息为6%~10%。公司的最高权力机构为理事会，日常业务由执行董事会处理。会员国的投票权按认缴股本计算。

中国是该协定缔约国之一，于1961年9月21日批准，1965年12月17日签字。1980年4月14日中国恢复了在该组织的合法席位。

三、国际金融监管法律制度

对国际银行监管的国际协调与合作，主要体现在巴塞尔银行监管委员会的成立及其指定与实施的一系列协议和规则上。我国是巴塞尔协议的签字国，但是考虑到我国金融市场的特殊情况和我国目前仍处于发展中国家的现状，我国政府宣布暂不执行《巴塞尔协议》，这是我国政府目前关于开放金融市场的正确选择。《巴塞尔协议》是西方发达国家基于自身立场考虑的结果。而且跨国银行的母行大多数设在巴塞尔成员国，因此，《巴塞尔协议》的一些原则更符合其成员国的利益。同时，《巴塞尔协议》成员国都具有非常成熟的跨国银行管理经验。但是，《巴塞尔协议》毕竟是目前跨国银行监管方面最有影响力、适用范围最广、最有成效的监管指标和原则，因此，越来越多的国家都在逐渐地与《巴塞尔协议》的规范原则接近并吸收为本国的监管制度。在对待《巴塞尔协议》的立场上，我国应该从自己的实际情况出发，对其内容予以取舍。

证券市场的国际化使证券市场的有效监管不再是一国监管当局所能胜任的，证券的跨境交易要求各国监管当局必须加强监管合作与协调，以通过严格监管和相互协助，来共同对国际证券市场进行有效监管，保证国际证券市场的公平、公正、公开。国际证券事务监察委员会组织是国际间各证券管理机构所组成的国际合作组织，总部设在加拿大的蒙特利尔市，于1974年创建于美洲，始称为美洲间证券委员会和类似组织。该组织由世界银行和美洲国家发起，其最初的宗旨是帮助发展拉美市场，头十年，该组织的活动仅限于年度会议。1983年，该组织正式成为全球性组织。中国证监会在国际证监会组织1995年的巴黎年会上加入该组织，成为其正式会员。按地区划分，中国证监会属亚太地区委员会正式成员。按市场发展状况划分，中国证监会是新兴市场委员会的正式成员。

第三节 我国加入 WTO 和应对国际金融危机，为建立国际金融新秩序而努力

一、加入 WTO 对我国金融业及其法律制度的影响

世界贸易组织调整多边贸易和与贸易有关的知识产权投资问题，而金融服务是服务贸易的主要部分。WTO 在调整这一领域的市场准入规范、政府管理行为上，取得了重要成果。WTO 金融服务贸易规则框架由以下文件组成：

（一）《服务贸易总协定》

《服务贸易总协定》是调整所有的服务贸易的一般规则，其中第 2 条最惠国待遇、第 3 条透明度、第 8 条垄断及专有服务、第 11 条支付和转移、第 12 条为保证国际收支平衡而实施的限制等条款对金融服务贸易的调整很有针对性。

（二）《GATS 金融服务贸易附件一》

该附件是 GATS 的重要组成部分，要求各成员一律遵守，它包含了调整金融服务的基本规则。

首先，它正确处理了金融服务贸易规则与 GATS 的关系，把这类服务贸易的调整纳入 GATS 框架，并对 GATS 在金融服务贸易领域适用涉及的重要概念、规则作出符合该部门特点的解释。

其次，它确定了 GATS 的调整范围，将银行、保险、证券服务都纳入调整范围，指出中央银行或货币发行机构或社会实体按货币或汇率政策进行的职能活动，属于法定社会保障制度计划的组成部分的活动；公共主体为政府代销，由政府担保或用政府财力进行的活动，不属于调整范围。

最后，它允许各成员为维护国内金融稳定，而采取审慎措施，如政府采取的货币政策、信用政策和外汇政策措施。

（三）《关于金融服务的谅解》

《关于金融服务的谅解》简称"谅解协议"，由美国、欧共体、日本等主要发达国家提出建议，并在乌拉圭回合谈判结束时，作为最后文件被通过的。谅解协议不同于 GATS 的 8 个附件，后者是 GATS 的组成部分，已连同 GATS 其他部分被一揽子接受，而谅解协议事实上是由参加金融服务贸易谈判的各方，同意接受的专门适用于金融服务贸易的一般原则。它提出了有利害关系的、各方应遵守的、一些外国金融服务市场准入的指导方针和一般原

则,它包含了比 GATS 第 3 部分要求更多的市场开放义务。根据该协议的规定,其实施不得与 GATS 条款冲突,不得损害乌拉圭回合谈判参加各方,以 GATS 第 3 部分的方式作出具体承诺的权利,即各成员有权选择以 GATS 第 3 部分,而不是以谅解协议为基础作出具体承诺,不必承担更高水平的市场开放义务。这说明谅解协议也是解释各方金融服务具体承诺的法律依据。

(四)《金融服务附件二》

在 1993 年乌拉圭回合谈判即将结束时,已有许多国家按照 GATS 第 3 部分的规定和程序,在金融服务部门作了具体承诺,而美国等发达国家对亚洲一些发展中国家的承诺不满足,声明除非这些国家修改承诺,否则将在更多的金融服务领域作出最惠国待遇保留以阻止这些国家"免费搭车"。为了促成谈判各方继续协商,部长会议通过了名为《金融服务附件二》的关于金融服务的决定,其实质内容是授予谈判各方在 WTO 协议生效后的 2 个月内,修改和作出最惠国待遇保留的权利,此项保留不需要履行 WTO 协议第 10 条的批准程序。允许各成员在这一期间继续谈判、修改、完善或撤销原来作出的金融服务具体承诺。《金融服务附件二》提供了使金融服务谈判继续进行的程序和可能性,第一次以部长会议决议形式改变了 WTO 协议规定的修改具体承诺的程序。

(五)GATS 第二议定书

该议定书是由 90 个 WTO 成员谈判达成的关于金融服务具体承诺的临时协议。乌拉圭回合谈判结束后,世界贸易组织各方就尚未完成的金融服务市场准入承诺继续进行谈判,29 个成员进一步修改完善了具体承诺表,欧盟 15 国是作为一个成员的。但是在规定的谈判结束前夕,1995 年 6 月 29 日,美国代表突然宣布退出谈判,美国仅给境内现有的外国金融机构国民待遇和市场准入,对新进入者及其活动,不做任何承诺。为了不失去已经取得的谈判成果,经过欧盟和 WTO 总干事长鲁杰罗的努力,欧盟和除美国以外的谈判各方达成第二议定书,宣布其临时生效到 1997 年 12 月 31 日,其实质内容是部分成员提交的金融服务具体承诺表和最惠国待遇保留清单。

(六)GATS 第五议定书

GATS 第五议定书是由 70 个成员(欧盟 15 国算一个成员),于 1997 年 12 月 12 日达成正式的《金融服务贸易协定》,包括美国、欧盟在内的 56 个国家提交了经过改善的金融服务具体承诺表,以及 16 份 GATS 最惠国待遇保留清单,这是协议的实质部分,而协议本身十分简短,仅规定了生效时间等程序性和技术性问题。该协定书已于 1999 年 3 月 1 日生效,从 1994 年乌拉圭回合谈判结束,到第五议定书生效,在金融服务领域作出承诺的成员已达104个。

二、应对金融危机和建立国际金融新秩序

由美国次贷危机引发的国际性金融危机使全球陷入了严重的经济衰退。世界主要经济大国在积极实施全球性金融救助计划和财政刺激计划的同时，也对金融危机爆发的深层次原因进行了深刻的探讨和反思，只有改革不合理的国际货币体系，创建适应经济全球化、信息化和金融创新要求的国际金融新秩序，才能从根本上避免国际金融危机再次发生。在世界经济衰退的压力下和世界主要经济体要求改革国际经济、金融秩序的要求下，世界主要经济大国在半年时间内连续两次召开G20国际金融峰会，基本达成了金融和经济改革行动的框架和原则。但由于缺乏强制性的约束力基础，以及既得利益的国家不愿意放弃自己的利益，在国际金融秩序构建的核心问题上并未取得实质性进展，改革之路仍旧漫长。

我国作为最大的新兴市场经济国家，要积极利用目前复杂的国际金融和经济形式与欧美之间争夺话语权进行博弈，充分发挥在世界政治和经济中的影响力，在国际金融秩序重建中发挥积极作用，扩大中国在国际经济中的发言权。从中国参加G20伦敦金融峰会上的表现和结果来看，中国、巴西、俄罗斯和南非等新兴国家在争取话语权方面已迈出了重大的一步。但如何在国际金融秩序重建中发挥积极作用，中国要有一个长期的战略安排，逐步建立与中国在国际货币体系中的地位。

首先，要积极参与国际金融秩序重建。全球金融稳定是我们参与全球金融秩序重建的最大利益所在。中国应该积极与欧洲和金砖四国合作，找到与其相同的利益和诉求，改革IMF和世界银行等国际金融机构的职能和运行模式，在公平、公正、协商一致的基础上修正国际金融体系。

其次，要积极提高在国际货币基金组织和世界银行中的地位，力争获得更多的发言权。我们应积极参与IMF的国际救援行动，以扩大基金份额和投票权，获得更多的决策权；同时，呼吁扩大IMF的份额，提高新兴市场经济大国的份额比例，通过制度性安排保障发展中国家的意愿得到表达。此外，争取把欧元、人民币纳入IMF的储备货币，以推进国际储备向多元化发展。

最后，逐步有序地主动推动人民币国际储备化。人民币的国际化应该是作为重建国际金融秩序的一个重要目标。为此，中国应该必须做好两方面的工作：第一，完善本国金融市场，增强本国金融机构实力，为人民币实现可自由兑换创造市场条件。人民币成为国际储备货币的前提条件是人民币实现

可自由兑换,而人民币实现可自由兑换以国内金融体系的风险控制和承受能力为条件。因此,我们要努力提高国内金融机构的经营水平,构建多层次的国家金融安全和监管体系,为人民币实现国际化创造条件。第二,依照先周边,后地区,再国际的思路,推动人民币国际化进程。

【拓展材料】

WTO体系下的我国金融监管[①]

在WTO体系下,特别是《服务贸易总协定》和《全球金融服务贸易协定》自1999年生效以来,金融全球化、金融交易网络化、金融创新不断向前推进,金融自由化浪潮席卷世界各国。然而金融全球化和自由化是一把"双刃剑",给金融业带来效率的同时,也加剧了金融业的风险。如1997—1998年爆发亚洲金融危机、1999—2001年拉丁美洲国家危机不断等。近年来,金融危机在全球不同地区此起彼伏。我国近年来金融业开放和经济改革的步伐加快,金融风险日益显现。金融监管作为对金融业风险的外部监督与管理,日益受到重视,如2003年4月2日,我国决定成立银行监督管理委员会,专事商业银行、信托投资公司和资产管理公司的监管。

我国在WTO体系下对外开放的进程中,还存在与WTO的原则或国际惯例不相适应的地方,主要表现在金融监管法规和内容对不同所有制、内资与外资银行的规定相异,缺乏统一的标准,有待于系统化。如现行的《商业银行法》(1995年)的监管范围只针对中资商业银行,而没有涉及外资商业银行的监管,缺乏中资商业银行在海外经营的监管标准。对外资金融机构的监管则另立《外资金融机构管理条例》。我国对外资金融机构同时存在"超国民待遇"和"低国民待遇"现象,前者表现在税收负担、经营范围、政策负担、银行收费、外汇管理、金融监管方面,外资金融机构享受有中资金融机构无法享受的宽松待遇;后者主要表现在对营业性外资金融机构在市场准入条件的差别、业务范围的限制、经营壁垒方面的"低国民待遇"。金融法规不仅出现明显的滞后现象,而且内外资金融机构、不同所有制金融机构分而治之,不适应WTO的国民待遇原则。

同时,我国对中资银行进行国际化经营的监管法规缺乏系统化,监管方法落后。根据金融业监管的国际惯例,母国承担银行的海外分支机构主要的监管责任,如偿付能力、整体流动性、资本充足率,与市场所在国监管机构

[①] 参见马红霞:《WTO体系下的我国金融监管》,载《金融理论与实践》2003年第7期。

有明确的分工和协作关系。这对境外金融分支机构的监管形成挑战。

在WTO体系下，与发达国家相比，我国金融业和金融市场的发展还较落后，金融监管"滞后"现象突出，监管中尚存在许多问题：

(1) 各金融监管部门自成系统，缺乏配合。我国目前分业监管体制的目的是实现监管的专业化分工，提高监管效率。2000年9月初，中国人民银行、证监会、保监会虽建立了监管联席会议制度。然而，随着金融创新的发展，银行、证券、保险相互代理业务的发展，金融机构业务日益走向综合化。这种分业监管体制容易造成某些领域的监管真空，也容易由于监管责任不明确而造成重复监管，提高了监管的成本。

(2) 在监管对象上，重视对金融机构的监管，轻视了金融业务本身的风险监管。现行的垂直监管体系和各项法规重在金融机构本身的监管，而现在金融创新的浪潮，使金融机构之间在许多业务上存在交叉经营。这种针对金融机构的监管，容易导致某些金融业务监管的真空。

(3) 监管内容不完备，监管法规存在许多漏洞。在监管内容方面，重视金融机构经营范围的合规性监管，对金融业的风险监管不足。如对金融机构业务总体风险和单一风险的监管力度不够，监管指标中各种指标相分割，缺乏金融机构总体风险的量化指标。同时，还继续保留存款和贷款利率管制，使金融机构缺乏市场经济中最重要的价格机制即信贷产品的定价权，也不利于资金的优化配置。

【思考题】

1. 简述我国同国际货币基金组织、世界银行、亚洲开发银行、非洲开发、国际清算银行等的关系。
2. 简述我国参加国际金融方面的公约概况。
3. 怎样建立国际金融新秩序？

第六编　金融违法犯罪行为与法律责任

第十八章 金融违法行为与法律责任

【学习目的与要求】通过本章的学习,熟悉违反《中国人民银行法》、《商业银行法》、《证券法》、《票据法》等不同类型违法行为的法律责任,掌握金融违法行为的界定,了解金融违法行为的立法背景,形成对金融违法行为及其法律责任较为全面的认识。

第一节 违反《中国人民银行法》的法律责任

一、违反人民币发行及管理规定的行为人的法律责任

(一)对伪造、变造人民币或者出售、运输、购买、持有、使用伪造、变造人民币违法行为的处罚

伪造人民币是指仿照人民币的图案、形状、色彩等制作假币,意图使之进入货币流通的行为,伪造人民币的方法有拓印、影印、手绘、数码扫描等传统及现代手段。变造人民币与伪造人民币不同,伪造是仿制人民币,而变造人民币是在真币的基础上加以改造,利用挖补、揭层、涂改、拼凑、剪贴等方法制作加工处理,使人民币改变形态,从而使其升值的行为。伪造、变造人民币行为,违反了我国的货币发行管理制度,严重地破坏了货币的安全性,因而具有违法性。

根据《中国人民银行法》第42条的规定,伪造、变造人民币,出售伪造、变造的人民币,或者明知是伪造、变造的人民币而运输,违反行政法规范的,由公安机关处15日以下拘留、1万元以下罚款。根据第43条的规定,购买伪造、变造的人民币或者明知是伪造、变造的人民币而持有、使用,违反行政法规范的,由公安机关处15日以下拘留、1万元以下罚款。

(二)对故意损坏人民币行为的处罚

作为我国法定的货币,人民币理应受到尊重和爱护,然而在社会上出现了一些故意损坏人民币的不正常现象,比如在人民币上任意记载姓名、电话号码,将硬币熔炼打造首饰,在婚礼、祝寿等特殊场合利用人民币作为装饰

品张贴炫富,在一些经济发达地区甚至发生过将人民币当做冥币等宣扬封建迷信的行为,任何人故意损害人民币的行为都将受到法律的制裁,根据《人民币管理条例》第 43 条的规定,故意毁损人民币的,由公安机关给予警告,并处 1 万元以下的罚款。

(三)对非法使用人民币图样行为的处罚

为了维护人民币的尊严和威信,人民币的图样受法律保护,不得滥用。人民币图样是指中国人民银行发行的货币(贵金属纪念币除外)的完整图案或主景图案。在市场经济浪潮的冲击下,某些企业为了迎合社会中的拜金观念,在其经营的产品中或者广告中非法使用了人民币图样,如在钱包、背包甚至服装上印制人民币图样,或在装饰用的墙纸上印制人民币图样,或在人民币收藏广告中非法使用人民币图样等,这些行为均违背了人民币图样使用的正当目的①,对此,根据《中国人民银行法》第 44 条的规定,在宣传品、出版物或者其他商品上非法使用人民币图样的,中国人民银行应当责令改正,并销毁非法使用的人民币图样,没收违法所得,并处 5 万元以下罚款。

(四)对印制、发售代币票券以代替人民币的行为的处罚

代币票券是指由无货币发行权的单位发行的,蕴含一定价值,代替人民币充当支付手段,用于消费的书面凭证。代币票券实际是一种变相的人民币,主要在特定的营业场所内适用。关于禁止发放、使用代币购物券问题,党中央和国务院及其有关部门虽三令五申,但仍未遏制代币票券在市场流通中大行其道,比如常见的大型超市或者购物广场发行的购物卡,经常被企事业单位作为福利发放给员工,还有美容店、健身房、影院等经营场所以打折优惠的条件诱使消费者办理等级不一样的会员卡,甚至连医保卡也具备了购物卡的某些功能,患者可以利用医保卡在药店买到日常生活用品。代币票券屡禁不止的原因在于其使用的便利性、灵活性及普遍性,但其危害性也显而易见,代币票券的使用不仅扰乱金融秩序,影响人民币的信誉,而且为税收和财务管理带来了混乱,同时还助长了行贿等不正之风。根据《中国人民银行法》第 45 条的规定,印制、发售代币票券,以代替人民币在市场上流通的,中国人民银行应当责令停止违法行为,并处 20 万元以下罚款。

---

① 为加强人民币图样使用的管理,维护人民币信誉,中国人民银行制定了《人民币图样使用管理办法》,该办法第 5 条确定了人民币图样适用的主体及范围,即在中华人民共和国境内依法设立的法人可以申请使用人民币图样,但应符合以下条件:(1)弘扬民族优秀文化和反映国内外新的科学文化成果;(2)宣传人民币防伪知识,展示人民币生产工艺和设计艺术,促进钱币文化健康发展。

二、违反金融监督管理规定的行为及法律责任

金融业是充满风险的行业,防范和化解金融风险是中央银行的重要职能之一。为加强中国人民银行执行货币政策职能以及在宏观调控和防范化解金融风险中的作用,根据《中国人民银行法》第 32 条的规定,中国人民银行有权对金融机构以及其他单位和个人与货币政策和维护金融稳定相关的行为进行检查监督,主要包括:(1)执行有关存款准备金管理规定的行为;(2)与中国人民银行特种贷款有关的行为;(3)执行有关人民币管理规定的行为;(4)执行有关银行间同业拆借市场、银行间债券市场管理规定的行为;(5)执行有关外汇管理规定的行为;(6)执行有关黄金管理规定的行为;(7)代理中国人民银行经理国库的行为;(8)执行有关清算管理规定的行为;(9)执行有关反洗钱规定的行为。

针对金融机构或者其他组织及个人违反金融监督管理规定的行为,《中国人民银行法》第 46 条规定,本法第 32 条所列行为违反有关规定,有关法律、行政法规有处罚规定的,依照其规定给予处罚;有关法律、行政法规未作处罚规定的,由中国人民银行区别不同情形给予警告,没收违法所得,违法所得 50 万元以上的,并处违法所得 1 倍以上 5 倍以下罚款;没有违法所得或者违法所得不足 50 万元的,处 50 万元以上 200 万元以下罚款;对负有直接责任的董事、高级管理人员和其他直接责任人员给予警告,处 5 万元以上 50 万元以下罚款。

三、中国人民银行及其工作人员的违法行为及法律责任

(一)中国人民银行的违法行为及法律责任

《中国人民银行法》第 30 条规定:"中国人民银行不得向地方政府、各级政府部门提供贷款,不得向非银行金融机构以及其他单位和个人提供贷款,但国务院决定中国人民银行可以向特定的非银行金融机构提供贷款的除外。中国人民银行不得向任何单位和个人提供担保。"违法提供贷款和担保行为严重背离了中国人民银行的职能定位,作为中央银行和国家金融管理的行政机关,中国人民银行本身并不具备经营和偿款能力,违法提供贷款和担保势必给国家的财产带来损失,妨害正常的金融管理秩序。此外,为保障中国人民银行发行货币职能的充分发挥,《中国人民银行法》明确规定不得擅自动用发行基金,作为人民银行为国家保管的待发行的货币,发行基金是调节市场货币流通的准备基金,其调拨凭上级行政调拨命令办理。

针对违法提供贷款或担保以及擅自动用发行基金行为,《中国人民银行

法》第 48 条规定，中国人民银行非法提供贷款、担保和擅自动用发行基金的，对负有直接责任的主管人员和其他直接责任人员，依法给予行政处分。行政处分属于行政内部法律责任，主要包括警告、记过、记大过、降级、撤职、开除六种责任类型。上述行为造成损失的，负有直接责任的主管人员和其他直接责任人员应当承担部分或者全部赔偿责任。

（二）中国人民银行工作人员的违法行为及法律责任

中国人民银行的工作人员泄露国家秘密或者所知悉的商业秘密，违反行政法规范的，依法给予行政处分。

中国人民银行的工作人员贪污受贿、徇私舞弊、滥用职权、玩忽职守，违反行政法规范的，依法给予行政处分。

四、其他组织、个人的违法行为及法律责任

考虑到中国人民银行违法提供贷款和担保的行为经常受行政命令强制，为避免或者减少政府、社会组织或者其他个人利用行政职权的不当干涉，《中国人民银行法》对中国人民银行非法提供贷款和担保的行为进行严格的区分，如果中国人民银行积极主动地实施非法提供贷款和担保的行为，则适用第 48 条的规定对负有直接责任的主管人员和其他直接责任人员追究相应的法律责任；如果中国人民银行基于地方政府、各级政府部门、社会团体和个人施加的不当影响被迫提供贷款和担保的，则对违法贷款和提出担保承担法律责任的是地方政府、各级政府部门、社会团体中负有直接责任的主管人员和其他直接责任人员，而不是中国人民银行的工作人员。对此，《人民银行法》第 49 条规定，对负有直接责任的主管人员和其他直接责任人员，依法给予行政处分；造成损失的，应当承担部分或者全部赔偿责任。

第二节 违反《商业银行法》的法律责任

一、商业银行的法律责任

（一）对存款人或其他客户造成财产损害行为的法律责任

为了保护存款人的合法权益，《商业银行法》第 29 条第 2 款规定："对个人储蓄存款，商业银行有权拒绝任何单位或者个人查询、冻结、扣划，但法律另有规定的除外。"第 30 条规定："对单位存款，商业银行有权拒绝任何单位或者个人查询，但法律、行政法规另有规定的除外；有权拒绝任何单位或者个人冻结、扣划，但法律另有规定的除外。"同时，第 33 条规定：

"商业银行应当保证存款本金和利息的支付,不得拖延、拒绝支付存款本金和利息。"此外,为进一步保障存款人的民事权益,在结算业务方面,《商业银行法》第44条规定:"商业银行办理票据承兑、汇兑、委托收款等结算业务,应当按照规定的期限兑现,收付入账,不得压单、压票或者违反规定退票。有关兑现、收付入账期限的规定应当公布。"

针对商业银行不履行法定义务,损害存款人或者其他客户财产权益的行为,《商业银行法》明确规定了相应的民事责任和行政责任。根据《商业银行法》第73条的规定,商业银行有下列情形之一,对存款人或者其他客户造成财产损害的,应当承担支付迟延履行的利息以及其他民事责任:(1)无故拖延、拒绝支付存款本金和利息的;(2)违反票据承兑等结算业务规定,不予兑现,不予收付入账,压单、压票或者违反规定退票的;(3)非法查询、冻结、扣划个人储蓄存款或者单位存款的;(4)违反本法规定对存款人或者其他客户造成损害的其他行为。有上述规定情形的,由国务院银行业监督管理机构责令改正,有违法所得的,没收违法所得,违法所得5万元以上的,并处违法所得1倍以上5倍以下罚款;没有违法所得或者违法所得不足5万元的,处5万元以上50万元以下罚款。

(二)经营性及非经营性违法行为的法律责任

1. 经营性违法行为的法律责任

根据《商业银行法》第74条的规定,商业银行有下列情形之一,由国务院银行业监督管理机构责令改正,有违法所得的,没收违法所得,违法所得50万元以上的,并处违法所得1倍以上5倍以下罚款;没有违法所得或者违法所得不足50万元的,处50万元以上200万元以下罚款;情节特别严重或者逾期不改正的,可以责令停业整顿或者吊销其经营许可证:(1)未经批准设立分支机构的;(2)未经批准分立、合并的;(3)违反规定提高或者降低利率以及采用其他不正当手段,吸收存款,发放贷款的;(4)出租、出借经营许可证的;(5)未经批准买卖、代理买卖外汇的;(6)未经批准买卖政府债券或者发行、买卖金融债券的;(7)违反国家规定从事信托投资和证券经营业务、向非自用不动产投资或者向非银行金融机构和企业投资的;(8)向关系人发放信用贷款或者发放担保贷款的条件优于其他借款人同类贷款的条件的。

根据《商业银行法》第76条的规定,商业银行有下列情形之一,由中国人民银行责令改正,有违法所得的,没收违法所得,违法所得50万元以上的,并处违法所得1倍以上5倍以下罚款;没有违法所得或者违法所得不足50万元的,处50万元以上200万元以下罚款;情节特别严重或者逾期不改正的，中国人民银行可以建议国务院银行业监督管理机构责令停业整顿或者吊销其经营许可证：(1)未经批准办理结汇、售汇业务的；(2)未经批准在银行间债券市场发行、买卖金融债券或者到境外借款的；(3)违反规定同业拆借的。

2. 非经营性违法行为的法律责任

根据《商业银行法》第75条的规定，商业银行有下列情形之一，由国务院银行业监督管理机构责令改正，并处20万元以上50万元以下罚款；情节特别严重或者逾期不改正的，可以责令停业整顿或者吊销其经营许可证：(1)拒绝或者阻碍国务院银行业监督管理机构检查监督的；(2)提供虚假的或者隐瞒重要事实的财务会计报告、报表和统计报表的；(3)未遵守资本充足率、存贷比例、资产流动性比例、同一借款人贷款比例和国务院银行业监督管理机构有关资产负债比例管理的其他规定的。

根据《商业银行法》第77条的规定，商业银行有下列情形之一的，由中国人民银行责令改正，并处20万元以上50万元以下罚款；情节特别严重或者逾期不改正的，中国人民银行可以建议国务院银行业监督管理机构责令停业整顿或者吊销经营许可证：(1)拒绝或者阻碍中国人民银行检查监督的；(2)提供虚假的或者隐瞒重要事实的财务会计报告、报表和统计报表的；(3)未按照中国人民银行规定的比例交存存款准备金的。

(三)其他违法行为的法律责任

根据《商业银行法》的规定，未经国务院银行业监督管理机构批准，任何单位不得在名称中使用"银行"字样；任何单位和个人购买商业银行股份总额5%以上的，应当事先经国务院银行业监督管理机构批准；任何单位不得将单位的资金以个人名义开立账户存储。根据《商业银行法》第79条的规定，对未经批准在名称中使用"银行"字样的；未经批准购买商业银行股份总额5%以上的；将单位的资金以个人名义开立账户存储的，由国务院银行业监督管理机构责令改正，有违法所得的，没收违法所得，违法所得5万元以上的，并处违法所得1倍以上5倍以下罚款；没有违法所得或者违法所得不足5万元的，处5万元以上50万元以下罚款。

二、商业银行工作人员的法律责任

(一)受贿行为的法律责任

《商业银行法》第52条规定，商业银行的工作人员应当遵守法律、行政法规和其他各项业务管理的规定，不得利用职务上的便利，索取、收受贿赂或者违反国家规定收受各种名义的回扣、手续费。对违反该规定，构成违法行为的，应当给予纪律处分。

（二）贪污、挪用、侵占本行或者客户资金行为的法律责任

《商业银行法》第 52 条规定，商业银行的工作人员应当遵守法律、行政法规和其他各项业务管理的规定，不得利用职务上的便利，贪污、挪用、侵占本行或者客户的资金。对商业银行工作人员利用职务上的便利，贪污、挪用、侵占本行或者客户资金，构成违法行为的，应当给予纪律处分。

（三）玩忽职守及违法提供贷款和担保行为的法律责任

《商业银行法》第 86 条第 1 款规定，商业银行工作人员违反本法规定玩忽职守造成损失的，应当给予纪律处分。玩忽职守指的是银行工作人员没有认真履行自己的职责或者放弃职守的行为。

《商业银行法》第 52 条规定，商业银行的工作人员应当遵守法律、行政法规和其他各项业务管理的规定，不得违反规定徇私向亲属、朋友发放贷款或者提供担保。

《商业银行法》第 86 条第 2 款规定，对于违反规定徇私向亲属、朋友发放贷款或者提供担保造成损失的，应当承担全部或者部分赔偿责任。

（四）泄密行为的法律责任

根据《商业银行法》第 53 条规定，商业银行的工作人员不得泄露其在任职期间知悉的国家秘密、商业秘密。《商业银行法》第 87 条规定，对于商业银行工作人员泄露在任职期间知悉的国家秘密、商业秘密的，应当给予纪律处分。

第三节　违反《证券法》的法律责任

一、违反证券发行规定行为的法律责任

（一）擅自公开发行证券行为的法律责任

《证券法》第 10 条规定："公开发行证券，必须符合法律、行政法规规定的条件，并依法报经国务院证券监督管理机构或者国务院授权的部门核准；未经依法核准，任何单位和个人不得公开发行证券。"

未经法定机关核准，擅自公开或者变相公开发行证券的行为属于违法行为，依法应该承担相应的法律责任，在社会中曾出现过利用广告、公告、电话、推介会、说明会、网络、短信、公开劝诱等公开或者变相公开的方式向社会公众发行证券的违法现象，对此，根据《证券法》第 188 条的规定，国务院证券监督管理机构或者国务院授权的部门，应当首先责令发行人停止证

券发行，退还所募资金和加算银行同期存款利息，并处以非法所募资金金额1%以上5%以下的罚款。对擅自公开或者变相公开发行证券设立的公司，由依法履行监督管理职责的机构或者部门会同县级以上地方人民政府予以取缔。对直接负责的主管人员和其他直接责任人员给予警告，并处以3万元以上30万元以下的罚款。

(二)骗取发行核准行为的法律责任

在实行核准制的国家，证券机构不仅要审查发行人及发行证券的信息资料的完整性、真实性和准确性，还要对预定发行证券的价值进行实质性的审查并作出判断，以确定该证券是否可以发行，证券发行人需要满足充分的条件才有可能得到核准并发行证券，如果发行人本身不符合发行条件，却以欺骗手段骗取发行核准，《证券法》第189条就该违法行为的法律责任进行了严格的区分：若尚未发行证券的，处以30万元以上60万元以下的罚款；若已经发行证券的，处以非法所募资金金额1%以上5%以下的罚款。并对直接负责的主管人员和其他直接责任人员处以3万元以上30万元以下的罚款。

(三)承销或代理买卖未经核准证券的行为的法律责任

根据《证券法》第190条的规定，证券公司承销或者代理买卖未经核准擅自公开发行的证券的，责令停止承销或者代理买卖，没收违法所得，并处以违法所得1倍以上5倍以下的罚款；没有违法所得或者违法所得不足30万元的，处以30万元以上60万元以下的罚款。给投资者造成损失的，应当与发行人承担连带赔偿责任。对直接负责的主管人员和其他直接责任人员给予警告，撤销任职资格或者证券从业资格，并处以3万元以上30万元以下的罚款。

(四)违反承销业务行为的法律责任

根据《证券法》第191条的规定，证券公司承销证券，有下列行为之一的，责令改正，给予警告，没收违法所得，可以并处30万元以上60万元以下的罚款；情节严重的，暂停或者撤销相关业务许可。给其他证券承销机构或者投资者造成损失的，依法承担赔偿责任。对直接负责的主管人员和其他直接责任人员给予警告，可以并处3万元以上30万元以下的罚款；情节严重的，撤销任职资格或者证券从业资格：(1)进行虚假的或者误导投资者的广告或者其他宣传推介活动；(2)以不正当竞争手段招揽承销业务；(3)其他违反证券承销业务规定的行为。

(五)保荐人违法行为的法律责任

根据《证券法》第192条的规定，保荐人出具有虚假记载、误导性陈述或者重大遗漏的保荐书，或者不履行其他法定职责的，责令改正，给予警告，没收业务收入，并处以业务收入1倍以上5倍以下的罚款；情节严重的，暂停或者撤销相关业务许可。对直接负责的主管人员和其他直接责任人员给予警告，并处3万元以上30万元以下的罚款；情节严重的，撤销任职资格或者证券从业资格。此外，《证券法》还规定，保荐人的违法行为致使投资者在证券交易中遭受损失的，保荐人应当与发行人、上市公司承担连带赔偿责任，但是能够证明自己没有过错的除外，可见，保荐人承担的是连带责任，并适用过错推定的归责原则，如果保荐人无法举证自己无过错，就应承担相应的民事责任。

(六)违反信息披露义务行为的法律责任

根据《证券法》第193条的规定，发行人、上市公司或者其他信息披露义务人未按照规定披露信息，或者所披露的信息有虚假记载、误导性陈述或者重大遗漏的，责令改正，给予警告，并处以30万元以上60万元以下的罚款。对直接负责的主管人员和其他直接责任人员给予警告，并处以3万元以上30万元以下的罚款。发行人、上市公司或者其他信息披露义务人未按照规定报送有关报告，或者报送的报告有虚假记载、误导性陈述或者重大遗漏的，责令改正，给予警告，并处以30万元以上60万元以下的罚款。对直接负责的主管人员和其他直接责任人员给予警告，并处以3万元以上30万元以下的罚款。发行人、上市公司或者其他信息披露义务人的控股股东、实际控制人指使从事上述违法行为的，依照前述规定处罚。

(七)擅自改变募集资金用途行为的法律责任

根据《证券法》第194条的规定，发行人、上市公司擅自改变公开发行证券所募集资金的用途的，责令改正，对直接负责的主管人员和其他直接责任人员给予警告，并处以3万元以上30万元以下的罚款。发行人、上市公司的控股股东、实际控制人指使从事上述违法行为的，给予警告，并处以30万元以上60万元以下的罚款。对直接负责的主管人员和其他直接责任人员依照前述的规定处罚。

二、违反证券交易规定行为的法律责任

(一)被禁止参与股票交易人员持有、买卖股票行为的法律责任

《证券法》第43条规定："证券交易所、证券公司和证券登记结算机构的从业人员、证券监督管理机构的工作人员以及法律、行政法规禁止参与股票交易的其他人员，在任期或者法定限期内，不得直接或者以化名、借他人名义持有、买卖股票，也不得收受他人赠送的股票。"

针对禁止参与股票交易人员持有、买卖股票的违法行为，《证券法》第

199条规定，法律、行政法规规定禁止参与股票交易的人员，直接或者以化名、借他人名义持有、买卖股票的，责令依法处理非法持有的股票，没收违法所得，并处以买卖股票等值以下的罚款；属于国家工作人员的，还应当依法给予行政处分。

(二)欺诈投资者买卖证券行为的法律责任

根据《证券法》第200条的规定，证券交易所、证券公司、证券登记结算机构、证券服务机构的从业人员或者证券业协会的工作人员，故意提供虚假资料，隐匿、伪造、篡改或者毁损交易记录，诱骗投资者买卖证券的，撤销证券从业资格，并处以3万元以上10万元以下的罚款；属于国家工作人员的，还应当依法给予行政处分。

(三)证券服务机构人员违法买卖证券行为的法律责任

根据《证券法》第201条的规定，为股票的发行、上市、交易出具审计报告、资产评估报告或者法律意见书等文件的证券服务机构和人员，违反本法第45条的规定买卖股票的，责令依法处理非法持有的股票，没收违法所得，并处以买卖股票等值以下的罚款。

(四)内幕交易行为的法律责任

内幕交易，又称内部人交易，是指证券交易内幕信息的知情人和非法获取内幕信息的人利用内幕信息从事证券交易以获取利益或者减少损失的行为，我国《证券法》第67、75条对内幕信息的范围做了相应的规定，《证券法》第76条对证券交易内幕信息的知情人做了相应的界定，但《证券法》并没有界定非法获取内幕信息的人的范围，一般来说，非法获取内幕信息的人，主要包括通过骗取、套取、偷听、监听或者私下交易等非法手段获取内幕信息的人，以及违反所在机构关于信息管理和使用的规定而获取内幕信息的人。① 此外，《证券法》第76条明确规定，证券交易内幕信息的知情人和非法获取内幕信息的人，在内幕信息公开前，不得买卖该公司的证券，或者泄露该信息，或者建议他人买卖该证券。

根据《证券法》第202条的规定，证券交易内幕信息的知情人或者非法获取内幕信息的人，在涉及证券的发行、交易或者其他对证券的价格有重大影响的信息公开前，买卖该证券，或者泄露该信息，或者建议他人买卖该证券的，责令依法处理非法持有的证券，没收违法所得，并处以违法所得1倍以上5倍以下的罚款；没有违法所得或者违法所得不足3万元的，处以3万元以上60万元以下的罚款。单位从事内幕交易的，还应当对直接负责的主

---

① 范健、王建文著：《证券法》(第二版)，法律出版社2010年版，第361页。

管人员和其他直接责任人员给予警告,并处以 3 万元以上 30 万元以下的罚款。证券监督管理机构工作人员进行内幕交易的,从重处罚。

(五)操纵市场行为的法律责任

操纵市场,是指行为人利用其资金、信息等优势或滥用职权,操纵市场,影响证券市场价格,制造证券市场假象,诱导或致使投资者在不了解事实真相的情况下作出证券投资,扰乱证券市场秩序的行为。[①] 我国《证券法》第 77 条规定禁止操纵市场,并列举了操纵市场的违法行为类型:(1)单独或者通过合谋,集中资金优势、持股优势或者利用信息优势联合或者连续买卖,操纵证券交易价格或者证券交易量;(2)与他人串通,以事先约定的时间、价格和方式相互进行证券交易,影响证券交易价格或者证券交易量;(3)在自己实际控制的账户之间进行证券交易,影响证券交易价格或者证券交易量;(4)以其他手段操纵证券市场。

针对操纵市场的违法行为,《证券法》第 203 条规定,操纵证券市场的,责令依法处理非法持有的证券,没收违法所得,并处以违法所得 1 倍以上 5 倍以下的罚款;没有违法所得或者违法所得不足 30 万元的,处以 30 万元以上 300 万元以下的罚款。单位操纵证券市场的,还应当对直接负责的主管人员和其他直接责任人员给予警告,并处以 10 万元以上 60 万元以下的罚款。

(六)违反在限制转让期限内买卖证券的法律责任

《证券法》第 204 条规定,违反法律规定,在限制转让期限内买卖证券的,责令改正,给予警告,并处以买卖证券等值以下的罚款。对直接负责的主管人员和其他直接责任人员给予警告,并处以 3 万元以上 30 万元以下的罚款。

(七)违法融资融券行为的法律责任

所谓融资融券交易,是指客户在买卖证券时只向证券公司交付一定数额的保证金或部分证券,其应支付价款或应支付证券不足时,由证券公司垫付的交易方式,其中客户融资买进证券为买空,融券卖出证券为卖空,融资融券交易是买空卖空的典型投机行为。按照我国现行法律的规定,客户交存的保证金必须是全额保证金,客户的每一笔交易都必须有足够的资金才能进行,客户委托卖出的证券必须是其实有的证券,不得融资融券进行证券交易活动。

针对违法融资融券行为,《证券法》第 205 条规定,证券公司违反本法规定,为客户买卖证券提供融资融券的,没收违法所得,暂停或者撤销相关

[①] 范健、王建文著:《证券法》(第二版),法律出版社 2010 年版,第 363 页。

业务许可,并处以非法融资融券等值以下的罚款。对直接负责的主管人员和其他直接责任人员给予警告,撤销任职资格或者证券从业资格,并处以3万元以上30万元以下的罚款。

(八)编造、传播影响证券交易虚假信息行为的法律责任

根据《证券法》第206条的规定,违反本法第78条第1款、第3款的规定,扰乱证券市场的,由证券监督管理机构责令改正,没收违法所得,并处以违法所得1倍以上5倍以下的罚款;没有违法所得或者违法所得不足3万元的,处以3万元以上20万元以下的罚款。

(九)虚假陈述或者信息误导行为的法律责任

根据《证券法》第207条的规定,违反本法第78条第2款的规定,在证券交易活动中作出虚假陈述或者信息误导的,责令改正,处以3万元以上20万元以下的罚款;属于国家工作人员的,还应当依法给予行政处分。

(十)以他人名义设立账户或者利用他人账户买卖证券行为的法律责任

根据《证券法》第208条的规定,违反本法规定,法人以他人名义设立账户或者利用他人账户买卖证券的,责令改正,没收违法所得,并处以违法所得1倍以上5倍以下的罚款;没有违法所得或者违法所得不足3万元的,处以3万元以上30万元以下的罚款。对直接负责的主管人员和其他直接责任人员给予警告,并处以3万元以上10万元以下的罚款。

证券公司为上述规定的违法行为提供自己或者他人的证券交易账户的,除依照上述的规定处罚外,还应当撤销直接负责的主管人员和其他直接责任人员的任职资格或者证券从业资格。

(十一)假借他人名义或者以个人名义经营自营业务行为的法律责任

根据《证券法》第209条的规定,证券公司违反本法规定,假借他人名义或者以个人名义从事证券自营业务的,责令改正,没收违法所得,并处以违法所得1倍以上5倍以下的罚款;没有违法所得或者违法所得不足30万元的,处以30万元以上60万元以下的罚款;情节严重的,暂停或者撤销证券自营业务许可。对直接负责的主管人员和其他直接责任人员给予警告,撤销任职资格或者证券从业资格,并处以3万元以上10万元以下的罚款。

(十二)违背客户委托或者意愿行为的法律责任

根据《证券法》第210条的规定,证券公司违背客户的委托买卖证券、办理交易事项,或者违背客户真实意思表示,办理交易以外的其他事项的,责令改正,处以1万元以上10万元以下的罚款。给客户造成损失的,依法承担赔偿责任。

(十三)非法处分客户资金行为的法律责任

《证券法》第193条规定,证券公司、证券登记结算机构及其从业人员,未经客户的委托,买卖、挪用、出借客户账户上的证券或者将客户的证券用于质押的,或者挪用客户账户上的资金的,责令改正,没收违法所得,处以违法所得1倍以上5倍以下的罚款,并责令关闭或者吊销责任人员的从业资格证书。

三、上市公司收购人违法行为的法律责任

(一)收购人违反法定义务的法律责任

根据《证券法》第213条的规定,收购人未按照本法规定履行上市公司收购的公告、发出收购要约、报送上市公司收购报告书等义务或者擅自变更收购要约的,责令改正,给予警告,并处以10万元以上30万元以下的罚款;在改正前,收购人对其收购或者通过协议、其他安排与他人共同收购的股份不得行使表决权。对直接负责的主管人员和其他直接责任人员给予警告,并处以3万元以上30万元以下的罚款。

(二)收购行为损害被收购公司及其股东合法权益的法律责任

根据《证券法》第214条的规定,收购人或者收购人的控股股东,利用上市公司收购,损害被收购公司及其股东的合法权益的,责令改正,给予警告;情节严重的,并处以10万元以上60万元以下的罚款。给被收购公司及其股东造成损失的,依法承担赔偿责任。对直接负责的主管人员和其他直接责任人员给予警告,并处以3万元以上30万元以下的罚款。

四、证券机构违法行为的法律责任

(一)证券交易所违法行为的法律责任

1. 非法开设证券交易场所的法律责任

根据《证券法》第196条的规定,非法开设证券交易场所的,由县级以上人民政府予以取缔,没收违法所得,并处以违法所得1倍以上5倍以下的罚款;没有违法所得或者违法所得不足10万元的,处以10万元以上50万元以下的罚款。对直接负责的主管人员和其他直接责任人员给予警告,并处以3万元以上30万元以下的罚款。

2. 违规审核证券上市申请的法律责任

根据《证券法》第229条的规定,证券交易所对不符合本法规定条件的证券上市申请予以审核同意的,给予警告,没收业务收入,并处以业务收入1倍以上5倍以下的罚款。对直接负责的主管人员和其他直接责任人员给予

警告,并处以3万元以上30万元以下的罚款。

(二)证券公司违法行为的法律责任

1. 私下接受客户委托的法律责任

根据《证券法》第215条的规定,证券公司及其从业人员违反本法规定,私下接受客户委托买卖证券的,责令改正,给予警告,没收违法所得,并处以违法所得1倍以上5倍以下的罚款;没有违法所得或者违法所得不足10万元的,处以10万元以上30万元以下的罚款。

2. 违法经营非上市证券的法律责任

根据《证券法》第216条的规定,证券公司违反规定,未经批准经营非上市证券的交易的,责令改正,没收违法所得,并处以违法所得1倍以上5倍以下的罚款。

3. 擅自停业的法律责任

根据《证券法》第217条的规定,证券公司成立后,无正当理由超过3个月未开始营业的,或者开业后自行停业连续3个月以上的,由公司登记机关吊销其公司营业执照。

4. 擅自改变公司组织体系和变更有关事项的法律责任

根据《证券法》第218条的规定,证券公司违反本法第129条的规定,擅自设立、收购、撤销分支机构,或者合并、分立、停业、解散、破产,或者在境外设立、收购、参股证券经营机构的,责令改正,没收违法所得,并处以违法所得1倍以上5倍以下的罚款;没有违法所得或者违法所得不足10万元的,处以10万元以上60万元以下的罚款。对直接负责的主管人员给予警告,并处以3万元以上10万元以下的罚款。

《证券法》证券公司违反本法第129条的规定,擅自变更有关事项的,责令改正,并处以10万元以上30万元以下的罚款。对直接负责的主管人员给予警告,并处以5万元以下的罚款。

5. 超出业务许可范围经营证券的法律责任

根据《证券法》第219条的规定,证券公司违反本法规定,超出业务许可范围经营证券业务的,责令改正,没收违法所得,并处以违法所得1倍以上5倍以下的罚款;没有违法所得或者违法所得不足30万元的,处以30万元以上60万元以下罚款;情节严重的,责令关闭。对直接负责的主管人员和其他直接责任人员给予警告,撤销任职资格或者证券从业资格,并处以3万元以上10万元以下的罚款。

6. 业务混合操作的法律责任

根据《证券法》第220条的规定,证券公司对其证券经纪业务、证券承销业务、证券自营业务、证券资产管理业务，不依法分开办理，混合操作的，责令改正，没收违法所得，并处以30万元以上60万元以下的罚款；情节严重的，撤销相关业务许可。对直接负责的主管人员和其他直接责任人员给予警告，并处以3万元以上10万元以下的罚款；情节严重的，撤销任职资格或者证券从业资格。

7. 骗取证券业务许可和严重违法交易的法律责任

根据《证券法》第221条的规定，提交虚假证明文件或者采取其他欺诈手段隐瞒重要事实骗取证券业务许可的，或者证券公司在证券交易中有严重违法行为，不再具备经营资格的，由证券监督管理机构撤销证券业务许可。

8. 拒不报送材料和提供虚假信息及违法融资或者担保的法律责任

根据《证券法》第222条的规定，证券公司或者其股东、实际控制人违反规定，拒不向证券监督管理机构报送或者提供经营管理信息和资料，或者报送、提供的经营管理信息和资料有虚假记载、误导性陈述或者重大遗漏的，责令改正，给予警告，并处以3万元以上30万元以下的罚款，可以暂停或者撤销证券公司相关业务许可。对直接负责的主管人员和其他直接责任人员，给予警告，并处以3万元以下的罚款，可以撤销任职资格或者证券从业资格。

证券公司为其股东或者股东的关联人提供融资或者担保的，责令改正，给予警告，并处以10万元以上30万元以下的罚款。对直接负责的主管人员和其他直接责任人员，处以3万元以上10万元以下的罚款。股东有过错的，在按照要求改正前，国务院证券监督管理机构可以限制其股东权利；拒不改正的，可以责令其转让所持证券公司股权。

(三)证券服务机构的违法行为及法律责任

根据《证券法》第223条的规定，证券服务机构未勤勉尽责，所制作、出具的文件有虚假记载、误导性陈述或者重大遗漏的，责令改正，没收业务收入，暂停或者撤销证券服务业务许可，并处以业务收入1倍以上5倍以下的罚款。对直接负责的主管人员和其他直接责任人员给予警告，撤销证券从业资格，并处以3万元以上10万元以下的罚。

(四)证券监督管理机构的违法行为及法律责任

1. 违法履行职责行为的法律责任

根据《证券法》第227条的规定，国务院证券监督管理机构或者国务院授权的部门有下列情形之一的，对直接负责的主管人员和其他直接责任人员，依法给予行政处分：(1)对不符合本法规定的发行证券、设立证券公司等申请予以核准、批准的；(2)违反规定采取本法第180条规定的现场检查、调查取证、查询、冻结或者查封等措施的；(3)违反规定对有关机构和人员实施行政处罚的；(4)其他不依法履行职责的行为。

2. 其他违法行为的法律责任

根据《证券法》第228条的规定，证券监督管理机构的工作人员和发行审核委员会的组成人员，不履行本法规定的职责，滥用职权、玩忽职守，利用职务便利牟取不正当利益，或者泄露所知悉的有关单位和个人的商业秘密的，依法追究法律责任。

第四节　违反《票据法》的法律责任

一、票据欺诈行为的法律责任

(一)票据欺诈行为

1. 伪造、变造票据的行为

所谓伪造票据是指假冒他人的名义，以行使票据上的权利为目的而为票据行为的行为。所谓变造票据是指依法没有更改权的行为人在有效的票据上变更票据上除签章以外的其他记载事项，从而使得票据上的权利义务内容发生变更的行为。

2. 故意使用伪造、变造的票据的行为

该违法行为主要是指行为人明知是伪造、变造的票据而决意为票据行为进行诈骗。

3. 签发空头支票或者故意签发与其预留的本名签名式样或者印鉴不符的支票，骗取财物的行为

法律之所以禁止空头支票的使用，主要是为了防止不法分子利用空头支票欺骗国家或者公民的合法财产，扰乱国家金融秩序；而法律之所以对签章做了严格的形式要求，禁止故意签发与其预留的本名签名式样或者印鉴不符的支票则为了便于确定行为人法律责任的承担。

4. 签发无可靠资金来源的汇票、本票，骗取资金的行为

根据《票据法》的规定，签发汇票需要有可靠的资金来源，本票的出票人也必须有可靠的资金来源。否则，签发无可靠资金来源的汇票、本票可能成为骗取资金的行为手段，其结果必将损害银行资产安全，破坏社会经济秩序。

5. 汇票、本票的出票人在出票时作虚假记载，骗取财物的行为

该违法行为主要是针对汇票、本票的出票人利用出票行为骗取他人财物

的行为而规定的。

6. 冒用他人的票据，或者故意使用过期或者作废的票据，骗取财物的行为

冒用他人的票据，是指占有票据的人冒用真正的持票人的名义行使票据权利的行为；故意使用过期或者作废的票据，是指明知道票据已经超过法定的权利行使期限或者成为无效的废票而故意使用的行为。上述两种行为均以骗取财物为目的。

7. 付款人同他人恶意串通的行为

该违法行为主要指付款人同出票人、持票人恶意串通，实施票据欺诈的行为。

(二)对票据欺诈行为的处罚

根据《票据法》第103条的规定，对于金融票据诈骗活动，情节轻微的，应当依照国家有关规定予以行政处罚，包括警告、罚款、拘留等等行政处罚手段。

二、金融机构工作人员的法律责任

《票据法》第104条规定，金融机构工作人员在票据业务中玩忽职守，对违反本法规定的票据予以承兑、付款或者保证的，给予处分。金融机构工作人员因上述行为给当事人造成损失的，由该金融机构和直接责任人员依法承担赔偿责任。

所谓玩忽职守，是指金融机构工作人员在票据业务中违反《票据法》的规定，不履行或者不认真履行职责，对有关的票据进行承兑付款或者保证从而造成重大损失的行为。针对金融机构工作人员玩忽职守的行为，《票据法》规定对此给予行为人处以行政处分，如果玩忽职守行为造成当事人损失的，应该由金融机构和直接责任人员承担损害赔偿责任。

第五节 违反《银行业监督管理法》的法律责任

一、银行业监督管理机构工作人员的法律责任

根据《银行业监督管理法》第43条的规定，银行业监机构从事监督管理工作的人员有下列情形之一的，依法给予行政处分：(1)违反规定审查批准银行业金融机构的设立、变更、终止，以及业务范围和业务范围内的业务品种的；(2)违反规定对银行业金融机构进行现场检查的；(3)未依照本法第

28条规定报告突发事件的；（4）违反规定查询账户或者申请冻结资金的；（5）违反规定对银行业金融机构采取措施或者处罚的；（6）违反本法第42条规定对有关单位或者个人进行调查的；（7）滥用职权、玩忽职守的其他行为。银监机构从事监督管理工作的人员贪污受贿，泄露国家秘密、商业秘密和个人隐私，尚不构成犯罪的，依法给予行政处分。

二、银行业金融机构的法律责任

（一）违反市场准入规定的法律责任

《银行业监督管理法》第16条规定："国务院银行业监督管理机构依照法律、行政法规规定的条件和程序，审查批准银行业金融机构的设立、变更、终止以及业务范围。"第19条规定："未经国务院银行业监督管理机构批准，任何单位或者个人不得设立银行业金融机构或者从事银行业金融业务活动。"银行业金融机构的经营活动对社会经济生活产生重大的影响，世界各国对银行业金融机构的设立一般都采取审批制，我国也不例外。根据《银行业监督管理法》第44条的规定，擅自设立银行业金融机构或者非法从事银行业金融机构的业务活动的，由中国银监会予以取缔；构成违法行为的，由中国银监会没收违法所得，违法所得50万元以上的，并处违法所得1倍以上5倍以下罚款；没有违法所得或者违法所得不足50万元的，处50万元以上200万元以下罚款。

（二）违反经营业务规定的法律责任

根据《银行业监督管理法》第45条的规定，银行业金融机构有下列情形之一，由中国银监会责令改正，有违法所得的，没收违法所得，违法所得50万元以上的，并处违法所得1倍以上5倍以下罚款；没有违法所得或者违法所得不足50万元的，处50万元以上200万元以下罚款；情节特别严重或者逾期不改正的，可以责令停业整顿或者吊销其经营许可证：（1）未经批准设立分支机构的；（2）未经批准变更、终止的；（3）违反规定从事未经批准或者未备案的业务活动的；（4）违反规定提高或者降低存款利率、贷款利率的。

（三）违反诚实经营和审慎经营义务的法律责任

根据《银行业监督管理法》第46条的规定，银行业金融机构有下列情形之一，由中国银监会责令改正，并处20万元以上50万元以下罚款；情节特别严重或者逾期不改正的，可以责令停业整顿或者吊销其经营许可证：（1）未经任职资格审查任命董事、高级管理人员的；（2）拒绝或者阻碍非现场监管或者现场检查的；（3）提供虚假的或者隐瞒重要事实的报表、报告等文件、资料的；(4)未按照规定进行信息披露的；(5)严重违反审慎经营规则的；(6)拒绝执行本法第37条规定的强制整改措施的。

(四)违反提交财务资料义务的法律责任

根据《银行业监督管理法》第47条的规定，银行业金融机构不按照规定提供报表、报告等文件、资料的，由银行业监督管理机构责令改正，逾期不改正的，处10万元以上30万元以下罚款。所谓不按照规定提供，在实践中主要有下列几种情形：(1)未按照规定的时间报送；(2)未按照规定的内容报送；(3)未按照规定的格式报送；(4)未进行并表报送。

(五)补充性法律责任

根据《银行业监督管理法》第48条的规定，银行业金融机构违反法律、行政法规以及国家有关银行业监督管理规定的，银行业监督管理机构除依照本法第43条至第46条规定处罚外，还可以区别不同情形，采取下列措施：

(1)责令银行业金融机构对直接负责的董事、高级管理人员和其他直接责任人员给予纪律处分；

(2)银行业金融机构的行为尚不构成犯罪的，对直接负责的董事、高级管理人员和其他直接责任人员给予警告，处5万元以上50万元以下罚款；

(3)取消直接负责的董事、高级管理人员一定期限直至终身的任职资格，禁止直接负责的董事、高级管理人员和其他直接责任人员一定期限直至终身从事银行业工作。

【拓展材料】

购物卡是否属于代币票券

2000年7月5日，中国人民银行对中国人民银行上海分行《关于购物卡性质认定的请示》作出函复，函复如下：根据《中国人民银行法》第19条、《现金管理暂行条例》和《国务院关于禁止印制、发售、购买和使用各种代币购物券的通知》的有关规定，"代币票券"一般应具备以下几个要素：一是具有一定量的金额；二是无限期使用或有一定的使用期限，即在时间上具有一定的跨度性；三是在一定范围内使用和流通，可购买不特定商品；四是不记名、不挂失。请示中反映的厦门个别商场发售的"购物卡"，性质上应属"代币票券"。至此，中国人民银行将购物卡定性为"代币票券"。2011年，监察部、中国人民银行、财政部等七家单位联合发文《关于规范商业预付卡管理的意见》，对购物卡的管理进行了严格的界定，一定程度上也为市场传达了商业储值卡有望合法化的信号，但该意见毕竟不属于规范意义上的法律文件，所以立法部门有必要通过立法解决商业储值卡的法律性质和定位的问题。

【思考题】
1. 试述商业银行对存款人或其他客户造成财产损害行为的法律责任。
2. 试述操纵市场行为的法律责任。
3. 试述票据欺诈行为的法律责任。

第十九章 金融犯罪

【学习目的与要求】通过本章的学习,熟悉非法吸收公众存款罪、洗钱罪、集资诈骗罪、信用卡诈骗罪、非国家工作人员受贿罪、挪用资金罪等重点金融犯罪行为承担的刑事责任,了解《刑法》修正案中所涉及相关金融犯罪罪名修订的社会基础及蕴含的法律机理,掌握上述重点金融犯罪行为的构成要件。

第一节　破坏金融管理秩序罪及其法律责任

一、金融工作人员购买假币、以假币换取货币罪

金融工作人员购买假币、以假币换取货币罪,是指金融机构的工作人员购买假币,或者利用职务上的便利,以假币换取真币的行为。

本罪侵犯的客体是国家的货币管理制度。

本罪在客观方面表现为银行或者其他金融机构工作人员购买伪造的货币,或者利用职务上的便利以伪造的货币换取货币的行为。

本罪的主体是特殊主体,即金融机构的工作人员。所谓金融机构,是指专门从事各种金融活动的组织,主要包括银行以及城乡信用合作社、融资租赁机构、信托投资公司、保险公司、证券机构等经营金融业务的机构。金融机构工作人员即在上述机构中从事公务的人员。非金融机构工作人员不能构成本罪主体,但可以成为本罪的共犯。

本罪的主观方面是故意,即行为人明知是假币而予以购买或者利用职务便利以假币换取货币。如果行为人在工作中误将假币支付给他人,或者自己在不清楚为假币的情况下与经手的货币兑换,则不能视为利用职务便利以假币换取货币。

我国《刑法》第 171 条第 2 款规定,银行或者其他金融机构的工作人员购买伪造的货币或者利用职务上的便利,以伪造的货币换取货币的,处 3 年以上 10 年以下有期徒刑,并处 2 万元以上 20 万元以下罚金;数额巨大或者

有其他严重情节的,处 10 年以上有期徒刑或者无期徒刑,并处 2 万元以上 20 万元以下罚金或者没收财产;情节较轻的,处 3 年以下有期徒刑或者拘役,并处或者单处 1 万元以上 10 万元以下罚金。如果情节显著轻微,危害不大的,则不宜作为犯罪处理,据此,最高人民检察院、公安部 2010 年 5 月 7 日印发的《关于公安机关管辖的刑事案件立案追诉标准的规定(二)》(以下简称《立案追诉标准的规定(二)》)第 21 条规定,银行或者其他金融机构的工作人员购买伪造的货币或者利用职务上的便利,以伪造的货币换取货币,总面额在 2000 元以上或者币量在 200 张(枚)以上的,应予立案追诉。

二、持有、使用假币罪

持有、使用假币罪,是指明知是伪造的货币而持有、使用,数额较大的行为。

(一)本罪的构成要件

本罪侵犯的客体是国家的货币流通管理制度。本罪的对象是伪造的人民币和外币,不包括变造的人民币和外币。

本罪在客观方面表现为持有、使用伪造的货币,数额较大的行为。所谓持有是指行为人对伪造的货币事实性支配和控制的状态,本罪中的持有不同于伪造货币罪等《刑法》另外规定的涉假币犯罪中行为人对假币的持有,只有在无法证明伪造的货币的真实来源和去向时的持有假币行为,才属于本罪中的持有。[1] 所谓使用是指将伪造的货币投入流通领域充当货币的行为,常见的使用方法有支付、存储、汇兑等,如果将假币作为炫耀自身资本的一种手段而出示给他人的,不能认定为使用。同时,以持有、使用的假币达到数额较大为构成犯罪的必备要件。

本罪的主体是一般主体,即年满 16 周岁,具有刑事责任能力的自然人均可构成本罪,单位不能成立本罪。

本罪在主观方面表现为故意,即行为人明知是伪造的货币而持有、使用。如果行为人误收假币后得知为假币继续使用的,应以本罪论处。需要指明的是本罪的主观方面不需要满足特定的目的,实践中行为人将假币当做艺术品收藏但未使用,只要达到一定数额,同样构成本罪。

我国《刑法》第 172 条规定,明知是伪造的货币而持有、使用,数额较大的,处 3 年以下有期徒刑或者拘役,并处或者单处 1 万元以上 10 万元以

---

[1] 参见高铭暄、马克昌主编:《刑法学》(第五版),北京大学出版社、高等教育出版社 2011 年版,第 402 页。

下罚金；数额巨大的，处 3 年以上 10 年以下有期徒刑，并处 2 万元以上 20 万元以下罚金；数额特别巨大的，处 10 年以上有期徒刑，并处 5 万元以上 50 万元以下罚金或者没收财产。

三、非法吸收公众存款罪

非法吸收公众存款罪是指非法吸收公众存款或变相吸收公众存款，扰乱金融秩序的行为。

非法吸收公众存款罪的客体是国家的金融信贷秩序。

本罪客观方面表现为行为人实施了非法吸收公众存款或者变相吸收公众存款的行为。非法吸收公众存款是指未经金融主管部门批准，不具有吸收存款的资格而吸收公众资金的行为，变相吸收公众存款是指不以存款的名义而以其他形式吸收资金，如以投资、集资、资金互助会的名义吸收公众资金，形式上不是以支付利息，而是以股息、红利等名目回报，但实质上仍然是以支付一定利息为形式的存款。[1]

本罪的主体为一般主体，即年满 16 周岁具有刑事责任能力的自然人，单位也可以构成本罪。单位是指各类非法金融机构以及各类基金会、互助会、储金会、资金服务部、股金服务部、结算中心、投资公司等。

本罪的主观方面表现为故意，并且只能是直接故意。行为人主观上一般具有非法牟利的目的，但行为人不能有非法占有的目的，此为主观上区别集资诈骗罪与本罪主要的判断依据。

根据《刑法》第 176 条的规定，犯本罪，处 3 年以下有期徒刑或者拘役，并处或者单处 2 万元以上 20 万元以下罚金；数额巨大或者有其他严重情节的，处 3 年以上 10 年以下有期徒刑，并处 5 万元以上 50 万元以下罚金。单位犯本罪的，对单位判处罚金，并对其直接负责的主管人员和其他直接责任人员，依照上述规定处罚。

四、高利转贷罪

高利转贷罪，是指以转贷牟利为目的，套取金融机构信贷资金高利转贷他人，违法所得数额较大的行为。本罪侵犯的客体是国家对信贷资金的管理秩序。本罪在客观上表现为套取金融机构信贷资金高利转贷他人数额较大的行为。所谓套取是指行为人在不符合贷款的条件下，以虚假的贷款理由从金

---

[1] 参见孙国祥、魏昌东主编：《经济刑法研究》，法律出版社 2005 年版，第 326 页。

融机构获得信贷资金。所谓高利转贷，是指以比金融机构贷款利率高的利率将套取的信贷资金转贷他人，以谋取利息差额。本罪属结果犯，只有在转贷行为取得违法所得数额较大的情形下，才构成犯罪，本罪的主体为一般主体，包括自然人和单位，本罪的主观方面为故意，而且以转贷牟利为目的。

根据《刑法》第175条的规定，自然人犯本罪，处3年以下有期徒刑或者拘役，并处违法所得1倍以上5倍以下罚金；数额巨大的，处3年以上7年以下有期徒刑，并处违法所得1倍以上5倍以下罚金。自然人犯本条所定之罪，处3年以下有期徒刑或者拘役，并处违法所得1倍以上5倍以下罚金；数额巨大的，处3年以上7年以下有期徒刑，并处违法所得1倍以上5倍以下罚金；单位犯本罪，对单位判处罚金，并对其直接负责的主管人员和其他直接责任人员，处3年以下有期徒刑或者拘役。

五、违法发放贷款罪

违法发放贷款罪，是指银行或者其他金融机构的工作人员违反国家规定发放贷款，数额巨大或者造成重大损失的行为。本罪侵犯的客体是国家的信贷管理秩序。本罪在客观上表现为行为人违反国家规定发放贷款，数额巨大或者造成重大损失的行为，《立案追诉标准的规定（二）》第42条规定，违法发放贷款，数额在100万元以上的，或者违法发放贷款，造成直接经济损失数额在20万元以上的，均可立案追诉。本罪的主体属于特殊主体：第一类为自然人犯罪主体，即银行或者其他金融机构的工作人员；第二类为单位犯罪主体，即银行或者其他金融机构。本罪的主观方面比较复杂，多数情况下，行为人对违法发放贷款造成的损害结果是应当预见而没有预见或者已经预见而轻信能够避免，即出于过失而犯本罪，但也不排除在一定情况下对损害后果存在放任的态度，即出于间接故意而犯本罪。①

根据《刑法》第186条的规定，犯本罪，处5年以下有期徒刑或者拘役，并处1万元以上10万元以下罚金；数额特别巨大或者造成特别重大损失的，处5年以上有期徒刑，并处2万元以上20万元以下罚金。银行或者其他金融机构的工作人员违反国家规定，向关系人发放贷款的，依照上述规定从重处罚，单位犯本罪的，对单位判处罚金，并对其直接负责的主管人员和其他直接责任人员，依照上述规定处罚。关系人的范围，依照《商业银行法》和有关金融法规确定。根据《商业银行法》第40条的规定，商业银行的关系人是指：(1)商业银行的董事；监事、管理人员、信贷业务人员及其近亲属；

---

① 利子平、胡祥福主编：《金融犯罪新论》，群众出版社2005年版，第154页。

(2)前项所列人员投资或者担任高级管理职务的公司、企业和其他经济组织。

六、吸收客户资金不入账罪

吸收客户资金不入账罪,是指银行或者其他金融机构的工作人员,以牟利为目的,采取吸收客户资金不入账的方式,将资金用于非法拆借、发放贷款,造成重大损失的行为。

(一)本罪的构成要件

本罪侵犯的客体是国家对信贷资金的管理秩序和金融机构的财产权益。

本罪在客观上主要表现为采取吸收客户资金不入账的方式,将资金用于非法拆借、发放贷款,造成重大损失的行为。所谓客户资金包括个人存款及单位存款,既包括以合法方法吸收的公众存款,也包括以违法提高利率或者其他不正当方式吸收的存款。① 所谓吸收客户资金不入账,是指不记入金融机构的法定存款账目,以逃避国家金融监管,至于是否记入法定账目以外设立的账目不影响该罪成立。所谓非法拆借、发放贷款,是指将没有入账的资金挪借给银行或者其他金融机构,或者将没有入账的资金作为贷款发放其他企事业单位或公民个人。行为人采用不同吸收客户资金不入账的方式,将资金用于非法拆借、发放贷款的行为可以是吸收多个客户资金不入账,向一个对象发放贷款或者拆借资金;也可以是吸收一个客户资金而向多个对象发放贷款或者拆借资金,并不限于吸收客户资金与非法拆借、发放贷款之间的一一对应,但是,行为人吸收资金不入账的行为与将未入账的资金用于非法拆借、发放贷款的行为必须同时具备,才符合本罪客观方面行为之表现。

本罪犯罪主体是特殊主体,即银行或者其他金融机构的工作人员,单位也可以成为本罪的主体。

本罪在主观上表现为故意,且行为人必须具有牟利的目的。

(二)本罪的刑事责任

我国《刑法》第 187 条规定,犯本罪,处 5 年以下有期徒刑或者拘役,

---

① 需要深入理解的是客户资金,客户与银行形成的是一种特殊的债权法律关系,客户的资金存入银行或者其他金融机构之后,所有权就转移给银行,虽然行为人吸收客户资金未入账,但那属于银行内部行为,与客户无关,当客户持存单支取存款时,银行必须履行付款义务,因此行为人看似非法拆借客户资金,实质上非法拆借、发放的是银行资金。参见张军主编:《破坏金融管理秩序罪》,中国人民公安大学出版社 2003 年版,第 375 页。

并处 2 万元以上 20 万元以下罚金;① 造成特别重大损失的,处 5 年以上有期徒刑,并处 5 万元以上 50 万元以下罚金。单位犯本罪的,对单位判处罚金,并对其直接负责的主管人员和其他直接责任人员,依照前述规定处罚。

七、伪造、变造金融票证罪

伪造、变造金融票证罪,是指行为人违反金融票据管理法规,仿照金融票据的式样、形状、色彩、文字等要素制作假的金融票据或者对真实的金融票据进行改制的行为。

本罪侵犯的客体是国家的金融票证管理秩序。

本罪在客观方面表现为行为人违反金融票据管理法规,仿照金融票据的式样、形状、色彩、文字等要素制作假的金融票据或者对真实的金融票据进行改制的行为。依据刑法原理,伪造和变造属于本罪的选择性行为,只要具备行为之一的,即可构成本罪。同时具有两种行为,仍以一罪论处。

本罪的主体为一般主体,包括自然人和单位。

本罪在主观方面表现为故意。即行为人明知自己的行为是在伪造、变造金融票证,并希望这种结果发生的故意行为,过失不构成本罪。

我国《刑法》第 177 条规定,犯本罪的,处 5 年以下有期徒刑或者拘役,并处或者单处 2 万元以上 20 万元以下罚金;② 情节严重的,处 5 年以上 10 年以下有期徒刑,并处 5 万元以上 50 万元以下罚金;情节特别严重的,处 10 年以上有期徒刑或者无期徒刑,并处 5 万元以上 50 万元以下罚金或者没收财产,单位犯本罪的,对单位判处罚金,并对其直接负责的主管人员和其他直接责任人员,依照前述规定处罚。

八、违规出具金融票证罪

违规出具金融票证罪,是指银行或其他金融机构工作人员违反规定,为他人出具信用证或其他保函、票据、存单、资信证明,情节严重的行为。

本罪侵犯的客体是国家的金融管理秩序。

本罪在客观方面表现为银行或者其他金融机构的工作人员违反规定,为他人出具金融票证的行为,既包括行为人及所在金融机构无权出具金融票证而出具的行为,又包括行为人及所在金融机构出具金融票证时违反有关规定的行为。所谓违反规定,指行为人违反国家有关金融票证管理的法律、法

---

① 《立案追诉标准的规定(二)》第 43 条规定了本罪的立罪标准。
② 《立案追诉标准的规定(二)》第 29 条规定了本罪立案追诉的标准。

规、规章及其他行政规范性文件，在上述法律规范尚未明确的情况下，金融机构内部的业务规则也可以作为认定的依据，但业务内部规则与法律抵触的除外。

本罪的犯罪对象是金融票证，具体包括信用证或其他保函、票据、存单、资信证明。

本罪的主体是特殊主体，只有银行或其他金融机构工作人员才能成为本罪主体。单位犯本罪的，对单位和个人实行双罚。

本罪的主观方面在理论界争议较大，我们认为，本罪在主观方面既可以是故意也可以是过失。过失指行为人不认真对待金融业务，因疏忽大意开具了不该出具的虚假的金融票证，故意是指行为人滥用职权，为徇私情或者谋私利而出具明知为虚假的金融票证。

我国《刑法》第188条规定，犯本罪，情节严重的，处5年以下有期徒刑或者拘役；情节特别严重的，处5年以上有期徒刑。单位犯本罪的，对单位判处罚金，并对其直接负责的主管人员和其他直接责任人员，依照前述规定处罚。

九、对违法票据承兑、付款、保证罪

对违法票据承兑、付款、保证罪，是指金融机构工作人员在票据业务中，对违反《票据法》规定的票据予以承兑、付款或保证，造成金融机构重大损失的行为。

本罪侵犯的客体是国家的金融管理秩序以及金融机构的信誉。

本罪的客观方面表现为金融机构工作人员在票据业务中，对违反《票据法》规定的票据予以承兑、付款或保证，造成金融机构重大损失的行为。既可能是行为人对违法票据实施承兑、保证等附属票据行为，也可能是行为人在具体办理付款业务过程中对违法票据未能依法审查而予以款，造成重大损失的情形。本罪只有造成了重大损失才能构成，金融机构工作人员在票据业务中，对违反《票据法》规定的票据予以承兑、付款或保证，造成直接经济损失数额在20万元以上的，应予立案追诉。

本罪的主体是特殊主体，仅限于银行或者其他金融机构及其工作人员。

本罪的主观方面表现为疏忽大意的过失或者间接故意。既可能是行为人因疏忽大意，对票据审查不严，未发现票据违反票据法而予以承兑、付款或保证；也可能是行为人明知票据违法，也预见到予以承兑、付款、保证可能造成重大损失，却采取放任的态度，构成间接故意。

我国《刑法》第189条规定，犯本罪，造成重大损失的，处5年以下有

期徒刑或者拘役；造成特别重大损失的，处 5 年以上有期徒刑。单位犯本罪的，对单位判处罚金，并对其直接负责的主管人员和其他直接负责人员，依照前述的规定处罚。

十、骗取贷款、票据承兑、金融票证罪

骗取贷款、票据承兑、金融票证罪，是指以欺骗手段取得银行或者其他金融机构贷款、票据承兑、信用证、保函等，给银行或者其他金融机构造成重大损失或者有其他严重情节的行为。

本罪的客体是国家的金融管理秩序。

本罪客观方面表现为以欺骗手段取得银行或者其他金融机构贷款、票据承兑、信用证、保函等。所谓欺骗手段，指行为人采用的虚构事实、隐瞒真相等手段，骗取了银行或其他金融机构的信任。

本罪的犯罪主体是一般主体，自然人和单位都可成为犯罪主体。

本罪在主观方面表现为故意，即积极采取欺骗手段，追求获得贷款归贷款人使用的目的。如果贷款人主观上有将贷款占为己有，不再归还的目的，则应当构成贷款诈骗罪。

关于本罪的刑事责任，《刑法》第 175 条规定，犯本罪，处 3 年以下有期徒刑或者拘役，并处或者单处罚金；给银行或者其他金融机构造成特别重大损失或者有其他特别严重情节的，处 3 年以上 7 年以下有期徒刑，并处罚金。单位犯本罪的，对单位判处罚金，并对其直接负责的主管人员和其他直接责任人员，依照前述规定处罚。

十一、洗钱罪

洗钱罪，是指明知是毒品犯罪、黑社会性质的组织犯罪、贪污贿赂犯罪、恐怖活动犯罪、走私犯罪、破坏金融管理秩序犯罪、金融诈骗犯罪的违法所得及其收益，而掩饰、隐瞒其来源和性质的行为。

本罪侵犯的客体是复杂客体即国家正常的金融管理秩序和司法机关的正常活动。本罪的对象是上游犯罪即毒品犯罪、黑社会性质的组织犯罪、贪污贿赂犯罪、恐怖活动犯罪、走私犯罪、破坏金融管理秩序犯罪、金融诈骗犯罪的违法所得及其收益。

本罪在客观方面表现为行为人对毒品犯罪、黑社会性质的组织犯罪、贪污贿赂犯罪、恐怖活动犯罪、走私犯罪、破坏金融管理秩序犯罪、金融诈骗犯罪的违法所得及其收益实施了掩饰、隐瞒其来源和性质的行为。

本罪的犯罪主体是一般主体，包括年满 16 周岁、具有刑事责任能力的

自然人和单位。

本罪在主观方面的表现为故意,即行为人明知自己的行为是在为犯罪违法所得掩饰、隐瞒其来源和性质、为利益而故意为之,并希望这种结果发生。

依据《刑法》第 191 条的规定,自然人犯本罪的,没收实施毒品犯罪、黑社会性质的组织犯罪、走私犯罪的违法所得及其产生的收益,处 5 年以下有期徒刑或者拘役,并处或者单处洗钱数额 5% 以上 20% 以下罚金;情节严重的,处 5 年以上 10 年以下有期徒刑,并处洗钱数额 5% 以上 20% 以下罚金。单位犯本罪,对单位处罚金,并对其直接负责的主管人员和其他直接责任人员处 5 年以下有期徒刑或者拘役;情节严重的,处 5 年以上 10 年以下有期徒刑。

第二节 金融诈骗罪及其法律责任

一、集资诈骗罪

集资诈骗罪是指以非法占有为目的,使用诈骗方法进行非法集资,骗取集资款项且数额较大的行为。

本罪侵犯的客体是复杂客体,既侵犯了公私财产所有权,又侵犯了国家金融管理秩序。

本罪在客观方面表现为行为人使用诈骗方法非法集资,数额较大的行为。所谓非法集资,是指行为人未经有权机关批准向社会公众非法募集资金的行为,一般表现为以吸引公众投资入股或者高息吸收公众存款等方式向社会筹集款项,具有明显的融资性。如通过开发果园或者庄园的形式非法集资,利用传销的方式非法集资,采用秘密串联的方式非法集资,采用民间会社的形式非法集资,以地下银行、地下钱庄形式非法集资等。[①] 所谓诈骗方法是指行为人采取虚构集资用途,以虚假的证明文件和高回报率为诱饵,骗取集资款的手段。关于数额较大,可参照《立案追诉标准的规定(二)》第 49 条的规定,即个人集资诈骗数额为 10 万元,单位集资诈骗数额为 50 万元。

本罪的主体是一般主体,任何达到刑事责任年龄、具有刑事责任能力的自然人均可构成本罪。单位也可以成为本罪主体。

---

① 参见赵秉志主编:《金融诈骗罪新论》,人民法院出版社 2011 年版,第 86~99 页。

本罪在主观上表现为故意且以非法占有为目的①，集资诈骗罪中的非法占有目的，应当区分情形进行具体认定。行为人部分非法集资行为具有非法占有目的的，对该部分非法集资行为所涉集资款以集资诈骗罪定罪处罚；非法集资共同犯罪中部分行为人具有非法占有目的，其他行为人没有非法占有集资款的共同故意和行为的，对具有非法占有目的的行为人以集资诈骗罪定罪处罚。

根据《刑法》第192、199条的规定，犯集资诈骗罪的，处5年以下有期徒刑或者拘役，并处2万元以上20万元以下罚金；情节严重的，处5年以上10年以下有期徒刑，并处5万元以上50万元以下罚金；犯集资诈骗罪，情节特别严重的，处10年以上有期徒刑、无期徒刑，并处5万元以上50万元以下罚金或者没收财产；犯集资诈骗罪，数额特别巨大并且给国家和人民利益造成特别重大损失的，处无期徒刑或者死刑，并处没收财产。

根据《刑法》第200条的规定，单位犯集资诈骗罪的，判处罚金；对其直接负责的主管人员和其他直接责任人员，处5年以下有期徒刑或者拘役，可以并处罚金；数额巨大或者有其他严重情节的，处5年以上10年以下有期徒刑，并处罚金；数额特别巨大或者有其他特别严重情节的，处10年以上有期徒刑或者无期徒刑，并处罚金。

二、贷款诈骗罪

贷款诈骗罪是指以非法占有为目的，诈骗银行或者其他金融机构的贷款，数额较大的行为。贷款诈骗罪属于金融犯罪的一种。

本罪侵犯的客体是双重客体，即金融机构对贷款的所有权及国家金融管理秩序。

本罪在客观方面表现为采用虚构事实、隐瞒真相的方法诈骗银行或者其他金融机构的贷款，数额较大的行为。② 所谓数额较大，根据《立案追诉标准的规定(二)》第50条的规定，以非法占有为目的，诈骗银行或者其他金融机构的贷款，数额在2万元以上的，应予立案追诉。

本罪的主体是一般主体，任何达到刑事责任年龄、具有刑事责任能力的自然人均可构成，单位不能成为本罪的主体。

本罪在主观上由故意构成，且以非法占有为目的。

---

① 2011年《最高人民法院关于审理非法集资刑事案件具体应用法律若干问题的解释》第4条对以非法占有为目的的情形作了相应的区分规定。

② 我国《刑法》第193条对行为人诈骗贷款所使用的方法作了具体的规定。

自然人犯本罪的，处 5 年以下有期徒刑或者拘役，并处 2 万元以上 20 万元以下罚金；数额巨大或者有其他严重情节的，处 5 年以上 10 年以下有期徒刑，并处 5 万元以上 50 万元以下罚金；数额特别巨大或者有其他特别严重情节的，处 10 年以上有期徒刑或者无期徒刑，并处 5 万元以上 50 万元以下罚金或者没收财产。

三、票据诈骗罪

票据诈骗罪，是指以非法占有为目的，利用金融票据进行诈骗活动，骗取财物数额较大的行为。

本罪侵犯的客体是复杂客体，即国家正常的金融票据管理秩序和公司财产的所有权。

本罪在客观方面表现为利用金融票据进行诈骗活动，骗取财物数额较大的行为，具体表现为下列情形：(1)明知是伪造、变造的汇票、本票、支票而使用；(2)明知是作废的汇票、本票、支票而使用；(3)冒用他人的汇票、本票、支票；(4)签发空头支票或者与其预留印鉴不符的支票，骗取财物的；(5)汇票、本票的出票人签发无资金保证的汇票、本票或者在出票时作虚假记载，骗取财物的。构成本罪，需要骗取数额较大，根据《立案追诉标准的规定(二)》第 51 条的规定，个人进行金融票据诈骗，数额在 1 万元以上的，单位进行金融票据诈骗，数额在 10 万元以上的，应予立案追诉。

本罪的主体是一般主体，凡达到刑事责任年龄并具有刑事责任能力的自然人均可构成，根据《刑法》第 200 条的规定，单位亦能成为票据诈骗罪的主体。

本罪在主观上表现为故意，且以非法占有为目的。

我国《刑法》第 194 条规定，犯本罪的，处 5 年以下有期徒刑或者拘役，并处 2 万元以上 20 万元以下罚金；数额巨大或者有其他严重情节的，处 5 年以上 10 年以下有期徒刑，并处 5 万元以上 50 万元以下罚金；数额特别巨大或者有其他特别严重情节的，处 10 年以上有期徒刑或者无期徒刑，并处 5 万元以上 50 万元以下罚金或者没收财产。单位犯本罪的，可参照第 200 条适用刑罚。

四、金融凭证诈骗罪

金融凭证诈骗罪，是指以非法占有为目的，使用伪造、变造的委托收款凭证、汇款凭证、银行存单等其他银行结算凭证，骗取他人财物，数额较大的行为。

本罪所侵害的客体是国家正常的金融凭证管理秩序及公私财产的所有权。作为本罪行为对象的金融凭证，则仅是指委托收款凭证、汇款凭证及银行存单。如果使用伪造的、变造的汇票、本票、支票进行诈骗，构成犯罪的，但不构成本罪，而应以票据诈骗罪论处。

本罪在客观方面表现为使用伪造、变造的委托收款凭证、汇款凭证、银行存单等其他银行结算凭证，进行诈骗活动，数额较大的行为。至于数额较大的标准，《立案追诉标准的规定（二）》第52条规定，个人进行金融凭证诈骗，数额在1万元以上的；单位进行金融凭证诈骗，数额在10万元以上的。应当立案追诉。

本罪的主体为一般主体，凡达到刑事责任年龄并具有刑事责任能力的自然人均可构成，单位也可以成为本罪主体。

本罪在主观方面表现为故意且以非法占有之目的，过失不能构成本罪。行为人对所使用的伪造、变造的金融凭证必须表现出明知，如不知道所使用的金融凭证是伪造或变造的，则不构成本罪。

根据我国《刑法》第194、199条的规定，犯本罪的，处5年以下有期徒刑或者拘役，并处2万元以上20万元以下罚金；情节严重的，处5年以上10年以下有期徒刑，并处5万元以上50万元以下罚金。情节特别严重的，处10年以上有期徒刑或者无期徒刑，并处5万元以上50万元以下罚金或者没收财产。数额特别巨大并且给国家和人民利益造成特别重大损失的，处无期徒刑或者死刑，并处没收财产。单位犯本罪的，可参照第200条适用刑罚。

五、信用证诈骗罪

信用证诈骗罪，是指以非法占有为目的，利用信用证进行诈骗活动，数额较大的行为。

本罪侵犯的客体是复杂客体，即国家正常的信用证管理秩序和公私财产所有权。

本罪在客观方面表现为利用信用证进行诈骗活动。诈骗行为具体表现为：(1)使用伪造、变造的信用证或者附随的单据、文件的；(2)使用作废的信用证的；(3)骗取信用证的；(4)以其他方法进行信用证诈骗活动的。

本罪的主体是一般主体，凡达到刑事责任年龄、具有刑事责任能力的自然人均可构成。单位亦能成为本罪的主体。

本罪在主观上只能由故意构成，并且必须具有非法占有公私财物的目的。

根据《刑法》第 195 条、第 199 条的规定，犯信用证诈骗罪的，处 5 年以下有期徒刑或者拘役，并处 2 万元以上 20 万元以下罚金；数额巨大或者有其他严重情节的，处 5 年以上 10 年以下有期徒刑，并处 5 万元以上 50 万元以下罚金；数额特别巨大或者有其他特别严重情节的，处 10 年以上有期徒刑或无期徒刑，并处 5 万元以上 50 万元以下罚金或没收财产。数额特别巨大并且给国家和人民利益造成特别重大损失的，处无期徒刑或者死刑，并处没收财产。根据《刑法》第 200 条的规定，单位犯本罪的，可参照第 200 条适用刑罚。

六、信用卡诈骗罪

信用卡诈骗罪，是指以非法占有为目的，利用信用卡进行诈骗活动，骗取财物数额较大的行为。根据《全国人民代表大会常务委员会关于〈中华人民共和国刑法〉有关信用卡规定的解释》，信用卡，是指由商业银行或者其他金融机构发行的具有消费支付、信用贷款、转账结算、存取现金等全部功能或者部分功能的电子支付卡。

本罪侵犯的客体是复杂客体，即国家正常的信用卡管理秩序和公司财产的所有权。

本罪客观方面表现为行为人利用信用卡骗取公私财物，且骗取财物的数额较大。具体表现为下列情形：(1)使用伪造的信用卡，或者使用以虚假的身份证明骗领的信用卡的。(2)使用作废的信用卡。(3)冒用他人的信用卡。(4)恶意透支。

本罪的主体为一般主体，只能为已满 16 周岁、具有刑事责任能力的自然人。

本罪在主观上表现为故意，且必须具有非法占有他人财物的目的。

依据《刑法》第 196 条规定，犯本罪的，数额较大的，处 5 年以下有期徒刑或者拘役，并处 2 万元以上 20 万元以下罚金；① 数额巨大或者有其他严重情节的，处 5 年以上 10 年以下有期徒刑，并处 5 万元以上 50 万元以下罚金；数额特别巨大或者有其他特别严重情节的，处 10 年以上有期徒刑或者无期徒刑，并处 5 万元以上 50 万元以下罚金或者没收财产。

---

① 《立案追诉标准的规定(二)》第 54 条规定了本罪的立案标准。

【拓展材料】

单位能否成为信用卡诈骗罪的主体？①

单位能否成为信用卡诈骗罪的犯罪主体？对此理论界存有分歧。否定说认为，信用卡存在使用额的限制，单位不必冒此风险去诈骗如此小数额的财物。况且，我国《刑法》规定，只有自然人才可成为信用卡诈骗罪的主体；肯定说认为，单位持卡人在单位意志下可以实施恶意透支等信用卡诈骗行为，且实践中已发生了单位恶意透支数额巨大甚至特别巨大的案件。就立法而言，根据《刑法》第177条的规定，单位可以成为伪造、变造金融票证罪的犯罪主体，单位为实施信用卡诈骗而伪造信用卡是完全可能的，如果不规定单位成为信用卡诈骗罪的犯罪主体，那么就只能就手段行为追究刑事责任，而不能追究目的行为的刑事责任，不符合牵连犯的构成原则。再者，刑事立法应具有协调性，与其性质类似的信用证诈骗罪可以由单位构成，而信用卡诈骗罪只能由自然人构成，在立法上明显不协调。

综上所述，《刑法》在下次修订时，应当规定本罪的主体罪可由单位构成，而在修订之前，只能按照罪刑法定原则，追究自然人的刑事责任。

【思考题】

1. 试述洗钱罪的构成要件。
2. 试述信用卡诈骗罪的构成要件。
3. 试述挪用资金罪的构成要件。

---

① 王晨著：《诈骗罪研究》，人民法院出版社2003年版，第224页。

参考文献

[1] 强力著:《金融法》,法律出版社 2004 年版。
[2] 吴志攀主编:《金融法》,北京大学出版社 1999 年版。
[3] 朱崇实主编:《金融法教程》,法律出版社 2005 年版。
[4] 朱大旗著:《金融法教程》,中国人民大学出版社 2007 年版。
[5] 徐孟洲主编:《金融法教程》,高等教育出版社 2007 年版。
[6] 吴弘、陈贷松、贾希凌编著:《金融法》,格致出版社 2011 年版。
[7] 刘隆亨著:《银行金融法学》(第 6 版),北京大学出版社 2010 年版。
[8] 王煜宇等编著:《金融法学》,武汉大学出版社 2010 年版。
[9] 吴弘、李有星著:《金融法》,高等教育出版社 2013 年版。
[10] 张学森主编:《金融法学》,复旦大学出版社 2006 年版。
[11] 岳彩申、盛学军主编:《金融法学》,中国人民大学出版社 2010 年版。
[12] 强力主编:《金融法学》,高等教育出版社 2003 年版。
[13] 刘隆亨著:《银行金融法学》(第 5 版),北京大学出版社 2005 年版。
[14] 甘功仁、黄欣主编:《金融法》,中国金融出版社 2003 年版。
[15] 刘定华主编:《金融法教程》(第 2 版),中国金融出版社 2004 年版。
[16] 李有星主编:《金融法教程》(第 2 版),浙江大学出版社 2009 年版。
[17] 朱崇实主编:《金融法教程》(第 3 版),法律出版社 2011 年版。
[18] 范健、王建文著:《证券法》(第 2 版),法律出版社 2010 年版。
[19] 李良雄、王琳雯主编:《金融法》,人民邮电出版社 2013 年版。
[20] 刘亚天、刘少军主编:《金融法》,中国政法大学出版社 2009 年版。
[21] 陶广峰主编:《金融法》,中国人民大学出版社 2009 年版。
[22] 刘定华著:《金融法教程》(第 3 版),中国金融出版社 2010 年版。
[23] 韩龙著:《金融法》,北京交通大学出版社 2008 年版。
[24] 范健主编:《商法》,高等教育出版社 2010 年版。
[25] 樊启荣主编:《保险法》,高等教育出版社 2010 年版。
[26] 汪世虎、王志敏主编:《商法》,中国政法大学出版社 2011 年版。
[27] 贾林青主编:《保险法》,中国人民大学出版社 2011 年版。

[28] 傅廷中主编：《保险法论》，清华大学出版社2011年版。

[29] 李民、刘连生主编：《保险原理与基础》，中国人民大学出版社2013年版。

[30] 顾肖荣著：《证券法教程》（第3版），法律出版社2009年版。

[31] 刑海宝编著：《证券法学原理与案例教程（第2版）》，中国人民大学出版社2010年版。

[32] 朱锦清著：《证券法学》（第3版），北京大学出版社2011年版。

[33] 徐孟洲主编：《信托法学》，中国金融出版社2004年版。

[34] 王淑敏、陆世敏主编：《金融信托与租赁》，中国金融出版社2002年版。

[35] 朱大旗著：《金融法》（第2版），中国人民大学出版社2007年版。

[36] 常健主编：《金融法教程》，对外经济贸易大学出版社2007年版。

[37] 吴志攀著：《金融法概论》，北京大学出版社2011年版。

[38] 徐孟洲主编：《金融法学》，高等教育出版社2007年版。

[39] 岳彩申主编：《金融法学》，中国人民大学出版社2010年版。

[40] 岳彩申、盛学军主编：《金融法学》，中国人民大学出版社2010年版。

[41] 岳彩申、袁林等著：《金融经营体制改革与金融控股公司法律制度的构建》，法律出版社2008年版。

[42] 牛国锋、周华、李云涛、郝鲁江著：《金融机构/保险业》，经济科学出版社2000年版。

[43] 张忠军著：《金融业务融合与监管制度创新》，北京大学出版社2007年版。

[44] [德]赫里特·扬·范登布林克主编，张初愚、张志玉译：《金融机构运营管理》，中国人民大学出版社2008年版。

[45] 戴维·P.贝尔蒙特著，洪凯、李华罡、余黎峰译：《金融机构的增值风险管理：充分利用〈巴塞尔协议Ⅱ〉以及风险调整绩效测评方法》，中国人民大学出版社2009年版。

[46] 胡滨等主编：《中国金融法治报告2006》，社会科学文献出版社2006年版。

[47] 胡怀邦主编：《国有金融机构发展与监管》，中国金融出版社2005年版。

[48] 贺小勇著：《金融全球化趋势下金融监管的法律问题》，法律出版社2002年版。

[49] 王文宇著：《新金融法》，中国政法大学出版社2003年版。

[50]陈建华著:《中国金融监管模式选择》,中国金融出版社2001年版。
[51]张新莉、武鸣主编:《经济法实用教程》,中国经济出版社2010年版。
[52]石广生主编:《中国加入世界贸易组织知识读本(三)》,人民出版社2002年版。
[53]韩龙著:《世贸组织与金融服务贸易》,人民法院出版社2003年版。
[54]姜波克、杨长江编著:《国际金融学》,高等教育出版社2004年版。
[55]谷慎主编:《当代金融法》,科学出版社2004年版。
[56]魏晓琴、胡明主编:《金融法》,法律出版社2005年版。
[57]王胜明主编:《中华人民共和国〈中国人民银行法〉释义》,法律出版社2004年版。
[58]李飞主编:《中华人民共和国〈证券法〉(修订)释义》,法律出版社2005年版。
[59]胡康生、王胜明主编:《中华人民共和国〈银行业监督管理法〉释义》,法律出版社2004年版。
[60]高铭暄、马克昌主编:《刑法》(第5版),北京大学出版社、高等教育出版社2011年版。
[61]张明楷著:《刑法学》(第4版),法律出版社2011年版。
[62]李希慧主编:《刑法各论》,中国人民大学出版社2007年版。
[63]赵秉志主编:《金融诈骗罪新论》,人民法院出版社2011年版。
[64]孙国祥、魏昌东主编:《经济刑法研究》,法律出版社2005年版。
[65]利子平、胡祥福主编:《金融犯罪新论》,群众出版社2005年版。
[66]张军主编:《破坏金融管理秩序罪》,中国人民公安大学出版社2003年版。
[67][英]约翰·霍利韦尔著,励雅敏译:《金融风险管理手册》,上海译文出版社2003年版。
[68][日]芝原邦尔著,金光旭译:《经济刑法》,法律出版社2002年版。
[69]赵喆:《金融全球化趋势下我国金融监管体制的科学构建》,中国政法大学2008年博士论文。
[70]王子先:《论金融全球化》,中国社会科学院研究生院2000年博士论文。
[71]韩忠亮:《金融全球化背景下金融监管立法的博弈分析》,中国政法大学2007年博士论文。
[72]范肇臻:《中国国有商业银行制度创新研究》,吉林大学博士学位论文。
[73]杨贵宾、李燕妮:《金融监管:国际经验与我国的选择》,载《哈尔滨金

融高等专科学校学报》2005年9月。

[74] 何焰：《金融全球化与国际金融法——兼论中国金融法治之因应》，载《世界经济与政治》2003年第9期。

[75] 肖健明：《开发条件下我国银行业金融安全法律制度的构建》，武汉大学2010年博士论文。

[76] 赵江：《美国开放式金融保护主义政策——兼论开放式保护主义》，载《国际经济评论》2003年第5期。

[77] 张碧波、温向阳：《金融监管中存在的问题与对策》，载《西安金融》2001年第2期。

[78] 刘国玲、黄国钰：《从国际金融监管模式谈我国金融监管模式选择》，载《北方经贸》2005年第1期。

[79] 胡晓红：《金融监管国际合作的法制现状及其完善》，载《法学》2009年第5期。

[80] 沈卫、者贵昌、丁文丽：《我国中小金融机构的改革与发展》，载《云南民族学院学报(哲学社会科学版)》2002年第6期。

[81] 鲁志勇、于良春：《中国国有独资商业银行竞争力分析》，载《经济研究》2002年第3期。

[82] 褚伟：《市场选择：中小金融机构制度变迁的逻辑》，载《经济科学》2001年第6期。

[83] 张莹、曾诗鸿：《中国未来金融监管模式选择》，载《中国物价》2010年5月。

[84] 唐旭：《关于金融机构改革的思考与前瞻》，载《财经科学》2008年第10期。

[85] 王宝刚等：《问题金融机构市场退出的法律制度研究》，载《金融与法》2011年第6期。

[86] 陈红：《设立我国证券投资者保护基金法律制度的思考》，载《法学》2005年第7期。

[87] 叶林：《上市/证券公司破产、重整、和解问题的法律思考》，载《法治论坛》2008年第2期

[88] 胡新明、吴强：《非银行金融机构的内涵界定》，载《当代经济》2007年第10期。

[89] 韩龙：《现代金融法品性的历史考察》，载《江淮论坛》2010年第4期。

[90] 巴曙松：《金融监管框架的演变趋势与商业银行的发展空间》，载《当代财经》2004年第1期。

［91］陆世敏：《新中国金融体制改革的回顾与展望》，载《财经研究》1999 年第 10 期。

［92］刘志云、卢炯星：《金融调控与金融监管法律关系论》，载《西南政法大学学报》2005 年第 4 期。

［93］See Frank B. Cross, *Law and Economic Growth*, 80 Tex. L. Rev., 1737, 1738 (2002).

［94］Jordi Canals, *Universal Banking：International Comparisons and Theoretical Perspectives*, Oxford University Press Inc., New York, 1997.

［95］Roberta S. Karmel, *Functional Regulation*, 501 Practicing Law List./Corp 9, 9 (1985).

中英文关键词

金融 finance
金融法 financial law
金融市场 money market
金融体制 financing structure
市场主导 market dominance
金融监管 financial supervision
法律渊源 source of law
直接金融 direct financing
间接金融 indirect financing
货币流通 currency circulation
信用中介 credit intermediary
调整对象 adjustment object
中央银行 central bank
发行银行 bank of issue
经济周期 economic cycle
经济萧条 economic depression
经济危机 economic crisis
经济复苏 economic recovery
通货膨胀 inflation
通货收缩 deflation
货币贬值 devaluation
国际收支 international balance of payment
货币流通量 money in circulation
纸币发行量 note issue
国家预算 national budget
国库券 treasury bill
治理通货膨胀 to fight inflation

银行分行制 branch banking
单一银行制 unit banking
保险公司 Insurance companies
证券公司 securities companies
金融信托投资公司 financial Trust Investment Company
城乡信用合作社 urban and rural credit cooperatives
财务公司 financial companies
金融资产管理公司 financial asset management company
汽车金融公司 automobile financial company
人民币 RMB
假币 counterfeit money
人民币发行 RMB issue
发行库 issue library
业务库 business library
人民币流通 circulation of RMB
存款 deposit
同业拆借 inter-bank lending /borrowing
存款准备金 deposit reserve
委托贷款 entrusted loans
单位存款 corporate deposit
财政性存款 public finance-cash in bank
信用证 letter of credit

基本存款账户 basic deposit account
商业汇票 commercial bill of exchange
银行本票 banker's promissory note
信用卡 credit card
银行汇票 bank drafts
保险业 insurance
保险合同 insurance contract
人身保险合同 life insurance contract
财产保险合同 contract of property insurance
证券发行 trading of securities
证券交易 general provisions
证券上市 on-going disclosure of information
保荐人 nomad / sponsor
内幕信息 insider information
要约收购 takeover bid / tender offer
信托 trust
信托财产 trust property
委托人 principal
受托人 trustee
受益人 beneficiary
信托公司 trust company
信用合作社 credit union group
企业集团财务公司 finance company
金融资产管理公司 asset-management company
汽车金融公司 auto financing company
金融租赁 financial leasing
农村信用合作社 rural credit cooperatives
存款保险制度 deposit insurance system
全能银行 universal banks
金融控股公司 financial holding company

分业经营 separate operation
混业经营 mixed operation
关联企业 affiliates
货币政策 monetary policy
货币政策工具 monetary policy tool
货币政策传导机制 conduction mechanism of monetary policy
货币数量 quantity of money
宏观经济 macro economy
经济运行 economic operation
金融环境 financial environment
金融监管体制 financial regulatory system
混合金融监管体制 mixed financial regulatory system
金融监管联席会议 joint meeting of financial regulation
监管目标 regulatory objectives
自律监管 self-regulation
其他金融机构 other financial institutions
货币政策 monetary policy
金融调控 financial regulation
双重角色冲突 dual role conflict
定期磋商 regular consultations
紧急磋商 emergency consultations
信息监测与信息共享制度 monitoring and information system for information sharing system
金融危机救助 financial crisis bailout
外资银行 foreign bank
外资保险公司 foreign insurance corporation
外资证券公司 foreign securities corporation

境内金融机构 domestic financial institution
金融全球化 financial globalization
多边合作 multilateral cooperation
审慎监管 prudential supervision
国际金融组织 international financial organization
国际金融公约 international financial treaties
国际金融新秩序 new international financial order
金融违法行为 illegal financial acts
法律责任 legal liability
民事责任 civil liability
行政责任 administrative liability
处罚 punishment
金融犯罪 financial crime
犯罪构成 the constitution of crime
犯罪客体 the object of crime
犯罪对象 the target of crime
犯罪客观方面 the objective aspects of crime
犯罪主体 the subject of crime
犯罪主观方面 the subjective aspects of crime